地道桥设计与施工

李家稳　编著

中国铁道出版社

2015年·北京

内 容 简 介

本书分地道桥设计与施工两部分，从地道桥结构设计概述、设计荷载、结构有限元分析、影响线、包络图、施工方法、施工工艺、顶进设备、引道设计以及典型案例和工程问题及处理方法等方面对地道桥设计与施工做了全面论述。

本书可供铁路和公路工程技术人员参考。

图书在版编目(CIP)数据

地道桥设计与施工/李家稳编著. —北京：中国铁道出版社，2011. 12 (2015.9重印)
ISBN 978-7-113-13544-7

Ⅰ. ①地… Ⅱ. ①李… Ⅲ. ①地道桥—桥梁设计②地道桥—桥梁施工
Ⅳ. ①U448. 19

中国版本图书馆 CIP 数据核字(2011)第 190585 号

书 名：地道桥设计与施工
作 者：李家稳 编著

责任编辑：张 婕 电 话：(010)51873141 电子信箱：crph_zj@163. com
封面设计：崔 欣
责任校对：孙 玫
责任印制：郭向伟

出版发行：中国铁道出版社(100054，北京市西城区右安门西街 8 号)
网 址：http://www.tdpress.com
印 刷：三河市宏盛印务有限公司
版 次：2011 年 12 月第 1 版 2015 年 9 月第 2 次印刷
开 本：787mm×1092mm 1/16 印张：17.25 字数：408 千
书 号：ISBN 978-7-113-13544-7
定 价：36.00 元

前　　言

随着城市及乡村建设的发展和既有铁路提速的要求，需要将大量的铁路与公路的平交道口改为立交道口。立交道口主要有两种形式：一是高架公路桥，二是公铁立交桥。前者由于需要修筑高而长的公路桥，受城市规划和用地限制，采用较少；后者是在既有线下采用顶进法修建立交桥，具有占地拆迁少、交通干扰小、投资小等特点，而被大量采用。

随着地道桥的规模与投资不断的加大，其方案设计及顶进施工技术的重要性越来越受到重视。合理而全面的设计方案、施工方案能够保证在设计的后续阶段和工程实施中做到技术可靠、投资经济、进度可控。

本书全面、系统、详细地介绍了地道桥设计与施工技术。在以往顶进施工设计、施工经验的基础上，对有限元设计原理和施工方法进行了阐述。主要突出在以下几个方面：一是遵循铁道部颁发的《铁路桥涵设计基本规范》(TB 10002.1—2005)(以下简称《桥规》)中的规定，使一些新的设计要求得到体现；二是在结构分析中采用计算机的有限单元法和新的软件编程工具(C++软件开发语言)，使结构计算快捷精确，更能贴近实际；三是设计和开发出地道桥设计、计算及绘图软件，并系统地介绍地道桥软件的使用方法；四是反映地道桥施工的新方法、新设备和新工艺并结合实际施工，对地道桥盾构法顶进施工和管幕加固顶进施工进行分析和介绍；五是结合工程实例介绍近几年在地道桥设计与施工中常见的工程问题和相应的解决方法与措施。

本书编写过程中，得到北京中科智邦软件设计院的张海燕博士、北京科宝华软件开发有限公司的李邦德副研究员、北京筑通建筑设计院有限公司的温贵琼、韩威和北方工业大学的研究生陈旭、刘翰林、马中建、张丽君等的大力支持。同时文中还引用了有关地道桥设计及顶进施工方面的专著和论文，在此谨向原作者致谢。由于作者水平有限，书中难免有错误、不当之处，敬请读者批评指正。

编　　者

2011 年 2 月

目　录

第一章　地道桥结构设计概述

第一节　概　　述

路桥方案的选择及下穿方案的优势大部分城市都是以铁路线为依托发展并体现出来的，随着城市的发展和功能扩展，原来对城市发展起推动作用的铁路线，在城市的发展中逐渐表现出了一定的负面影响，主要表现在以下几个方面。

1. 从空间上分析，在城市平面布局中，铁路线将其两侧的城市功能区隔断，造成城区之间的联系不畅。

2. 从平面交通各交通形式占用道路的时间角度来分析，城市交通流量的上升和铁路提速后矛盾突出，原有平交道口根本不能适应上述两种交通的发展，各种恶性事故在城市公铁平交道口时有发生，成为舆论关注的焦点。

3. 道路、铁路的交叉点多位于城市中心或经济比较发达的街区，从城市总体规划和环境保护角度考虑，应选择比较合理的交通方案，降低噪声，提高城市环境品质。

在新建公路、铁路立体交通方案中，公路采用地道桥下穿铁路较之于上跨方案有明显的优势。以下为其主要优势。

1. 下穿方案引道长度仅有上跨方案引桥长度的 1/3 左右，且道路投资比桥梁投资低，下穿方案投资较大的项目为铁路防护的费用。综合考虑总体路桥投资，下穿方案仅为上跨方案的 1/3 左右。

2. 从对铁路行车安全的影响考虑，下穿方案的控制因素比较明确，易于先期采取防护措施。顶进式地道桥从工法创立至今 30 余年，已经形成了一整套完备可靠的技术措施；而上跨方案由于桥式的变化、工程控制因素不同等原因，往往各工程的实际情况中不可控因素较多，从工程控制角度考虑，存在一定的灰度。

3. 能够节约市政道路占地，提高城市中土地资源的利用效率，符合城市发展长远利益，同时也降低了征地和拆迁的费用。

4. 下穿方案有利于控制噪声污染。与上跨方案中道路、铁路的噪声叠加并向相邻城市区域扩散相比，下穿方案将大部分道路交通噪声控制在引道路槽内，噪声污染的范围、强度都得到了有效控制和大幅降低。

5. 下穿方案有利于城市景观的设计，避免了上跨方案中引桥阻隔观者视觉的弊端，道路两侧可以配合梯级绿化、街头小品、夜景照明等，形成具有一定观赏性的城市景观作品。

6. 下穿方案可采取主辅分离，设置不同的引道坡度，以适应不同需求，从而减少引道长度，并可以利用边孔埋设部分市政管线。

另外，需要指出的是，下穿方案较上跨方案的不足之处是需要设置泵站对引道路段进行排水，增加了一定的后期管理工作，但由于泵站及排水系统的修建费用占整个工程费用的比例很小,故对整个工程的投资影响不大。随着机电设备的发展,后期管理费用也大幅度降低,尤其在城市中泵站的管理已经不形成任何负担。从以上分析可看出,采用下穿地道桥实现城市道路、铁路的立体交叉具有工程上的诸多优势,能够发挥市政工程良好的社会效益和经济效益,也符合我国的国情。

第二节　设计准备

在方案阶段影响地道桥设计的最关键控制因素是总体路桥方案和地质条件。前者影响桥位和平纵断面,如果考虑不周,会引起路桥的关键控制参数发生变化;后者影响工法的可实施性,同时对投资估算和控制影响较大。以上是方案阶段必须深入研究的主要问题,需由设计人员深入配合,部分内容需要达到施工图阶段,以便稳定设计方案,为后续阶段设计创造有利条件。

在设计阶段应考虑以下几点。

1. 路桥总体方案对地道桥设计的影响

出于地方对铁路的管理权限,建筑物产权及维护运营安全的实际情况,目前一般的设计分工是:道路由地方设计院设计,而铁路地道桥的设计由铁路设计院进行设计。在方案设计阶段,道路和主桥的设计应加强配合,地道桥及其临近路段的道路平纵断面应达到施工图设计阶段的深度。道路平面设计方案除满足道路功能及其相关规范的要求外,尚应考虑铁路设备的现状,尽量避让既有道岔及其转辙设备、接触网杆、既有桥涵构筑物。同时,应尽量避免道路与铁路小角度斜交,以降低工程造价和施工难度。

2. 地质条件对地道桥的影响

在方案阶段,由于地质勘察工作的深度不够,一般地质条件不确定的因素较多,但是在有的工程中又要求对地质条件进行必要的评价,以确定工程的可实施性和框算工程造价。在此推荐以下方法,作为方案阶段地质评价,辅助确定方案的主要手段。

(1)通过地形、地貌判识,了解施工场地所在的地貌单元,进而推断不良地质状况存在的可能性。

(2)了解周边既有建筑物、构筑物施工时的地质状况,必要时可依据临近钻孔进行有依据的类比。

(3)通过地表植被的分布,以及沟渠、河道的走向判断地下水的情况。

(4)在桥位的确定中应尽量避让有明显不均匀地基条件的情况,也应尽量避免临近高大、敏感建筑物设置基坑的情况。

(5)了解铁路路基的构筑材料,这点对于高路基条件下修筑地道桥的工程尤其必要。

(6)了解该地区的地震设防烈度。

(7)要特别关注并了解所在地区的典型地质特征,对敏感地质条件进行分析。例如:黄土地区具有湿陷性的 Q_3、Q_4 地层,山区条件下冲沟地貌单元下的沟口地基状况,沿海地区高含水软土地层等。

3. 其他因素的影响

(1)了解业主的工程意图,帮助道路设计单位分析、评估新建道路在城市路网中的合理性,评估道路横断面设置标准及其与铁路地道桥的匹配关系。通过以上工作优化道路走向、车道划分、道路平纵断面，进而提高工程的品质，提高交通效率，便于维修养护。

(2)了解道路、桥梁施工的总体筹划，便于提供优化的施工组织和施工安排，降低工程造价，这对于可以避让冬季施工的工程尤有必要。

(3)详细了解铁路线现状，主要包括：线名、线间距、线路高差、轨重、线路坡度、线路设备、相邻构筑物的状况、通讯及信号电缆的状况、供电设备的状况、行车密度、近期维修改造计划等。

(4)工程所在地的气候状况，尤其是降水，这关系到地道桥基坑的安全和设置。

(5)既有、规划市政管线的埋设方式和位置。

(6)铁路、道路挡墙的连接方式。

(7)可能影响设计的其他技术因素，包括：市政道路排水体系、建筑材料的产地、是否设置绿化及广告设施。

(8)其他非技术因素，但可能影响工程实施的内容：拆迁及征地问题、影响工程形象的人文地理因素、政治需求等。

第三节　结构形式的选择

目前，我国地道桥主体结构主要采用三种形式：单孔、双孔、三孔(图1—1)。其孔径(净宽度)的大小和净高应与原平交道口的公路交通状况相适应，并应从全局出发，适当考虑远景发展，根据公路的使用任务、性质和交通量综合考虑。其中三孔式地道桥较为常用，它的中孔为快车道，行驶机动车；边孔为慢车道，行驶非机动车并设置人行道。双孔式地道桥是将上、下行分开，但机动车和非机动车只能混行。

地道桥孔径的具体尺寸，在一般情况下划分见表1—1。

表1—1　框架式地道桥标准跨度系列

孔　数	净　　宽
单　孔	4 m,5 m,6 m,8 m,8. 5 m,12 m,17 m
双　孔	8. 5 m—8. 5 m,9 m—9 m,12. 5 m—12. 5 m,16. 5 m—16. 5 m,17 m—17 m
三　孔	6 m—9 m—6 m,6 m—12 m—6 m,8 m—17 m—8 m,9 m—17 m—9 m
四　孔	6 m—12. 5 m—12. 5 m—6 m,8 m—12. 5 m—12. 5 m—8 m,8 m—16. 5 m—16. 5 m—8 m,9 m—16. 5 m—16. 5 m—9 m

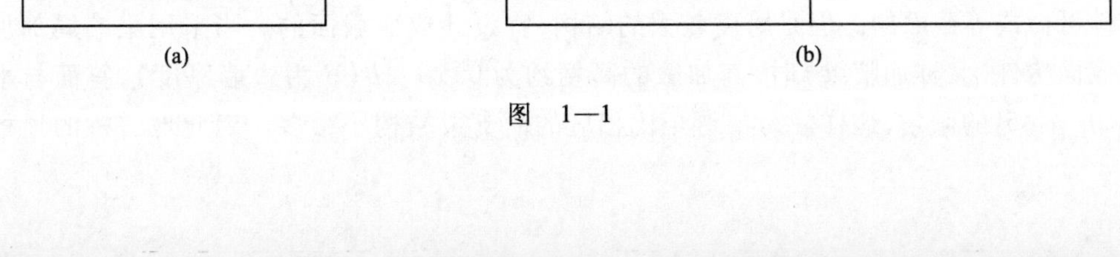

图　1—1

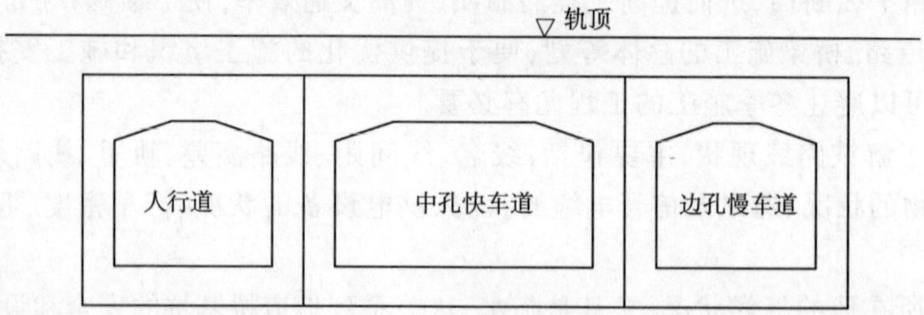

(c)

图 1—1　地道桥结构形式

地道桥的净高应符合现行《公路工程技术标准》的规定，即机动车通行的桥孔，建成后应保证净高不小于 5 m。同时考虑施工误差及公路路面厚度的要求，必要时应与使用部门协商确定桥下净宽和净高。三孔地道桥的边孔可按非机动车及行人的要求确定其净高，当特殊时期边孔也需要通过汽车时，其净高以不小于 3.5 m 为宜。

双孔、三孔、四孔地道桥一般设计宜为连续框架结构，整体顶进，有时为了适应顶进机具不足或局部增孔时，也可以用一个双孔、两边各一个单孔框架结构分别顶进拼接而成。

第四节　截面尺寸的拟定

地道桥的形式及孔径尺寸确定之后，需要进一步拟定结构各构件的截面尺寸，因为框架式地道桥是一个超静定结构，在分析它的内力时，必须在假定的构件截面的基础上进行计算。如截面尺寸假定不当，就会产生强度不足或者截面尺寸过大的现象。假定构件截面尺寸的主要因素是：结构物的高度和宽度，荷载状况，钢筋和混凝土的强度，主钢筋的保护层和水平间距的规定等。在初步拟定构件截面尺寸时，应参考已建成的同类型结构，以类比方式给出。根据我国已建成的地道桥情况，其主体结构的截面尺寸在初步设计时，可按如下办法拟定。

1. 顶板厚度

跨度在 5.0 ~ 6.0 m 时，顶板厚度取 0.5 ~ 0.6 m；跨度在 8.0 ~ 10.0 m 时，顶板厚度取 0.7 ~ 0.8 m；跨度在 12.0 ~ 16.0 m 时，顶板厚度取 0.9 ~ 1.2 m。

2. 底板厚度

底板厚度可比顶板厚度略大一些，一般大 0.1 ~ 0.2 m。

3. 边、中墙厚度

边墙和中墙可选用相同的厚度，一般为顶板厚度的 0.7 ~ 0.8 倍，并要考虑施工时绑扎钢筋和捣固混凝土的方便。

总之，合理的构件截面比例，应使混凝土和钢筋用量同时为最省并便于施工。框架结构的构件可做成等截面的。但是跨度较大的结构，宜设计成变截面的。当采用梁端局部加厚的变截面构件（又称加腋梁）时，其加腋的高度约为 $0.5B \sim B$（B 为边墙厚度），斜面与水平线成 30° ~ 45°的倾角，这样使跨中弯矩比相应的简支梁结构小很多。因此地道桥的顶板厚度可以用得较薄,这样既能减小建筑高度缩短引道,又能减轻自重便于顶进。另外,选截面尺寸时还要考虑到整个桥跨的建筑造型。但梁腋对抵抗弯矩来说,它的有效斜度最大规定为1∶3(图1—2)。这种支点加高方式不仅能使跨中弯矩减小,还可使顶板在支点附近不必设抗剪斜钢筋。

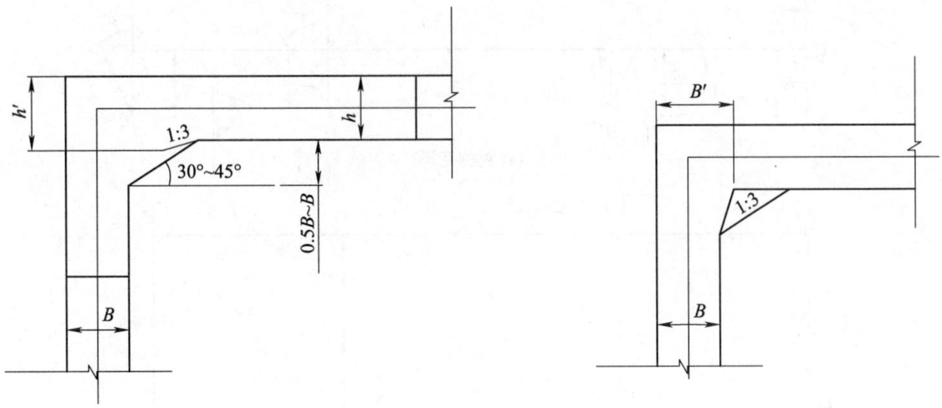

图1—2　加腋构造

在拟定地道桥的主要尺寸(跨度与高度)时,必须考虑到道路网的远景规划,为以后的扩建提供更多的便利。

有时为了减小引道长度及坡度,框架桥结构顶标高与铁路轨底间的距离宜尽量取得小些,通常按铁路线路加固的要求,一般取0.8~1.2 m。在桥梁顶进后,用碎石道砟填充密实。

第五节　传统结构内力分析基本原理

框架式地道桥,可以看作支承在半无限弹性体(弹性地基)上的空间结构。但为了简化计算,以往做地道桥结构分析时,大多以截取单位长度($b=1$ m)作为平面变形结构来考虑,《铁路桥涵钢筋混凝土和预应力混凝土结构设计规范》(TB 10002.3—2005)第8.2.1条第1款也是这么规定的。对于这种结构,传统上有很多计算方法。现以三孔框架地道桥为例,说明其中之一的基本原理。

弹性地基上的框架结构,在外荷载或其他原因(如温度变化、混凝土收缩等)作用下,结构和地基将一起发生变形,而且框架的底板在受力过程中,始终和地基保持着紧密的接触,如图1—3所示。显然,因地基变形的影响,使框架的墙脚A、H、G、F各点都发生了垂直下沉和转动,它们分别记为δ_A,δ_H,δ_G,δ_F和φ_A,φ_H,φ_G,φ_F。但从框架式地道桥的形式来看,有相当数量的结构是对称的,故这里将结构按对称的来考虑。为了利用结构的这种对称性,简化计算工作,一般是将任意分布的荷载分解为对称的和反对称的。因此,结构的变形也有对称和反对称两种情况。

当荷载为对称时,其变形情况如图1—3(a)所示。

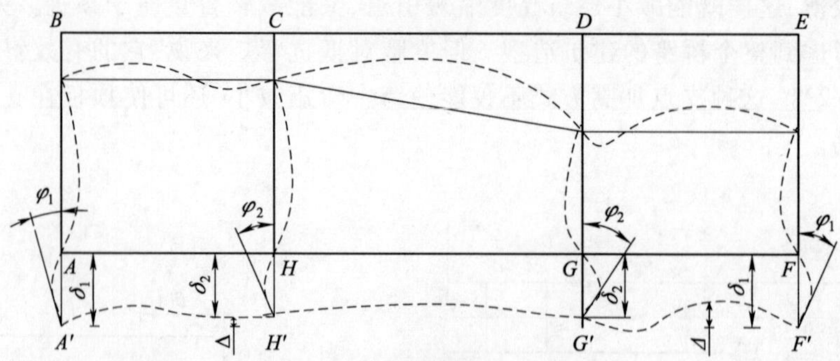

(a) 对称变形

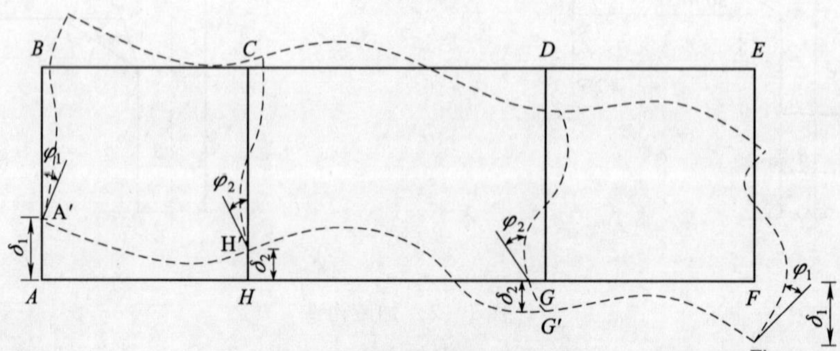

(b) 反对称变形

图 1—3　框架结构变形情况

$$\delta_F=\delta_A=\delta_1 \qquad \delta_G=\delta_H=\delta_2$$

$$\varphi_F=-\varphi_A=\varphi_1 \qquad \varphi_G=-\varphi_H=\varphi_2$$

当荷载为反对称时，其变形情况如图 1—3(b)所示。

$$\delta_F=-\delta_A=\delta_1 \qquad \delta_G=-\delta_H=\delta_2$$

$$\varphi_F=\varphi_A=\varphi_1 \qquad \varphi_G=\varphi_H=-\varphi_2$$

计算中规定，转角以顺时针为正，下沉以向下为正。

因此，由于外荷载或其他原因（如温度变化、混凝土收缩等）作用在弹性地基上的框架时所产生的内力，可按下列几种情况分别来考虑，然后再叠加。为了利用结构的对称性，这里仍然将荷载分解为对称的和反对称的两种情况分别来考虑。

1. 假定框架边、中墙的墙脚处固定（即墙脚处没有变位），框架在外荷载或其他原因作用下所产生的内力为 M_q（弯矩）、N_q（轴力）、V_q（剪力）。当外荷载已知时，这种情况下框架的内力是可以求出的。

2. 假定框架其他墙脚不动，只有 A、F 同时下沉 δ_1 时（若为反对称荷载，则其中有一为 $-\delta_1$），框架中产生的内力为 M_{δ_1}，N_{δ_1}，V_{δ_1}。

3. 假定框架其他墙脚不动，只有 H、G 同时下沉 δ_2 时（若为反对称荷载，则其中有一为 $-\delta_2$），框架中产生的内力为 M_{δ_2}，N_{δ_2}，V_{δ_2}。

4. 假定框架其他墙脚不动，只有 A 转动 $-\varphi_1$，F 转动 φ_1 时（若为反对称荷载，A、F 都转动 φ_1），框架中产生的内力为 M_{φ_1}，N_{φ_1}，V_{φ_1}。

5. 假定框架其他墙脚不动，只有 H 转动 $-\varphi_2$，G 转动 φ_2 时（若为反对称荷载，H、G 都转

动 $-\varphi_2$)，框架中产生的内力为 $M_{\varphi_2}, N_{\varphi_2}, V_{\varphi_2}$。

如若求框架构件某截面 x 处的弯矩 M_x，剪力 V_x 和轴力 N_x 时其值为

$$\left.\begin{aligned} M_x &= M_{x,q} + M_{x,\delta_1} + M_{x,\delta_2} + M_{x,\varphi_1} + M_{x,\varphi_2} \\ N_x &= N_{x,q} + N_{x,\delta_1} + N_{x,\delta_2} + N_{x,\varphi_1} + N_{x,\varphi_2} \\ V_x &= V_{x,q} + V_{x,\delta_1} + V_{x,\delta_2} + V_{x,\varphi_1} + V_{x,\varphi_2} \end{aligned}\right\} \tag{1—1}$$

式(1—1)中的后四项都是和框架墙脚的垂直下沉 δ 和转角 φ 有关的。因此必须首先求得墙脚的变位 δ 和 φ 后，上述问题才能最终得到解决。

关于框架墙脚变位 δ 和 φ 的求法，可以这样来考虑，即把框架在墙脚处切开，上部为一个在墙脚处固结的刚架，下部为一个搁置在弹性地基上的底板，相应的基本结构如图 1—4 所示。为了使这样的基本结构仍然和原结构的作用一样，则刚架和底板在切开处必须保持静力平衡和变形谐调，所谓静力平衡，就是刚架墙脚处的反力及反力矩和作用在底板上的外力和外力矩必须大小相等而方向相反。所谓变形谐调，就是刚架和底板在墙角切开处的最终的变形必须保持一致。

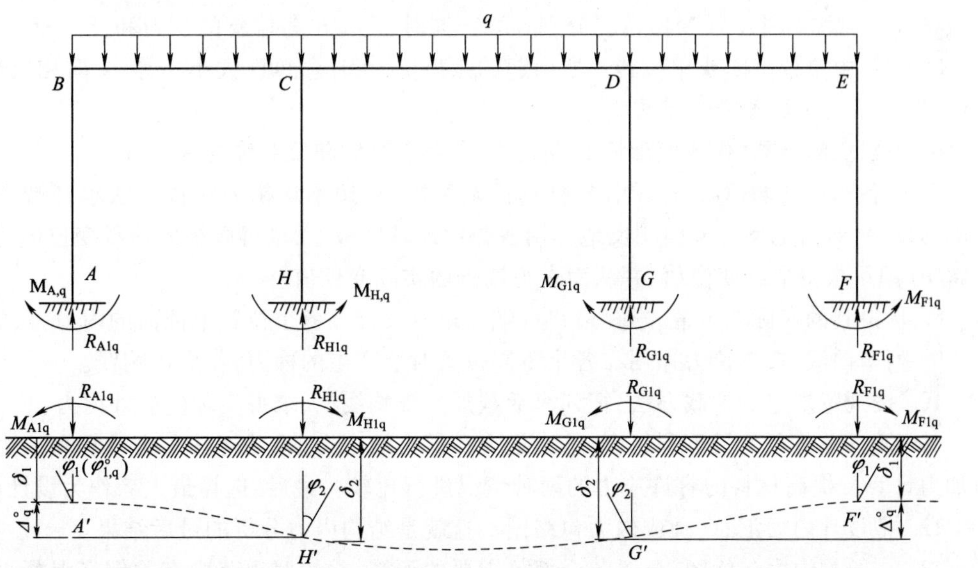

图 1—4　基本结构

因此，当上部固端刚架承受外荷载，或者由于墙脚发生变位时，它们在刚架墙脚处所引起的反力和反力矩，根据静力平衡条件，必须大小相等而方向相反地作用到弹性地基上的底板上去。而底板在这些外力和外力矩作用下，其 A, H, G, F 各点所产生的总沉陷和总转角(包括荷载和墙脚变位所引起的)，根据变形谐调条件，又必须与刚架墙脚 A, H, G, F 处的沉陷和转角相一致。这样一来.就可以建立起一组变形谐调的方程式。解之，即可得到刚架墙脚的变位 $\delta_1, \delta_2, \varphi_1, \varphi_2$。

图 1—4 所示基本结构中的上半部分为多跨单层刚架，其内力和墙脚处的反力可由结构力学知识求得；下半部分为弹性地基上的底板(即视为弹性地基上的梁或截条)，可应用弹性地基梁知识进行求解。

第六节　结构内力分析步骤

根据上节所述的基本原理，就可以计算出在各种荷载作用下，框架的内力以及列车活载作用时的影响线。

综上所述，箱型框架地道桥的结构计算可以按以下步骤进行。

1. 拟定框架的孔径尺寸及各个杆件（顶板、边墙、中墙、底板和各孔加腋）的截面尺寸，力求既能满足行车的需要，又使受力状态最为合理。习惯上，孔径尺寸是按交通情况和《铁路桥涵设计规范》来决定的，框架各个杆件的截面尺寸则是根据已建成的地道桥进行类比，并予以调整拟定得到的。

2. 计算刚架各个杆件的各项常数，其中包括变截面杆件的形常数和载常数。一般可以从图表中查得。

3. 求出当采用不均衡力矩传播法时所需要的传播系数 λ 和分配系数μ。

4. 计算在单位沉陷或单位转角的各个作用情况下，刚架各杆的杆端弯矩。其中，要按正对称和反对称两种不同变位情况分别计算。同时，也算出各墙脚的反力和反力矩。

5. 求算由单位沉陷或单位转角所引起的刚架反力和反力矩（大小相等、方向相反）作用下，弹性地基上底板各墙脚点的变位。

6. 把以上的结果，代入变形协调方程式，求得正对称和反对称的统一解。

7. 按各种不同的荷载，先求各杆件的固端弯矩，再按不均衡力矩传播法求杆端弯矩和墙脚的反力，然后把反力方向相反地作用在弹性地基底板上，求得底板的荷载变位值代入统一解中，即可求得最终变位值，并从而求得墙脚的实际变位值。

8. 从得到的实际变位值，求算最终杆端弯矩以及杆件各个位置上截面的内力 M、Q、N。

9. 列车活载，按单位力作用在各个不同位置时所产生的内力，作出影响线。

10. 按规范规定的加载办法，把列车活载加到影响线上，求得实际的杆件内力。

11. 按各种荷载的最不利组合，求出最大和最小的内力值，并把按主力计算和按主力加附加力计算且提高材料的容许应力的两种情况进行比较。最后，选择最大者作为设计内力。

12. 把设计内力汇总，画成内力包络图。这就是结构内力分析的最后结果。

13. 按结构内力包络图，配置各个部位需要的钢筋，并按照规范中有关钢筋混凝土结构部分，配置各种构造筋及温度筋，并画出钢筋详图和列出钢筋表。

第七节　框架构件各断面的配筋计算

经内力计算求得各控制截面上的弯矩、轴力和剪力值，即可进行截面的配筋计算。在地道桥的框架构件配筋计算中，为了提高构件的抗冲击动力性能和从经济方面考虑，均采用双筋断面，计算时可作为附加压筋考虑。

由于作用到构件断面上的内力，除弯矩外同时还有轴力，所以这些构件属于压弯构件。各截面的配筋计算，主要是按偏心受压确定其纵向钢筋，而抗剪仍按受弯构件斜截面确定箍筋及弯起钢筋。

结构在外荷载作用下的内力计算及配筋方法，是地道桥结构设计中要解决的主要问题。

对于在计算中不易考虑而与结构设计密切关系的一些问题，需通过构造措施加以解决。

一、钢筋保护层

关于地下铁道结构保护层，因地下施工条件差和结构被包围在水土之中的具体条件，要求地道桥结构必须具有足够的保护层厚度，以防止钢筋直接受水土等的腐蚀，影响结构的正常使用。墙板的受力钢筋净保护层厚度采用 40～50 mm。构造钢筋保护层净厚度不应小于 20 mm。

二、钢筋直径

钢筋和预制钢筋骨架的形状尺寸，应考虑到加工、运输和基坑内施工的安全和方便，选用的主力钢筋直径一般不宜大于 32 mm，受弯构件中不宜小于 14 mm，受压构件中不宜小于 16 mm。一般构造钢筋直径不小于 12 mm，箍筋直径不小于 8 mm。

一般直径在 14 mm 以下的钢筋因易于弯曲，在施工场地容易变形，所以应避免使用于主筋；32 mm 以上的钢筋在施工场地调整比较困难，在选用时应加以考虑。

三、最小配筋率

框架结构的墙、板中，受拉钢筋的最小配筋率为 0.15% 。根据计算，如不需要配置受压钢筋时，仍需配置钢筋，其最小配筋率为 0.2% ，亦不少于同一断面受拉钢筋的 30% 。

四、钢筋间距

框架墙、板构件中，受力钢筋间距不大于 250 mm。梁内受力钢筋的水平净距不得小于钢筋直径或 30 mm，多于两排钢筋时，应增加一倍。

框架结构的梁和板中的横向钢筋间距应满足以下要求。

1. 配有计算的受压钢筋的梁和板，其间距在绑扎骨架中，应不大于 $15d$，在点焊片架中，应不大于 $20d$（d 为受压钢筋最小直径）。

2. 在搭接而不加焊的接头长度内，受拉钢筋全部利用时，横向钢筋间距不应大于 $5d$（d 为受拉钢筋最小直径）。框架各构件的跨末，横向钢筋需要适当加强，一般方法将箍筋间距缩小为 20 cm。

五、钢筋的弯起

一般弯起钢筋与结构轴线的倾角采用 45°（深梁中弯筋的倾角采用 60°），其末端的直线长度不少于 $20d$（d 为钢筋直径）。

在受拉区中，弯起钢筋的弯起点，应设在该钢筋的强度全部被发挥的截面（依弯矩计算）以外、距离不少于 $h_0/2$ 处，同时弯起钢筋与构造轴线的交点应位于按计算不需要该钢筋的截面以外。

六、构造钢筋

在钢筋混凝土设计中，往往有很多影响强度的因素考虑不到，也无法具体计算。因此必须配置一定数量的钢筋以承担这些因素的影响，这种不能由计算决定而又必须配备的钢筋称为构造钢筋。例如纵向分布钢筋就是其中之一。

纵向分布钢筋的截面面积一般应不小于钢筋截面面积（在 1 m 长度内）的 10%，其配筋率通常不宜小于 0.15%。

纵向分布钢筋应在框架周边各构件之内、外侧和内墙两侧布置，其间距可采用 10～30 cm，选用的间距应便于施工。周边分布钢筋直径不得小于 12 mm，内墙不得小于 10 mm，在框架节点区域内布置的分布筋应适当加密。

七、钢筋的锚固

受力钢筋必须具有足够的锚固长度，框架结构中，墙、板的主筋至少有总数量的 1/3 或不小于每米 3 根伸入支座，其伸入支座内的锚固长度不应小于 $30d$。承受负弯矩的受拉钢筋若在跨中截断时，则必须伸出理论截断点外大于 $30d$ 处；受压钢筋若在跨中截断，则必须伸出理论截断点以外 $15d$ 处。

八、钢筋的搭接

受拉钢筋的接头的设置应该尽量的避免，不得已设置接头时，接头的相互位置不要集中在一个截面处，并在应力大的地方不要设置接头。

在绑扎骨架中，钢筋接头的搭接最小长度在受拉区为 $35d$，在受压区为 $25d$；在点焊片架中为 $30d$。16Mn 钢筋时，钢筋直径大于 25 mm 时，不允许搭接。

受拉钢筋的接头应互相错开，每处接头面积不得大于全部受拉钢筋面积的 1/2。

第二章 设计荷载

设计框架式铁路公路地道桥时，根据《铁路桥涵设计基本规范》(TB 10002.1—2005)中的规定，应考虑表2—1所列荷载，并按其可能的最不利组合情况进行计算。

表2—1 荷载类型

荷载分类		荷载
主力	恒载	结构构件及附属设备自重 土压力 混凝土收缩和徐变的影响
	活载	列车竖向静活载 公路活载 活载土压力 人行道人行荷载
附加力		制动力 温度变化的影响

当比较后，如果用主力和附加力的组合作为设计荷载时，应将材料基本容许应力和地基容许承载力乘以不同的提高系数。

对于整座框架式铁路公路地道桥，列车活载按“中—活载”考虑，公路活载按现行的《公路工程技术标准》规定的全部活载的75%计算，但对仅承受公路活载的构件，应按全部公路活载考虑。

最后还应验算顶力的作用。

第一节 恒载

一、结构自重

结构材料的自重是一种永久存在的荷载。这里所谓“结构自重”不单单地指结构本身，还包括了覆盖在结构物上面的铁路线路上部建筑的重量。

《桥规》第4.2.1条给出了桥涵结构恒载计算值：

碎石道砟(包括线路材料)：21 kN/m^3；

钢筋混凝土(配筋率在3%以内)：25 kN/m^3；

混凝土：23 kN/m^3。

另外，框架结构上的防水层可按20 kN/m^3 计算，沥青混凝土路面可按23 kN/m^3 计算，钢筋混凝土中配筋率大于3%时，其容重为单位体积中混凝土(扣除所含钢筋体积)自重加钢筋自重。

【例2—1】 三孔框架地道桥主体结构尺寸如图2—1所示，线路上部建筑的厚度尺寸如图2—2所示，求其结构自重。

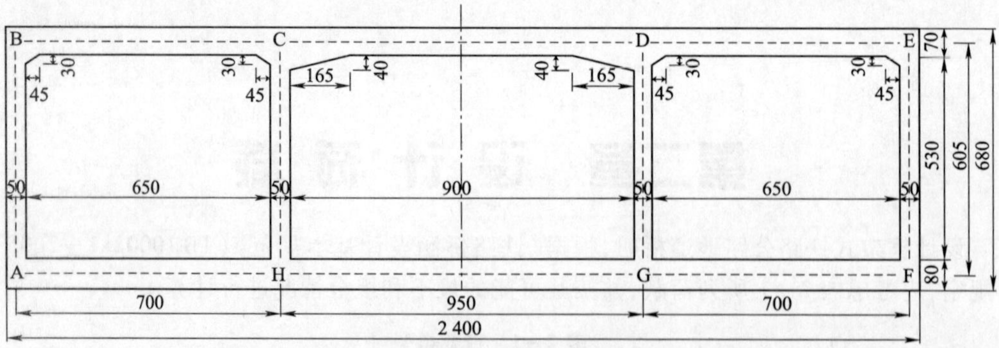

图 2—1　6.5 m—9.0 m—6.5 m 三孔框架式地道桥截面尺寸(单位:mm)

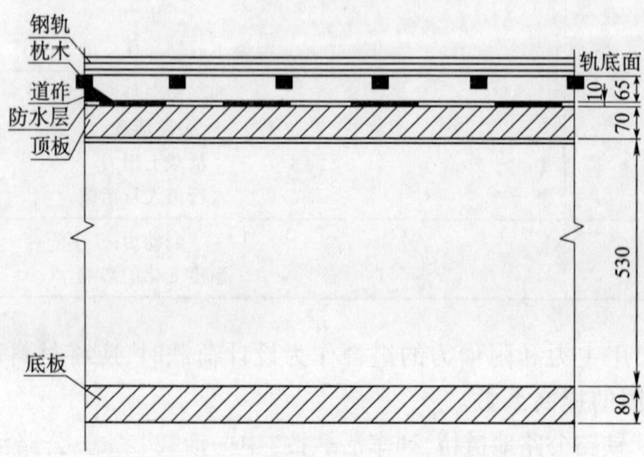

图 2—2　线路上部建筑厚度尺寸(单位:mm)

根据《铁路桥涵钢筋混凝土和预应力混凝土结构设计规范》(TB 10002.3—2005)第 8.2.1 条第 1 款,地道桥的主体结构可取 1 m 为计算单元。作为例子,现计算 1 m 单元中结构的自重。

1. 顶板自重均布恒载

碎石道床

$$W_1 = 0.55\ \text{m} \times 1.0\ \text{m} \times 21\ \text{kN/m}^3 = 11.55\ \text{kN/m}$$

防水层重

$$W_2 = 0.1\ \text{m} \times 1.0\ \text{m} \times 20\ \text{kN/m}^3 = 2.0\ \text{kN/m}$$

顶板混凝土重

$$W_3 = 0.7\ \text{m} \times 1.0\ \text{m} \times 25\ \text{kN/m}^3 = 17.5\ \text{kN/m}$$

顶板的计算均布荷载

$$W_{顶} = W_1 + W_2 + W_3 = 11.55 + 2.0 + 17.5 = 31.05\ \text{kN/m}$$

2. 顶板加腋重

顶板加腋重视为三角形的分布荷载,并作用在顶板各跨的端部。

边跨:三角形分布荷载的最大值为

$$W_1 = h_{腋} \times 1.0\ \text{m} \times 25\ \text{kN/m}^3 = 0.3\ \text{m} \times 1.0\ \text{m} \times 25\ \text{kN/m}^3 = 7.5\ \text{kN/m}$$

中跨：三角形分布荷载的最大值为

$$W_2 = 0.4\ \text{m} \times 1.0\ \text{m} \times 25\ \text{kN/m}^3 = 10\ \text{kN/m}$$

3. 底板自重均布荷载

底板混凝土自重包括混凝土路面，其中 $h_{路面} = 0.2\ \text{m}$

$$\begin{aligned} W_{底} &= h_{板} \times 1.0\ \text{m} \times 25\ \text{kN/m}^3 + h_{路面} \times 1.0 \times 23\ \text{kN/m}^3 \\ &\approx (h_{板} + h_{路面}) \times 1.0\ \text{m} \times 25\ \text{kN/m}^3 = (0.8\ \text{m} + 0.2\ \text{m}) \times 1.0\ \text{m} \times 25\ \text{kN/m}^3 \\ &= 25\ \text{kN/m} \end{aligned}$$

4. 中墙及边墙自重为集中力荷载

$$\begin{aligned} W_{AB} &= W_{HC} = W_{GD} = W_{FE} \\ &= 0.5\ \text{m} \times 5.3\ \text{m} \times 1.0\ \text{m} \times 25\ \text{kN/m}^3 = 66.25\ \text{kN} \end{aligned}$$

二、土的侧压力

作用在框架两侧的土体侧压力，按库伦理论（楔体极限平衡理论）推导的主动土压力计算公式进行计算。

$$q = \gamma \cdot h' \cdot \tan^2\left(45° - \frac{\varphi}{2}\right) \tag{2—1}$$

式中 q——单位面积上的主动土压力，kN/m^2；

γ——土体的容重，kN/m^3；

φ——土体的内摩擦角，°，渗水土采用 $\varphi = 33°$，一般土石（利用弃砟）采用 $\varphi = 40°$，实际情况与上述有出入时依实际情况作为计算依据；

h'——计算主动土压力点以上的土体高度，m。

如果不是土壤而是其他介质，还需按它的不同容重予以折算。

在本算例中，取相应的数值为：土体容重 $\gamma = 19\ \text{kN/m}^3$，土体内摩擦角 $\varphi = 35°$，框架顶板以上的路基高度 $h_2 = 0.65\ \text{m}$。其中，枕木、石砟的容重 $\gamma_1 = 21\ \text{kN/m}^3$，防水层的容重 $\gamma_2 = 20\ \text{kN/m}^3$。于是，折合填土高度

$$h_1 = h_2 \cdot \frac{\gamma_1}{\gamma} = 0.65 \times \frac{21}{19} = 0.72\ \text{m}$$

$$h'_B = h_1 + \frac{1}{2}顶板厚 = 0.72 + \frac{1}{2} \times 0.70 = 1.07\ \text{m}$$

$$\sigma_B = \gamma \cdot h' \cdot \tan^2\left(45° - \frac{\varphi}{2}\right) = 19 \times 1.07 \times \tan^2\left(45° - \frac{35°}{2}\right) = 5.5\ \text{kN/m}^2$$

$$\begin{aligned} \sigma_A &= \gamma(h'_B + 框架轴线高)\tan^2\left(45° - \frac{\varphi}{2}\right) \\ &= 19 \times (1.07 + 6.05) \times \tan^2\left(45° - \frac{35°}{2}\right) = 36.7\ \text{kN/m}^2 \end{aligned}$$

由上式可知，土的侧向压力是按梯形分布的，浅处小，深处大，它们的作用方向认为是水平的。因框架两侧均有相等的土体侧压力，所以这种荷载是对称的，见图2—3。

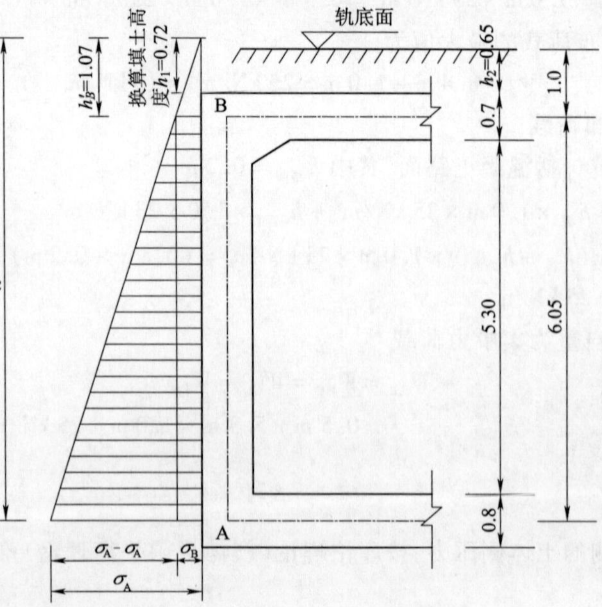

图 2—3　侧向土压力(单位:m)

应该指出,由于是以轴线来计算的,因而忽略了轴线高度以外的所承受的土压力(顶板上半个厚度和底板下半个厚度)。根据经验,这对最后结果影响不大。

三、混凝土收缩的影响

根据《桥规》第 4.4.5 条的规定,混凝土收缩的影响可按降低温度的方法来计算。对于整体灌注的钢筋混凝土结构,相当于降低温度 15 ℃,线膨胀系数 $\alpha = 0.000\,01$。

由于地道桥主体框架结构是分两步灌注的,先灌注底板,然后再灌注墙及顶板。当底板灌注完毕后,养护期间,混凝土的收缩已经大部分发生。当灌注顶板时,可以认为底板已不再大量收缩。所以,混凝土的收缩影响,主要是顶板的收缩。又由于结构是对称的,因而顶板左右两端的收缩量是相等的。

$$收缩量\ \Delta_t = \alpha \cdot l \cdot \Delta t \qquad (2—2)$$

由于边墙与中墙同高,故边、中墙的混凝土收缩时,顶板没有相对位移,如图 2—4 所示。

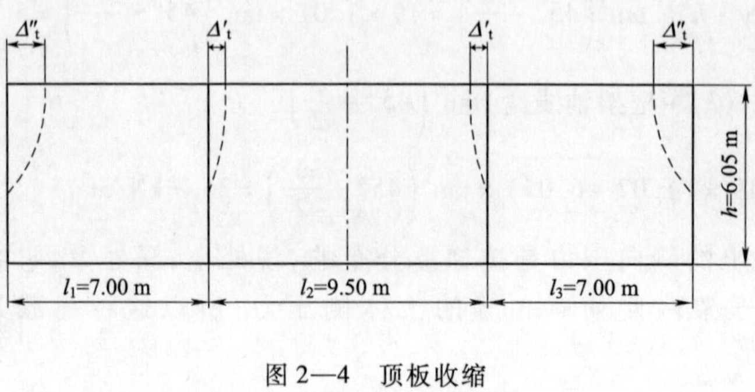

图 2—4　顶板收缩

中跨顶板收缩　$\Delta_t' = (\alpha \cdot l_2 \cdot \Delta t) \times \frac{1}{2} = (0.000\,01 \times 9.5 \times 15) \times \frac{1}{2} = 0.000\,712\,5$ m

边跨顶板收缩　$\Delta_t'' = (\alpha \cdot l_1 \cdot \Delta t) + \Delta_t' = (0.000\,01 \times 7.00 \times 15) + 0.000\,712\,5$
$= 0.001\,762\,5$ m

第二节　活　　载

一、列车活载

《桥规》第 4.3.1 条规定：铁路列车竖向活载必须采用中华人民共和国铁路标准活载，即"中—活载"，其计算图式如图 2—5 所示。

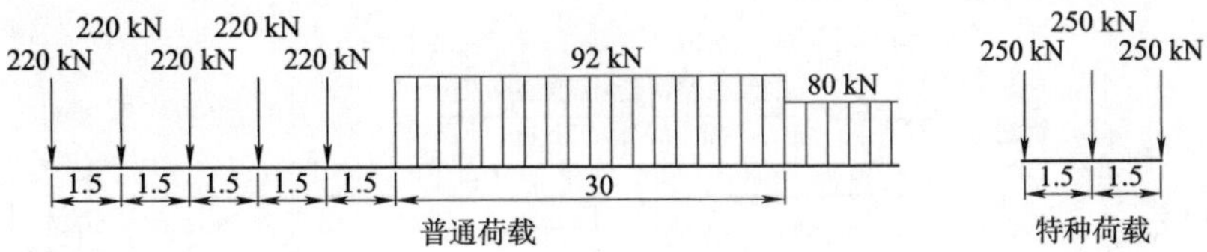

图 2—5　"中—活载"图式（距离以 m 计）

加载时，可由计算图式中任意截取，或采用特种活载。

《桥规》附录 C 中规定：对单符号影响线和多符号影响线的单独加载区段，不论影响线的形状如何，如影响线加载长度小于 3 m 而最大纵坐标位置在中间者，以及长度小于 1.5 m 而最大纵坐标位置在端部者，均按一个特种活载 250 kN 计算，但应符合《桥规》附录 C 表 C.0.1 中注 2 的规定：桥面上道砟及填料厚度大于 1 m 时认可采用表列数值，但不得大于每线 165 kN/m。

（一）列车活载在横向上的作用范围

按《铁路桥涵钢筋混凝土和预应力混凝土结构设计规范》第 8.2.1 条规定，活载横向分布宽度 B 为：

1. 对单线顶桥而言在轨枕底面上，由轨枕两端向下分布至结构顶板底，其坡线在道砟及顶板内为 1:1，如有覆土，在土层内为 1:0.5，如图 2—6 所示。

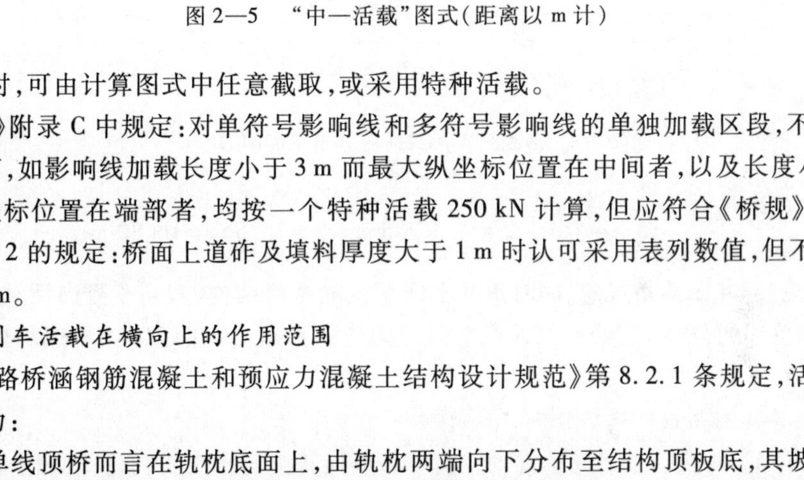

图 2—6　单线顶桥活载分布

2. 对双线及多线，如中间分布线无重叠，按单线处理，有重叠时，活载横向分布宽度如图 2—7 所示。

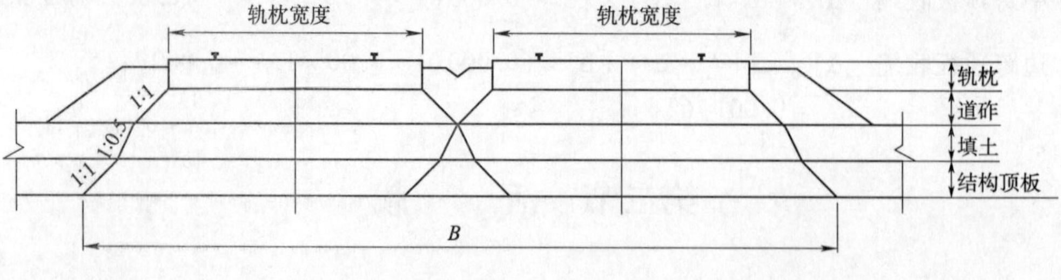

图 2—7　双线或多线顶桥活载分布

【例 2—2】　本地道桥上为四线，各线间的中心间距为 4.0 m，轨枕底至顶板底为 1.15 m，则求其活载横向分布宽度 B。结构尺寸如图 2—8 所示。

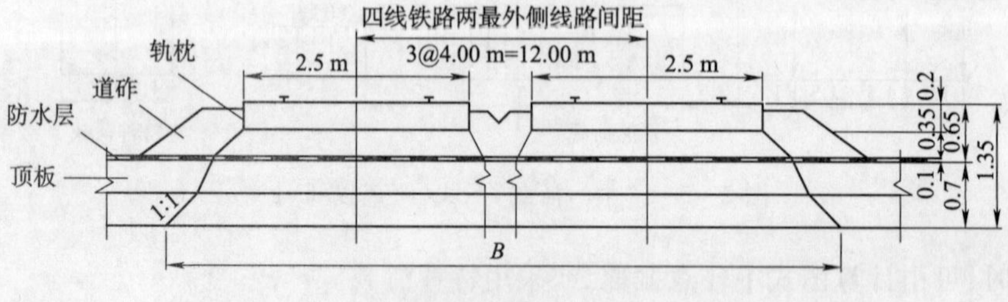

图 2—8　多线列车活载横向分布宽度（单位：m）

$$B = 3 \times 4.0\ \text{m} + 2 \times \frac{1}{2} \times 2.5\ \text{m} + 2 \times 1.15\ \text{m} = 16.80\ \text{m}$$

3.《桥规》第 4.3.9 条规定：同时承受多线荷载的桥跨结构，其列车竖向活载，双线时应为两线活载总和的 90%，三线及三线以上时应为各线活载总和的 80%，各线均假定按同样情况的最不利活载取值。

（二）换算均布活载

为了计算上的方便，上述的标准轴重荷载可以换算为均布荷载。《桥规》附录 C 列有铁路标准活载换算均布荷载表。它是以加载长度 L 和影响线最大纵坐标位置 α 来决定的。以三角形影响线为例，$\alpha = \frac{\alpha L}{L}$，如图 2—9 所示。

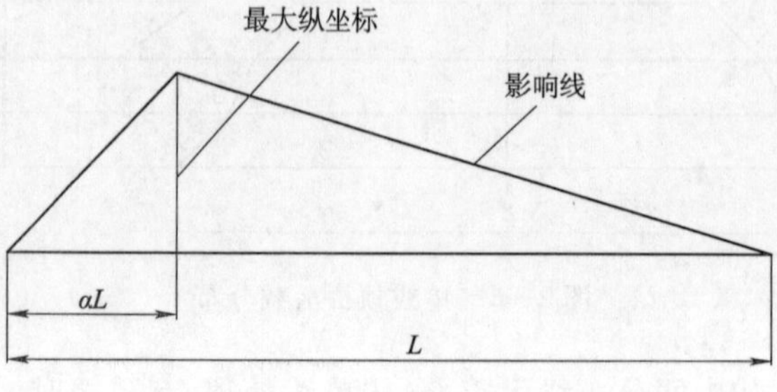

图 2—9　影响线

如果影响线是凹形三角形和歪曲系数 γ 大于 1 的双向曲率的曲线形者，如图 2—10 所示，还要增加修改值 $E(\gamma-1)\%$，其中，E 为系数：

$$E=\frac{1\,500}{30+\lambda}-\frac{1\,500}{30+\lambda^2} \tag{2—3}$$

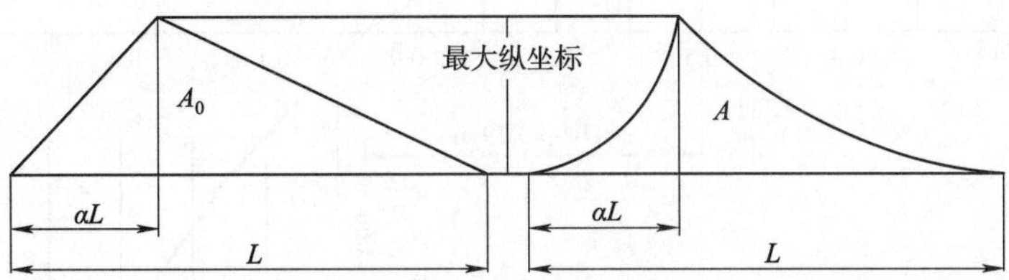

图 2—10　凹三角形影响线

式中　λ——影响线加载长度，m；

γ——歪曲系数，等于与检算的影响线有相同长度和最大纵坐标位置的三角形影响线面积 A_0，与检算的影响线面积 A 之比，即 $\gamma=A_0/A$。

在计算中常常是把一定长度的框架结构切割出一延米的一条作为计算单元来考虑，这是为了计算简化，把一个原属空间结构的问题当作平面问题来处理。这样，对于列车活载就要按全桥线路数求出总的荷载，然后再按横向分布宽度求出每延米计算单元上的列车均布活载。

但是，在一个多线桥上，有时可能只有一线行车，有时也可能多线同时行车。由于每一种行车情况下列车活载分布宽度都不同。故当截取 1.0 m 宽作为计算单元时，就需要选取最不利的行车情况下，所产生的每延米的列车均布活载作为计算列车活载。

例如，按照三角形影响线加载长度及最大纵坐标位置 α，从《桥规》附录 C 的表格中查得换算均布活载 K，然后再分别按一线、二线和三线的线路数 N、折减系数 η 和横向分布宽度 B，计算出相应的每延米的列车均布荷载：

$$q_{活}=\frac{K\cdot N\cdot \eta}{B} \tag{2—4}$$

选取最大者作为计算值。由于三线以上一律按三线考虑，故只需比较一、二、三线三种情况即可。

【例 2—3】　设顶板 1/2 截面弯矩影响线如图 2—11 所示，试求负弯矩区段 B—B′的换算均布活载 $q_{活}$。

全影响线计有三个区段，两侧为负弯矩，中间为正弯矩。左侧一段 B—B′长为

$$L_1=9\times0.86+0.35=8.09\ \text{m}$$

最大纵座标位置在 0.5 点，距右端点 B′距离为 $\alpha_1L_1=4\times0.86+0.35=3.79\ \text{m}$，则

$$\alpha_1=\frac{\alpha_1L_1}{L_1}=\frac{3.79}{8.09}=0.468$$

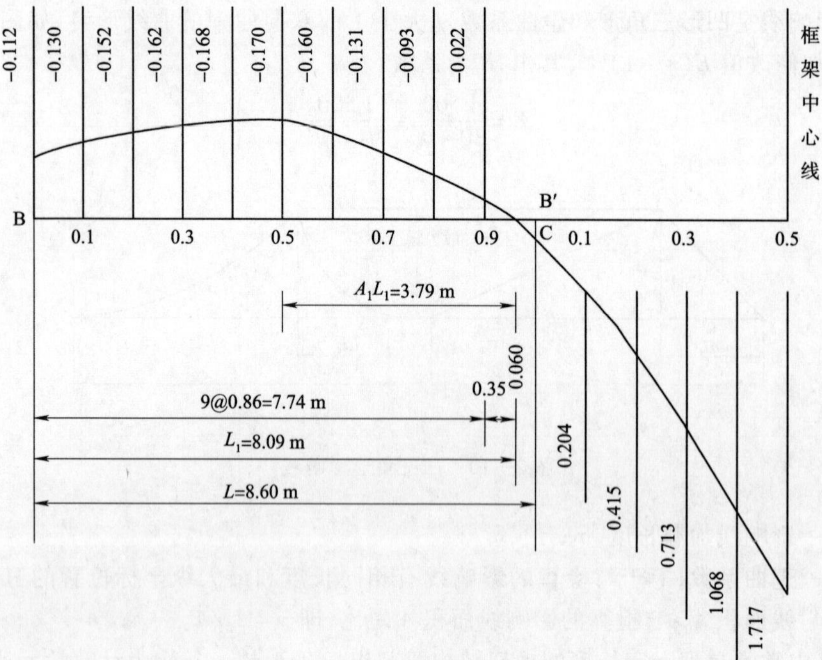

图 2—11　顶板 1/2 截面弯矩影响线

根据 L_1 及 α_1 查换算均布活载表《桥规》附录 C 为：

表 2—2　换算均布活载

$L=8$ m	$\alpha=0.375$	$K=148.5$
	$\alpha=0.500$	$K=151.3$
$L=9$ m	$\alpha=0.375$	$K=144.5$
	$\alpha=0.500$	$K=146.7$

内插后，得当 $L=8.09$ m，$\alpha=0.468$ 时，$K=150.1$。

由于影响线是凸形曲线，不必再作修正。

本例为四线桥，并在区间上，各线间距为 4.0 m。所以需要分别计算一线、二线和三线行车时所产生的每延米的均布活载，再选取其最大者作为计算值。

一线行车时，$N=1$，$\eta=1.0$，$B=2.5+2\times1.15=4.8$ m

$$q_{活}=\frac{K\cdot N\cdot\eta}{B}=\frac{150.1\times1\times1.0}{4.8}=31.3\ \text{kN/m}$$

二线行车时，$N=2$，$\eta=0.9$，$B=4.0+2\times\frac{2.5}{2}+2\times1.15=8.8$ m

$$q_{活}=\frac{K\cdot N\cdot\eta}{B}=\frac{150.1\times2\times0.9}{8.8}=30.7\ \text{kN/m}$$

三线行车时，$N=3$，$\eta=0.8$，$B=2\times4.0+2\times\frac{2.5}{2}+2\times1.15=12.8$ m

$$q_{活}=\frac{K\cdot N\cdot\eta}{B}=\frac{150.1\times3\times0.8}{12.8}=28.1\ \text{kN/m}<30.7\ \text{kN/m}<31.3\ \text{kN/m}$$

故设计时应按一线考虑，均布荷载为：$q_{活}=31.3\ \mathrm{kN/m}$

二、冲 击 力

列车活载包括冲击力时，应按静活载所产生的力乘以冲击系数$(1+\mu)$。《桥规》第4.3.5条中规定：刚架桥，其顶上填土厚度 $h\geqslant 1$ m（从轨底算起）时不计冲击力。当 $h<1$ m 时：

$$(1+\mu)=1+\alpha\left(\frac{6}{30+L}\right) \tag{2—5}$$

式中　$\alpha=4(1-h)\leqslant 2$；

　　L——桥跨长度，m。

设计时，顶板应按全部冲击力计算；边墙、中墙及底板的冲击力可以适当减低。

三、列车活载所引起的水平土压力

列车活载作用于主体框架边墙上的侧向水平土压力 p 按下式计算：

$$p=\xi\cdot q_{\mathrm{h}} \tag{2—6}$$

式中　q_{h}——在轨底以下深度 h(m)处，活载的竖向压力强度$(\mathrm{kN/m^2})$，

$$q_{\mathrm{h}}=\frac{165}{2.5+h} \tag{2—7}$$

　　ξ——系数，填土时采用0.25～0.35，经久压实的路堤采用0.25，视设计的控制情况选用。

本例如图2—12所示：

$$h_{\mathrm{B}}=0.65+\frac{顶板厚}{2}=0.65+0.35=1.00\ \mathrm{m}$$

$$h_{\mathrm{A}}=h_{\mathrm{B}}+6.05=1.00+6.05=7.05\ \mathrm{m}$$

ξ 采用0.271，则

$$p_{\mathrm{B}}=0.271\times\frac{165}{2.5+1.00}=12.776\ \mathrm{kN/m^2}$$

$$p_{\mathrm{A}}=0.271\times\frac{165}{2.5+7.05}=4.682\ \mathrm{kN/m^2}$$

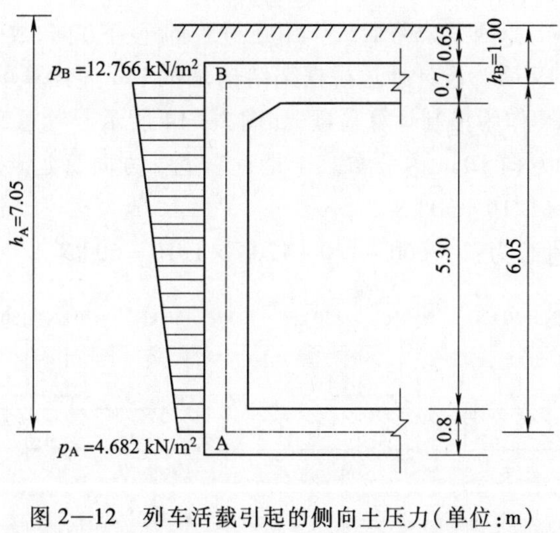

图2—12　列车活载引起的侧向土压力(单位：m)

应当指出:列车可能从这一侧开来,也可能从那一侧开来,甚至是两列车从不同的侧面在两条线上对向开来。所以,列车活载所引起的土侧压力,可能是一侧的,也就是不对称的;也可能是双侧的,也就是对称的。因此,在进行荷载组合时要取其最不利的情况。

当进行内力分析时,只需按某一侧来车所引起的土侧压力计算。对双侧来车的情况,只需将两侧分别有土侧压力的内力叠加起来即可。

四、公路荷载、人行道荷载

框架式地道桥的孔洞是车辆、人群穿越线路的通道。因此,设计地道桥时必须考虑车辆、人群荷载。但这些荷载与铁路荷载相比,又有以下几个不同点:

1. 铁路荷载是作用在桥跨方向(x)上,而公路荷载是作用在桥跨的垂直方向(y)上,如图 2—13 所示。

2. 铁路活载直接作用在顶板上,公路活载直接作用在底板上。

3. 铁路活载是铁路地道桥框架结构设计的重要荷载,公路活载对产生框架结构的内力值的影响较小。故公路活载可用近似地简化荷载来代替。以下按三孔框架式地道桥为例予以说明。

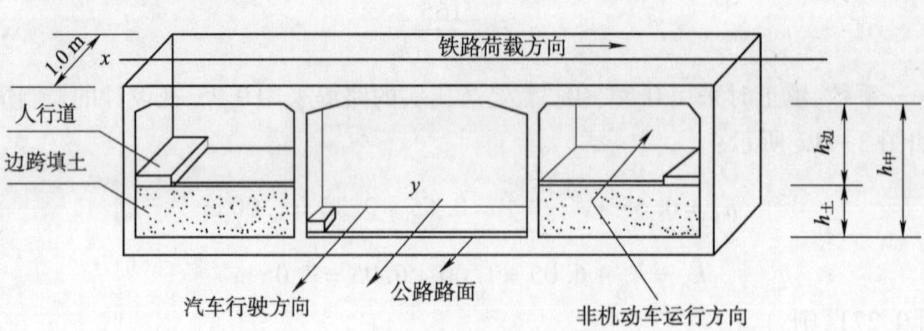

图 2—13　铁路公路荷载方向

(一)机动车辆活载

对于中孔,主要是机动车辆通行,但在确定公路活载等级时,不能直接引用《公路工程技术标准》中的有关规定,原因是公路活载作用在桥跨的垂直方向,故一律不分公路等级近似的按汽—20 级考虑。又因为设计地道桥框架结构是按 1 m 为计算单元,故取最不利的轴重 60 kN—120 kN—60 kN 作为控制计算荷载,如图 2—14 所示。考虑到梁板的分布作用,可以认为每车的轴重在 y 方向 10 m 内分布。于是每车道 y 方向每延米底板地基梁的汽车荷载为:$(60+120+120)\times1/10=30$ kN。

若为双车道,汽车荷载为:$2\times(60+120+120)\times1/10=60$ kN

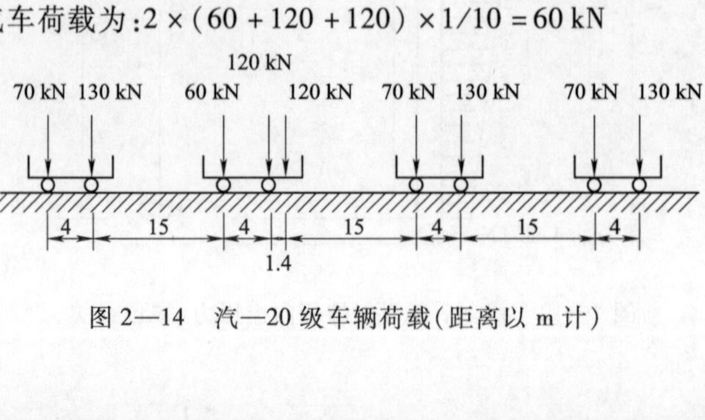

图 2—14　汽—20 级车辆荷载(距离以 m 计)

在计算弹性地基梁(底板)时,为了便于查用现成图表,假定汽车活载在 x 方向上的分布也是均布的。有时,也可以把汽车活载近似地化成几个等效集中力,并按照计算底板时的分段,把集中力放在分段点上。

如本例为双车道,按汽车均布荷载计算,则为 $q_{汽}=\dfrac{30\times2}{l_2}=\dfrac{30\times2}{9.5}=6.32\ \text{kN/m}$

如将汽车活载按等效集中力计算,对应底板计算时的分段,可化为四个均等的集中力并作用在 1′、3′、1、3 四个分段点上,如图 2—15 所示。

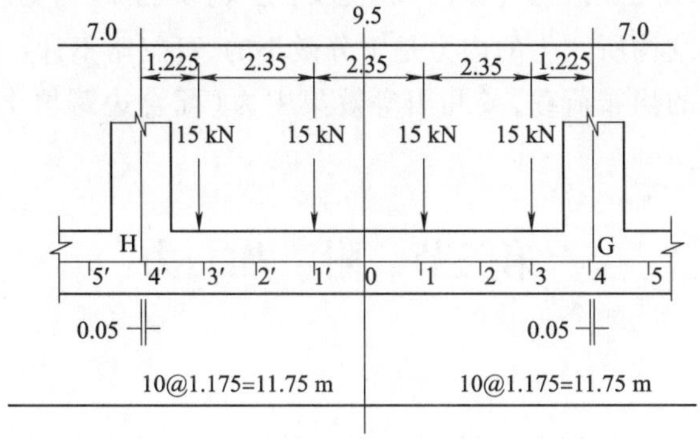

图 2—15　中跨车辆荷载等效集中力 (单位:m)

(二)非机动车辆活载

边跨为走行非机动车的孔道,其车辆活载可按 60 kN(或按实际调查结果分析确定)分布在 y 方向 10 m 范围内,即 y 方向每延米为 $60\times1/10=6$ kN。

边跨的净高 $h_{边}$ 小于中跨的净高 $h_{中}$,故在边跨底板上应填土高度为 $h_{土}=h_{中}-h_{边}$。

这部分填土荷载应作为公路荷载计算:$q_{土}=(h_{中}-h_{边})\gamma_{土}$

为了计算的简化,边跨内的非机动车荷载和填土荷载可以化为均布荷载,也可以化为几个等效集中荷载作用在底板计算的分段点上。

对本例而言,如化为均布荷载:

车辆均布荷载:$q_{车}=\dfrac{6}{l_1}=\dfrac{6}{7.0}=0.857\ \text{kN/m}$

填土均布荷载:$q_{土}=h_{土}\cdot\gamma_{土}=(5.3-3.5)\times20\times1=36\ \text{kN/m}$

均布荷载共:$q=q_{车}+q_{土}=36.857\ \text{kN/m}$

如化为等效集中荷载,如图 2—16 所示,可化为两个集中力 p 作用在 6′,8′点上:

$$p=q_{土}\cdot\frac{l_1'}{2}+6\times\frac{1}{2}=36\times\frac{6.5}{2}+3=120\ \text{kN}$$

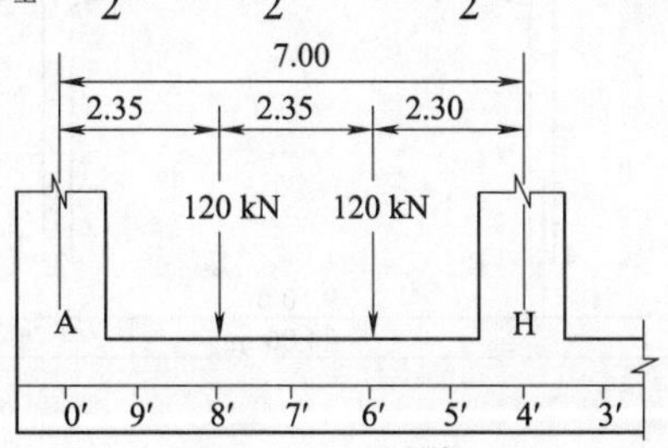

图 2—16　边跨车辆及填土荷重等效集中力(单位:m)

（三）人行道活载

公路规范规定，人群荷载标准值为 $2.5\sim3.5\ \mathrm{kN/m^2}$。城市郊区行人密集地区一般为上述标准值的 1.15 倍，即为 $2.9\sim4.0\ \mathrm{kN/m^2}$，但亦可根据实际情况确定。

本例的人行道宽为 1.5 m，高为 0.2 m，$\gamma_{混}$ 取 $23\ \mathrm{kN/m^2}$，如图 2—13 所示。边跨人群荷载按 $3.5\ \mathrm{kN/m^2}$ 计算得：

$$P_1 = 3.5\times1.5\times1 = 5.25\ \mathrm{kN}$$

人行道自重：$P_2 = 0.2\times1.5\times1\times\gamma_{混} = 0.2\times1.5\times1\times23 = 6.9\ \mathrm{kN}$

人群荷载对框架结构所产生的内力是十分微小的，可忽略不计。或为了计算的简便，可十分粗略地看作边跨的均布荷载，或几个等效集中力（配合边跨填土及非机动车辆荷载的等效集中力）。

第三节 附 加 力

一、制 动 力

按《桥规》第 4.3.7 条的规定，制动力应按列车竖向静活载的 10% 计算。若制动力与离心力或列车竖向动力作用同时考虑时，制动力可按列车竖向静活载的 7% 计算。双线桥应采用一线的制动力，三线或三线以上的桥应采用两线的制动力（不考虑对双线竖向活载进行折减）。根据计算列车活载时的同样道理，制动力亦应按一线、两线折算为每延米的列车制动力，并取其大者。

制动力为水平力，其作用点在轨顶以上 2 m。计算刚架时，移至顶板中线处，不计移动作用点所产生的力矩。

对本例而言，因是四线桥，故计算单元上的制动力应分别按一线和二线折算后进行比较，选取大者作为计算值。因与列车竖向动力同时计算，故按静活载的 7% 计算。此时，静活载系指桥面全部沿长方向上布满中—活载，如图 2—17 所示。

桥上全部荷重为：$Q = 5\times220 + 92\times16.5 = 2\,618\ \mathrm{kN}$，则每延米计算单元上，制动力

$$T = \frac{N\cdot Q\cdot t\%}{B}\ (\mathrm{kN}) \tag{2—8}$$

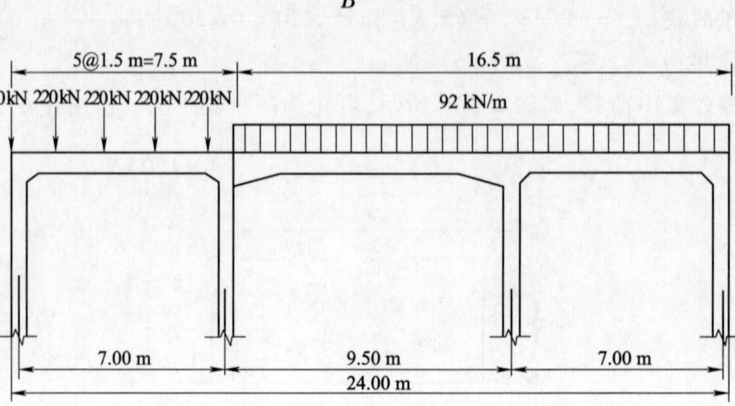

图 2—17 桥上静活载

按一线考虑，则 $N=1, B=4.8\ \text{m}, t\%=7\%$，$T_1=\dfrac{1\times2\,618\times0.07}{4.8}=38.2\ \text{kN}$

按两线考虑，则 $N=2, B=8.8\ \text{m}, t\%=7\%$，$T_2=\dfrac{2\times2\,618\times0.07}{8.8}=41.7\ \text{kN}>38.2\ \text{kN}$

比较后，取其大者，按两线考虑，$T_2=41.7\ \text{kN}$。

二、温度变化的影响

按《桥规》第 4.4.4 条规定，桥涵各部件受温度变化而引起结构内力的影响，应根据当地情况与建造条件按相应的线膨胀系数计算。

钢筋混凝土的线膨胀系数 $\alpha=0.000\,01$。

温度变化的幅度，可按当地气候条件决定。当地最高和最低月平均气温一般取 7 月份和 1 月份的平均值。

设计时，应考虑施工季节和混凝土入模温度，然后确定夏季升温度数和冬季降温度数。

第三章 地道桥结构有限元分析

第一节 引 言

在工程领域中,很多问题已经得到了基本方程和边界条件,但是还很难得到解析解,于是有限元法的出现,通过数值计算方法求得问题的近似值解。以有限元为代表的一系列离散化数值方法的提出,电子计算机为手段的计算方法,它以大型问题为对象,未知数的个数可以成千上万,因而为解决复杂的力学问题提供了一个有效的工具。

框架式地道桥(单孔、双孔、三孔或多孔),一般可以看作为支承在半无限弹性体(弹性地基)上的空间结构,属超静定问题,其内力状况十分复杂。《铁路桥涵钢筋混凝土和预应力混凝土结构设计规范》第 8.2.1 条规定,顶桥结构可按刚架截取单元($b=1$ m)计算。但无论是从理论上还是从实践上看,地道桥结构按刚架截取单元计算是比较近似的办法。不少国内学者对框架结构的计算做了许多有益的工作,如用加权残数法之一最小二乘配点法解斜交框架结构,直接从同题的微分方程出发,通过设定试函数进行求解;利用 S. Amad 等人的从三维等参元引申出的曲面厚壳元来对斜交箱形桥涵做分析;从斜交坐标系下的弯矩、扭矩和剪力方程出发,利用最小势能原理对斜交框架做计算;利用引进的 ANSYS 程序对不同斜交角的三孔连续框架桥进行计算。本章中将介绍用厚板有限元分析框架结构和地道桥 CAD 程序分析框架结构的两种方法。如图 3—1 所示,将地道桥看作是由板(薄板或厚板)组成的框架结构,弹性地基用弹性链杆来表示。

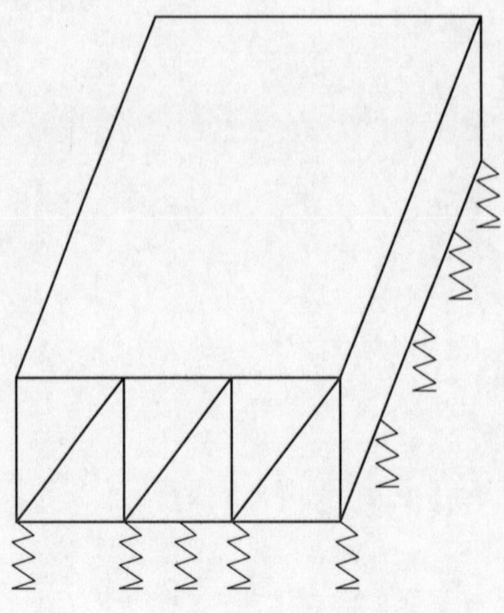

图 3—1 框架结构计算力学模型

工程中的许多板构件,其厚度比它的长度和宽度要小得多,如果厚板的板面内的其他尺寸之比小于 1/5,可以认为是薄板。

第二节　厚板有限元理论

一、基本假设

在薄板理论中，常用柯西霍夫(Kichhoff)假设，采用的假设主要是板中面上的法线变形后仍为直线，且垂直于变形后的中面，这意味着略去剪力产生的剪切变形的影响。而在厚板理论中考虑横向剪应力的影响，采用密德林(Mindlin)假设：板的挠度(ω)是小的、变形前中面的法线，变形后仍保持直线，但不一定垂直于中面、垂直于中面的应力，不论荷载如何，都忽略不计。

考虑图 3—2 所示弹性单元，首先建立一个局部坐标系 $Oxyz$，使坐标面 Oxy 和单元面重合，如图 3—2 所示。则单元中任意点 A 的法线 AB 绕 y 轴的转角 θ_y 为

$$\theta_y = -\frac{\partial \omega}{\partial x} + \phi_x \tag{3—1}$$

式中　$\frac{\partial \omega}{\partial x}$——相邻点挠度差引起的转角；

ϕ_x——剪力 Q_x 引起的剪切变形。

同理，AB 绕 x 轴的转角 θ_x 为

$$\theta_x = \frac{\partial \omega}{\partial y} - \phi_y \tag{3—2}$$

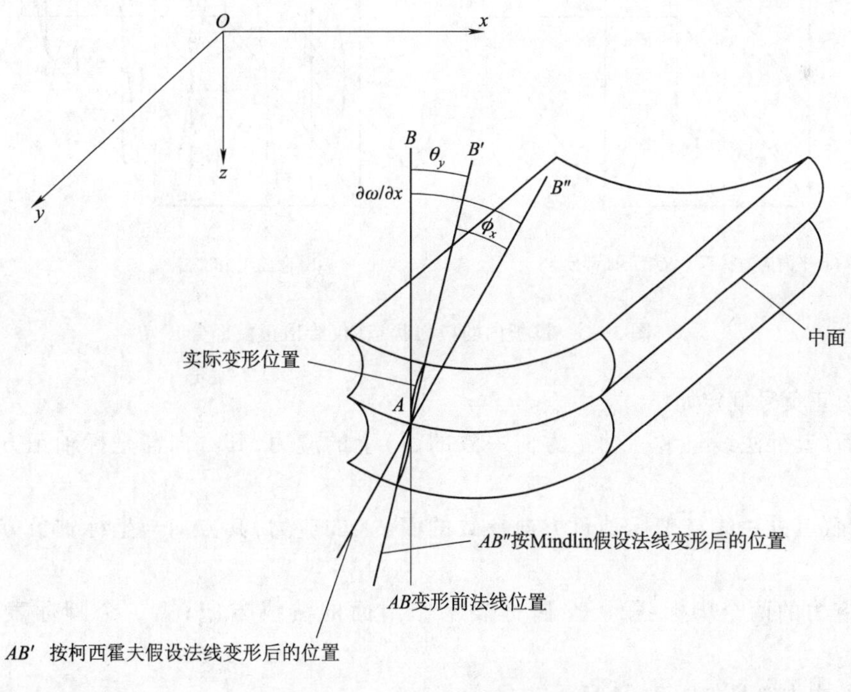

图 3—2　厚板的截面变形

式中 $\frac{\partial \omega}{\partial y}$——相邻点挠度差引起的转角；

ϕ_y——剪力 Q_y 引起的剪切变形。

转角的方向按右手螺旋法则，大拇指指向与坐标轴正方向一致的转动为正。

显然，变形后的法线不再垂直于变形后的中面。

在薄板理论中忽略了剪切变形的影响，在有限元中会造成相邻单元间转角连续性的破坏，随着板厚度的增大，这种现象就显得比较严重，从而影响计算精度。采用密德林假设就把剪切变形考虑在内了，因此，导得的公式既可用于厚板元，也可用于薄板元。框架桥的顶板较厚，采用厚板有限元理论较为合适。

二、位移、内力和变形

在单元所在平面上建立局部坐标系 $Oxyz$，先讨论局部坐标系下的位移、内力和变形，然后进行坐标变换，在总体坐标系下进行讨论。厚板内的应力状态为平面应力状态和弯曲应力状态之和，如图 3—3 所示。

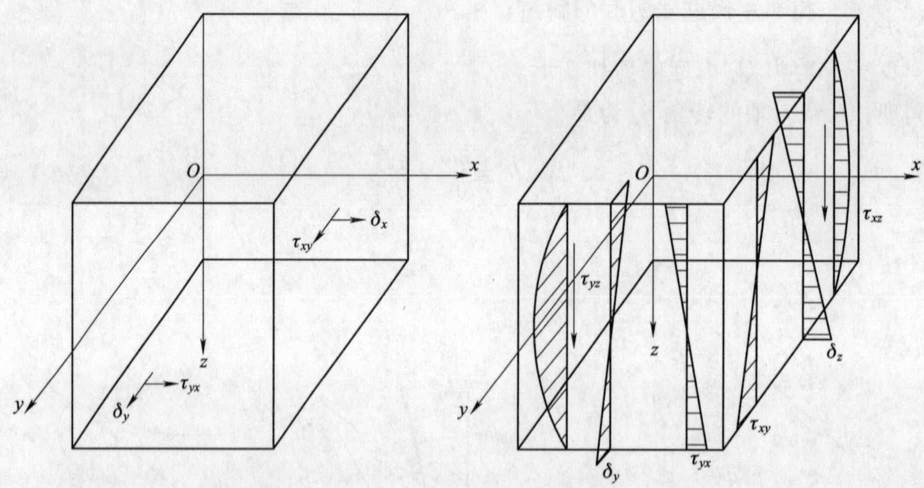

(a) 平面应力状态（仅绘正面部分）　(b) 弯曲应力状态

图 3—3　厚板内的应力状态（仅绘出正面部分）

应力正负号规定如下：

正面（其外法线与坐标轴正方向一致的面）上的应力，其方向与坐标轴正方向一致时为正。

负面（其外法线与坐标轴负方向一致的面）上的应力，其方向与坐标轴负方向一致时为正。

剪应力的两个脚标：第一个脚标表示作用面的法线方向；第二个脚标表示应力的方向。

板的内力符号如图 3—4 所示。

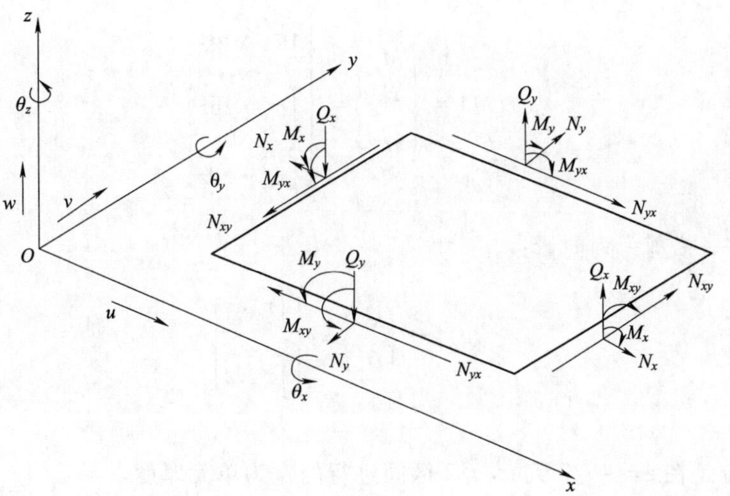

图 3—4　内力符号规定(图示方向为正)

1. 单元内任意点的位移列向量$\{\delta\}$

在局部坐标系下,单元内任意点有 5 个自由度μ、ν、ω、θ_x、θ_y。对于平板来说,绕 z 轴的转角 θ_z 并不存在,但为了从局部坐标系转换到总体坐标系,仍假设有绕 z 轴的转角 θ_z。只是在以后的局部坐标系下的单元刚度矩阵中,第 6 行和第 6 列的元素主元为 l,其余元素为 0。因此,单元内任意点的位移列向量为

$$\{\delta\} = \begin{Bmatrix} \mu \\ \nu \\ \omega \\ \theta_x \\ \theta_y \\ \theta_z \end{Bmatrix} = \begin{Bmatrix} \mu \\ \nu \\ \omega \\ \dfrac{\partial \omega}{\partial y} - \varphi_y \\ -\dfrac{\partial \omega}{\partial x} + \varphi_x \\ \theta_z \end{Bmatrix} \tag{3—3}$$

转角以 θ_x、θ_y 和 θ_z 的方向规定同前;位移μ、ν、ω 的方向沿坐标轴正向为正。

2. 单元内任意点的内力向量$\{F_{内}\}$

$$\{F_{内}\} = \begin{Bmatrix} \{N\} \\ \{M\} \\ \{Q\} \end{Bmatrix} \tag{3—4}$$

式中　$\{N\}$——中面内力(薄膜力)列向量:

$$\{N\} = \begin{Bmatrix} N_x \\ N_y \\ N_z \end{Bmatrix} = \begin{Bmatrix} \int \sigma_x \mathrm{d}z \\ \int \sigma_y \mathrm{d}z \\ \int \tau_{xy} \mathrm{d}z \end{Bmatrix} \tag{3—5}$$

$\{M\}$——弯曲内力列向量：

$$\{M\}=\begin{Bmatrix}M_x\\M_y\\M_{xy}\end{Bmatrix}=\begin{Bmatrix}\int\sigma_x\cdot z\mathrm{d}z\\\int\sigma_y\cdot z\mathrm{d}z\\\int\tau_{xy}\cdot z\mathrm{d}z\end{Bmatrix}\tag{3—6}$$

$\{Q\}$——横剪力列向量：

$$\{Q\}=\begin{Bmatrix}Q_x\\Q_y\end{Bmatrix}=\begin{Bmatrix}\int\tau_{xz}\mathrm{d}z\\\int\tau_{yz}\mathrm{d}z\end{Bmatrix}\tag{3—7}$$

以上积分是在 $z=-t/2$ 到 $z=t/2$ 区间进行的，t 为单元厚度。

3. 单元内任意点应变列向量$\{\varepsilon\}$

$$\{\varepsilon\}=\begin{Bmatrix}\{E\}\\\{\chi\}\\\{\varphi\}\end{Bmatrix}\tag{3—8}$$

式中　$\{E\}$——中面应变列向量：

$$\{E\}=\begin{Bmatrix}\varepsilon_x\\\varepsilon_y\\\gamma_{xy}\end{Bmatrix}=\begin{Bmatrix}\dfrac{\partial\mu}{\partial x}\\\dfrac{\partial\nu}{\partial y}\\\dfrac{\partial\mu}{\partial y}+\dfrac{\partial\nu}{\partial x}\end{Bmatrix}=\begin{bmatrix}\dfrac{\partial}{\partial x}&0\\0&\dfrac{\partial}{\partial y}\\\dfrac{\partial}{\partial y}&\dfrac{\partial}{\partial x}\end{bmatrix}\begin{Bmatrix}\mu\\\nu\end{Bmatrix}\tag{3—9}$$

$\{\chi\}$——弯曲变形列向量：

$$\{\chi\}=\begin{Bmatrix}\chi_x\\\chi_y\\\chi_{xy}\end{Bmatrix}=\begin{Bmatrix}\dfrac{\partial\theta_y}{\partial x}\\-\dfrac{\partial\theta_x}{\partial y}\\\dfrac{\partial\theta_y}{\partial y}-\dfrac{\partial\theta_x}{\partial x}\end{Bmatrix}=\begin{bmatrix}0&0&\dfrac{\partial}{\partial x}\\0&-\dfrac{\partial}{\partial y}&0\\0&-\dfrac{\partial}{\partial x}&\dfrac{\partial}{\partial y}\end{bmatrix}\begin{Bmatrix}\omega\\\theta_x\\\theta_y\end{Bmatrix}\tag{3—10}$$

这里规定，使板向上凸的曲率为正。

$\{\varphi\}$——剪切变形列向量：

$$\{\varphi\}=\begin{Bmatrix}\varphi_x\\\varphi_y\end{Bmatrix}=\begin{Bmatrix}\dfrac{\partial\omega}{\partial x}+\theta_y\\\dfrac{\partial\omega}{\partial y}-\theta_x\end{Bmatrix}=\begin{bmatrix}\dfrac{\partial}{\partial x}&0&1\\\dfrac{\partial}{\partial y}&-1&0\end{bmatrix}\begin{Bmatrix}\omega\\\theta_x\\\theta_x\end{Bmatrix}\tag{3—11}$$

综合式(3—9)～(3—11)得

$$\{\varepsilon\}=\begin{bmatrix}\frac{\partial}{\partial x} & 0 & 0 & 0 & 0 & 0\\ 0 & \frac{\partial}{\partial y} & 0 & 0 & 0 & 0\\ \frac{\partial}{\partial y} & \frac{\partial}{\partial x} & 0 & 0 & 0 & 0\\ 0 & 0 & 0 & 0 & \frac{\partial}{\partial x} & 0\\ 0 & 0 & 0 & -\frac{\partial}{\partial y} & 0 & 0\\ 0 & 0 & 0 & -\frac{\partial}{\partial x} & \frac{\partial}{\partial y} & 0\\ 0 & 0 & \frac{\partial}{\partial x} & 0 & 1 & 0\\ 0 & 0 & \frac{\partial}{\partial y} & -1 & 0 & 0\end{bmatrix}\begin{Bmatrix}\mu\\ \nu\\ \omega\\ \theta_x\\ \theta_y\\ \theta_z\end{Bmatrix}\tag{3—12}$$

三、本构关系——弹性矩阵[D]

1. 平面应力状态

由胡克定律得

$$\left.\begin{aligned}\sigma_x &= \frac{E}{1-\nu^2}(\varepsilon_x+\nu\varepsilon_y)\\ \sigma_y &= \frac{E}{1-\nu^2}(\varepsilon_y+\nu\varepsilon_x)\\ \tau_{xy} &= G\gamma_{xy}=\frac{E}{2(1+\upsilon)}\gamma_{xy}\end{aligned}\right\}\tag{3—13}$$

写成矩阵形式

$$\begin{Bmatrix}\sigma_x\\ \sigma_y\\ \tau_{xy}\end{Bmatrix}=\frac{E}{1-\nu^2}\begin{Bmatrix}1 & \nu & 0\\ \nu & 1 & 0\\ 0 & 0 & \frac{1-\upsilon}{2}\end{Bmatrix}\begin{Bmatrix}\varepsilon_x\\ \varepsilon_y\\ \gamma_{xy}\end{Bmatrix}\tag{3—14}$$

对式(3—14)沿 z 轴积分

$$\begin{Bmatrix}N_x\\ N_y\\ N_{xy}\end{Bmatrix}=\int_{-t/2}^{t/2}\begin{Bmatrix}\sigma_x\\ \sigma_y\\ \tau_{xy}\end{Bmatrix}\mathrm{d}z=\int_{-t/2}^{t/2}\frac{E}{1-\nu^2}\begin{bmatrix}1 & \nu & 0\\ \nu & 1 & 0\\ 0 & 0 & \frac{1-\upsilon}{2}\end{bmatrix}\begin{Bmatrix}\varepsilon_x\\ \varepsilon_y\\ \gamma_{xy}\end{Bmatrix}\mathrm{d}z=\frac{Et}{1-\nu^2}\begin{bmatrix}1 & \nu & 0\\ \nu & 1 & 0\\ 0 & 0 & \frac{1-\upsilon}{2}\end{bmatrix}\begin{Bmatrix}\varepsilon_x\\ \varepsilon_y\\ \gamma_{xy}\end{Bmatrix}$$

简写为

$$\{N\}=[D_t]\{E\}\tag{3—15}$$

式中　$\{N\}=[N_x\quad N_y\quad N_{xy}]^{\mathrm{T}}$；

$\{E\}=[\varepsilon_x\quad \varepsilon_y\quad \gamma_{xy}]^{\mathrm{T}}$；

$$[D_t] = \frac{Et}{1-\nu^2}\begin{bmatrix} 1 & \nu & 0 \\ \nu & 1 & 0 \\ 0 & 0 & \frac{1-\nu}{2} \end{bmatrix}。$$

2. 弯曲应力状态

由胡克定律得

$$\left.\begin{aligned} \sigma_x &= \frac{E}{1-\nu^2}(z\chi_x + vz\chi_y) = \frac{Ez}{1-\nu^2}(\chi_x + \nu\chi_y) \\ \sigma_y &= \frac{E}{1-\nu^2}(z\chi_y + vz\chi_x) = \frac{Ez}{1-\nu^2}(\chi_y + \nu\chi_x) \\ \tau_{xy} &= Gz\chi_{xy} = \frac{Ez}{2(1+\nu)}\chi_{xy} \end{aligned}\right\} \tag{3—16}$$

写成矩阵形式

$$\begin{Bmatrix} \sigma_x \\ \sigma_y \\ \tau_{xy} \end{Bmatrix} = \frac{Ez}{1-\nu^2}\begin{bmatrix} 1 & \nu & 0 \\ \nu & 1 & 0 \\ 0 & 0 & \frac{1-\nu}{2} \end{bmatrix}\begin{Bmatrix} \chi_x \\ \chi_y \\ \chi_{xy} \end{Bmatrix}$$

将上式作如下积分

$$\begin{Bmatrix} M_x \\ M_y \\ M_{xy} \end{Bmatrix} = \int_{-t/2}^{t/2}\begin{Bmatrix} \sigma_x \\ \sigma_y \\ \tau_{xy} \end{Bmatrix} z\mathrm{d}z = \int_{-t/2}^{t/2}\frac{Ez^2}{1-\nu^2}\begin{bmatrix} 1 & \nu & 0 \\ \nu & 1 & 0 \\ 0 & 0 & \frac{1-\nu}{2} \end{bmatrix}\begin{Bmatrix} \chi_x \\ \chi_y \\ \chi_{xy} \end{Bmatrix}\mathrm{d}z = \frac{Et^3}{12(1-\nu^2)}\begin{bmatrix} 1 & \nu & 0 \\ \nu & 1 & 0 \\ 0 & 0 & \frac{1-\nu}{2} \end{bmatrix}\begin{Bmatrix} \chi_x \\ \chi_y \\ \chi_{xy} \end{Bmatrix}$$

简写为

$$\{M\} = [D_f]\{\chi\} \tag{3—17}$$

式中 $\{M\} = [M_x \quad M_y \quad M_{xy}]^{\mathrm{T}}$；

$\{\chi\} = [\chi_x \quad \chi_y \quad \chi_{xy}]^{\mathrm{T}}$。

$$[D_f] = \frac{Et^3}{12(1-\nu^2)}\begin{bmatrix} 1 & \nu & 0 \\ \nu & 1 & 0 \\ 0 & 0 & \frac{1-\nu}{2} \end{bmatrix}$$

3. 剪切应力状态

由胡克定律得

$$\left.\begin{aligned} \tau_{xz} &= \frac{G}{\alpha}\varphi_x \\ \tau_{yz} &= \frac{G}{\alpha}\varphi_y \end{aligned}\right\} \tag{3—18}$$

式中 α——剪应力沿厚度分布不均匀系数，对于矩形截面 $\alpha = 3/2$。

引入 $G = \frac{E}{2(1+\nu)}$，式(3—18)可写为

$$\begin{Bmatrix} \tau_{xz} \\ \tau_{yz} \end{Bmatrix} = \frac{E}{2(1+\nu)\alpha}\begin{bmatrix} 1 & 0 \\ 0 & 1 \end{bmatrix}\begin{Bmatrix} \varphi_x \\ \varphi_y \end{Bmatrix}$$

对上式作沿 z 轴的积分

$$\begin{Bmatrix} Q_x \\ Q_y \end{Bmatrix} = \int_{-t/2}^{t/2} \frac{E}{2(1+\nu)\alpha}\begin{bmatrix} 1 & 0 \\ 0 & 1 \end{bmatrix}\begin{Bmatrix} \varphi_x \\ \varphi_y \end{Bmatrix}\mathrm{d}z = \frac{Et}{2(1+\upsilon)\alpha}\begin{bmatrix} 1 & 0 \\ 0 & 1 \end{bmatrix}\begin{Bmatrix} \varphi_x \\ \varphi_y \end{Bmatrix}$$

简写为

$$\{Q\} = [\mathrm{D_s}]\{\varphi\} \tag{3—19}$$

式中　$\{Q\} = [Q_x \quad Q_y]^{\mathrm{T}}$；

$\{\varphi\} = [\varphi_x \quad \varphi_y]^{\mathrm{T}}$；

$[D_s] = \dfrac{Et}{2(1+\nu)\alpha}\begin{bmatrix} 1 & 0 \\ 0 & 1 \end{bmatrix}$。

综合式(3—15)、(3—17)、(3—19)得厚板内力与应变的关系为

$$\{F_{内}\} = [D]\{\varepsilon\} \tag{3—20}$$

式中　$\{F_{内}\} = [\{N\}^{\mathrm{T}} \quad \{M\}^{\mathrm{T}} \quad \{Q\}^{\mathrm{T}}]^{\mathrm{T}}$；

$\{\varepsilon\} = [\{E\}^{\mathrm{T}} \quad \{\chi\}^{\mathrm{T}} \quad \{\varphi\}^{\mathrm{T}}]^{\mathrm{T}}$；

$[D] = \begin{bmatrix} [D_t] & 0 & 0 \\ 0 & [D_f] & 0 \\ 0 & 0 & [D_s] \end{bmatrix}$。

$[\boldsymbol{D}_t]$、$[\boldsymbol{D}_f]$和$[\boldsymbol{D}_s]$分别为中面内力与中面变形、弯曲内力与弯曲变形、横剪力与剪切变形之间的弹性矩阵。$[\boldsymbol{D}]$称为内力与变形之间的弹性矩阵。

在以上各式中，E 为弹性模量，υ 为泊松比，t 为单元的厚度。

当有温度影响时，用这样的方法来考虑其效应。假设单元平均温度变化为 T，则温度产生一个初应变$\{\varepsilon_0\}$

$$\begin{aligned}\{\varepsilon_0\} &= [\varepsilon_{x0} \quad \varepsilon_{y0} \quad \gamma_{xy0} \quad \psi_{x0} \quad \psi_{y0} \quad \psi_{xy0} \quad \varphi_{x0} \quad \varphi_{y0}]^{\mathrm{T}} \\ &= [\alpha T \quad \alpha T \quad 0 \quad 0 \quad 0 \quad 0 \quad 0 \quad 0]^{\mathrm{T}}\end{aligned} \tag{3—21}$$

式中　α——材料的热膨胀系数。

则本构关系式(3—20)变为

$$\{F_{内}\} = [\boldsymbol{D}](\{\varepsilon\} - \{\varepsilon_0\}) = [\boldsymbol{D}]\{\varepsilon\} - [D]\{\varepsilon_0\} \tag{3—22}$$

四、形 函 数

在单元所在的平面建立局部坐标系 $OXYZ$，单元的节点编号如图 3—5 逆时针向编排所示。XOY 平面上的曲边四边形映射到参数坐标系 ε、η 平面上成为正方形单元。

单元内任意点的位移用单元节点(8 个)位移来表达：

$$\{\delta\} = \sum_{i=1}^{8}[N_i]\{\delta_i\} \tag{3—23}$$

式中　$\{\delta\}$——单元内任意点位移列向量；

$\{\delta_i\}$——单元节点位移列向量；

$[N_i] = N_i[I_6]$；

N_i—— 节点的形函数($i = 1,2,\cdots,8$)；

$[I_6]$——六阶单位矩阵。

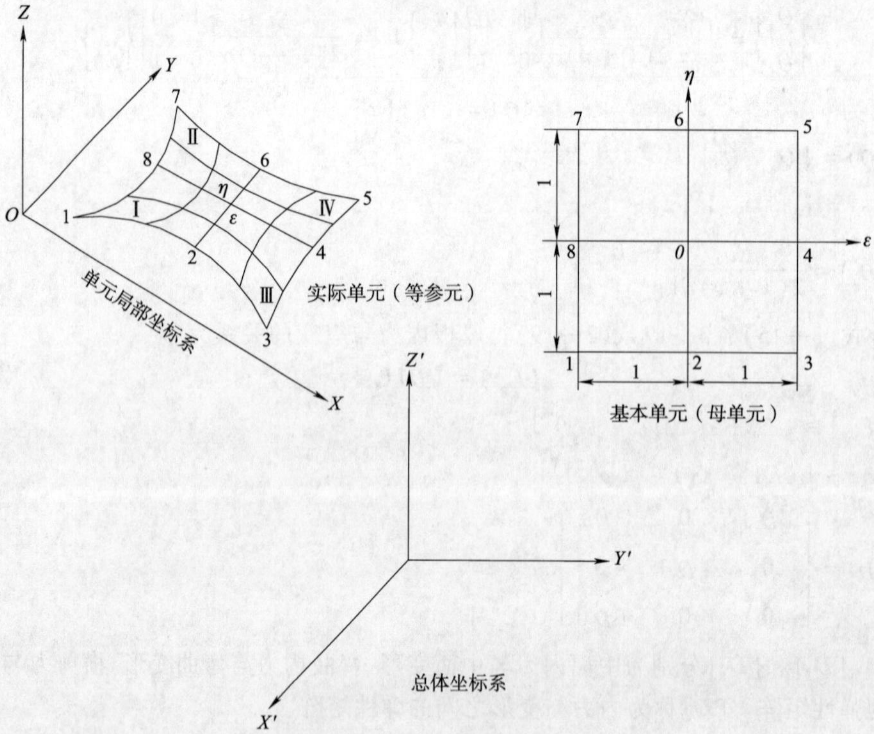

注：1, 2, …, 8为单元节点；

Ⅰ、Ⅱ、Ⅲ、Ⅳ为高斯积分点。

图 3—5　单元映射

单元内任意点的坐标(x,y),也用同样的形函数及节点坐标来表示

$$\left.\begin{aligned} x(\varepsilon,\eta) &= \sum_{i=1}^{8}[N_i](\varepsilon,\eta)x_i \\ y(\varepsilon,\eta) &= \sum_{i=1}^{8}[N_i](\varepsilon,\eta)y_i \end{aligned}\right\} \tag{3—24}$$

上面单元位移函数式和坐标变换式采用相同的形状函数来表达单元的位移$\{\delta\}$和几何坐标x,y,这样的单元称为等参元。因采用八节点,故称为八节点等参元。现在等参元已被广泛采用到结构工程的有限元计算中,而八节点等参元最为常用,因为它计算精度高,仅需较粗的单元网格划分就能满足计算要求。

八节点等参元的形函数为

$$\left.\begin{aligned}
N_1(\varepsilon,\eta) &= -\frac{1}{4}(1-\varepsilon)(1-\eta)(1+\varepsilon+\eta)\\
N_2(\varepsilon,\eta) &= \frac{1}{2}(1-\varepsilon^2)(1-\eta)\\
N_3(\varepsilon,\eta) &= \frac{1}{4}(1+\varepsilon)(1-\eta)(\varepsilon-\eta-1)\\
N_4(\varepsilon,\eta) &= \frac{1}{2}(1+\varepsilon)(1-\eta^2)\\
N_5(\varepsilon,\eta) &= \frac{1}{4}(1+\varepsilon)(1+\eta)(\varepsilon+\eta-1)\\
N_6(\varepsilon,\eta) &= \frac{1}{2}(1-\varepsilon^2)(1+\eta)\\
N_7(\varepsilon,\eta) &= \frac{1}{4}(1-\varepsilon)(1+\eta)(-\varepsilon+\eta-1)\\
N_8(\varepsilon,\eta) &= \frac{1}{2}(1-\varepsilon)(1-\eta^2)
\end{aligned}\right\} \tag{3—25}$$

上述形函数建立的准则是:各形函数在各自节点处的函数值为1,在其他节点处的函数值为0。

从式(3—23)可知,该位移函数在各条边界上的位移是 ε 或 η 的二次函数,故它完全可以由其边上的节点(三个)值唯一确定,位移函数满足位移连续条件,故八节点等参元是一个协调元。

从式(3—24)可知,坐标变换式也取为二次变换函数,故每条上都为二次抛物线。显然,抛物线可以由边上三点坐标值唯一确定,所以满足两单元相邻边界的 n 向贴合条件。

由以上论述可知,八节点等参元较常应变三角元有以下几个优点。

1. 八节点等参元是一个协调元,它较常应变三角元更能逼近各种几何曲线边界;

2. 单元的位移函数是双二次插值函数,故能更好地反映弹性体的位移状态;

3. 由于采用了较好描述位移场的位移函数,故可对结构进行较粗的单元网格划分而达到较精确的解答。

五、应变与节点位移的关系—几何矩阵[$\boldsymbol{B}$]

将式(3—23)代入式(3—12)得

$$\{\varepsilon\} = \sum_{i=1}^{8} \begin{vmatrix} \frac{\partial N_i}{\partial x} & 0 & 0 & 0 & 0 & 0 \\ 0 & \frac{\partial N_i}{\partial y} & 0 & 0 & 0 & 0 \\ \frac{\partial N_i}{\partial y} & \frac{\partial N_i}{\partial x} & 0 & 0 & 0 & 0 \\ 0 & 0 & 0 & 0 & \frac{\partial N_i}{\partial x} & 0 \\ 0 & 0 & 0 & -\frac{\partial N_i}{\partial x} & 0 & 0 \\ 0 & 0 & 0 & -\frac{\partial N_i}{\partial x} & \frac{\partial N_i}{\partial y} & 0 \\ 0 & 0 & \frac{\partial N_i}{\partial x} & 0 & N_i & 0 \\ 0 & 0 & \frac{\partial N_i}{\partial y} & -N_i & 0 & 0 \end{vmatrix} \begin{Bmatrix} \mu_i \\ \nu_i \\ \omega_i \\ \theta_{xi} \\ \theta_{yi} \\ \theta_{zi} \end{Bmatrix} = \sum_{i=1}^{8} [B_i]\{\delta_i\}$$

简写为

$$|\varepsilon| = [B]\{\delta\}^{(e)} \tag{3—26}$$

式中 $[\boldsymbol{B}]_{(8\times 48)} = [[B_1] \quad [B_2] \quad \cdots \quad [B_8]]$为几何矩阵；

$\{\delta\}^{(e)}_{(48\times 1)} = [[\delta_1] \quad [\delta_2] \quad \cdots \quad [\delta_8]]^{\mathrm{T}}$为单元节点位移列向量。

六、局部坐标系下的单元刚度矩阵$[\boldsymbol{K}]^{(e)}$

用虚功原理:内力虚功＝外力虚功

给定一个单元节点虚位移$\{\delta^*\}^{(e)}_{(48\times 1)}$,则

$$W_{外} = (\{\delta^*\}^{(e)})^{\mathrm{T}}\{F\}^{(e)}_{(48\times 1)} \tag{3—27}$$

$$W_{内} = \iint (\{\varepsilon^*\})^{\mathrm{T}}\{F_{内}\}_{(8\times 1)}\,\mathrm{d}x\mathrm{d}y \tag{3—28}$$

式中 ε^*——与单元节点虚位移$\{\delta^*\}^{(e)}$相对应的单元内的虚应变。

由变形与节点位移的关系以及本构关系得

$$\begin{aligned} W_{内} &= \iint ([B]\{\delta^*\}^{(e)})^{\mathrm{T}}([D]\{\varepsilon\} - [D]\{\varepsilon_0\})\,\mathrm{d}x\mathrm{d}y \\ &= \iint (\{\delta^*\}^{(e)})^{\mathrm{T}}[B]^{\mathrm{T}}([D][B]\{\delta\}^{(e)} - [D]\{\varepsilon_0\})\,\mathrm{d}x\mathrm{d}y \\ &= \iint (\{\delta^*\}^{(e)})^{\mathrm{T}}([B]^{\mathrm{T}}[D][B]\{\delta\}^{(e)} - [B]^{\mathrm{T}}[D]\{\varepsilon_0\})\,\mathrm{d}x\mathrm{d}y \end{aligned}$$

由于$\{\delta^*\}^{(e)}$是不为零的给定值,故可提到积分号的外面。也由于$\{\delta^*\}^{(e)}$是常数,同样可提到积分号的外面,则

$$W_{内} = (\{\delta^*\}^{(e)})\left\{\left[\iint [B]^{\mathrm{T}}[D][B]\,\mathrm{d}x\mathrm{d}y\right]\{\delta\}^{(e)} - \iint [B]^{\mathrm{T}}[D]\{\varepsilon_0\}\,\mathrm{d}x\mathrm{d}y\right\} \tag{3—29}$$

比较式(3—27)和式(3—29),由 $W_{外} = W_{内}$得

$$(\{\delta^*\}^{(e)})^{\mathrm{T}}\{F\}^{(e)} = (\{\delta^*\}^{(e)})^{\mathrm{T}}\left\{\left[\iint [B]^{\mathrm{T}}[D][B]\,\mathrm{d}x\mathrm{d}y\right]\{\delta\}^{(e)} - \iint [B]^{\mathrm{T}}[D]\{\varepsilon_0\}\,\mathrm{d}x\mathrm{d}y\right\}$$

由于$\{\delta^*\}^{(e)}$是一个不为零的给定值，故可在等式两边将其消去，得

$$\{F\}^{(e)} = \left[\iint [B]^{\mathrm{T}}[D][B]\mathrm{d}x\mathrm{d}y\{\delta\}^{(e)} - \iint [B]^{\mathrm{T}}[D]\{\varepsilon_0\}\mathrm{d}x\mathrm{d}y\right]$$

$$\{F\}^{(e)} + \left[\iint [B]^{\mathrm{T}}[D]\{\varepsilon_0\}\mathrm{d}x\mathrm{d}y\right] = \iint [B]^{\mathrm{T}}[D][B]\mathrm{d}x\mathrm{d}y\{\delta\}^{(e)}$$

简写为

$$\{F\}^{(e)} + \{F^{(0)}\} = [K]^{(e)}\{\delta\}^{(e)} \tag{3—30}$$

式中　$\{F\}^{(e)}_{(48\times1)}$——作用在单元节点上等效节点力，包括集中荷载和均布荷载；

$\{F^{(0)}\}_{(48\times1)} = \iint [B]^{\mathrm{T}}[D]\{\varepsilon_0\}\mathrm{d}x\mathrm{d}y$，为温度变化产生的等效节点力；

$\{K\}^{(e)}_{(48\times1)} = \iint [B]^{\mathrm{T}}[D][\mathrm{B}]\mathrm{d}x\mathrm{d}y$，为局部坐标下的单元刚度矩阵；

$\{\delta\}^{(e)}$——单元节点位移。

在具体计算单元刚度矩阵等项目时，由于形函数 N 是 ε、η 的显函数，为求形函数对 x、y 的偏导数，需用复合函数求导公式。

$$\left.\begin{aligned}\frac{\partial N_i}{\partial \varepsilon} &= \frac{\partial N_i}{\partial x}\cdot\frac{\partial x}{\partial \varepsilon} + \frac{\partial N_i}{\partial y}\cdot\frac{\partial y}{\partial \varepsilon}\\ \frac{\partial N_i}{\partial \eta} &= \frac{\partial N_i}{\partial x}\cdot\frac{\partial x}{\partial \eta} + \frac{\partial N_i}{\partial y}\cdot\frac{\partial y}{\partial \eta}\end{aligned}\right\} \tag{3—31}$$

写成矩阵形式

$$\begin{bmatrix}\dfrac{\partial N_i}{\partial \varepsilon}\\ \dfrac{\partial N_i}{\partial \eta}\end{bmatrix} = \begin{bmatrix}\dfrac{\partial x}{\partial \varepsilon} & \dfrac{\partial y}{\partial \varepsilon}\\ \dfrac{\partial x}{\partial \eta} & \dfrac{\partial y}{\partial \eta}\end{bmatrix}\begin{bmatrix}\dfrac{\partial N_i}{\partial x}\\ \dfrac{\partial N_i}{\partial y}\end{bmatrix} \tag{3—32}$$

令

$[J] = \begin{bmatrix}\dfrac{\partial x}{\partial \varepsilon} & \dfrac{\partial y}{\partial \varepsilon}\\ \dfrac{\partial x}{\partial \eta} & \dfrac{\partial y}{\partial \eta}\end{bmatrix}$，$[J]$称为雅克比（Jacob）矩阵。

则

$$\begin{Bmatrix}\dfrac{\partial N_i}{\partial x}\\ \dfrac{\partial N_i}{\partial y}\end{Bmatrix} = [J]^{-1}\begin{Bmatrix}\dfrac{\partial N_i}{\partial \varepsilon}\\ \dfrac{\partial N_i}{\partial \eta}\end{Bmatrix} \tag{3—33}$$

七、局部坐标系的方向余弦

采用局部坐标系，从单元分析的角度来看是方便的，但从总体分析的角度来看却又带来麻烦。在整体分析中，对所有单元最好都采用同一个公共坐标系，这个公共坐标系也叫做总体坐标系或结构坐标系。因此，在进行整体分析之前，需要进行坐标转换的工作，把局部坐标系中得出的单元刚度矩阵转换成总体坐标系中的单元刚度矩阵。

当单元的八个节点之总体坐标给定后，可根据下述法则建立起单元的局部坐标系，并可求出各坐标轴在总体坐标系中的方向余弦。局部坐标系的建立如图 3—6 所示。

通过节点 1 和 3，作矢量$\overrightarrow{13}$：

$$\overrightarrow{13} = \begin{Bmatrix} x_3' - x_1' \\ y_3' - y_1' \\ z_3' - z_1' \end{Bmatrix} \tag{3—34}$$

式中　x_1', y_1', z_1'和x_3', y_3', z_3'分别为节点 1 和节点 3 的总体坐标。

矢量$\overrightarrow{13}$的模$|\overrightarrow{13}|$为

$$|\overrightarrow{13}| = \sqrt{(x_3' - x_1')^2 + (y_3' - y_1')^2 + (z_3' - z_1')^2} \tag{3—35}$$

取$\overrightarrow{13}$为单元局部坐标系的 x 轴方向，则 x 轴的单位矢量（亦即 x 轴的方向余弦）为

$$\overrightarrow{v_x} = \frac{\overrightarrow{13}}{|\overrightarrow{13}|} = \frac{1}{|\overrightarrow{13}|}\begin{Bmatrix} x_3' - x_1' \\ y_3' - y_1' \\ z_3' - z_1' \end{Bmatrix} = \begin{Bmatrix} \cos(x,x') \\ \cos(x,y') \\ \cos(x,z') \end{Bmatrix} \tag{3—36}$$

接着作矢量$\overrightarrow{15}$，连结节点 1 和 5，同样可得

$$\overrightarrow{15} = \begin{Bmatrix} x_5' - x_1' \\ y_5' - y_1' \\ z_5' - z_1' \end{Bmatrix} \tag{3—37}$$

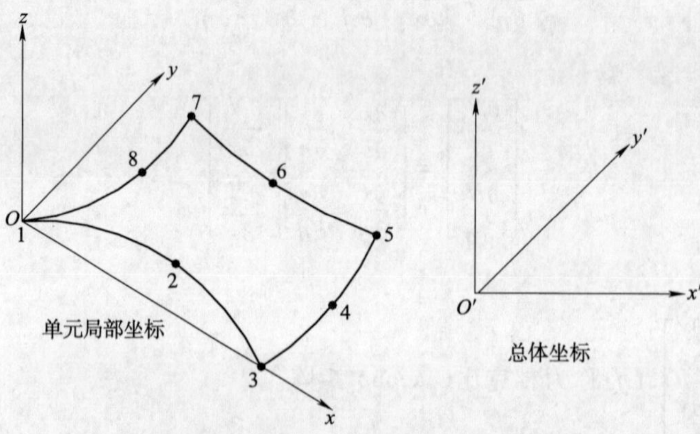

图 3—6　单元局部坐标的建立

再作矢量$\vec{c}$，使$\vec{c} = \vec{v}_x \times \overrightarrow{15}$。定$\vec{c}$为单元局部坐标系的 z 轴方向，则 z 轴方向的单位矢量亦即 z 轴的方向余弦为

$$\vec{v}_z = \frac{\vec{c}}{|\vec{c}|} = \begin{Bmatrix} \cos(z,x') \\ \cos(z,y') \\ \cos(z,z') \end{Bmatrix} \tag{3—38}$$

y 轴方向的单位矢量（亦即 y 轴的方向余弦）为

$$\vec{v}_y = \vec{v}_z \times \vec{v}_x = \begin{Bmatrix} \cos(y,x') \\ \cos(y,y') \\ \cos(y,z') \end{Bmatrix} \tag{3—39}$$

八、坐标转换矩阵与总体坐标系下的单元刚度矩阵

坐标转换矩阵为

$$N = \begin{bmatrix} T & & & & & & & \\ & T & & & & & & \\ & & T & & & & & \\ & & & T & & & & \\ & & & & T & & & \\ & & & & & T & & \\ & & & & & & T & \\ & & & & & & & T \end{bmatrix}_{(48\times48)} \tag{3—40}$$

$$T = \begin{bmatrix} \cos(x,x') & \cos(x,y') & \cos(x,z') & & & \\ \cos(y,x') & \cos(y,y') & \cos(y,z') & & & \\ \cos(z,x') & \cos(z,y') & \cos(z,z') & & & \\ & & & \cos(x,x') & \cos(x,y') & \cos(x,z') \\ & & & \cos(y,x') & \cos(y,y') & \cos(y,z') \\ & & & \cos(z,x') & \cos(z,y') & \cos(z,z') \end{bmatrix} \tag{3—41}$$

在框架结构中，宜取总体坐标系的 x'轴平行于边中墙，取局部坐标系的 x 轴平行于 x'轴。总体坐标 x'轴和局部坐标 x 轴的取法如图 3—7 所示。

x'轴和 x 轴这样取定后，框架桥顶底板上的单元局部坐标系就与总体坐标系相一致，总体坐标系下的单元刚度矩阵就等于局部坐标系下的单元刚度矩阵；边中墙上的单元局部坐标系等于把总体坐标系绕 x'轴按右手螺旋法则旋转 90°而得。概括起来，结构单元局部坐标系与结构总体坐标系之间的关系取决于单元法线与 z'轴之间的夹角 α。当为顶板和底板上的单元，$\alpha=0°$；当为边墙和中墙上的单元，$\alpha=90°$。

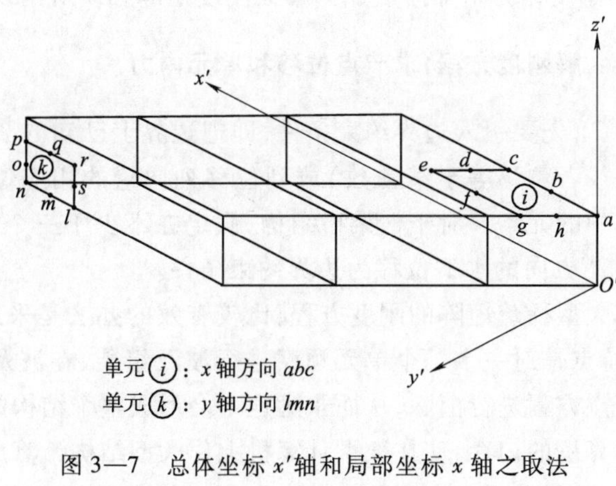

单元(i)：x 轴方向 abc

单元(k)：y 轴方向 lmn

图 3—7　总体坐标 x'轴和局部坐标 x 轴之取法

这样，矩阵[T]可简化为

$$[\boldsymbol{T}]=\begin{bmatrix}1 & 0 & 0 & & & \\ 0 & \cos\alpha & \sin\alpha & & & \\ 0 & -\sin\alpha & \cos\alpha & & & \\ & & & 1 & 0 & 0 \\ & & & 0 & \cos\alpha & \sin\alpha \\ & & & 0 & -\sin\alpha & \cos\alpha\end{bmatrix} \tag{3—42}$$

最终总体坐标系下的单元刚度矩阵为

$$[\boldsymbol{K}]=\iint[N]^{\mathrm{T}}[B]^{\mathrm{T}}[D][B][N]\mathrm{d}x\mathrm{d}y=[N]^{\mathrm{T}}[K]^{(e)}[N] \tag{3—43}$$

九、弹性地基的处理

用温克尔(E. Winkler)假定来处理弹性地基。设想与地基接触的每个单元上有8根弹性链杆,分别连在单元的8个节点上,每根弹性链杆的刚度等于与本单元相接触的地基总刚度的1/8,也就是说,这8根链杆取代了该单元下的地基。这些弹性链杆只能受压,不能受拉。在实际计算图式中,一个节点往往为几个单元共有,如四个单元的交点,那么,该点上所连弹性链杆的刚度为四个单元的地基各自分配给它的刚度的总和。

在计算中,安放弹性链杆的过程分为三步:

1. 根据单元的面积 A 和地基的弹性系数 $K(\mathrm{kN/m^3})$ 以及指定的链杆安置方位计算各弹性链杆的刚度。

$$K_{\text{杆}}=\frac{1}{8}K\cdot A \tag{3—44}$$

2. 每个单元都有一组单元节点位移列向量(每个单元有8个节点,每个节点有6个自由度,故单元节点位移向量共有48个分量,它们按照单元中的节点编号和自由度编号依次排列)。找出弹性链杆方位相当于单元节点位移列向量中的第几个分量。今链杆方位与 ω 相同,故为第三、第九、第十五、第二十一、第二十七、第三十三、第三十九、第四十五分量。

3. 把弹性链杆的刚度作为附加刚度加到单元刚度矩阵相应对角线元素中去。

十、引入边界条件,解刚度方程,求节点位移和单元内力

解刚度方程之前,首先要引入边界约束条件,即把边界上已知的节点位移(或者位移等于零,即节点被固定;或者位移等于某常数)放到位移列向量的相应位置中去,并修改相应荷载列阵和刚度矩阵中的元素。对于框架桥结构,假定在不少于三个桥底节点上只有竖向弹性沉陷,而没有 X'、Y'方向的水平位移为边界约束条件。

在微机上解含有大型稀疏矩阵的刚度方程,比较有效的办法是采用波前法(Front Wave Method)。波前法的特点是对一个一个单元顺序进行波及组装,在波及组装中,对于下面波及组装不起作用的节点方程进行消除,从而永远也不会形成整个结构的总体刚度矩阵,这样就大大节省了电子计算机的内存,使在微型计算机上作大型结构计算成为可能。

通过解刚度方程、求得单元节点位移 $\{\delta\}^{(E)}$ 后,就可计算单元内力。计算单元内力是在局部坐标系下进行的,先把总体坐标系下的单元节点位移 $\{\delta\}^{(E)}$ 转换为局部坐标系下的单元节点位移 $\{\delta\}^{(e)}$。

$$\{\delta\}^{(e)} = [T]\{\delta\}^{(E)} \tag{3—45}$$

式中　$[T]$——节点坐标转换矩阵,见式(3—42),式中的 α 为 z'轴与单元法线之夹角,对 x'轴符合右手螺旋法则时 α 为正,反之为负。

单元内力为

$$\begin{Bmatrix} \{N\} \\ \{M\} \\ \{Q\} \end{Bmatrix} = \begin{bmatrix} [D_i] & & \\ & [D_j] & \\ & & [D_s] \end{bmatrix} \begin{Bmatrix} \{E\} \\ \{\chi\} \\ \{\varphi\} \end{Bmatrix} = \sum_{i=1}^{8} [D][B_t]\{\delta\}^{(e)} \tag{3—46}$$

在具体计算刚度时,一般采用高斯—勒让德(Gauss—Legendrc)数值积分法,它的优点是精度高且容易执行。

二维高斯积分公式可写为

$$I_n = \int_{-1}^{+1}\int_{-1}^{+1} \varphi(\xi,\eta)\mathrm{d}\xi\mathrm{d}\eta = \sum_{i=1}^{n}\left[b_j \sum_{i=1}^{n} a_i\varphi(\xi_i,\eta_i)\right] \tag{3—47}$$

式中　a_i, b_j——加权因子;

ξ,η——积分点的坐标;

n——高斯法则点数。

由于高斯点的几何矩阵[**B**]在计算单元刚度矩阵和等效节点荷载中已经用过,即高斯点的几何矩阵已知,所以计算单元内力时,常常只计算单元高斯点上的内力。求单元中心的内力常用二种方法:一是取高斯点内力的平均值;二是求形心处的几何矩阵,用同于求高斯点上内力的方法进行计算。

第三节　厚板有限元程序设计

地下结构工程领域数值计算被广泛应用,这些数值分析方法有有限元法、边界元法、有限差分法等,其中尤以有限元法应用最广,它在基坑开挖、隧道围岩稳定、隧道施工模拟、地下工程结构内力分析等计算中发挥了比较重要的作用。FORTRAN、C 语言等已成功地应用于各种工程问题,但是在编制相关程序时,需要进行复杂的网格划分、统计各单元信息及节点坐标,然后进行有限元分析,最后再配合一些相应的后处理程序才能把大量数据信息转化为直观的、易于理解的静态和动态图形。

一、有限元分析软件介绍

1. ANSYS 有限元分析

随着计算机软件及图形学的发展,现在有了众多的通用和专用有限元软件,ANSYS 就是其中最为通用有效的商用有限元软件之一。ANSYS 从 20 世纪 70 年代诞生至今天的 ANSYS8.0,经过 30 余年的发展,已经成为能够紧跟计算机硬件、软件发展的最新水平,功能丰富、用户界面友好、前后处理和图形功能完备的高效有限元软件系统。它拥有丰富和完善的单元库、材料模型库和求解器,它完全交互式的前后处理或者二次开发图形软件,大大减轻了工程技术人员创建工程模型、生成有限元模型以及分析和评价结果的工作量,它可以和多种 CAD 软件(如 AUTOCAD 等)有效连接,可以轻松把复杂的工程结构体的 CAD 设计图形输入到 ANSYS 中加以有限元分析。

钢筋混凝土结构是土木工程中应用最为广泛的一种结构。但是,对钢筋混凝土的力学性能还不能说已经掌握得很全面,特别是对混凝土的力学性能。因为混凝土由水泥、水、砂子、石子及各种掺和料或者外加剂混合硬化而成,是成分复杂、性能多样的建筑材料。但随着电子计算机的飞速发展,有限元法等现代数值计算方法在工程分析中得到了越来越广泛的应用。同时,在钢筋混凝土结构的分析中也显示了这一方法的优越性。ANSYS 软件作为一个大型通用有限元分析软件,已经成为土木建筑行业 CAE 仿真分析软件的主流。它能够给出结构内力和变形发展的全过程;能够描述裂缝的形成和开展,以及结构的破坏过程及其形态;能够对结构的极限承载能力和可靠度作出评估;能够揭示出结构的薄弱部位和环节,以利于优化结构设计。另外,它能广泛地适用于各种结构类型和不同受力条件下的环境。

垂直荷载:顶板垂直荷载由路面活载及垂直土压力组成,路面活载折算成等效均布荷载。

侧向荷载:地下水位较高的地方考虑地下水荷载,还要考虑侧墙侧向水平土压力荷载。

地基对结构的弹性反力用弹簧代替。由于结构与荷载均对称,结构的中轴线在水平方向上无位移,所以对中轴线底端位移进行水平方向约束,即 $u=0$。

由于箱形地道桥的顶板承受荷载较大,承受来自于顶板的自重、道砟、线路设备重及列车活载,顶板、底板的弯矩及剪力值均较中墙和侧墙大。地道桥结构顶板、底板主要承受较大的弯矩和剪力值;弯矩值最大值出现在顶板跨中,其次为底板跨中;剪力值最大值出现在顶、底板与中墙及边墙交叉处。边墙、中墙主要承受轴力及弯矩值,且边墙大于中墙,受力较均匀;由于墙高较高,侧墙由于主动及被动土压力也承受较大的剪力。结构在外荷载作用下,整体变形协调较好,但在底板与边墙及中墙交叉处,产生较大的应力值,一般需通过设置加腋以减缓应力集中。

当今交通工程中,铁路和公路平面交叉所带来的问题日益突出,比较成功的解决方法是在既有铁路下方修建地道桥。地道桥结构的计算方法一般有结构力学方法和有限元法等。运用常规力学方法进行地道桥分析时,为便于计算常常需做某些假定,如计算截面面积时不考虑钢筋换算面积;在计算结构变位时忽略轴力与剪力的影响,仅考虑弯矩的影响;不考虑角节点区域变形的影响等,这些计算假定在一定程度上影响到了分析结果的准确性。而有限元法在工程设计中的运用可以获得较为准确的结果,在地道桥结构的有限元分析中一般处理方法是将地道桥视为弹性地基上的箱型结构。对于地基土的模拟一般都采用 Winkler 地基模型,用无任何联系的弹簧系来模拟地基土。

基本假设与简化:(1)地道桥箱体结构是与土介质形成一个连续或不连续的整体,两者之间存在相互作用。(2)将混凝土和土介质视为两种不同特性的固体材料分析。由于土的特殊性,可采用岩土工程有限元中的总应力分析方法来计算。总应力分析方法视土介质为固体材料,不考虑渗流。(3)有限元计算采用非线性静力分析,不考虑时间效应和动力效应。

计算本构模型:(1)在一般钢筋混凝土分析中,作为混凝土材料最常用的本构模型还是线弹性理论以及由此理论定义的混凝土"破坏准则"。混凝土的本构模型采用各向同性线弹性本构关系,破坏准则采用 Willam&Warnke5 参数准则。(2)土的有限元分析采用 ANSYS 中的本构模型是 Drucker—Prager 模型,属于理想弹塑性模型,不考虑强化效应,但考虑了静水压力的影响。

2. MIDAS 有限元分析

此软件具有钢筋实体单元,可考虑钢筋与混凝土的耦合作用,比较真实的反映了构件的应力应变状态及出现裂缝位置和裂缝大小。对于混凝土结构在极限状态下表现出材料非线性特性时,构件需要考虑其弹塑性承载能力,仅仅做线弹性分析是不能反映结构的真实的应力状态,应进行相应非线性模拟计算。

3. 桥梁博士有限元分析

Dr. Bridge 系统是一个集可视化数据处理、数据库管理、结构分析、打印与帮助为一体的综合性桥梁结构设计与施工计算系统。特别是对于直线桥梁,能够计算钢筋混凝土、预应力混凝土、组合梁以及钢结构等各种结构体系的恒载与活载的各种线性与非线性结构响应。其中非线性的包括内容如下:

(1)结构的几何非线性影响;

(2)结构混凝土的收缩徐变非线性影响;

(3)组合构件截面不同材料对收缩徐变的非线性影响;

(4)钢筋混凝土、预应力混凝土中普通钢筋对收缩徐变的非线性影响;

(5)结构在非线性温度场作用下的结构与截面的非线性影响;

(6)受轴力构件的压弯非线性和索构件的垂度引起的非线性影响;

二、ANSYS 有限元软件分析

框架式地道桥(单孔、双孔、三孔或多孔)一般可以看作为支承在半无限弹性体(弹性地基)上的空间结构,属超静定问题,其内力状况十分复杂。《铁路桥涵钢筋混凝土和预应力混凝土结构设计规范》规定,顶桥结构可按刚架截取单元($b=1$ m)计算。但无论是从理论上还是从实践上看,地道桥结构按刚架截取单元计算是比较近似的办法。不少国内学者对框架结构的计算做了许多有益的工作,如用加权残数法之一——最小二乘配点法解斜交框架结构,直接从问题的微分方程出发,通过设定试函数进行求解;利用 S. A mad 等人的从三维等参元引申出的曲面厚壳元来对斜交箱形桥涵做分析;从斜交坐标系下的弯矩、扭矩和剪力方程出发,利用最小势能原理对斜交框架做计算。随着微型计算机的普及化和有限元应用的发展,人们愈来愈乐于用有限元来分析框架结构,用有限元来分析弹性地基上的框架结构的力学模型。在这里把地道桥看作是由板(薄板或厚板)组成的框架结构。弹性地基用弹性链杆来表示。本文将试图利用 ANSYS 有限元分析软件对框架式地道桥进行力学分析。

1. 钢筋混凝土模型

钢筋混凝土有限元模型根据钢筋的处理方式主要分为三种,即分离式、整体式和组合式模型。

(1)分离式模型

把混凝土和钢筋作为不同的单元来处理,即混凝土和钢筋各自被划分为足够小的单元,两者的刚度矩阵是分开来求解的,考虑到钢筋是一种细长材料,通常可以忽略其横向抗剪强度,因此可以将钢筋作为线单元处理。钢筋和混凝土之间可以插入粘结单元来模拟钢筋和混凝土之间的粘结和滑移。一般钢筋混凝土是存在裂缝的,而开裂必然导致钢筋和混凝土变形的不协调,也就是说要发生粘结的失效与滑移,所以此种模型的应用最为广泛。

(2)整体式模型

将钢筋分布于整个单元中,假定混凝土和钢筋粘结很好,并把单元视为连续均匀材料。与分离式不同的是,它求出的是综合了混凝土与钢筋单元的刚度矩阵;与组合式不同之点在于它不是先求出混凝土与钢筋对单元刚度的贡献然后再组合,而是一次求得综合的刚度矩阵。

(3)组合式模型

组合式模型又分为两种:一种是分层组合式,在横截面上分成许多混凝土层和若干钢筋层,并对截面的应变作出某些假设,这种组合方式在钢筋混凝土板、壳结构中的应用较广;另一种组合方法是采用带钢筋膜的等参单元。

当不考虑混凝土和钢筋二者之间的滑移时,三种模型都可以。分离式和整体式模型适用于二维和三维结构分析。

就 ANSYS 而言,可以考虑分离式模型:混凝土(SOLID65)+钢筋(Link 或 Pipe 单元),认为混凝土和钢筋粘结很好。如要考虑粘结和滑移,则可引入弹簧单元进行模拟,如果比较困难也可采用整体式模型(带筋的 Solid65)。

2. 钢筋混凝土本构关系及破坏准则

(1)本构关系

混凝土本构关系的模型对钢筋混凝土结构的非线性分析有重大影响。混凝土的本构就是表示在各种外荷载作用下的混凝土应力应变的响应关系。在建立混凝土本构关系时一般都是基于现有的连续介质力学的本构理论,再结合混凝土的力学特性,确定甚至调整本构关系中各种所需的材料参数。通常,混凝土的本构关系可以分为线性弹性、非线性弹性、弹塑性及其他力学理论等四类。其中研究最多的是非线性弹性和弹塑性本构关系,其他的采用较少。

线性弹性理论认为应力应变加载、卸载时呈线性关系,服从胡克定律,应力应变是相互对应的关系。在实际结构设计中线性弹性仍然是应用很广泛的本构模型。

非线性弹性理论认为应力应变不成正比,但是有一一对应的关系。卸载后没有残余应变,应力状态完全由应变状态决定,而与加载历史无关。非线性弹性本构关系分为全量型(如 Ottosen 模型)和增量型(如 Darwin—Pecknold 模型)两类。

弹塑性本构关系则把屈服面和破坏面分开来处理。根据混凝土单轴受压的试验研究结果,混凝土在应力未达到其强度极限以前,应力应变的非线性关系主要受塑性变形的影响,这可以用屈服面理论来解释。而在应力—应变曲线的下降阶段,混凝土的非线性关系主要受混凝土内部微断裂的影响,表现为损伤断裂的关系,可用破坏准则来评判。一般在经典的强度理论中,有 Tresca、VonMises 和 Druck—Prager 等屈服准则,此外还有 Zienkiewicz—Pande、W. F. Chen、Nilsson 屈服条件及 Mohr 破坏准则等。

混凝土破坏准则从单参数到五参数多达数十个模型,或借用古典强度理论或基于试验结果等。各个破坏准则的表达方式和繁简程度各异,适用范围和计算精度差别也比较大,就 ANSYS 而言,其问题比较复杂,给使用带来了一定的困难。

(2)破坏准则

混凝土的破坏准则是在试验的基础上,考虑到混凝土的特点而求出来的。混凝土单轴受压破坏公式有 Hongnested 表达式、指数型表达式和 Saenz 表达式等;双轴荷载下的破坏准则有修正莫尔库仑准则、Kupfer 公式、多折线公式及双参数公式等；三轴受力的古典强度理论有最大正应力理论、最大剪应力理论、第四强度理论和 Drucker—Prager 破坏准则等。由于古典强度理论中的材料参数为一个或两个，很难完全反映混凝土破坏曲面的特征，所以研究人员结合混凝土的破坏特点，提出了包含更多参数的破坏准则。多参数模型大多基于强度实验的统计而进行的曲线拟和，有 Bresler—Pister、Willam—Warnke 三参数模型、Ottosen 四参数模型和 Willam—Warnke 五参数模型。

3. 混凝土 Solid65 单元

ANSYS 的 SOLID65 单元是专门为混凝土、岩石等抗压能力远大于抗拉能力的非均匀材料开发的单元。它可以模拟混凝土中的加强钢筋（或玻璃纤维、型钢等），以及材料的抗裂和压溃现象。它是在三维 8 节点等参元 SOLID45 的基础上，增加了针对于混凝土的性能参数和组合式钢筋模型。SOLID65 单元最多可以定义三种不同的加固材料，即此单元允许同时拥有四种不同的材料。混凝土材料具有开裂、压碎、塑性变形和蠕变的能力；加强材料则只能受拉压力，不能承受剪切力。

4. 弹性地基的处理

用温克尔（K. Winkler）假定来处理弹性地基。例如设想与地基接触的每个单元上有 8 根弹性链杆，分别连在单元的 8 个节点上，每根弹性链杆的刚度等于与本单元相接触的地基总刚度的八分之一，也就是说，这 8 根链杆取代了该单元下的地基。这些弹性链杆只能受压，不能受拉。在实际计算图式中，一个节点往往为几个单元共有，如四个单元的交点，那么该点上所连弹性链杆的刚度，为四个单元的地基各自分配给它的刚度的总和。

第四章　影响线及包络图

在第二章中曾经指出，在地道桥框架结构上作用有各种荷载，除有位置固定的静荷载（如结构自重等）以外，还有行驶在桥上的列车活载。列车活载的位置是不断移动的，在这种活载作用下，结构物的任意一截面上所引起的内力是随着荷载位置的变化而变化的。为了设计的需要，必须找出结构截面上内力变化时的最大值和最小值，也就是必须找出移动荷载的最不利位置。解决的方法一般是绘制各种内力的影响线，然后再用铁路标准活载（中—活载）的图式，在影响线上来回移动，以找出最不利位置，或者按照规范中所推荐的影响线上加载的方法，直接求出内力最大值。

第一节　影响线的绘制

绘制影响线的方法有静力法和机动法两种。对于像地道桥这样复杂的结构，一般是根据影响线的定义，让单位力（$P=1$）沿着列车行进的方向，在地道桥的顶板上，自左端渐次移动直到右端为止（图 4—1），并用静力法求出单位力 $P=1$ 在每个位置时框架每个截面的内力。然后以单位力（$P=1$）的作用位置做横坐标，把各个相应的内力值作为相应点的纵距连成曲线，即为该内力的影响线。

由此可知，某一条影响线仅仅是针对结构中某个杆件（如框架的顶板或边墙等）的某个截面（如端截面或中间截面等）的某种内力（如弯矩或剪力等）。对整个结构来说，就要做出所有杆件的所有截面的弯矩或剪力影响线来，才能从中找出控制设计的截面以及该截面的内力最大值。

在实际设计中，不可能按上述要求做到，一般是把框架顶板的每一跨分为若干等分，然后用静力法算出单位力作用在等分点上时，各杆件若干个截面（如也分为若干等分）的内力影响线纵距。图形的准确性视所取等分点的多少而定，一般采用十等分。但只计算单位力作用在顶板各跨的 $0.1l$，$0.3l$，$0.5l$，$0.7l$，$0.9l$ 和 $1.0l$ 各分点上时，和墙 $0.1h$，$0.3h$，$0.5h$，$0.7h$，$0.9h$，$1.0h$ 等截面上的影响线纵距。对于底板，为了计算方便，将半跨长分成 10 等分，并计算每一等分点截面的影响线纵距，见图 4—1。

当结构对称时，可只对半个框架进行计算。

当单位力作用在顶板某等分点上时（当不用截取单位宽计算框架结构内力，而采用有限元等方法对框架结构作整体内力计算时，单位力作用在顶板某等分线上），框架的内力计算，可采用传统的结构力学和弹性地基梁方法或有限元等数值分析方法。

当得出各个作用点位置时的各截面内力后，把它们列成表格，竖行分列各作用点位置、横行分列各计算截面。把每一竖行的值作为纵距，就得每一截面的内力影响线。

【例 4—1】　试绘出顶板边跨 $0.3l_1$ 截面的弯矩影响线。

解：首先须计算出单位力（$P=1$）逐次由顶板边跨 BC 的 $0.01l_1$ 移至中跨 CD 的 $0.5l_2$ 等

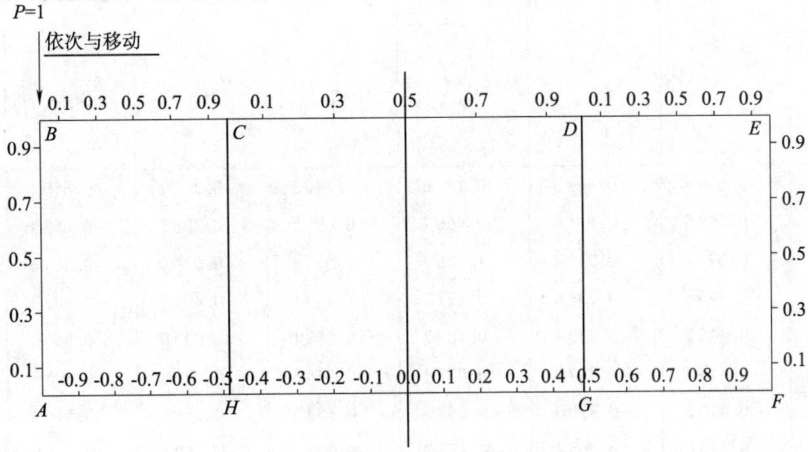

图 4—1　单位力在顶板移动加载

分点时，顶板边跨 $0.3l_1$ 截面的弯矩值。经计算后，顶板边跨若干个截面的弯矩值如下表 4—1 所示。按上述方法，将单位力作用点位置作为横坐标，$0.3l_1$ 的弯矩值作为纵坐标，连成曲线即得欲求的影响线，如图 4—2 所示。

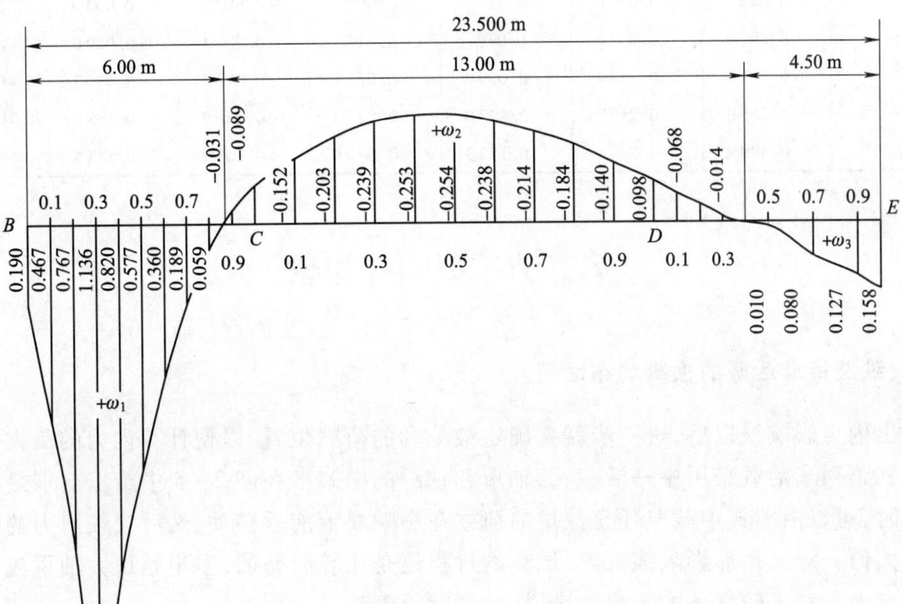

图 4—2　顶板边跨 $0.3l_1$ 截面弯矩影响线

表 4—1　顶板边跨 *BC* 弯矩表

求算截面 / P=1 作用位置	M_B	$M_{0.1}$	$M_{0.3}$	$M_{0.5}$	$M_{0.7}$	$M_{0.9}$	M_C
B	0.6094	0.4695	0.1896	-0.0903	-0.3702	-0.6501	-0.7900
ε-0.1	0.3296	0.8419	0.4667	0.0915	-0.2837	-0.6589	-0.8465
0.3	-0.0941	0.3158	1.1357	0.5555	-0.0245	-0.6046	-0.8947
0.5	-0.3406	-0.0346	0.5772	1.1891	0.4010	-0.3872	-0.7812
0.7	-0.4452	-0.2338	0.1892	0.6121	1.0350	0.0580	-0.4305
0.9	-0.4448	-0.3070	-0.0314	0.2443	0.5200	0.7956	0.2334
C	-0.4208	-0.3100	-0.0885	0.1332	0.3548	0.5763	0.6871
0.1	-0.3866	-0.3084	-0.1522	0.0041	0.1604	0.3166	0.3948
0.3	-0.3355	-0.3035	-0.2393	-0.1752	-0.1111	-0.0469	-0.0148
0.5	-0.3034	-0.2870	-0.2541	-0.2212	-0.1883	-0.1554	-0.1390
0.7	-0.2637	-0.2470	-0.2138	-0.1806	-0.1473	-0.1141	-0.0974
0.9	-0.1904	-0.1736	-0.1398	-0.1061	-0.0724	-0.0836	-0.0218
D	0.1416	-0.1271	-0.0982	-0.0692	-0.0403	-0.0114	0.0031
0.1	-0.1036	-0.0917	-0.0680	-0.0443	-0.0206	0.0031	0.0154
0.3	-0.0228	-0.0198	-0.0139	-0.0079	-0.0020	0.0039	0.0069
0.5	0.0650	0.0546	0.010	0.0128	-0.0081	-0.0290	-0.0394
0.7	0.1615	0.1342	0.0796	0.0249	-0.0297	-0.0843	-0.1117
0.9	0.2650	0.2190	0.1270	0.0350	-0.0569	-0.1489	-0.1949
E	0.3202	0.2645	0.1529	0.0415	-0.0699	-0.1815	-0.2372

第二节　影响线加载

一、铁路标准活载的换算均布活载

绘出内力影响线以后，进一步就要确定最不利的荷载位置，以便计算内力的最大值和最小值。铁路列车活载采用中—活载，其轴重和轴距的图式已在图 2—5 中给出。求最不利荷载位置时，可以由图式中截取任意数量的荷载在影响线上前后移动，然后比较内力的结果而取其最大值。对三角形影响线来说，试算的过程还是比较简易的，多半是最大轴重放在三角形的顶点上。对于较复杂的影响线来说，试算就很繁琐。

在实际设计中，为了方便，采用了换算均布荷载这一概念。在《桥规》中规定，所谓换算均布荷载就是利用三角形影响线条件下，用这种均布荷载求出的结果与按中—活载求出的结果相等。这样，就可以用换算均布荷载在影响线上直接计算出最大的内力值，不必再用中—活载的图式去试求最不利位置。

使用换算均布荷载应限于三角形影响线，如果不是三角形影响线，则需有些规定和限制，所得的结果也只能是近似的，可是对地道桥设计来说已足够了。

换算均布荷载 K(kN/m)可按影响线加载长度 L 及最大纵坐标位置 α 由表 4—5 查得。纵坐标位置不在表述范围时,可以内插,如图 4—3 所示。

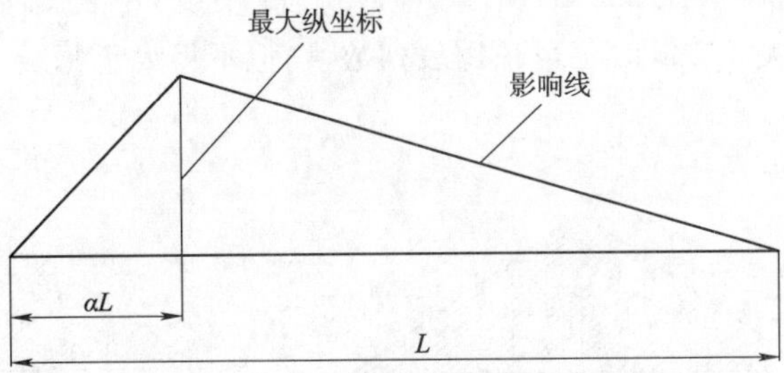

图 4—3　影响线纵坐标位置

二、加载规定

用换算均布荷载来代替列车轴重在影响线上加载的办法和规定见《桥规》中附录 C。与地道桥设计有关的有以下几条:

1. 对单符号影响线和多符号影响线的单独加载区段,其形状为三角形、凸曲线形和歪曲系数 γ (γ 是三角形面积和曲线面积之比)小于或等于 1 的双向曲率的曲线形(图 4—4),除本条第 3 款规定外,其加载的换算均布活荷载,按影响线的加载长度 L 和最大纵坐标位置 α 求之。

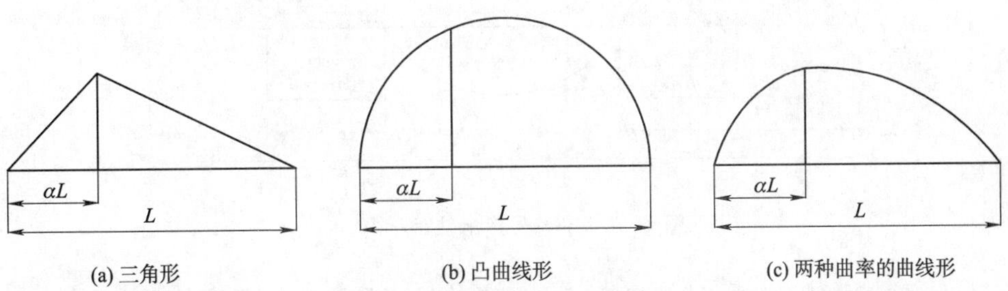

图 4—4　单符号不同形状影响线

2. 对单符号影响线和多符号影响线的单独加载区段,其形状为具有明显顶点的凹曲线和歪曲系数 γ 大于 1 的双向曲率的曲线形者(图 4—5),其加载的换算均布活载,按影响线的加载长度 L 和最大纵坐标位置 α 求得的数值后再增加 $E(\gamma-1)\%$,见第二章式(2—3)。

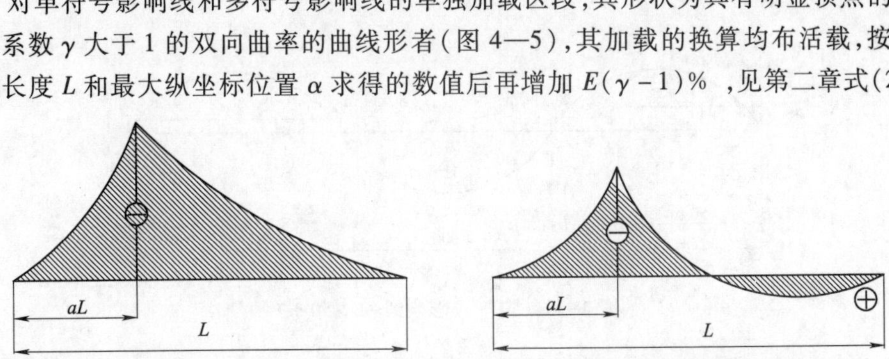

图 4—5　凹曲线影响线

3. 对单符号影响线和多符号影响线的单独加载区段，不论影响线的形状如何，如影响线加载长度小于 3 m 而最大纵坐标位置在中间者，以及长度小于 1.5 m 而最大纵坐标位置在端部者，均按一个特种活载 250 kN 计算，但应符合《桥规》中表 C. O. 1 中注 2 的规定（桥面上道砟及填料厚度大于 1 m 时仍可采用表列数值，但不得大于每线 165 kN/m），如图 4—6 所示。

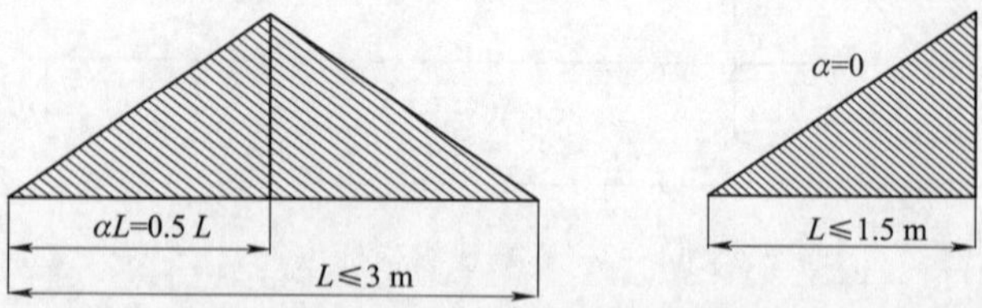

图 4—6　特殊影响线

4. 对多符号影响线，如同时加载其中数个区段，不论被加载的同符号影响线各区段为直接相邻或被异符号影响线隔开，应分两种情形加载：

（1）当被加载的影响线全长（包括其中间隔的异符号影响线区段长度在内）小于 50 m 时，各被加载的同符号影响线按各自的最大值同时加载，如图 4—7 所示。

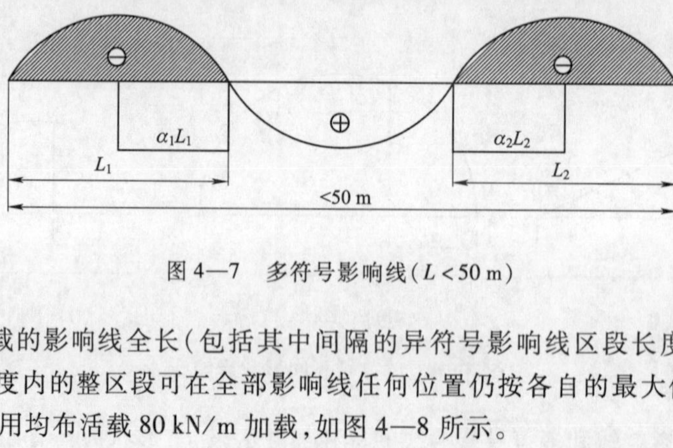

图 4—7　多符号影响线（$L<50$ m）

（2）当被加载的影响线全长（包括其中间隔的异符号影响线区段长度在内）大于 50 m 时，其中 50 m 长度内的整区段可在全部影响线任何位置仍按各自的最大值同时加载，其余同符号影响线均用均布活载 80 kN/m 加载，如图 4—8 所示。

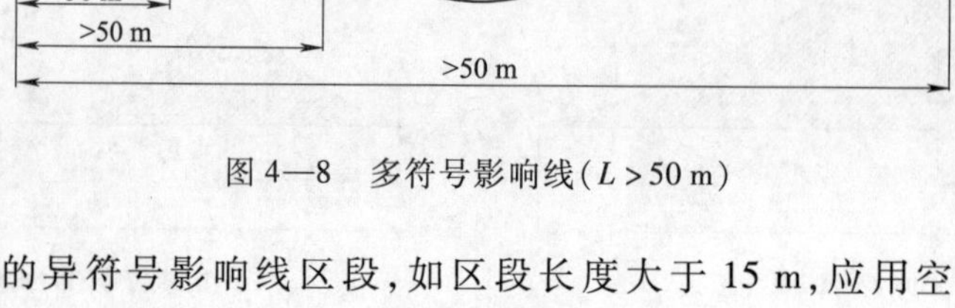

图 4—8　多符号影响线（$L>50$ m）

注：上述间隔的异符号影响线区段，如区段长度大于 15 m，应用空车均布静活荷载 10 kN/m 加载，如区段长度小于 15 m 者，则不加活载，如图 4—9 所示。

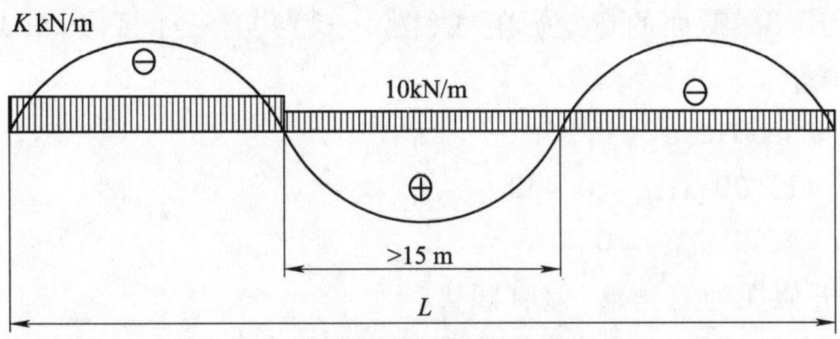

图 4—9　多符号影响线(异符号区段长 >15 m)

三、用换算均布活载在影响线上加载求截面内力的步骤

用换算均布活载在影响线上加载以求截面内力的步骤如下:

1. 分析内力影响线的形状、区段,找出各段的段长 L 和最大纵坐标位置 α。

2. 查表 4—5,并用内插法求得换算均布荷载值 K_0。如此区段为凹形三角形,还需在 K_0 值上增加 $E(\gamma-1)\%$,得到增大后的换算均布活载 K_1。

式中　E——系数,$E=\dfrac{1\,500}{30+\lambda}-\dfrac{1\,500}{30+\lambda^2}$;　(4—1)

λ——影响线加载长度,m;

γ——歪曲系数,等于与检算的影响线有相同的长度和最大纵坐标的三角形影响线面积 A_0,与检算的影响线面积 ω 之比,即

$$\gamma=\frac{A_0}{\omega} \tag{4—2}$$

$$K_1=K_0[1+E(\gamma-1)\%] \tag{4—3}$$

3. 按铁路的线数 N 和相应的多线折减系数 η 以及荷载横向分布宽度 B,用以下公式求得实际竖向活载:

$$q=\frac{N\cdot K_1\cdot\eta}{B} \tag{4—4}$$

4. 按照影响线区段的各点竖距,用近似积分的辛普生公式求出影响线面积为

$$\omega=\int_a^c f(x)\,\mathrm{d}x\approx\frac{h}{3}\{y_0+2(y_2+y_4+\cdots)+4(y_1+y_3+\cdots)+y_n\} \tag{4—5}$$

式中　h——分点间距;

y_i——各点纵距。

5. 按照规定或实际情况,确定活载的冲击影响,求得冲击系数 μ。将求得的实际换算均布活载 K 乘以 $(1+\mu)$ [见第二章式(2—5)]。

6. 区段影响线产生的截面内力为

$$q\cdot w(1+\mu) \tag{4—6}$$

7. 将各同符号区段所产生的内力累加起来,正号的就是内力最大值,负号的就是内力最小值。

【例 4—2】　用换算均布活载在弯矩影响线上加载的方法,求图 4—2 顶板 BC 上 $0.3l_1$ 截面的弯矩最大和最小值。

解：顶板 BC 上 $0.3l_1$ 截面的弯矩影响线（图 4—2）共有三个区段，第 1、第 3 区段为正弯矩，第 2 区段为负弯矩。

第 1 区段　$L_1 = 6.00\ \text{m}, \alpha_1 = 0.35$

第 2 区段　$L_1 = 13.00\ \text{m}, \alpha_1 = 0.442$

第 3 区段　$L_1 = 4.50\ \text{m}, \alpha_1 = 0$

1. 第一区段，近似视为三角形，但有凹边。

从表 4—5 查得 1/4 及 3/8 处的 K_0 值，并内插得 $K_0 = 162.2$。

表 4—2　第一区段 K_0 值

L_1(m) \ α_1	0.25	0.35	0.375
6.0	166.7	162.2	161.1

求影响线面积 ω_1。此时需根据影响线的图形，将 $0.2l_1$，$0.4l_1$，$0.6l_1$ 和 $0.8l_1$ 处的纵距补齐，并用辛普生公式，求

$$\omega_1 = \frac{1}{3} \times 0.7 \times \{0.19 + 2(0.467 + 1.136 + 0.577 + 0.189) +$$

$$4(0.767 + 0.82 + 0.36) + 0.059\} + \frac{1}{2}0.059 \times 0.4 = 2.993\ \text{m}^2$$

同形三角形面积　$A_0 = \frac{1}{2}(6.0 \times 1.136) = 3.408\ \text{m}^2$

歪曲系数　$\gamma_1 = \frac{A_0}{\omega_1} = \frac{3.408}{2.993} = 1.139$

系数　$E = \frac{1\,500}{30 + \lambda} - \frac{1\,500}{30 + \lambda^2} = \frac{1\,500}{30 + 6} - \frac{1500}{30 + 6^2} = 41.67 - 22.73 = 18.94$

$K_1 = [1 + E(\gamma - 1)\%] \cdot K_0 = [1 + 18.94(1.139 - 1)\%] \times 162.2 = 166.5\ \text{kN/m}$

$$1 + \mu = 1 + 4(1 - h)\left(\frac{6}{30 + L}\right) = 1 + 4 \times (1 - 0.65) \times \left(\frac{6}{30 + 7}\right) = 1.227$$

本例按单线考虑，则其折减系数为 100%，活载分布宽度 $B = 4.8\ \text{m}$，故每米宽度桥上的换算均布荷载为

$$q_1 = \frac{N \cdot K_1}{B} \cdot \eta = \frac{1 \times 166.5}{4.8} \times 100\% = 34.69\ \text{kN/m}$$

$$M_1 = q_1 \cdot \omega_1(1 + \mu) = 34.69 \times 2.993 \times 1.227 = 127.40\ \text{kN} \cdot \text{m}$$

2. 第二区段，凸形三角形曲线。

$L_2 = 13.0\ \text{m}, \alpha = 0.442$，查表 4—5 并内插得 $K_0 = 129.4 = K_1$（凸形三角形不需修正）。

表 4—3　第二区段 K_0 值

L_2(m) \ α_2	0.375	0.442	0.500
13.0	130.8	129.4	128.1

影响线面积 ω_2 可以分三段近似求之。

①C 点以左面积 $\omega'_2 = 0.089 \times \frac{1}{2} \times 1.0 = 0.045\ \mathrm{m}^2$；

②D 点以右面积 $\omega_2''' = 0.089 \times 2.5 \times \frac{1}{2} = 0.123\ \mathrm{m}^2$；

③C 点至 D 点间面积

$$\omega_2'' = \frac{1}{3} \times 0.95 \times \{0.089 + 0.098 + 2(0.203 + 0.253 + 0.238 + 0.182) + 4(0.152 + 0.239 + 0.254 + 0.214 + 0.140)\} = 1.880\ \mathrm{m}^2$$

则　$\omega_2 = \omega_2' + \omega_2'' + \omega_2''' = 0.045 + 1.880 + 0.123 = 2.048\ \mathrm{m}^2$

冲击系数　$\mu = 1.4(\frac{6}{30 + 7.0}) = 0.227$

$$q_2 = \frac{N \cdot K_2}{B} \cdot \eta = \frac{1 \times 129.4}{4.8} \times 100\% = 26.96\ \mathrm{kN/m}$$

$$M_2 = q_2 \cdot \omega_1(1 + \mu) = -(26.96 \times 2.048 \times 1.227) = -67.75\ \mathrm{kN \cdot m}$$

3. 第三区段，为直角三角形，$L_3 = 4.5\ \mathrm{m}$，$\alpha = 0$，从表 4—5 中查得 $\alpha = 0$ 时 4.0 及 5.0 处的 K_0 值，并内插得 $K_0 = 222.2 = K_1$。

$$q_3 = \frac{N \cdot K_1}{B} \cdot \eta = \frac{1 \times 222.2}{4.8} \times 100\ \% = 46.29\ \mathrm{kN/m}$$

$$\omega_3 = \frac{1}{2}(0.153 \times 4.5) = 0.344\ \mathrm{m}^2$$

$(1 + \mu)$ 仍为 1.227

则　$M_3 = q_3 \cdot \omega_3 \cdot (1 + \mu) = 46.29 \times 0.344 \times 1.227 = 19.54\ \mathrm{kN \cdot m}$

实际工作时，为了方便，也可以用表格方式列出，如表 4—4 所示，既得顶板 BC 截面 $0.3l_1$ 处的最大弯矩值为 146.94 kN · m，最小弯矩值为 67.75 kN · m。

表 4—4　顶板 BC 截面 $0.3l_1$ 处弯矩计算

区　段	l	α	K_0	$K_1 = [1 + E(\gamma - 1)\%] \cdot K_0$	$q = \frac{N \cdot K_1}{B} \cdot \eta$
1	6.00	0.35	162.2	166.5	34.69
2	13.00	0.442	129.4	129.4	26.96
3	4.50	0	222.2	222.2	46.29
总　和					
区　段	ω	$(1 + \mu)$		$M = q \cdot \omega \cdot (1 + \mu)$	
				（+）	（−）
1	2.993	1.227		127.40	
2	2.048	1.227			67.75
3	0.344	1.227		19.54	
总　和				146.94	67.75

表 4—5　中—活载的换算均布活载(kN/m,每线)

加载长度 L(m)	影响线最大纵坐标位置				
	端部	1/8 处	1/4 处	3/8 处	1/2 处
	K_0	$K_{0.125}$	$K_{0.25}$	$K_{0.375}$	$K_{0.5}$
1	500.0	500.0	500.0	500.0	500.0
2	312.5	285.7	250.0	250.0	250.0
3	250.0	238.1	222.2	200.0	187.5
4	234.4	214.3	187.5	175.0	187.5
5	210.0	197.1	180.0	172.0	180.0
6	187.5	178.6	166.7	161.1	166.7
7	179.6	161.8	153.1	150.9	153.1
8	172.2	157.1	151.3	148.5	151.3
9	165.5	151.5	147.5	144.5	146.7
10	159.8	146.2	143.6	140.0	141.3
12	150.4	137.5	136.0	133.9	131.2
14	143.3	130.8	129.4	127.6	125.0
16	137.7	125.5	123.8	121.9	119.4
18	133.2	122.8	120.3	117.3	114.2
20	129.4	120.3	117.4	114.2	110.2
24	123.7	115.7	112.2	108.3	104.0
25	122.5	114.7	111.0	107.0	102.5
30	117.8	110.3	110.6	102.4	99.2
32	116.2	108.9	105.3	100.8	98.4
35	114.3	106.9	103.3	99.1	97.3
40	111.6	104.8	100.8	97.4	96.1
45	109.2	102.9	98.8	96.2	95.1
48	107.9	101.8	97.6	95.5	94.5
50	107.1	101.1	96.8	95.0	94.1
60	103.6	97.8	94.2	92.8	91.9
64	102.4	96.8	93.4	92.0	91.1
70	100.8	95.4	92.2	90.9	89.9
80	98.6	93.3	90.6	89.3	88.2
90	96.9	91.6	89.2	88.0	86.8
100	95.4	90.2	88.1	86.9	85.5
110	94.1	89.0	87.2	85.9	84.6
120	93.1	88.1	86.4	85.1	83.8
140	91.4	86.7	85.1	83.8	82.8
160	90.0	85.7	84.2	82.9	82.2

续上表

加载长度 L(m)	影响线最大纵坐标位置				
	端部	1/8 处	1/4 处	3/8 处	1/2 处
	K_0	$K_{0.125}$	$K_{0.25}$	$K_{0.375}$	$K_{0.5}$
180	89.0	84.9	83.4	82.3	81.7
200	88.1	84.2	82.8	81.8	81.4

注：(1)表中所列数值适用于三角形影响线，中间数值可以内插；

(2)桥面上道砟及填料厚度大于 1 m 时仍可采用表列数值，但不用大于每线 165 kN/m；

(3)表列数值已包括特种活载。

第三节　内力组合

在框架结构内力计算时，不论采用传统的结构力学方法，还是有限元等数值方法，通常将静荷载和活动荷载分开计算，即都是就单项荷载而言的。求得的结果是在这一单项荷载作用下，结构截面上所产生的内力。

在第二章中指出，作用在结构上面的荷载有恒载、活载以及附加荷载等。这些荷载有时是同时作用，有时是部分荷载存在，另一部分荷载暂时不存在。我们作结构的内力分析，就要找出控制截面强度的内力上界和下界的极值，作为设计结构杆件断面和配筋的设计内力。这就要求我们把所有各项荷载可能的最不利的组合找出来，并按照叠加原理求出截面内力的最大值(正值)和最小值(负值)。

在组合各项荷载时，恒载总是存在的，所以不管怎样组合，它总是应予以计入的。如顶板和线路上部构造的重量、顶板加腋部分的重量、静土侧压力、混凝土收缩和边孔填土等。而列车活载和列车活载所引起的土侧压力，则有时存在，有时不存在；有时从左边作用，有时从右边作用，有时两侧同时作用。在进行组合时，就要选取使结构产生最大内力的可能的最不利情况。根据主力荷载进行组合之后，所得的内力称为主力内力。

此外，还有附加的荷载，如列车制动力、温度变化影响力等。它们是偶然发生的，或是不一定全量发生的。在它们作用下截面所产生的内力叫做附加力内力。由于附加荷载是偶然发生的，或不一定是全量发生的，设计时允许把材料的允许应力予以提高。按有些文献介绍，提高允许应力的数量因部位和内力种类而不同。

当进行内力组合时，既要考虑在只有主力荷载作用时的内力情况，又要考虑主力和附加力同时作用时，但允许应力可以提高的情况。二者比较后选取其最不利的作为设计值。

为了方便，可以把主力和附加力同时作用时所产生的内力，乘以控制设计的材料的允许应力和提高后的允许应力的比值，加以修正，这样就可以直接和主力内力进行比较，也便于绘制内力包络图。

在实际工作中常常是用表格来进行组合的。

【例 4—3】　求顶板边跨 BC 的内力组合后的最大和最小的弯矩。

顶板 BC 各截面主力弯矩和附加力弯矩见表 4—6 及表 4—7。

经验指出：在地道桥的结构设计中，常常是以钢筋的应力为控制的。因此，计算主力和附加力同时作用的情况时，只要把主力和附加力算得的内力值，乘以钢筋原有允许应力与钢筋提高后的允许应力的比值,成为折算的内力,就可以与主力内力进行比较了。对于 T_{20} MnSi 钢筋,比值将是 1 800/2 300。

按照上述办法,把主力内力和主力加附加力的内力折算值进行比较,并取其最大和最小值为设计内力值,列成表 4—8。

表 4—6 顶板 BC 各截面主力弯矩 M^{BC} 汇总表

荷载项目		截面位置 ξ						
		B	0.1	0.3	0.5	0.7	0.9	*C*
顶板均布恒载		−111.5	−45.0	43.0	71.3	39.8	−51.5	−119.6
加腋恒载		−5.2	−3.4	−1.7	−0.2	1.7	3.0	3.2
静侧土压力		−57.6	−50.2	−35.4	−20.6	−5.8	9.1	16.5
混凝土收缩		39.0	35.6	28.5	21.5	14.4	7.4	3.8
边孔填土		−23.1	−18.5	−9.4	−0.3	8.9	18.0	22.6
汽车荷载		−18.2	−13.9	−5.3	3.3	12.0	20.6	24.9
列车活载引起土压力	左 侧	−10.1	−9.1	−7.1	−5.1	−3.1	−1.1	−0.1
	右 侧	−15.0	−13.0	−8.9	−4.8	−0.07	3.3	5.4
	左右侧同时作用	−25.1	−22.1	−16.0	−9.9	−3.8	2.2	5.3
列车活载	最 大	69.3	102.21	146.94	145.6	112.9	76.0	55.4
	最 小	−141.4	−104.0	−67.75	−52.1	−74.5	−154.9	−207.3
主力弯矩小计	最 大	−99.2	11.5	164.84	215.8	183.2	85.9	12.2
	最 小	−343.1	−221.5	−64.05	9.7	−19.3	−170.0	−280.9

表 4—7 顶板 *BC* 各截面附加力弯矩 M^{BC} 汇总表

荷载项目		截面位置 ξ						
		B	0.1	0.3	0.5	0.7	0.9	*C*
制 动 力	左侧	21.4	18.3	12.3	6.2	0.1	−6.0	−9.0
	右侧	−21.4	−18.3	−12.3	−6.2	−0.1	6.0	9.0
温度变化影响	升温 23°C	−59.8	−54.6	−43.8	−32.9	−22.1	−11.3	−5.8
	降温 23°C	59.8	54.6	43.8	32.9	22.1	11.3	5.8
附加力弯矩小计	最 大	81.2	72.9	56.1	39.1	22.2	17.3	14.8
	最 小	−81.2	−72.9	−56.1	−39.1	−22.2	−17.3	−14.8

表 4—8 顶板 *BC* 各截面设计弯矩表

荷载类别		各截面位置 ξ						
		B	0.1	0.3	0.5	0.7	0.9	*C*
主 力	最大	−99.2	11.50	164.84	215.8	183.2	85.9	12.2
	最小	−343.1	−221.5	−64.05	9.7	−19.3	−170.0	−280.9

续上表

荷载类别			各截面位置 ξ						
			B	0.1	0.3	0.5	0.7	0.9	C
主力附加力	主加附	最大	−18.0	84.4	220.9	254.9	205.4	103.2	2.70
		最小	−424.3	−294.4	−120.2	−29.4	−41.5	−187.3	−295.7
	主加附 $\times\frac{1800}{2300}$	最大	−14.1	66.1	172.9	199.5	160.7	80.8	21.1
		最小	−332.1	−230.4	−84.1	−23.0	−32.5	−146.6	−231.5
采用的设计弯矩		最大	−14.1	66.1	172.9	215.8	183.2	85.9	21.1
		最小	−343.1	−230.4	−94.1	−23.0	−32.5	−170.0	−280.9

第四节　包　络　图

当各种荷载以最不利的组合情况作用在结构上,杆件截面上产生了叠加后的最大和最小内力。它们表示了杆件的截面上内力变化的上界和下界的极值。连接各截面内力极值的曲线称为内力包络图。它是用来设计杆件断面尺寸和配置钢筋的重要依据。

包络图的画法和内力图画法一样。就是在杆件的各个截面上,把内力用纵距的形式表示出来,然后将各截面的点连成曲线。习惯上把弯矩图画在杆件受拉的一侧。

图 4—10 所示为顶板边跨 BC 的弯矩包络图。

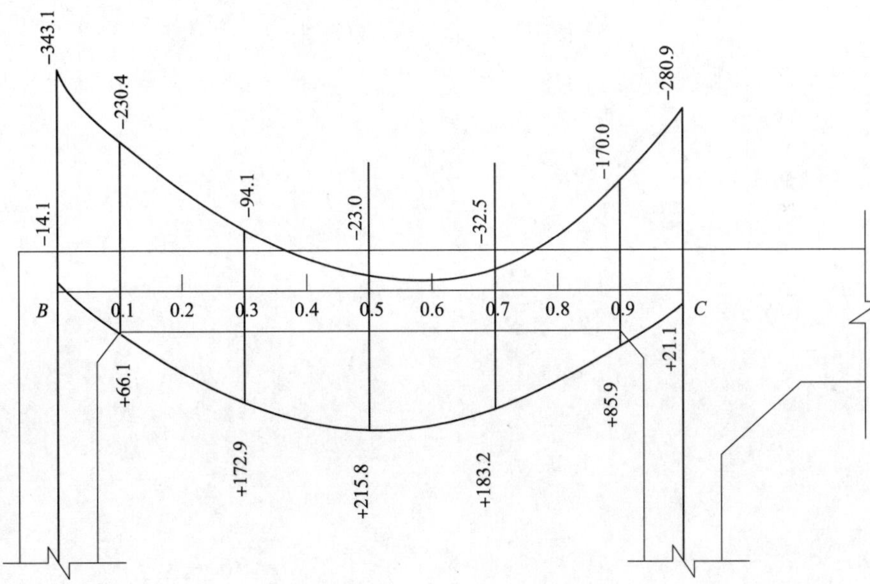

图 4—10　M^{BC}包络图(单位:kN·m)

对整个结构而言,应把各杆件的内力包络图画在同一个图上,显得更清楚,更有全体概念,这样在配筋时,比较容易全面考虑。

当结构对称,荷载也对称时,内力值也是对称的。习惯上常常把弯矩包络图和剪力包络图各画半个,拼成一个包络图。图 4—11 为框架内力包络图的一个例子,图中弯矩单位 10 kN·m,剪力单位 10 kN。

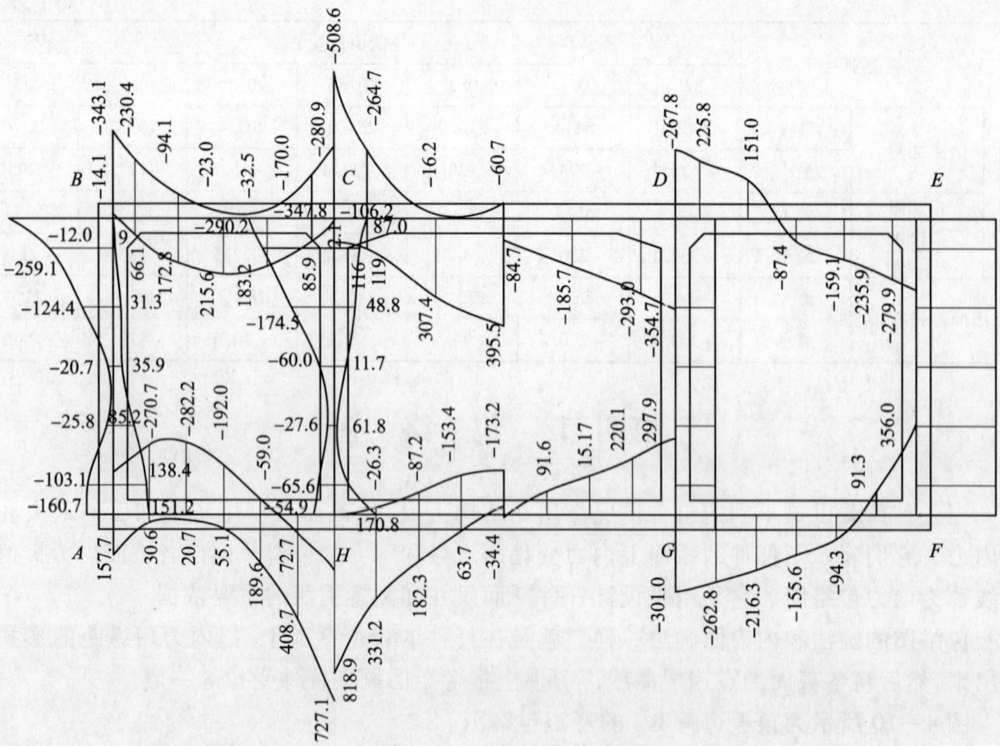

图 4—11　框架内力包络图

第五章　地道桥 CAD 系统软件应用概述

第一节　地道桥 CAD 系统软件简介

一、概　　述

地道桥 CAD 软件是由北京科宝华软件公司、北京中科智邦软件设计院、北京交通大学等共同开发研制的。该软件完全实现了新建、改建(增二线)及斜交斜做涵洞设计计算和绘图的功能。

该软件主要适用于铁路与公路立交、铁路与铁路立交和公路与公路立交。铁路在上时，按铁路荷载加载计算；公路在下时，按公路荷载换成均布荷载加于底板上。公路在上时，可选择汽车荷载计算，铁路在下时，按铁路荷载换成均布荷载加于底板上；斜交角度在桥涵规范规定允许范围内；孔跨数为单孔、双孔、三孔、四孔，孔径最大可做到 30 m；可计算单、双线及多线；适用于直线、曲线、单线、双线或多线，区间或站内；各种斜交角度，路基边坡，对于出入口复杂或陡坡涵洞设计也适用。系统按铁道部现行规定的全部内容完成施工设计图。

二、结构离散方法

程序是采用连续体有限元空间计算方法，因此结构必须按 x—y 平面(顶底板)及 x—z 平面(竖墙)分别离散为平行四边形单元及矩形单元，单元边长(跨度方向)一般按 1/10 跨长，并且最好不超过 2.0 m。因此在输入等分数参数时要加以适当考虑。顶板分单元时，必须有一条边与线路中心线重合(即分块数最好为偶数)，便于影响线加载。整个结构离散及节点和单元编号均由程序自动生成。控制截面及控制点的选择也均由程序自动进行。以一半结构选择控制配筋的截面，如跨端、跨中、1/4 跨长、变截面处作为控制截面，每个控制截面上选择钝角、锐角、线路中心线附近作为控制点。

第二节　地道桥 CAD 系统软件数据处理

在地道桥 CAD 系统软件中，应对所有的数据进行输入，在主菜单中点击“数据处理”菜单，即弹出“结构尺寸数据”、“材料特征数据”、“顶板荷载特性数据” 和“底板荷载特性数据”四个子命令项。

一、结构尺寸数据

结构尺寸均按规范取值，如图 5—1 所示。

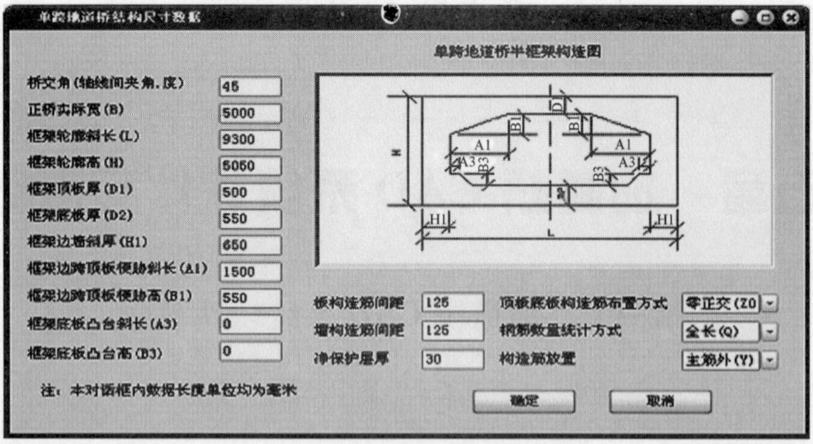

图 5—1　结构尺寸数据

其中:

1."桥交角"为铁路和公路中心线间夹角。无斜交角度时输入 90;斜交时按实际轴线间夹角输入。桥斜交角度即为 90 减去桥交角之值。桥交角角度小于 75°时,程序会有钝角加强处理,并绘制钢筋加强图。

2. 正桥宽就是常规所说的沿公路方向的宽度。

3."顶板底板纵向钢筋布置方式"可选择零正交、正交或斜交。桥交角为 90°时,程序自动定义为零正交,有斜交角度时可选择斜交布置和正交布置两种。

4."钢筋数量统计方式"可选择每延米或全长。

5."纵向钢筋放置"可选择主筋外或主筋内。

6. 本对话框中出现的长度:有斜交角度时候就是输入的斜长,不是投影后的长度,无斜交角度时候按实际的长度输入即可。

其他数据根据对话框内中右上方的示意图进行输入,单位为 mm。

二、材料特性数据

根据材料的性质进行数据的输入,数据输入对话框如图 5—2 所示。

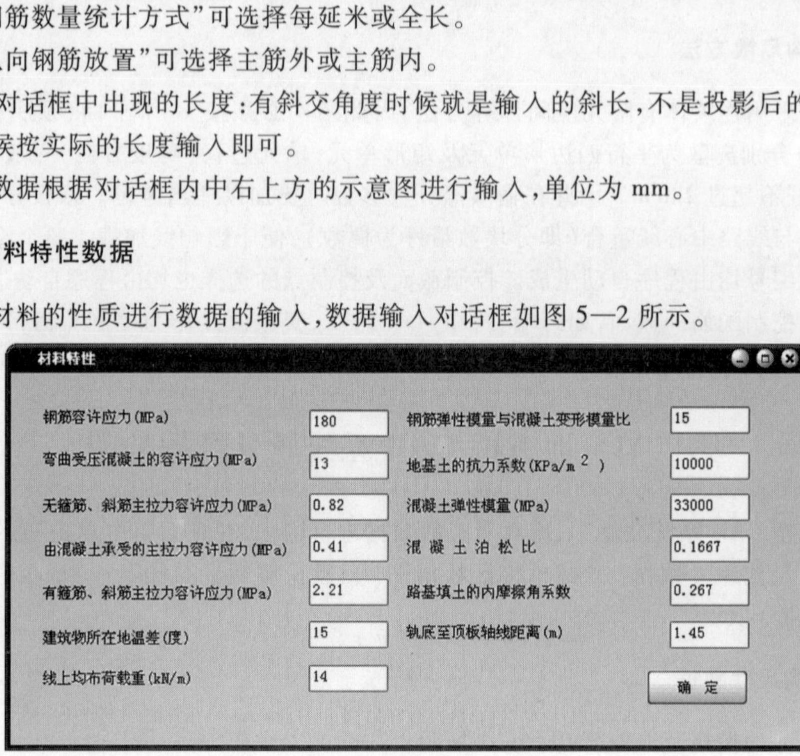

图 5—2　材料特性数据

其中：

1. 钢筋容许应力，弯曲受压混凝土的容许应力，无箍筋、斜筋主拉力容许应力，由混凝土承受的拉力容许应力，有箍筋、斜筋主拉力容许应力中数值参照《铁路桥涵钢筋混凝土和预应力混凝土结构设计规范》(TB 10002.3—2005)。

2. 建筑物所在地施工阶段温差的平均值，本系统给出的 15℃基本满足所有地区。

3.“线上均布荷载重”为人行道活载，包括人群荷载、栏杆重、风力等，程序中所给的 14 kN/m 满足不利的设计要求。

4. 钢筋的弹性模量与混凝土的变形模量比：此数据数值输入参考《铁路桥涵钢筋混凝土和预应力混凝土结构设计规范》

5. 地基土的抗力系数参照《地基和基础设计规范》(TB 10002.5—2005)，为基底竖向地基的抗力系数。

6. 混凝土的弹性模量：此数据数值输入参考《铁路桥涵钢筋混凝土和预应力混凝土结构设计规范》。

7. 混凝土泊松比为 0.2，此数据数值输入参考《铁路桥涵钢筋混凝土和预应力混凝土结构设计规范》。

8.“路基填土的内摩擦角系数”为列车荷载所引起的水平土压力系数，一般取 0 ~ 0.35。无土压时取 0；土质好取较小值，土质差取较大值。

三、顶板荷载特性数据

顶板上部加载特性数据输入对话框如图 5—3 所示。

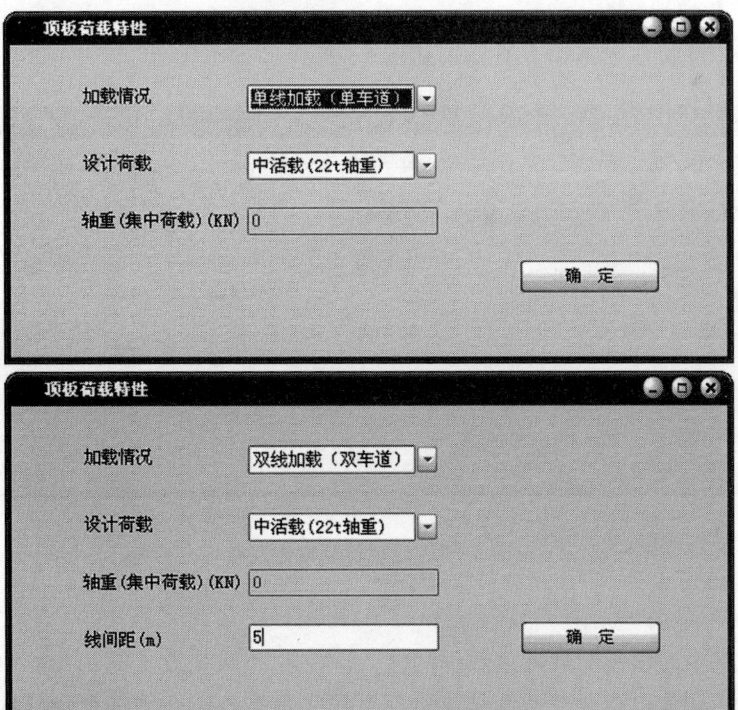

图　5—3

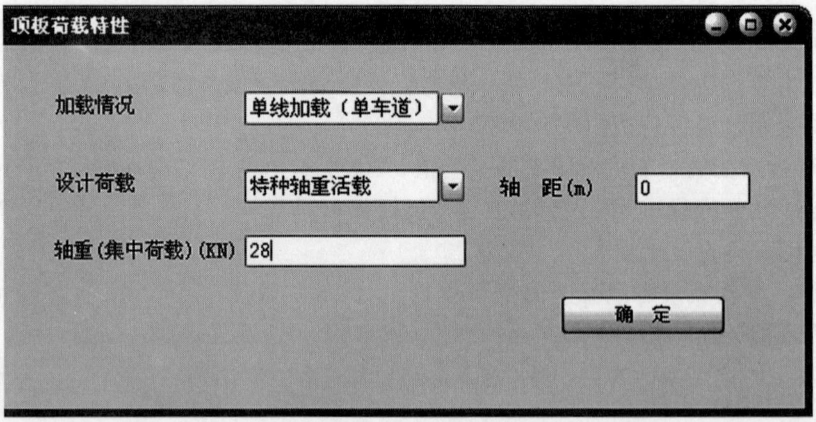

图 5—3　荷载特性数据

其中：

1."加载情况"可选择单线加载或双线加载，选择双线后，需要输入线间距。若选择单线，设计荷载可选择特种轴重活载，然后需输入设计的轴重及轴距，如图 5—3 所示。

2."设计荷载"可选择中—活载，提速活载，特种活载，集中荷载以及汽车 10,15,20,超 20 级荷载，城 A 级汽车荷载，城 B 级汽车荷载，公路 Ⅰ 级荷载，公路 Ⅱ 级荷载。如选择了"特种轴重活载"，则要输入轴重及轴距。

3. 底板荷载特性数据

底板上部加载特性数据输入对话框如图 5—4 所示。

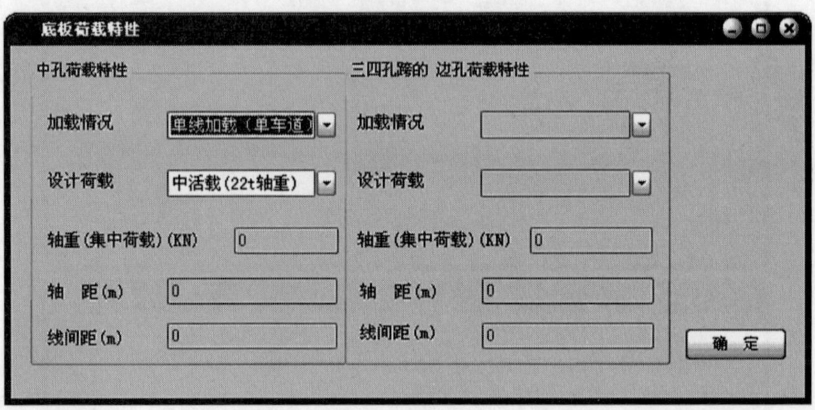

图 5—4　底板荷载特性数据

其中：

输入方法基本同顶板荷载特性数据的输入。一孔和两孔设计时，只输入中孔荷载特性数据即可，三、四孔跨边孔荷载特性是灰色不可输入状态。三孔和四孔设计时，灰色状态转化为可输入状态，设计者根据具体的实际情况设计输入数据即可。

四、结构构造尺寸数据说明

现将有关结构构造尺寸数据参数含义说明如下。地道桥钢筋混凝土框架的构造如图 5—5 ~ 图 5—8 所示。

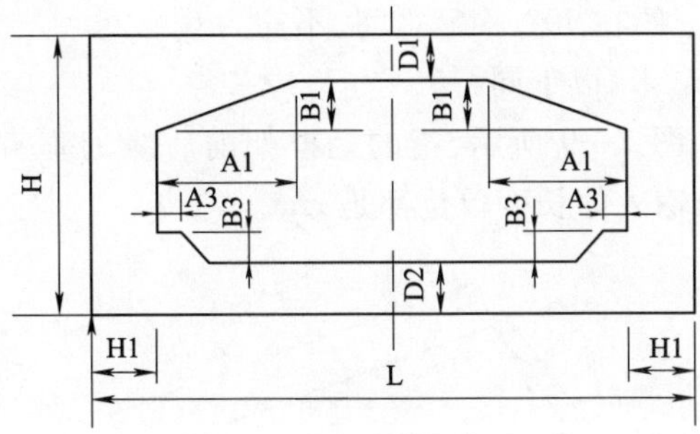

图 5—5　单跨地道桥框架构造

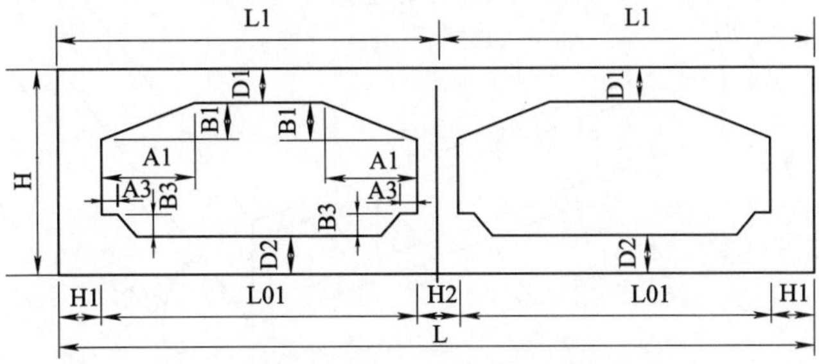

图 5—6　两跨地道桥框架构造

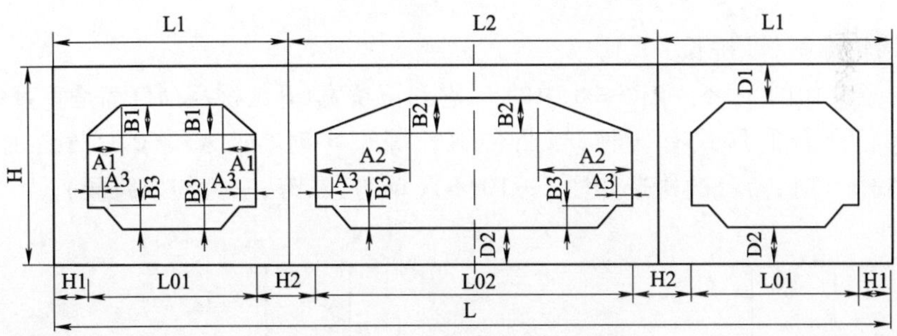

图 5—7　三跨地道桥框架构造

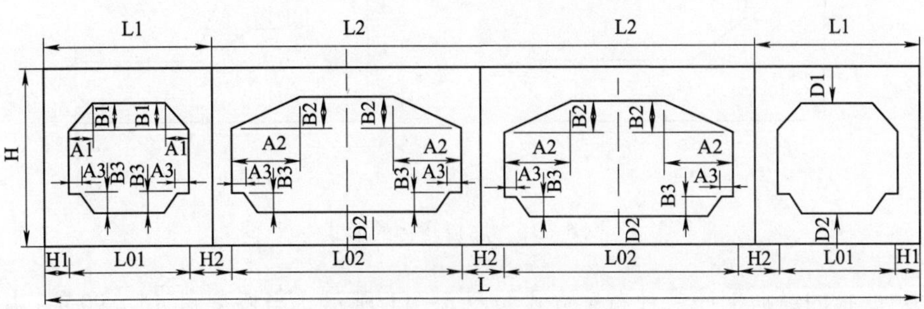

图 5—8　四跨地道桥框架构造

图 5—1 中对话框内有关数据的含义如下：

* 桥交角(000.00 度) *AF*

桥交角是铁路轴线和公路轴线的夹角。

如图 5—9 所示框架立体图中的 *AF*。角度输入时应按如下格式 ×××.××，单位为°。例如：51.46。注：桥交角一般在 90°～45°之间，不能为 0

* 正桥实际宽(单位毫米，以下同) *B*

正桥实际宽的意义如图 5—9 所示，指的是框架前后缘的垂直距离。正桥宽的单位是 mm，输入时要注意。后面输入的长度单位都是 mm。

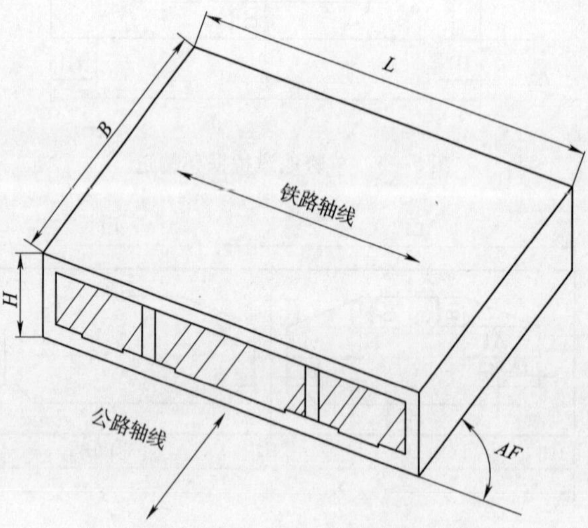

图 5—9　地道桥夹角示意图

* 框架轮廓斜长(桥长) *L*

桥长的意义如图 5—5～图 5—8 中的 *L*，它和正桥宽(*B*)、桥高(*H*)都是垂直关系。

框架底板凸台的形式有两种，当凸台斜长等于零时(即 A3 = 0)，凸台的构造如图 10(a)。当 A3 > 0 时，凸台的构造如图 5—10(b)(单跨、二跨、三跨与四跨同)。

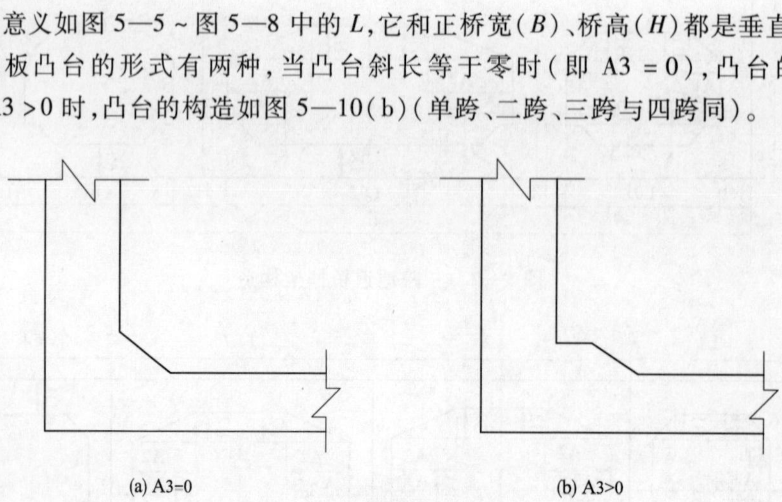

图 5—10　底板凸台的形式

顶板、底板的纵向钢筋三种布置方式如图 5—11 所示。当桥交角 *AF* = 90 时，纵筋的正交布置称为零正交。当 $AF \neq 90$ 时的正交布置方式称为正交。

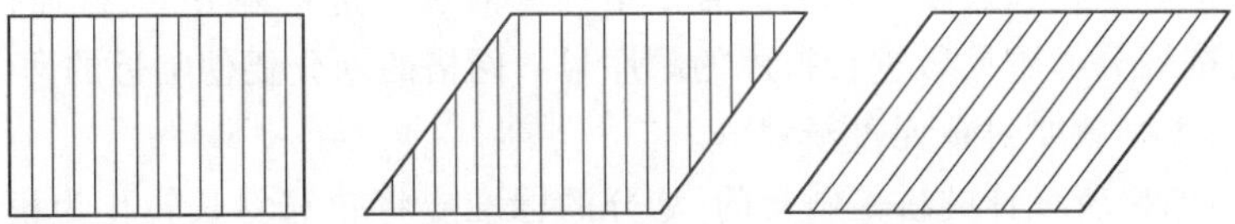

图 5—11　顶标、底板纵向钢筋布置方式

上面输入的各项构造数据,此时已记录在 3PJS. TXT 文件中。二跨桥和单跨桥和四跨桥的构造数据与此类似,其数据文件分别是 2PJS. TXT 和 1PJS. TXT 和 4PJS. TXT。

第三节　地道桥 CAD 系统软件设计计算

设计计算菜单包括:有限元网格划分、显示网格图、有限元计算、受力钢筋面积、构造筋面积、绘制网格图、绘制弯矩包络图、绘制面积包络图。需要用户按菜单排列顺序依次进行各项数据操作。

一、有限元网格划分

选择"有限元网格划分"子菜单,即弹出如图 5—12"分块数据"对话框。

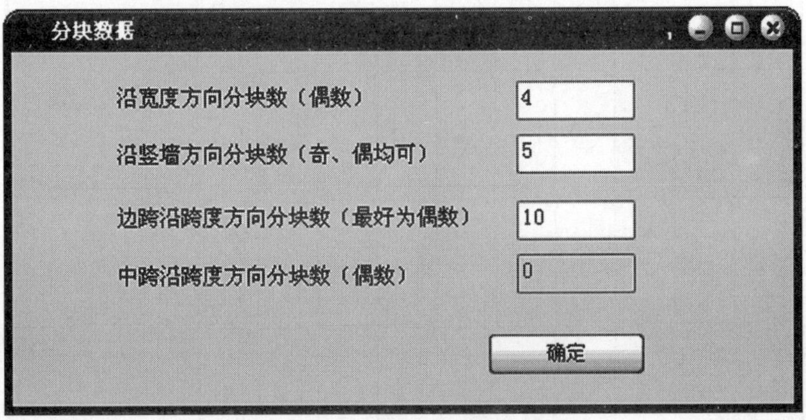

图 5—12　分块数据

网格划分的目的主要是对结构进行离散化处理,以便进行各节点和单元编码,便于有限元计算和分析。

网格划分分别按宽度方向、高度方向和跨度方向进行等分划分。为了提高计算的精度,每个方向划分的等分数不能小于某一定值,否则会弹出提示对话框,但也不宜划分的太多,以免浪费计算时间,影响计算速度。所以选用缺省值一般既能满足计算精度,又能提高计算速度。对话框中数值为程序定义的缺省值,单跨为 4,5,10;双跨为 4,5,10;三跨为 4,5,10,10;四跨为 4,5,10,10。设计者在遵循网格划分原则的前提下,可根据实际情况对沿跨度方向分块数进行调整。

控制截面是对顶板和底板及各墙的各个不利截面位置进行划分的,截面位置序号是控制截面对应的按划分的单元数进行排序的顺序号。网格的划分要使临近的两个控制截面的位置序号不同,否则就要对单元重新划分。

特别说明:如果所设计的桥是斜交的,划分的标准应将轮廓斜长转化为投影长度,以此长度为基准来划分网格的分块数。

二、显示网格图

1. 显示顶板网格图:在“设计计算”菜单上,指向“显示网格图”,然后单击“顶板”,如图5—13所示。

2. 显示底板网格图:在“设计计算”菜单上,指向“显示网格图”,然后单击“底板”。

3. 显示竖墙网格图:在“设计计算”菜单上,指向“显示网格图”,然后单击“竖墙1”、“竖墙2”或“竖墙3”,……。

显示的图形可以用屏幕显示功能菜单中各子菜单进行操作,包括调整显示比例数、开窗口显示、图形缩小、图形移动等。

取消屏幕显示网格图只需重新以上1,2,3操作即可。

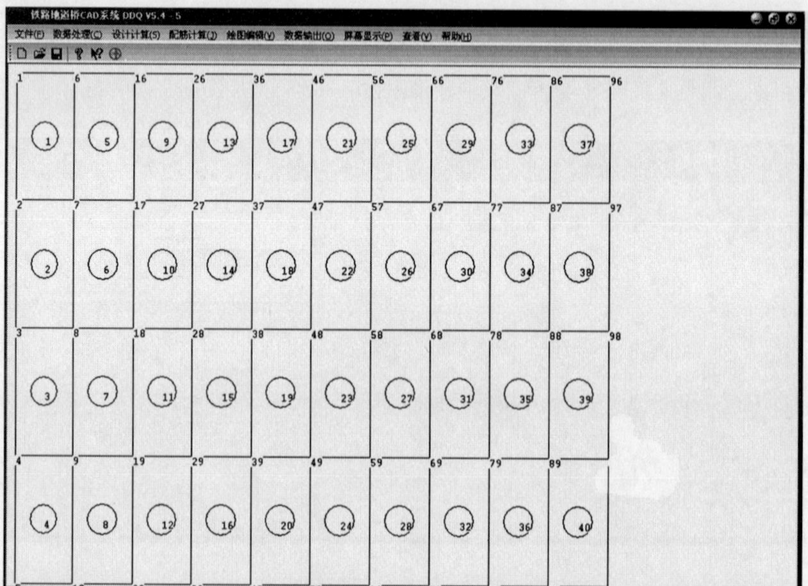

图5—13　地道桥CAD系统软件有限元分格

三、有限元计算

有限元计算包括数据前处理、形成三维框构单元刚度矩阵、组装总体刚度矩阵、总刚消元、荷载组合、内力分析、影响线纵坐标计算及截面配筋计算等过程。因此,选此命令时,屏幕显示正在进行一系列计算,计算过程一般需要计算1~2 min左右的时间。计算过程中,如出现一些不合理的数据,会在计算机屏幕上进行提示,计算完以后,弹出如图5—14所示对话框。表明各控制截面面积已经计算完毕,系统计算受力筋面积和构造筋面积,其间还会产生一系列中间数据,在"数据输出"菜单的计算结果中予以保留。

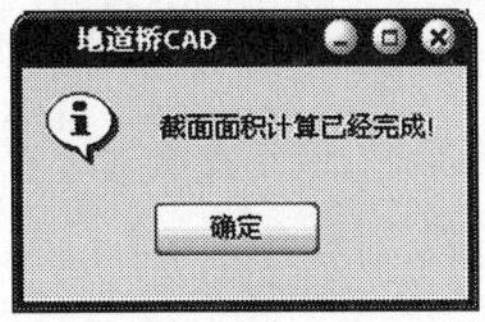

图 5—14　地道桥 CAD 系统软件有限元计算

四、受力筋面积

有限元计算结束以后,受力钢筋面积由计算机自动计算产生。

在进行有限元计算后,选择"设计计算"菜单中"受力钢筋面积"命令,会弹出各截面"受力筋截面面积"对话框,如图 5—15 所示。

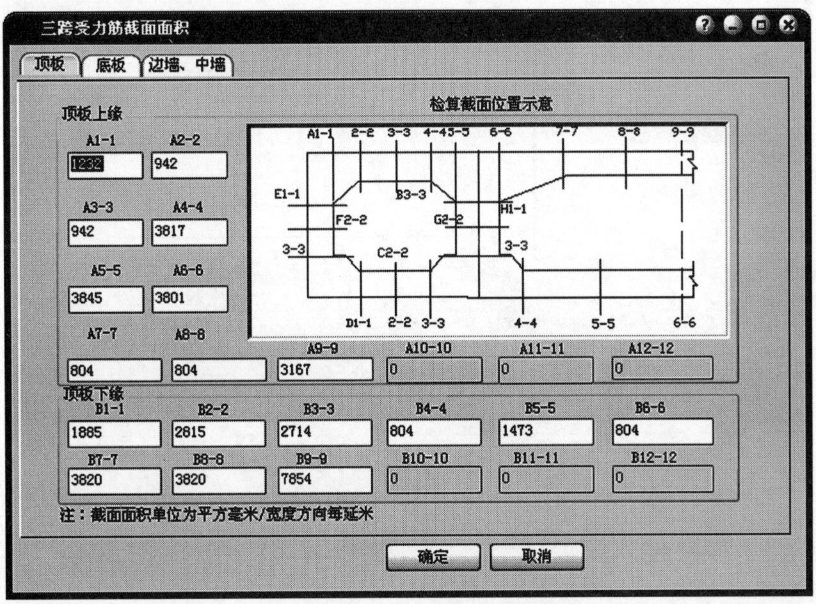

图 5—15　受力钢筋截面面积

它包括顶板、底板、边墙及中墙各截面面积,在对话框内同时显示各截面位置示意图。下面以三跨地道桥为例,说明各截面钢筋面积值操作过程。对单跨或双跨或四跨只是核算的截面多少不同而已,故不重复说明。

三跨地道桥:顶板上缘有九个截面,由 A1—1 ~ A9—9;

顶板下缘有九个截面,由 B1—1 ~ B9—9、底板上缘有六个截面,由 C1—1 ~ C6—6;

底板下缘有六个截面,由 D1—1 ~ D6—6、边墙外侧有三个截面,由 E1—1 ~ E3—3;

边墙内侧有三个截面,由 F1—1 ~ F3—3、中墙外侧有三个截面,由 G1—1 ~ G3—3;

中墙内侧有三个截面,由 H1—1 ~ H3—3。

各截面配筋值数据的单位是 mm^2/每延米。

框架截面钢筋面积值共分三批，即顶板上下缘、底板上下缘、边墙和中墙（单跨桥没有中墙）。有关数据记录在 3ABS. TXT 文件中。二跨桥和单跨桥截面数与三跨、四跨桥不太相同，但数据格式一样，其数据文件分别是 2ABS. TXT 和 1ABS. TX 和 4ABS. TXTT。

注：如果发现对话框内某一截面面积太大或太小，有可能是单元划分的不合理或原始参数数据有误，请重新核对后再进行有限元计算。

五、构造筋面积

有限元计算结束以后，构造钢筋面积由计算机自动计算产生。

在进行有限元计算后，选择“设计计算”菜单中“构造钢筋面积”命令，会弹出各截面“构造筋截面面积”对话框，如图 5—16 所示。

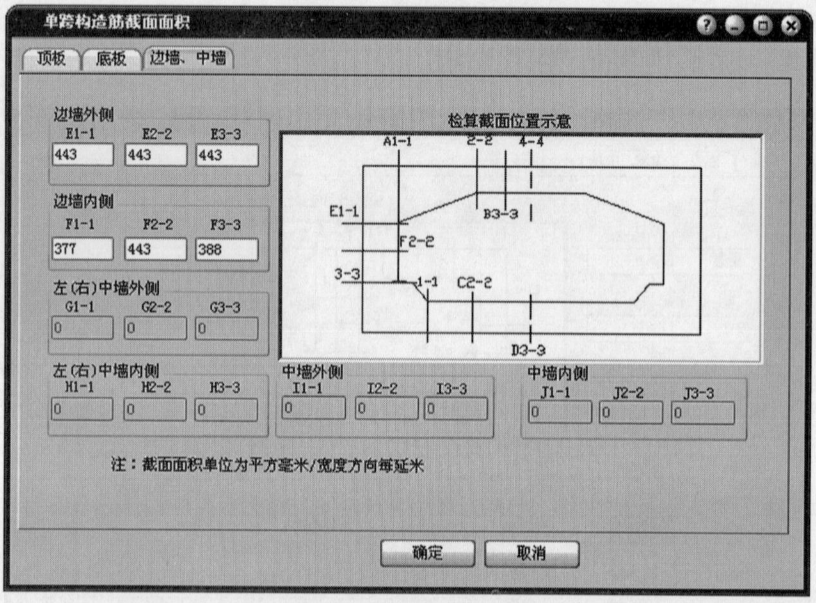

图 5—16　构造钢筋截面面积

六、绘制网格图

各项数据输入完毕及有限元网格划分后就可以绘制网格图，选择“设计计算”菜单中“绘制网格图”命令，系统自动生成对应该项目文件名的图形结果文件 *. dxf（*为项目文件名），并弹出一对话框，提示该文件已经生成。

进入 AutoCAD 系统，选择路径及文件名（格式 *. dxf）打开后，即可查看生成的图形并可对图形进行个别修改。

注：如果是 AutoCAD2000 并且已经打开 *. dxf 文件，在生成图形文件前系统会提示无法打开 AutoCad Dxf 文件，请先关闭 AutoCAD 中该文件，再执行“绘制网格图”命令。

七、绘制弯矩包络图

绘制弯矩包络图是将计算的内力数值生成图形，便于设计人员进行分析。选择“设计计算”菜单中的“绘制弯矩包络图”子菜单，确定后系统自动生成对应该项目文件名的图形结果文件，并弹出一对话框，提示文件已经生成。

生成的图形格式为：＊bl. dxf(＊为项目文件名)。

生成的图形文件被存在建立项目目录的上一级目录内，可以在 AutoCAD 系统中查看或修改。

注意弯矩图的产生要在进行有限元计算结束以后才能生成。

八、绘制面积包络图

绘制面积包络图是将计算的内力数值生成图形，便于设计人员进行分析。选择“设计计算”菜单中的“绘制面积包络图”子菜单，包括纵向面积包络图和横向面积包络图，确定后系统自动生成对应该项目文件名的图形结果文件，并弹出一对话框，提示文件已经生成。

生成的图形格式为：＊bl_z. dxf 或＊bl_y. dxf(＊为项目文件名)。

生成的图形文件被存在建立项目的目录上一级目录内，可以在 AutoCAD 系统中查看或修改。

第四节　地道桥 CAD 系统软件配筋计算

配筋计算包括常规配筋和非常规配筋。

一、配筋计算

(一)常规配筋方法

下面以三跨桥为例，说明配筋的操作过程(四跨桥、二跨桥和单跨桥的配筋过程是一样的，只是钢筋号有所不同)。在配筋之前，程序要求输入有关钢筋的直径，选择“配筋计算”

子菜单将弹出“配筋计算”对话框，在此对话框内要输入钢筋的直径。在对话框的底部有顶板配筋、底板配筋等四个按钮，点击每一个按钮，将弹出一个对话框，在该对话框内显示各截面的面积情况及可选择的输出钢筋号，以及增加一个辅助钢筋所增加的面积。对话框如图5—17～图5—20所示，其中顶板配筋、底板配筋按钮中的盈亏值大小是由对话框中“基本受力平筋直径（N3-N5）”和“基本受力平筋直径（N2）”内的参数决定的，“边、中墙配筋”盈亏值是由“基本立筋直径（N6）”参数决定的。

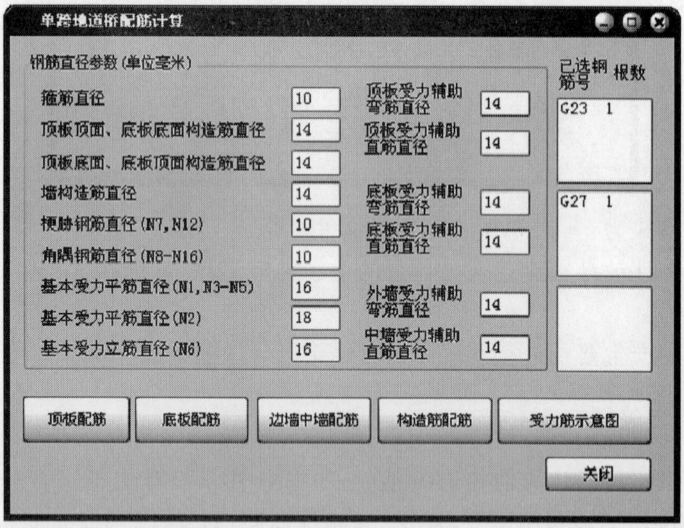

图5—17 各截面配筋主窗口

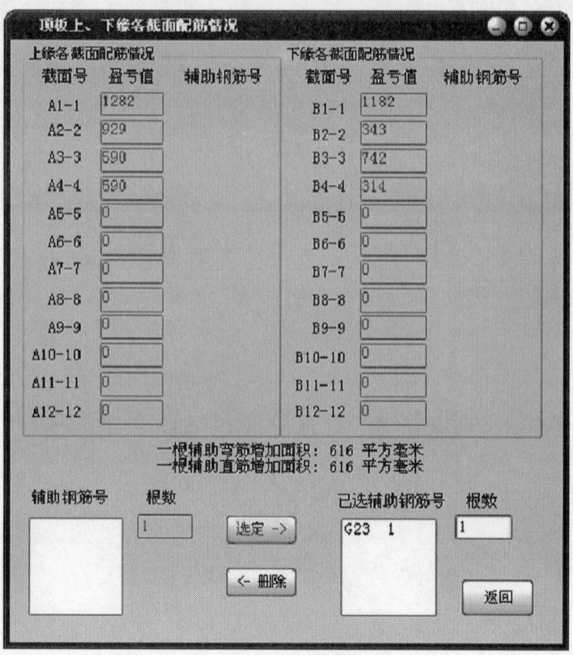

图5—18 顶板上、下缘各截面配筋

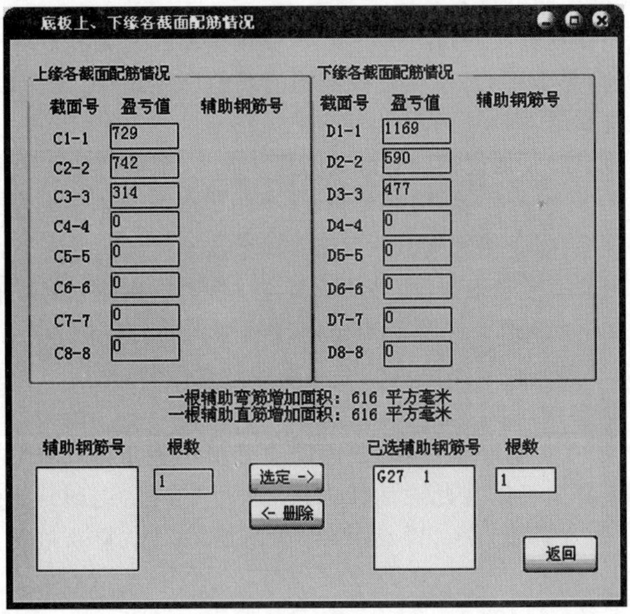

图 5—19　底板上、下缘各截面配筋

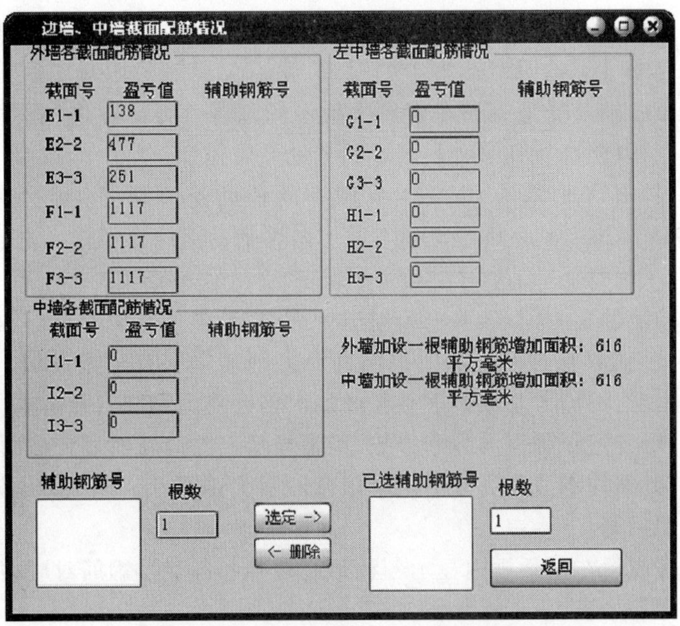

图 5—20　边墙、中墙各截面配筋

点击“顶板上、下缘各截面配筋”按钮后显示顶板上缘和下缘各截面号和现有配筋值和设计配筋值比较的盈亏情况及辅助钢筋号(亏截面才有显示)，操作者应据此进行配筋判断，显示为负数的截面，即为配筋量不足之处，应当按提示配足辅助受力钢筋；顶板配筋完毕，可以点击“底板上、下缘各截面配筋”按钮，再显示底板各截面的情况并进行配筋。如此顺次地把边墙、中墙的配筋进行完毕。

对话框中各截面盈亏值数据如出现负数，说明该截面的配筋值不足，需要添置相应的辅助受力钢筋；如数据全部为正数，说明各截面的配筋值已经足够，无需添加辅助受力钢筋。操作人员应仔细审查数据，根据提示作出相应的操作。

对话框中同时显示需要加设辅助受力钢筋的截面号、配筋值盈亏的数值，对该截面有帮助的辅助钢筋型号。以及加设一根辅助弯筋，能令相应截面的钢筋面积增加×××平方毫米。加设一根辅助直筋，能令相应截面的钢筋面积增加×××平方毫米。

据此选择辅助钢筋型号及根数，如果某截面盈亏值为负数并有辅助钢筋号可以选择，那么可以进行选择辅助钢筋操作。用鼠标点击对应辅助钢筋号以后，再点击"选择"按钮，在"已选择的辅助钢筋号"框内，显示所选的辅助钢筋号及根数，同时重新显示相关截面的钢筋面积。

如选择了辅助受力钢筋以后，还有截面的盈亏值出现负数，而且也没有其余的辅助受力钢筋可以选择，那么可以在此对话框内按"返回"按钮，退回到主对话框内，修改辅助受力钢筋或基本受力钢筋直径，再点击"截面配筋"按钮，重新进行配筋计算，直至满意为止。

更改基本钢筋直径，可以改变亏欠截面和亏欠数值。如加大基本钢筋直径，有可能令某些截面由亏转盈，不再需要加设辅助钢筋。改变辅助钢筋直径，就改变了加设辅助钢筋所能增加的面积。同样的亏欠数，辅助钢筋直径大，可能只需加设一根，如辅助钢筋直径小，可能需要加设两根。这样，操作人员可根据实际情况，在钢筋直径问题上加以调配。

选用的辅助钢筋号应参照对话框中的提示，在亏欠钢筋截面对应的辅助钢筋中选择。各基本受力钢筋及各辅助受力钢筋在钢筋排架中的位置。可以点击"钢筋布置示意图"在配筋时可对照参考，以便选择到一种最合适的辅助受力钢筋。

弯筋，指的是具有弯曲构造、主要承受剪力的辅助受力钢筋（对三跨来说就是 G28，G30，G31，G33，G35，G36），其余则定义为直筋。两种辅助钢筋直径输入之后，对话框内显示输入结果并提示。

每一种型号的辅助受力钢筋，对三跨地道桥来说，最多只能加二次（二根）（单跨桥和二跨桥只能加一根）。倘若有关截面加两根辅助受力钢筋仍未补足配筋值，也没有其他型号辅助受力钢筋可用时，可加大基本钢筋直径或加大辅助受力钢筋直径解决。

这一步操作，每选定一种钢筋号和根数，屏幕显示一次最新的亏欠截面数和选用钢筋号的提示，直至所有截面均不亏欠为止。但当该截面亏欠值很小，不致超出安全范围时，也可不再需要加设辅助钢筋。

各截面配筋完成后在对话框内显示各种钢筋型号和各型号钢筋对应的根数表。

选定的辅助钢筋如表 5—1 所示。

表 5—1　选定的辅助钢筋表

钢筋号	根　数
G28	2
G30	2
G31	1

对表中的选择如感到不满意,可重新配筋。否则,结束顶板上下缘各截面的验算和配筋,转入底板上下缘各截面的验算和配筋的操作。

底板上下缘各截面配筋操作过程与顶板相同。底板各截面配筋结束后即转入边墙各截面配筋操作。边墙各截面配筋结后即转入中墙各截面配筋操作(单跨桥没有中墙),其操作过程与顶板配筋操作过程均相同。

框架各部分选定的辅助钢筋见表。

表 5—2　框架各部分选定的辅助钢筋

钢 筋 号	根　数
G××	×
G××	×

表中列出全部选定的辅助受力钢筋号和相应的根数,供操作者作最后的审定。如果对选定的辅助受力钢筋型号及钢筋直径不满意,可重新开始配筋操作。

结束配筋操作后,上述选定的辅助受力钢筋号、根数及各种钢筋直径,会自动记录在 4 个数据文件中。它们是:

3FJS. TXT——记录辅助受力钢筋号和根数。

3FGS. TXT——记录所选用的辅助受力钢筋种类总数。

3DDD. TXT——记录各种钢筋的直径。

3DSS. TXT——记录所选定的钢筋直径种类数。

四跨、二跨和单跨地道桥的配筋过程和三跨类似,只是截面数和辅助钢筋数有所不同,配筋时按提示操作,并参照图 5—21 ~ 图 5—28 辅助受力钢筋号及基本受力钢筋即可。

四跨、二跨和单跨地道桥配筋的结果同样生成 4 个数据文件。

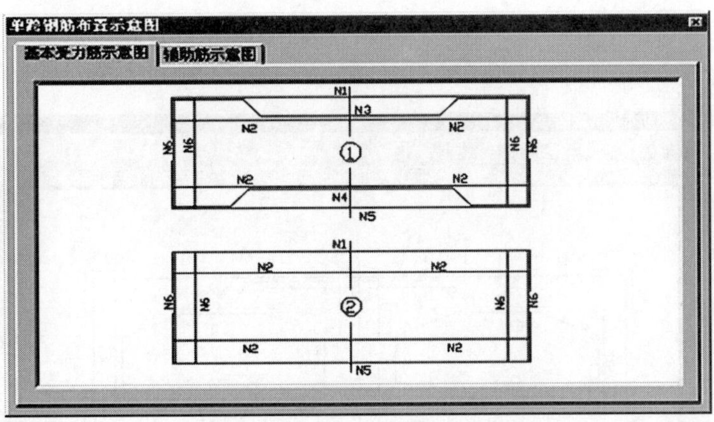

图 5—21　单跨基本受力筋配置示意图

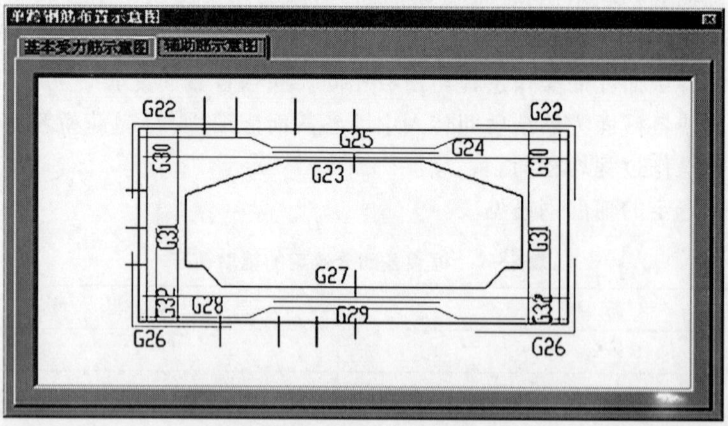

图 5—22　单跨辅助受力钢筋配置图

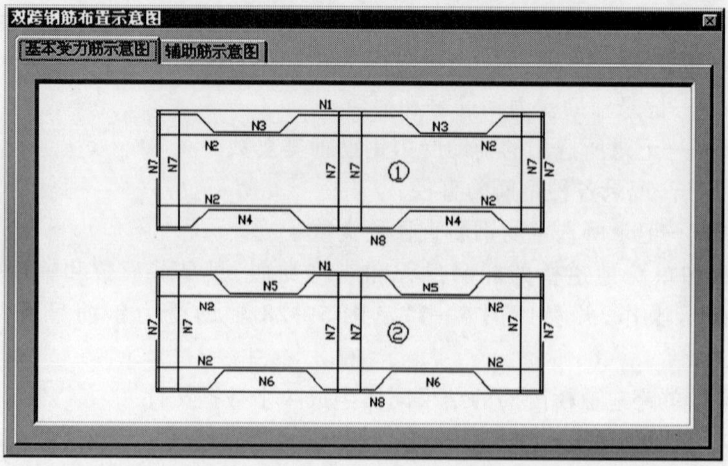

图 5—23　双跨基本受力筋配置示意图

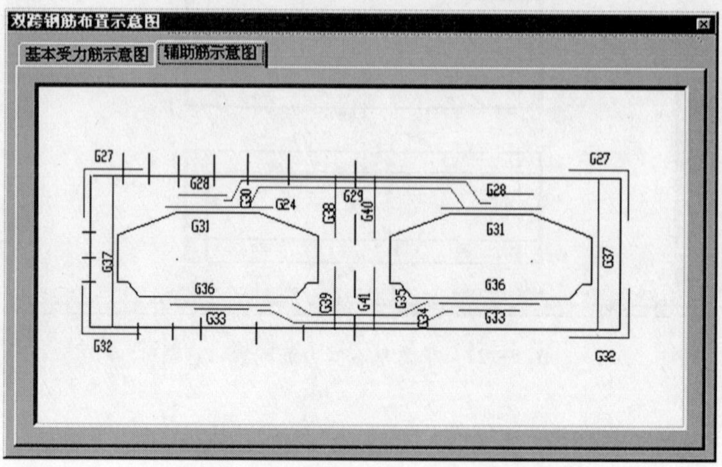

图 5—24　双跨辅助受力钢筋配置图

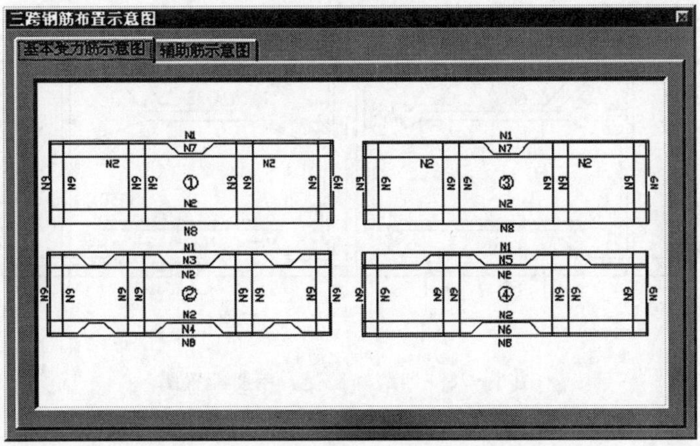

图 5—25　三跨基本受力筋配置示意图

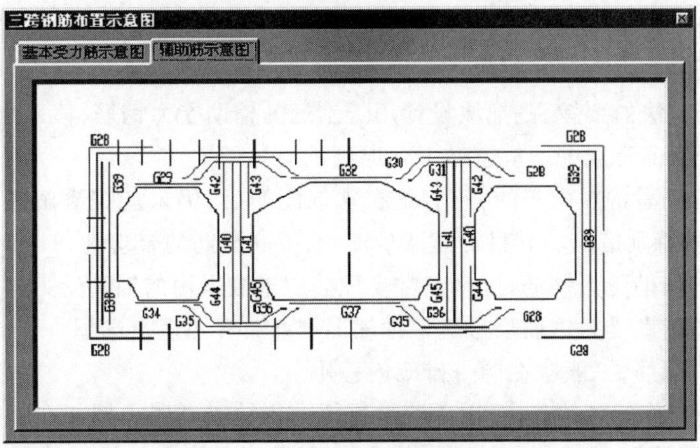

图 5—26　三跨辅助受力钢筋配置图

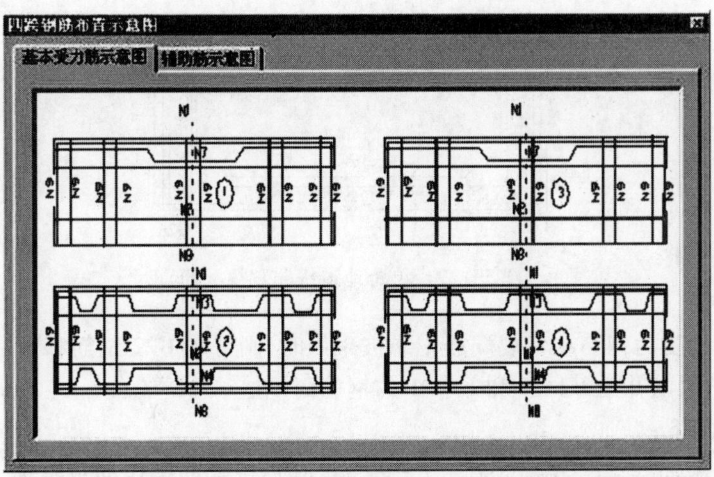

图 5—27　四跨基本受力筋配置示意

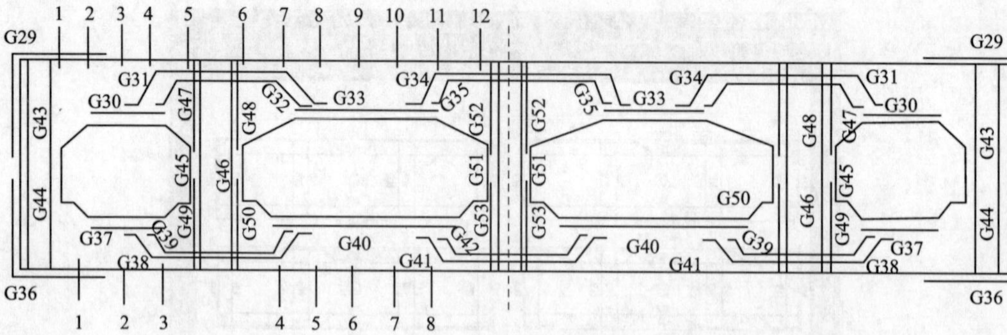

图 5—28　四跨辅助受力钢筋配置图

（二）非常规配筋方法

在常规配筋过程中，有时框架的个别截面，钢筋面积不足而又没有相应的辅助受力钢筋加以补充。如果以加大基本受力钢筋直径的办法来补足该截面的钢筋面积，将会使其他截面钢筋面积过分富余而造成浪费。在这种情况下，结合采用非常规配筋方法，即可解决上述个别截面的配筋问题。

非常规配筋方法的要旨，是把原设计用于别处的辅助受力钢筋，移来配置于尚需补足钢筋面积的截面处。非常规配筋应遵循下列原则：

1. 非常规配筋是常规配筋的补充，是在常规配筋后，仍未能完满解决个别截面的配筋问题时，所采取的特别措施。其目的是减少浪费，提高配筋的合理性。

2. 被移用的辅助受力钢筋，应是在常规配筋中未被采用的辅助受力钢筋。

3. 被移用的辅助受力钢筋型号应根据辅助钢筋布置图适当选配。

4. 辅助受力钢筋，一般应在同一排架内移用。

非常规配筋操作的具体步骤，以单跨地道桥为例加以说明。例如在常规配筋中，图 5—29 所示 B2—2 截面和 F1—1 截面尚未能满足配筋值。B2—2 截面已无辅助钢筋可加。F1—1 截面如加 G31 钢筋，则 F2—2 和 F3—3 截面的钢筋面积会富余太多而造成浪费。

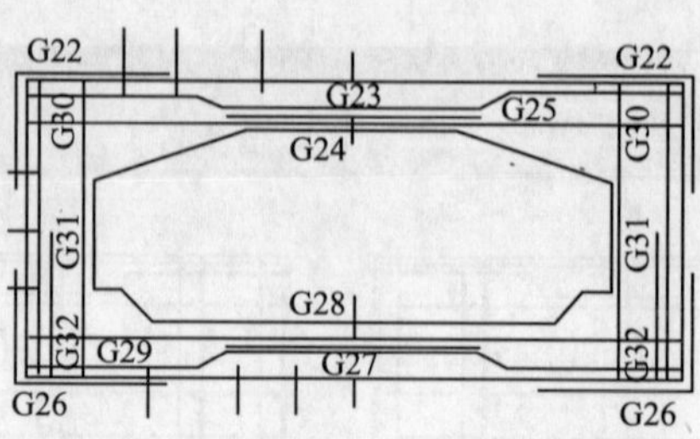

图 5—29　单跨地道桥非常规配筋

当 G22 辅助受力钢筋在常规配筋中未被采用时，则可将 G22 钢筋移至顶板下缘和边墙内侧的拐角处，用以补足 B2—2 和 F1—1 的钢筋面积。

具体操作如下：

1. 在顶板配筋操作的最后只余下 B2—2 截面时，按配筋操作的步骤选 G22。当时屏幕上显示的 B2—2 所欠缺的钢筋面积，实际上已由 G22 钢筋补足了。操作者要记住 G22 和所补足的截面 B2—2 的位置。

2. 当框架结构配筋图在屏幕上显示之后，用 AutoCAD 图形编辑方法，在钢筋排架示意图上，把 G22 及其标注的钢筋号，从原设计位置（钢筋排架的左/右上角），移到应该配置的位置（顶板下缘与边墙内）

3. 在钢筋排架示意图上，移动辅助受力钢筋的步骤如下（按 AutoCAD 的图形编辑方法）：

（1）用 ERASE 命令擦去要移动的辅助受力钢筋 N24（G22）。

（2）用 INSERT 命令重新插入 G22（N24）。注意在响应输入块名（BLOCK NAME）的提示时，G22 前应打上" * "号，即 * G22。插入基点设在排架的左上角。

（3）用 MOVE 命令把刚插入的辅助受力钢筋（G22）及其原标注（N24），分别移至该配置的位置（F1—1，B2—2），如图 5—30 所示。

（4）辅助受力钢筋的移动，最好是在同一排架内进行。否则，移动后还需要在"钢筋数量表"中，修改该辅助受力钢筋所在的排架号。

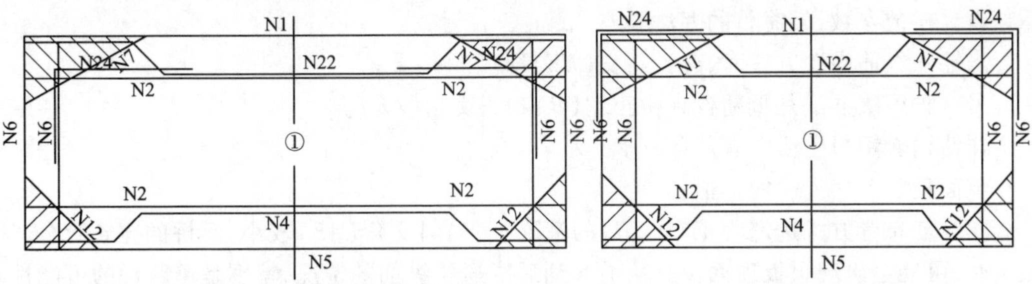

(a) 移动前 G22(N24)的位置　　(b) 移动后 G22(N24)的位置

图 5—30　非常规配筋方法

二、绘制配筋结构图

配筋程序结束后（当不需配筋也需确认一下），才可进入绘图阶段。就下面两个问题作出说明。

（一）关于绘图比例的提示

配筋操作之后，程序运行过程中会出现如图 5—31 提示。

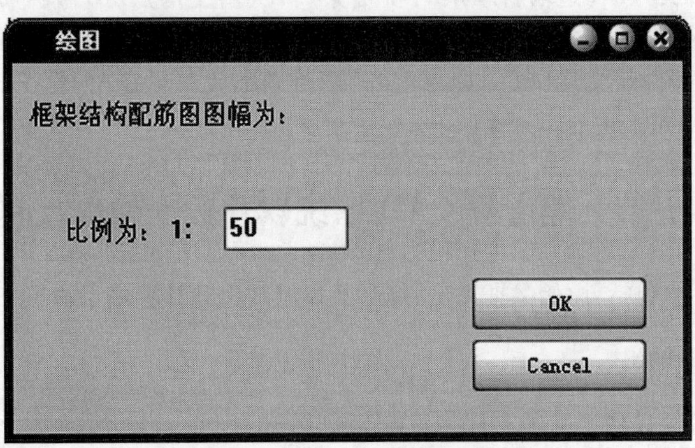

图 5—31　框架结构配筋图绘图比例

框架结构配筋图的绘图比例是根据图块匀称布置原则自动调配的，由于比例要符合国家标准，以及图块的最小间距控制不一定合适等原因，调配的结果可能不是最紧凑的。上述提示为的是给操作者一个人工干预的机会，以比较出最合适的绘图比例。一般情况单跨比例参数为 1:50，双跨为 1:60，三跨为 1:70，四跨为 1:80。

操作者可以根据使用需求输入相应的比例，按“确认”按钮后，程序自动计算出新的图幅。

显示图幅大小和比例，是为了操作者用绘图机绘图时心中有数。框架结构配筋图的上下宽度固定在 594 mm（单跨桥优先使用 420 mm），而长度则与桥长和绘图比例有关。用绘图机绘图时，如所设输出比例与提示的绘图比例一致，则硬拷贝的图幅与提示的图幅完全相同。

（二）可能出现的关于无长纵筋的提示

屏幕提示的内容出现“因顶板顶面出现无长纵筋的情况，本程序无法处理”时，用户须重新设计桥的参数，较简单的办法是：

当输入纵筋布置方式时，改为斜交（*XE*）即可。

另一种解决办法是重新设计桥正宽（*B*）和斜交角（*AF*）。

详情请看用户手册中有关部分。

下面便是上述提示的详情：

在纵筋布置方式选定为正交（*ZH*）的情况下，当斜交角（*AF*）较小，而桥的宽长比（*B/L*）较大时，可能会出现顶板顶面没有从前缘到后缘通长纵筋的情况，特别是单跨桥的可能性较大，这种情况 <DDQ >无法处理。所以当真的出现顶板顶面无长纵筋的情况时，提示操作者怎样去解决问题。

1. 变更纵筋布置方式是一种简便的办法。纵筋布置方式为斜交（*XE*）时，绝不会出现顶板顶面无长纵筋的情况。所以用户只需在框架构造数据输入对话框中，将纵筋布置方式改为斜交即可。需要注意的是，纵筋布置方式改变之后，纵筋的直径和布置的间距也要作相应的改变。

2. 重新设计桥正宽（*B*）和斜交角（*AF*）

“顶板顶面无长纵筋”的判别式是：$(L-2*H_1+200)-B/\tan(AF)>-ZB$。

式中　L（桥斜长）、H_1（边墙斜厚）、B（桥正宽）、AF（斜交角）、ZB（板纵筋间距）。

一般可减小桥宽（*B*）或增大桥的斜交角（*AF*）来满足上式条件。也就是说，适当减小桥的宽（*B*）或增大桥的斜交角（*AF*），即可消除“顶板顶面无长纵筋“的情况。为此，需要重新设计和计算，能满足上述的判别式即可。

第五节　地道桥 CAD 系统软件数据输出及其他

数据输出菜单包括：原始数据输出、挠度及裂缝输出和计算结果输出三部分。

一、原始数据输出

“数据处理”菜单中所有数据输入完毕后即可选择“数据输出”菜单下的“原始数据输出”子菜单，即弹出如图 5—32 所示记事本。系统将“数据处理”菜单中所有数据按“结构尺寸数据”、“荷载特性数据”、“材料特性数据”顺序进行了汇总，以方便用户对输入的原始数据进行复查。

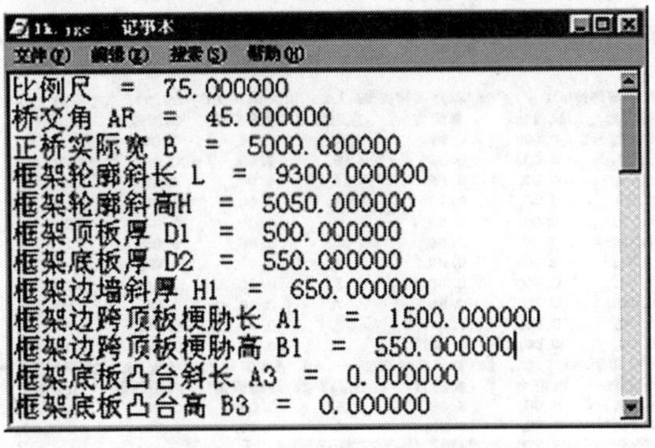

图 5—32　原始数据输出

二、挠度及裂缝输出

“配筋计算”菜单中的“配筋设计、计算”内容处理完毕后，点击“数据输出”菜单下的“挠度及裂缝输出”子菜单即可检算挠度和裂缝，如图 5—33 所示。

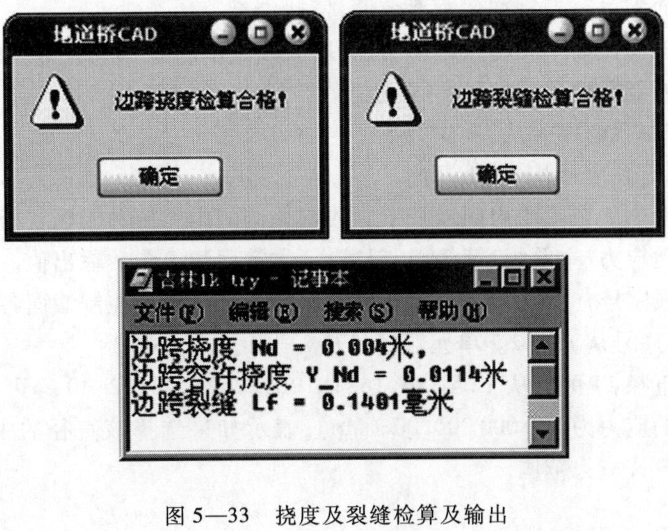

图 5—33　挠度及裂缝检算及输出

注：只有配筋完毕后才能查看裂缝和挠度检算结果。

三、计算结果输出

有限元计算结束后即可选择“数据输出”菜单下的“计算结果”子菜单，即弹出如图 5—34 所示记事本。系统将有限元计算完后的结果进行了汇总，用户可通过计算结果来分析、验证设计的正确性与合理性。

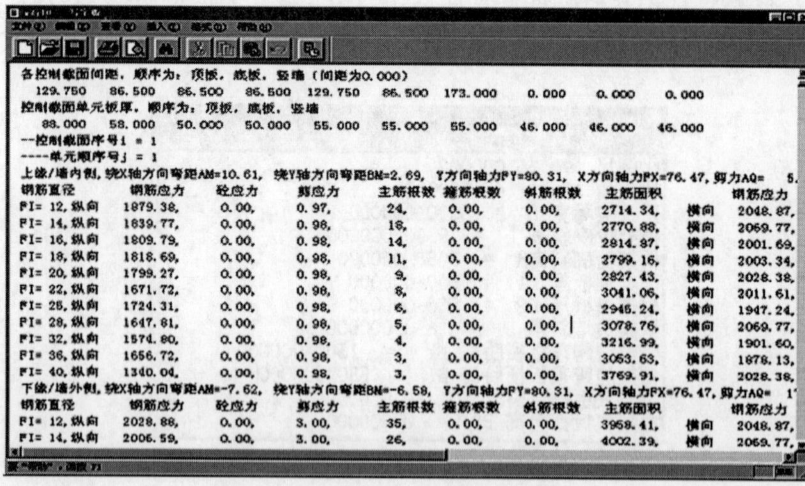

各控制截面间距，顺序为：顶板，底板，竖墙（间距为0.000）
129.750　86.500　86.500　86.500　129.750　86.500　173.000　0.000　0.000　0.000
控制截面单元板厚，顺序为：顶板，底板，竖墙
88.000　58.000　50.000　50.000　55.000　55.000　55.000　46.000　46.000　46.000
--控制截面序号i = 1
----单元顺序号j = 1
上缘/墙内侧，绕X轴方向弯距AM=10.61，绕Y轴方向弯距BM=2.69，Y方向轴力FY=80.31，X方向轴力FX=76.47，剪力AQ=　5.

钢筋直径	钢筋应力	砼应力	剪应力	主筋根数	箍筋根数	斜筋根数	主筋面积		钢筋应力
FI= 12，纵向	1879.38，	0.00，	0.97，	24，	0.00，	0.00，	2714.34，	横向	2048.87，
FI= 14，纵向	1839.77，	0.00，	0.98，	18，	0.00，	0.00，	2770.88，	横向	2069.77，
FI= 16，纵向	1809.79，	0.00，	0.98，	14，	0.00，	0.00，	2814.87，	横向	2001.69，
FI= 18，纵向	1818.69，	0.00，	0.98，	11，	0.00，	0.00，	2799.16，	横向	2003.34，
FI= 20，纵向	1799.27，	0.00，	0.98，	9，	0.00，	0.00，	2827.43，	横向	2028.38，
FI= 22，纵向	1671.72，	0.00，	0.98，	8，	0.00，	0.00，	3041.06，	横向	2011.61，
FI= 25，纵向	1724.31，	0.00，	0.98，	6，	0.00，	0.00，	2945.24，	横向	1947.24，
FI= 28，纵向	1647.81，	0.00，	0.98，	5，	0.00，	0.00，	3078.76，	横向	2069.77，
FI= 32，纵向	1574.80，	0.00，	0.98，	4，	0.00，	0.00，	3216.99，	横向	1901.60，
FI= 36，纵向	1656.72，	0.00，	0.98，	3，	0.00，	0.00，	3053.63，	横向	1878.13，
FI= 40，纵向	1340.04，	0.00，	0.98，	3，	0.00，	0.00，	3769.91，	横向	2028.38，

下缘/墙外侧，绕X轴方向弯距AM=-7.62，绕Y轴方向弯距BM=-6.58，Y方向轴力FY=80.31，X方向轴力FX=76.47，剪力AQ=　1

钢筋直径	钢筋应力	砼应力	剪应力	主筋根数	箍筋根数	斜筋根数	主筋面积		钢筋应力
FI= 12，纵向	2028.88，	0.00，	3.00，	35，	0.00，	0.00，	3958.41，	横向	2048.87，
FI= 14，纵向	2006.59，	0.00，	3.00，	26，	0.00，	0.00，	4002.39，	横向	2069.77，

图 5—34　有限元计算结果数据输出

该数据在程序生成的 wdg10. txt 文件中，文件内容为：

第一行为各控制截面间距说明。顺序为：顶板，底板，竖墙（竖墙间距为 0. 000）（单位：cm）。例如单跨的控制截面为 10 个，分别为顶板 4 个、底板 3 个、边墙 3 个。

第二行为各控制截面间距数值。第一个数据为第一控制截面到原点的距离，第二个数据为第二控制截面到第一控制截面距离数值，依此类推。

第三行为各控制截面单元的板厚说明，顺序为：顶板，底板，竖墙（单位：cm）。

第四行为各控制截面单元的板厚数值。

第五行为：控制截面序号从 $i = 1$ 开始。

第六行为：单元顺序号从 $j = 1$ 开始。

以后各行分别为上缘或墙内侧以及下缘或墙外侧的内力值和钢筋直径及对应的钢筋应力、混凝土应力、剪应力、主筋根、箍筋根、斜筋根、主筋面积等参数输出值。直至控制截面序号 $i = 1$ 及单元顺序号 $j = 2$，为一个循环。依此类推。在第一控制截面各单元号输出完以后，转到控制截面序号从 $i = 2$。单元顺序号从 $j = 1,2,3,\cdots$开始。

其中主钢筋直径 FI 可以从 12 到 14，16，18，20，22，25，28，32，40 等可以进行选择。如果某直径的钢筋的应力为 100 000 000. 00 （Mp），表示如果选择该直径的主力钢筋，那么钢筋的应力将超过容许应力范围。

四、屏幕显示

1. 图形显示比例

选择“图形显示比例”子菜单将弹出如图 5—35 所示对话框，在对话框中输入需要的显示比例（注：输入数字应为整数）。

2. 显示全图

选择菜单项“显示全图”，可以在窗口中显示整个图形。

3. 窗口显示

选中菜单项“窗口显示”后，先用鼠标在窗口内单击一下然后移动鼠标，选择好合适的

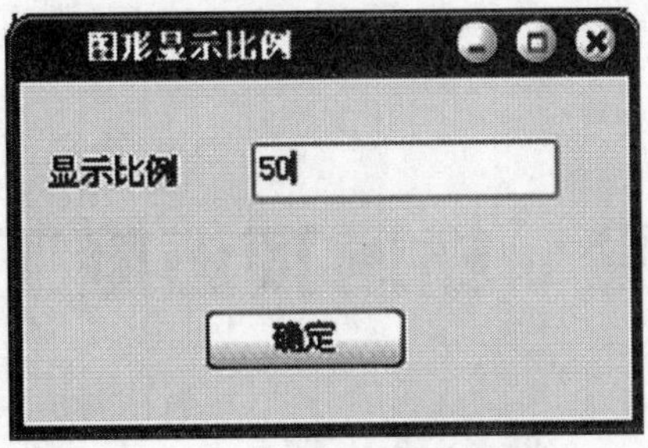

图 5—35　图形显示比例

窗口大小后再单击一下鼠标左键。

4. 图形缩小

选中菜单项“图形缩小”后，用鼠标在窗口内每单击一次，可以使图形缩小一定的比例。

5. 图形移动

选中菜单项“图形移动”后，先用鼠标在窗口内单击一下然后移动鼠标，随着鼠标的移动，屏幕中会出现一段线段（即为图形移动的轨迹），选择好位置后再单击一下鼠标，便可将图形移动。

第六章 桥涵顶进施工方法

第一节 概 述

一、顶进法简述

顶进法施工是指在铁路、公路或其他建筑物下方，顶入预制的钢筋混凝土箱型框架，建成各种地下通道或地下建筑物。这种方法适用于：原有铁路和公路平交道口不能适应交通安全和车流畅通要求而改建为立交道口；农田灌溉或通航需要增建穿越铁路的过水桥涵或过船桥涵；在处理旧线既有桥涵病害时，要求扩建或增建新桥涵；明挖法修建地下通道，某些地段不能开挖路面等情况。

在既有线下修建桥涵，由于行车干扰，施工问题复杂，应根据规划要求（铁路、公路）、现有铁路及公路运输情况、交叉处排水出路情况及附近水文地质、工程地质情况、施工方法、拆迁情况、各种障碍物拆迁之可能、在拆迁过程中或以后的影响、立交桥断面形式、净高、净宽要求等，进行方案比较，经技术经济比较后，选定施工方法。

（一）顶进法定义

顶进法是地下建筑物施工的一种基本方法，在不中断地面交通的前提下，将预制好的涵管或箱体，采用机械力量顶入地层中，如图6—1所示。此法适用于穿越公路、铁路、河流、建筑物、街道的各种桥涵、地道、地下管道等。

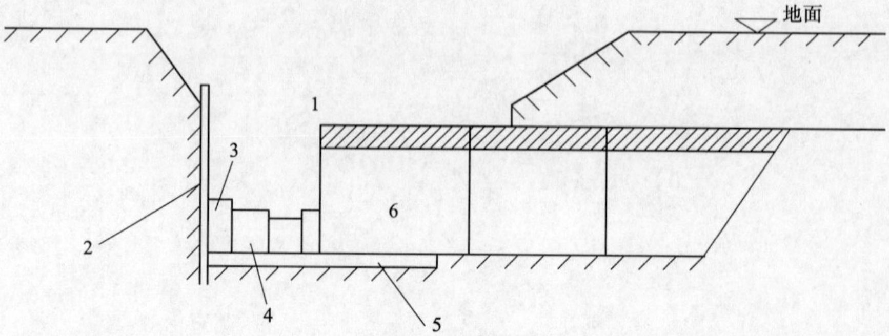

图6—1 顶入法示意

1—工作坑；2—后背；3—后背梁；4—千斤顶；5—底板；6—箱体或涵管

（二）顶进法分类

按施工工艺的不同，顶进法可分为一次顶入法、对顶法、对拉法、顶拉法、盾构法、格栅顶进法等。在顶进施工中应优先考虑整体顶进，限于各方面的原因不能整体顶进时，考虑分节、分体顶进。采用整体顶进时，其长度宜小于 30 m，当大于 30 m 时，宜在纵向分节，采用中继间分段顶入法。

按照顶进的地下结构的大小，可分为箱涵顶进、管涵顶进以及小口径管道顶进三大类。

（三）顶进法方案比选

在顶进施工中，顶进方法有多种，施工中应依据现场调查，结合所需顶进的结构形式、尺寸、施工技术水平、工期、机具设备能力等综合研究，经过技术能力和经济投资综合比选后采用合适的施工方法。

1. 在选定施工方法之前，应对以下几方面作充分调查。

（1）地形、地貌及工程地质、水文情况；

（2）是否有需要拆迁的建筑物；

（3）铁路路基及工作坑中是否埋置有管路、电缆、光缆及其他障碍物，明确其位置、结构以及使用情况；

（4）施工场地交通运输及供水、供电等情况；

（5）现有平交道的交通运输情况及铁路的运行情况；

（6）周围地面及铁路排水情况。

2. 在顶进框架桥施工时，可依据铁路限速要求及地质情况，采取相应的施工方法：

（1）对于限速在 40 km/h 以下的下穿框架桥结构，可以采用普通的顶进法进行框架桥的设计与施工，用便梁或工字钢对线路进行加固。

（2）对于限速在 40 ~ 80 km/h 的下穿框架桥结构，设计中要根据地质资料情况确定是否要对地基进行处理，对地基承载力较低（小于 120 kPa 时），需要对地基和路基进行加固处理，要对线路进行加固；对于跨度较大的框架桥（如用便梁对线路进行加固困难时），在顶进时要用桥式盾构法进行顶进施工。

（3）对于限速在 80 km/h 以上的下穿框架桥结构，除了要对路基和地基进行加固处理，用桥式盾构法进行施工外，还要考虑在框架桥顶板上方的路基内和框架桥边墙两侧的路基内采用管棚进行支护，以防路基土在顶进过程中的下沉。同时在框架底板底设计 2 ~ 4 条顶进滑轨，以便控制顶进的精度，防止扎头或栽头现象的发生。

二、箱涵顶进

箱涵顶进是指在铁路、公路或其他地面建筑物下方，顶入预制好的钢筋混凝土箱形框架，建成各种地下通道或地下建筑物。

箱型框架的横断面按使用要求可以分为单孔、双孔和三孔，个别情况还可做成四孔。当用两孔或三孔框架断面时，根据施工现场设备能力，一般将两孔或三孔整体一次浇筑，一次顶进，这样整体性好，施工进度也快。也可将两孔或三孔分别灌注，分别顶进。有时三孔可做成不同高度，有利于模板倒用，减少顶进阻力，线路加固也较容易，如图 6—2 所示。

由于箱型框架采用整体顶进，与一般梁式体系相比，用料有所增加，因此在地基较好、地下水位较低处，也可采用图 6—3 所示的分离式结构。由一孔箱型框架和两孔简支梁及桥台组合而成。框架、桥台和简支梁可分别预制，分别顶入。其优点是用料省、挖土量少、进度快。

由于框架顶结构截面尺寸较薄，配筋较密，增加了箱体制作难度，应注意加强钢筋及混凝土的施工质量。为提高抗裂性,减轻自重,便于顶进,对跨度大的箱涵应考虑采用预应力钢筋混凝土结构。

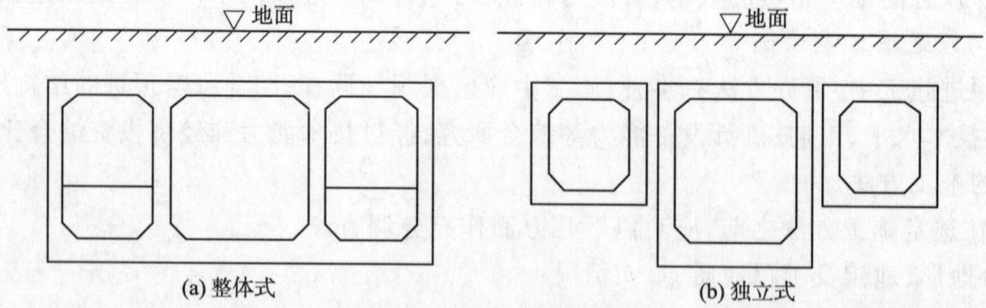

图 6—2　整体和独立式框架结构

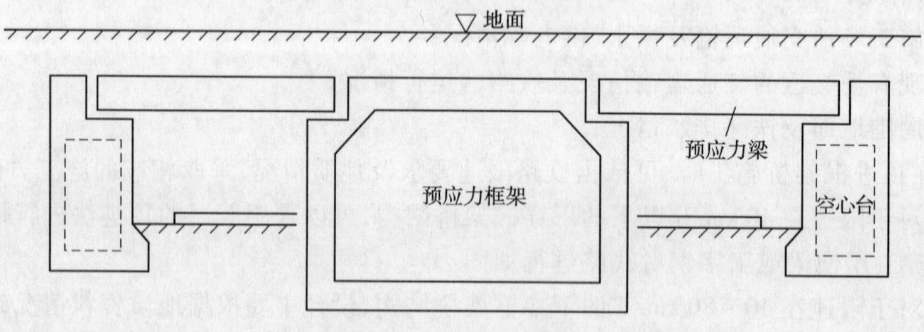

图 6—3　分离式结构

三、管涵顶进

管涵顶进技术主要应用于城市污水排水管道、雨水排水管道、给水工程中的自来水管道、农田水利的引水渠道、煤气热力管网中套管、通讯电缆管的外套管等。

管涵顶进就是借助于主顶油缸及管道中继间等的推力,把工具管或掘进机从工作坑内穿过土层一直推到接受坑内吊起。与此同时,把紧随工具管或掘进机后的管道埋设在两坑之间,是一种非开挖的敷设地下管道的施工方法。

顶管施工的分类方法很多,以下介绍几种常用的分类方法。

1. 按顶管直径的大小来分,可分为大口径、中口径、小口径和微型顶管四种类型。大口径顶管多指直径 2 000 mm 以上的顶管,人能在这样口径的管道中站立和自由行走。大口径的顶管设备比较庞大,管子自重也较大,顶进时比较复杂。最大口径可达 5 000 mm,比小型盾构还大。中口径顶管的管径多为 1 200 ~ 1 800 mm,人在其中需要弯腰行走,大多数顶管为中口径顶管。小口径顶管直径为 500 ~ 1 000 mm,人只能在其中爬行,甚至很难进入管道。微型顶管的直径通常在 400 mm 以下,最小的只有 75 mm。

2. 按一次顶进长度分。一次顶进长度是指顶进工作坑和接受工作坑之间的距离,按其距离的大小分为普通距离顶管和长距离顶管,顶进距离长短的划分目前尚无明确规定。

3. 顶管方法也可根据掘进工艺、顶进力的传递方法、顶管管材、顶进轨迹、工作井与接收井之间的距离来划分。其中根据掘进工艺的不同,可分为手掘式、挤压式、气压平衡式、泥水平衡式、土压平衡式、注浆式等类型。目前最为常用的顶管施工方法是手掘式、泥水平衡式和土压平衡式。

管道顶进方法的选择,应根据管道所处土层性质、管径、地下水位、附近地上、地下建(构)筑物和各种设施等因素,经济技术比较后确定,并应符合以下规定。

1. 在黏性土或砂性土层,且无地下水影响时,宜采用手掘式或机械挖掘式顶管法,当土质为砂砾土时,可采用具有支撑的工具管或注浆加固土层的措施。

2. 在软土层且无障碍物的条件下,管顶以上土层较厚时,宜采用挤压式或网格式顶管法。

3. 在黏土层中必须控制地面隆陷时,宜采用土压平衡顶管法。

4. 在粉砂土层中且需要控制地面隆陷时,宜采用加泥式土压平衡或泥水平衡顶管法。

5. 在顶进长度较短、管径小的金属管时,宜采用一次顶进的挤密土层顶管法。

采用合理的施工方法,选择合理的顶管机型,是整个工程成败的关键。顶管机选型可参照表 6—1。

表 6—1 顶管机选型参照表

序 号	类 型	管道内径(m)	管道顶覆土厚度	地质条件
1	手 掘 式	1.00～1.65	≥1.5D (不小于 3 m)	(1)黏性土或沙土 (2)极软流塑黏土慎用
2	网络挤压式(水冲)	1.00～2.40	≥1.5D (不小于 3 m)	软塑、流塑的黏性土(或加薄层粉砂)
3	土压平衡式	1.80～3.00	≥1.5D (不小于 3 m)	(1)塑、流塑的黏性土(或加薄层粉砂) (2)黏质粉土慎用
4	泥水平衡式	0.80～3.00	≥1.3D (不小于 3 m)	黏性土或砂性土

四、小口径管道顶进

小口径顶管施工法又称小口径顶管法,起源于日本,是指人不进入管内作业的遥控式顶管施工法,一般用于口径在 900 mm 以下的管道铺设。但实际上可以铺设更大直径的管道,最大可达 3 000 mm,甚至更大。小口径顶管不仅用于下水道施工中,而且还广泛用于自来水、煤气、电缆、通信等各个领域的管道敷设工程中。以前由于这些管道埋深浅、口径小,所以大多采用开挖法施工。但随着城市建设规模的不断扩大,城市中道路等级也越来越高,加上交通量的不断上升,许多建成区内已无法采用开挖法施工。另外,随着铁路网、公路网和高速公路网的建成,许多过路管道也不允许采用开挖施工。这就促使小口径顶管得到迅速发展和完善,显示出其优良的施工性能和低廉的施工成本,反过来又促进它的更广泛、更普及地使用。所以,小口径顶管发展到如今,由于施工速度快、施工精度高、适应土质范围广而深受业主与施工单位的欢迎。

小口径顶管施工时,要求在要铺管的两端设立两个工作坑(顶进工作坑和接受工作坑），工作坑的尺寸根据管道的直径和长度，以及顶管掘进机的大小而定。工作坑的周围应有足够的空间放置地表施工设备。

小口径顶管施工常用的施工方法见表 6—2。

表 6—2　小口径顶管施工法的分类

分　类	特　点
1. 先导式小口径顶管施工法 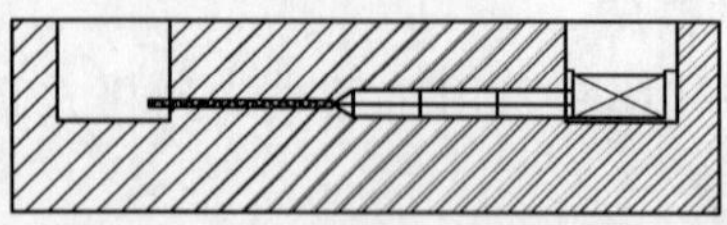	先顶进先导管形成先导孔，随后扩大先导孔，同时顶进保护套管或永久管道
2. 螺旋式小口径顶管施工法 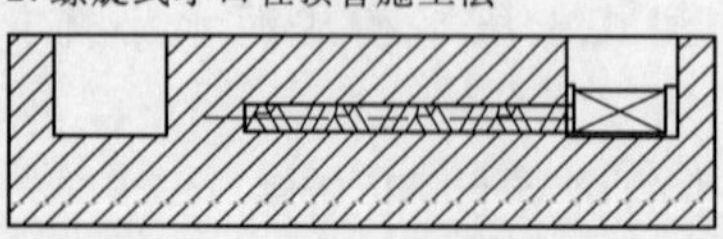	用切削钻头钻进成孔，并由螺旋钻杆排出钻屑，同时顶进保护套管或永久管道
3. 泥水式小口径顶管施工法 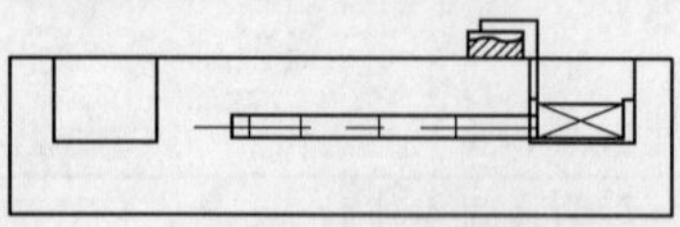	用切削钻头钻进成孔，利用循环浆液排出钻屑，同时顶进保护套管或永久管道。钻进时，用水压、浆压或机械压力来平衡工作面的压力，维持工作面的稳定

小口径顶管施工法主要适用于：①管径 150 ~ 3 000 mm（甚至更大）；②管线长度可达 500 m 或更长，一般为 30 ~ 300 m；③管材可以是混凝土管、陶土管、玻璃钢管、铸铁管、钢管、PVC 管等；④各种地层，包括含水地层，但最大卵砾石块度不大于切削头直径的 1/3。

第二节　一次顶入法

一次顶入法也称整体顶入法，是指箱体整体预制，纵向不分节、横向不分体，从箱体顶进到箱体就位一气呵成。

一次顶入法不论桥涵位置正交、斜交，覆土厚薄，一般都能一次顶入就位。铁路一侧一次整体顶入法是按公路的规划位置和铁路线路平面位置的可能，在线路一侧设置工作坑，坑底做滑板，按穿越铁路股道的多少、净宽、净高要求，在滑板上预制一个单孔或多孔钢筋混凝土箱涵，箱涵的前端做成突出的刃角，再在离箱涵尾部不远处修筑后背，然后在后背梁与箱涵底板之间安设千斤顶（或称顶镐），同时对铁路进行加固，最后顶镐借后背的反力将箱涵顶入路基。顶进时，箱涵前端刃角处不断挖土，随顶随挖，直至箱涵全部顶入路基为止，如图 6—4 所示。

一次顶入法可使钢筋混凝土结构一次预制完成。只要有足够的顶力设备，对正交或斜交、各种路基土质、覆土深度，一般均能用此法一次顶入。其优点是对铁路运输干扰较小，顶进时间集中，慢行时间短，由于整体顶进可连续完成，施工期较短，对运输干扰时间短，故目前被广泛采用。

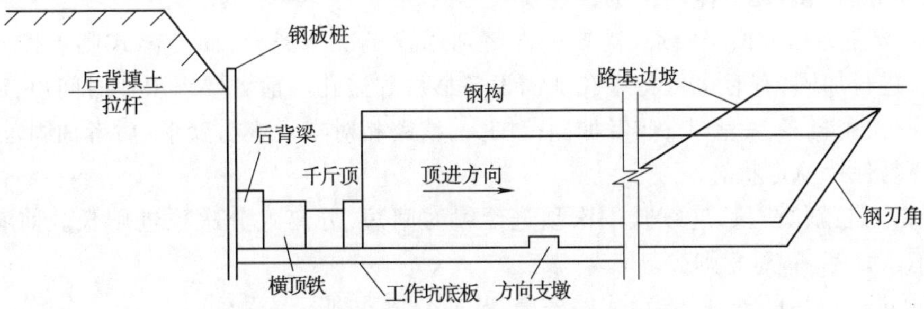

图 6—4　一次顶入法示意图

第三节　多箱分次顶入法

对穿越既有线路较宽的多孔地道桥，一般按孔数将地道桥横向分成 2 ~ 4 个单体箱形桥。每个单体箱形桥可以是单孔，也可以是双孔，孔跨大小和顶进顺序应根据线路加固条件来确定。箱体间设计净距一般控制在 10 cm 左右为宜，太小了箱身预制若发生偏差就难以顶入；太大了由于后续箱体的顶进，仅一侧受土压力，间距难以控制。

多孔箱涵顶进顺序可根据线路加固长度、箱孔大小、施工安全、工期要求、经济效益等因素综合进行方案比较，择优选用。其顶进的顺序主要有以下三种形式。

1. 按顺序顶入法

从一端开始依次逐个顶入。优点：第一孔箱体顶入后，作为第二孔便梁的支墩箱，顶进较稳妥，方向易掌握。缺点：便梁支墩架设次数多，施工周期比较长。

2. 先中间后两边顶入法

先把中间的一孔箱体顶入，作为两边孔便梁支墩箱，然后再顶边孔。优点：中间先顶进主干道可先开通，两边箱可同时顶进，能加快施工进度。缺点：大跨孔先顶支墩工程量大，工程成本高。

3. 先两边后中间顶入法

优点：边孔一般孔径小，顶进易控制，两边孔顶入后作支墩箱，可节省支墩工作量顶进，比较稳妥。缺点：顶距控制要求严格。

对于三孔式地道桥，采用分次顶入法时，如先顶入两个边孔，再进行中孔的顶进，虽可避免横向倾斜，但必须注意边孔的左右偏差，倘若偏差过大，中孔箱体有可能难以顶进就位。所以除箱体间距离较大的地道桥外，一般都先顶入中箱，然后再顶入左右边箱。

多孔箱涵一次顶进则顶力大，且边孔往往净高要求低，三个单孔可做成不等高。故为减少顶力以简化顶进附属设备，并节省投资，有时采用将三跨连续框架改为三个单个箱涵分次顶入的施工方法。另外一种情况是分期投资，先顶进中孔，使用一段时间后，需要时再在两侧顶进边孔。多箱分次顶入法具备一定优点，但同时也存在缺点。选用时应注意以下几点。

1. 在预制阶段，多跨连续框架结构（简称连续式），中孔、边孔需要一次完成预制工作。而多孔分离框架结构（简称分离式）则可先预制中孔，再预制边孔。前者工期短，后者工期长；前者需要周转料多指模板、支撑等，后者需要少。由于边孔多为人行道、慢车道，要求净高低，因而分离式结构主体圬工也较连续式为少。

2. 在线路加固方面，连续式需要一次将加固设备准备齐全，而分离式则可按先中孔后边孔顺序进行加固，有时也可将中孔加固设备移用到边孔。前者要求限速时间短，后者则较长；前者一次用料多，后者少；前者加固范围大，线路相对来说容易变形，后者加固范围小，因而线路容易保持稳定状态。

3. 在顶进就位阶段，连续式一次顶进延续时间短，分离式分次顶进则长。前者需要的辅助性施工设施多，后者则少。

4. 顶进就位后的外观，连续式整齐美观，而分离式则不易做到。

5. 中线的水平，连续式偏差小，分离式偏差相对大。

第四节　对　顶　法

对顶法是在铁路两侧各挖一工作坑，将箱涵分成两半，分别在两侧工作坑内预制，并修筑后背，同样各借后背反力将箱涵顶入路基，如图 6—5 所示。

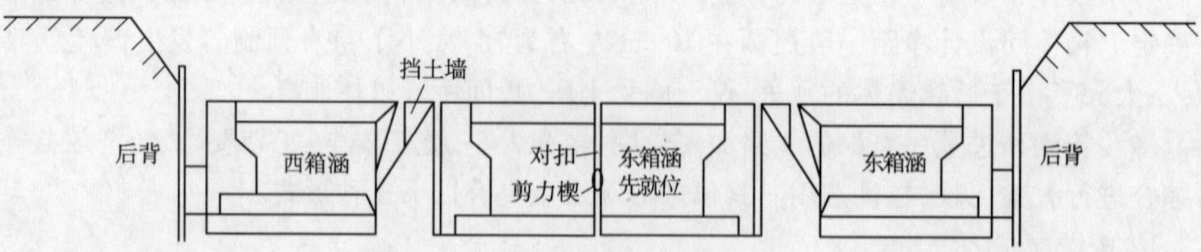

图 6—5　对顶法示意图

对顶法顶进箱涵，若顶进设备够用，两侧箱身可同时对顶进入路基；若顶进设备不足，可先顶入一侧箱身，在箱身就位后要对刃脚处用支撑加固，做好防止路基塌方的措施后，再将顶进设备移至另侧顶进箱身。箱身接口（对扣）的位置应选择在铁路两股道之间，以便于列车运行和逐次拆卸钢刃脚以顶进另侧箱身就位，并利于设置沉降缝。拆除钢刃角时，应注意避免发生塌方，最好将刃角分块安装，拆除时即可分块进行。小型箱形桥，如路基土质较好，可以不设刃角。

对顶法要求接口严密不漏水，要求防止两侧箱身顶进后的"错牙"现象，故对顶进工艺的要求比较严格。一般是采用预留缺口设橡胶止水带的方法，具体做法是在最后一镐顶进至接缝约 70 mm 宽间隙时停止顶进，在接缝内塞直径 50 mm 的沥青麻筋辫，安设止水带并用预埋螺栓加扁钢压紧。再开动千斤顶挤实，最后用防水混凝土将缺口补平。

对顶法主要是当箱涵过长，顶进距离也很长，需要顶力大，致使后背修建及顶进设备发生困难，或工作坑长度受限制，而设置中继间也有困难时才采用的。这个方法虽具有分建后背和减小顶力的优点，但要修建两处后背并需最后"对接"合龙，故对顶进方向和高程有较高的要求，通常是在地基较好并有切实纠偏措施时才考虑采用。

纠偏措施主要是千斤顶的调整及控制挖土两项。轴线纠偏以调整千斤顶为主，因此在配备千斤顶时应考虑到有足够的纠偏余量。箱涵前端头部位置要控制严格，让刃角切土位置正确，这样经过长距离顶进后会形成一个正确的孔道。轴线偏差一般控制头部在 2 cm 以下，尾部在 4 cm 以下。高低偏差调整以控制挖土为主，当发现箱涵"扎头"时，前端挖土要少挖 10 ~ 20 cm,当发现“抬头”时,前端挖土要挖至底板下 5 ~ 10 cm。

备节接缝处理是在箱涵就位之前,于接缝周围填入 ϕ55 mm 的普通胶管,每节箱涵最后一镐将缝挤紧,然后在缝内塞入沥青麻筋,再用硬性水泥砂浆将缝填平,箱涵顶部接缝作甲种防水层,延至侧壁下 2 m,其上再做水泥砂浆保护层。

第五节　顶进框架桥与顶梁结合法

例如将三孔整体框架分为三部分,即中孔框架及两边孔简支梁。为减小简支梁的高度,可做成预应力钢筋混凝土板。在铁路旁的工作坑内,先预制中孔框架及两边桥台。此桥台在顶进过程中为箱型框架结构,在使用阶段可填为实体重力式桥台。施工时先顶入中孔框架结构,再顶入两侧桥台,就位之后再顶入简支梁。

在旧桥改建中,为了在不中断铁路运输的情况下拆除旧桥修建跨度较大的新桥,采用顶进框架与顶梁相结合的方法则比较适宜。此法是先预制一箱型框架作为新建桥的桥台,按一般顶入法将桥台顶入旧桥的两侧,然后再顶入新桥大梁,或利用行车间隙短时间封闭线路,在箱形桥台上架设新桥大梁。随后挖去梁下之土,并拆除旧桥修筑路面,即成为地道桥。

用顶进框架桥与顶梁相结合的方法修建地道桥,在顶进桥体的墩台时,需特别注意各墩间的净距。对于除了需要顶入两侧桥台外,还需顶入桥墩时,宜先顶中墩,再顶边墩,以便根据中墩顶进时的方向误差,在顶进边墩时进行方向调整。当墩台顶进完成时,即可进行架梁工作,梁体可以是钢结构的,也可以是钢筋混凝土结构。顶梁工作可以在铁路线封闭的情况下进行,如未能封闭,则需要对线路进行吊轨加固,特点:可减小顶力,但作业繁忙,顶进工艺复杂,对铁路运输干扰大,慢行时间长。

第六节　开槽顶入法

顶入法修建箱形桥时,因桥体底板面积大,故基底应力小,在软土地区优势较为明显。在地基坚硬的地区,则可充分利用地基的承载力,顶入门式框构桥,使底板的工程量减小,顶力也相应降低。尤其在湿陷性大的地区,桥的下部结构宜采用桩基穿透湿陷性土层,直接支撑在坚硬的土层上时,顶入门式框架更为适宜。

在工作坑内预制钢筋混凝土门式框架,在门式框架的中、边墙相应的铁路路基处,按中墙、边墙厚度开槽,为保证路基稳定需将路基开槽部分支撑,并按扩大基础设计、施工。然后,以预先修筑好的基础和沟槽作为滑道,将框架顶入。为减小顶力,可在基础顶面或门式框架的的边墙、中墙底部各预埋一钢板,并在其上涂油,顶进就位后将预埋的钢板焊死。其具体施工步骤如图 6—6 所示。

1. 测量放线,依据地道桥中心线,在铁路路基两侧放出门式框架架立墙中心线,作出定向定位标志;

2. 在路基一侧开挖工作坑,修筑后背;

3. 修筑承台、滑道作为预制门式框架的工作平台。为减小顶进门架的摩阻力,滑道表面宜设置预埋钢板。在修筑滑道时,应保证地基承载力,避免沉陷;

4. 预制门式框架。如预制工程量大,立墙与顶板钢筋可分次绑扎,混凝土也可分次浇注;

5. 路基支撑开槽,开槽前先进行线路加固;

6. 修筑门式钢构桥基础,铺设滑道与工作坑内滑道相接;

7. 顶进门式钢构,边顶边进行基槽内支撑的替换。原支撑影响顶进,宜在门架和基槽之间放入可滑动的支撑桁架,逐步替换原支撑,保证挡土板及立柱的稳定;

8. 门架就位后,进行基脚封固,门架内土方开挖,修筑基脚的水平支撑,完成路面工程,拆除铁路加固件。

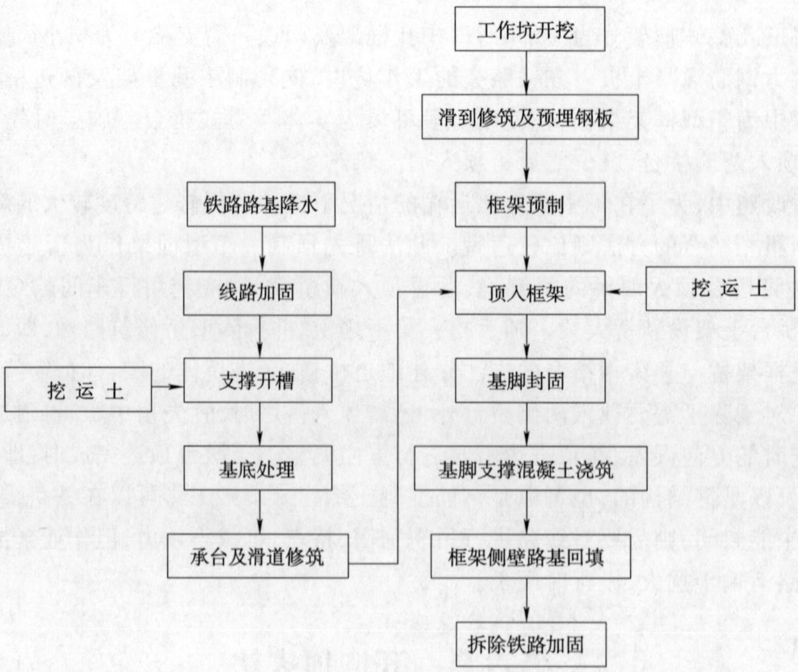

图 6—6　开槽顶入法施工工艺流程图

特点:所需顶力较小,可将门式框架顶进就位后再挖出中间部分路基土,使施工进度大大加快,就位后误差基本可以控制。但按此法基础施工困难,只适用于路基土质较好,地下水位低的地区。采用此法施工时,应注意路基土质,开槽不致塌方。为保证施工安全,顶进施工前必须进行线路加固。

第七节　中 继 间 法

当穿越多股线路时,因箱涵轴向长度较长,顶进时所需顶力较大,后背设备增多,此时宜将箱涵分节预制,在节间设置中继间,将箱涵接力顶进。

将箱身轴向分节预制,在工作坑后端修建小型后背,各节箱身间设中继间,各节箱身之间和末节箱身与后背之间均安设千斤顶,然后由前至后依次逐节驱动千斤顶,逐节推动箱身。后背处的千斤顶回收后,安放顶铁,再开始第二次顶进,依次往复循环顶进,直至箱身顶进就位,顶进程序见图 6—7。由于逐节顶进箱身,故后背的最大反力仅为最后一节箱身的顶力,使后背工程大为简化。

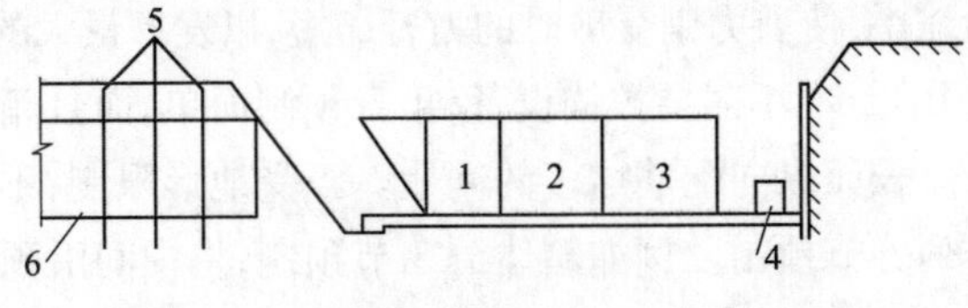

(a) 分节预制箱涵

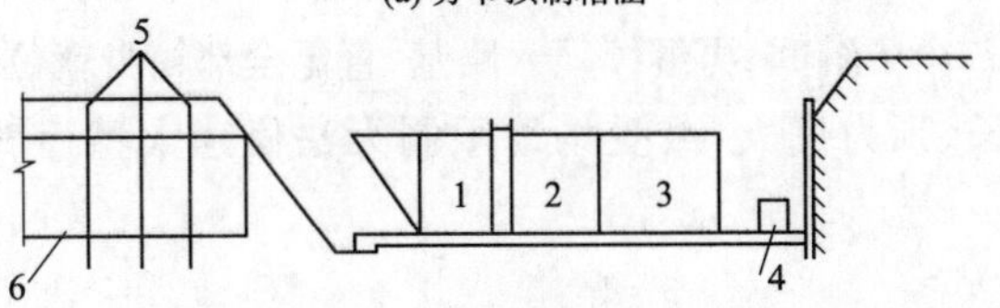

(b) 顶进第一节

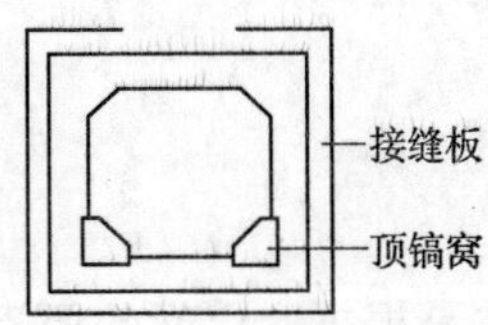

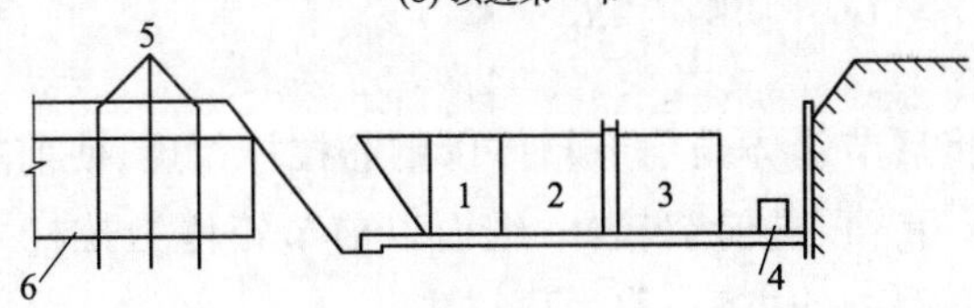

(c) 顶进第二节

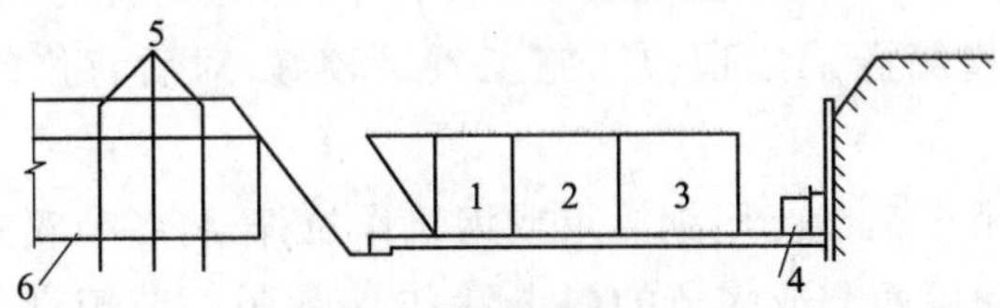

(d) 顶进第三节

图 6—7　中继间法示意图

1,2,3—箱身;4—顶镐;5—线路中线;6—箱身设计位置

采用中继间法顶进桥体时,往往产生前后节箱体错牙现象,其原因是前后节箱体在顶进中其运动轨迹不重合,产生垂直分力,而中继间抗剪能力较差时,在剪力作用下就会产生较大的变形,使中心线高差增大,致使箱涵顶进困难。为增强中继间的抗剪能力,使各节箱身间不出现错缝,各中继间均安设抗剪销。抗剪销可用型钢制成,其外面最好套以钢盒,分别埋置于前后两节箱体内,盒外四周可设置钢筋网。为不使土挤进箱身,两节间设钢接缝板,钢板面与箱身混凝土面齐平。为防止接缝处漏水,在顶进就位前,于中继间设橡胶止水带。中继间设备安装如图 6—8 所示。

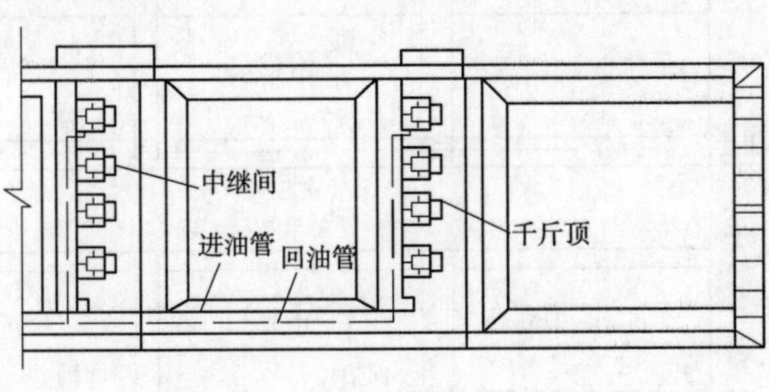

图 6—8　中继间设备安装示意图

采用中继间法顶进桥体时,应随时掌握两节箱体的高程,避免产生较大的高差,以减小剪力

值。所以,中继间顶镐的冲程要尽量缩小,使剪力销受剪时的力臂缩短,以发挥最大的抗剪能力。

此法的优点是后背小,顶进设备用量少,不需要拉锚设备,箱身预制简单,而且箱身的分节顶进比顶拉法自由,还可以克服因箱身过长而纵向配筋增多的问题。当受地形限制,不能沿箱身轴线分节预制时,还可以沿线路横向排列分节预制。例如箱体分 3 节预制,将中间沿顶进轴线排列的第 1 节先顶入路基,然后将第二节横移至顶进的轴线位置上,安装第一个中继间,待第二节顶入路基后再横移第三节就位,安装第二个中继间,再继续顶入路基,直至全部箱身就位。

由于具有上述优点,故在箱身长、顶力过大,或受场地限制无法修建大型后背的情况下中继间法被广泛采用。

第八节　顶　拉　法

顶拉法是根据中继间的原理,将后节箱体与前节箱体以钢筋拉杆相连,使前后节箱体互为后背,交替顶进,即以后节箱体为后背顶进前节箱体,继而以前节箱体为拉杆之锚固点拉进后节箱体,如此将分节的箱体拉入路基的方法,称为顶拉法。

当箱涵穿越股道较多,涵身较长,顶部无覆盖土或土层不厚,在顶进时能将线路架空时,采用顶拉法较为合适。一般中、小型箱涵采用顶拉法施工效果较好,对后背修筑困难的情况,顶拉法更显示其优越性。

采用顶拉法施工时,箱体应不小于三节。用钢筋束或钢轨作拉杆,将各节箱身串联起来(图 6—9),借助千斤顶接力顶进,利用两节或多节的静止阻力,克服另一节箱身顶进时的滑动阻力,从而依次将箱身往前顶进,在常用几种润滑隔离层中适用摩阻大的材料。

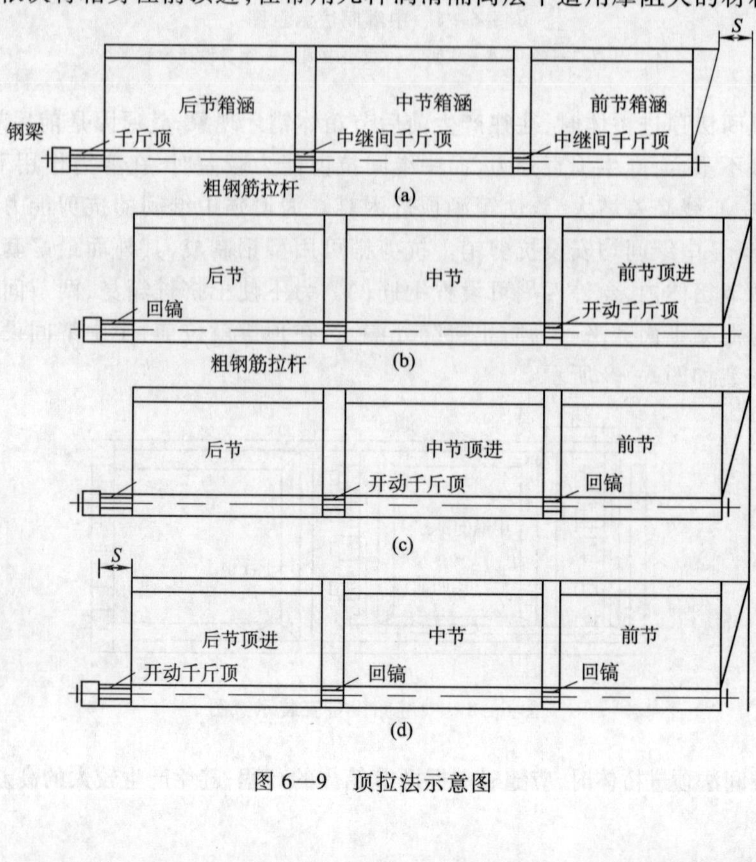

图 6—9　顶拉法示意图

采用顶拉法顶进箱体时，箱体的分节长度比较重要，应根据顶进中各种情况，对前后节箱体的摩阻力进行计算，避免箱体发生倒退现象，即作为后背箱体的摩阻力应大于前进箱体的摩阻力。前节箱体的长度取决于前节全部入土后的顶力是否超过后几节的箱体尚未入土时的空顶阻力，否则将发生顶进前节箱体时引起后节倒退的现象。一般分成四节箱体的地道桥采用顶拉法顶进时，如箱体入土后的顶力系数小于 1.4，而箱体在工作坑滑板上的空顶阻力系数小于 0.5 时，则箱体就很难顶进。此时，就要对入土箱体采取减少阻力的措施，而对滑板上的箱体，则应采取增加阻力的措施，如减少刃脚吃土、改变滑道隔离层做法或在滑板上设置活动临时后背等。故一般前节箱体长度不宜过长，而分节则越多越有利，但分节过多，造成接缝处理困难，也不宜采用。前端第一节箱体过短，则会使箱体稳定性不足，造成严重的“扎头”现象。

顶拉法虽有可省去后背、减少传力设备、降低顶进费用等优点，但也存在以下明显缺点。

1. 隔离层阻力大，启动困难，对滑板结构承载力和稳定性要求高；
2. 定向约束差，顶进时箱体易摆动，节间易错位，接缝多，防水处理工作量大；
3. 作为后背的各节，当静止摩阻力偏差时，会产生倒退现象；
4. 此法在软土地基箱型地道桥顶进施工中不宜采用。

第九节　牵　引　法

牵引法是将顶进施工的千斤顶安置在要顶入的结构物前方，通过钢绞线将置于对面的结构物拉入路基中的方法。为此，牵引法也称“前置千斤顶法”或“拉入法”，如图 6—10 所示。

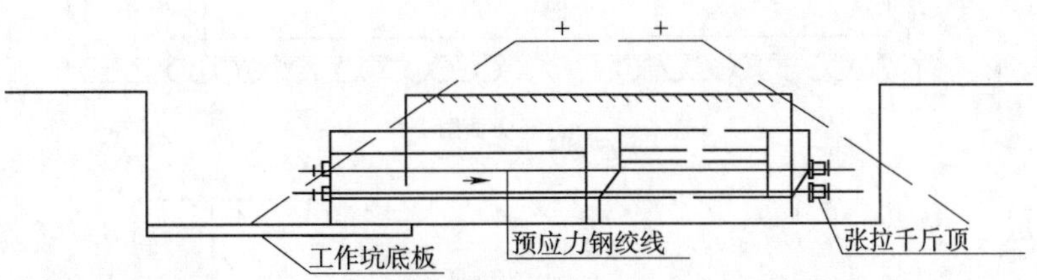

图 6—10　牵 引 法

牵引法按其施工布置的不同，分为下列几种形式：

1. 一侧牵引法

在路基的一侧设置张拉千斤顶的反力座，将位于另一侧的预制桥体结构全部拉进路基的施工方法。此法对于桥体结构物长度较短或由于条件限制无法修筑后背时，较为实用。

2. 双向牵引法

此法也称“对拉法”，是将桥体分成两半，在铁路路基或施工地段的两侧预制，将桥体预制好以后，桥体之间穿入拉杆，先用一侧的桥体做反力台去牵引另一侧的桥体，然后反过来进行。这样互相牵引数次，最后在大约中间的地方会合。由于两端的桥体都可用来做反力台，所以不用专门设置后背，但两侧桥体的前端都要安装刃脚，并且两侧都要设置工作坑及滑板等。同时，需要两套顶进施工设备。

3. 分段牵引法

对于桥体结构较长,需要的牵引力较大时,可以将结构物按牵引设备的牵引能力分段预制,逐段顺次牵引。这样所需要的牵引力便与牵引一段结构物相同。但是,采用这种牵引法时,要求固定装置能把各段结构物牢固地锚固在预应力钢绞线上,同时还要求这种固定装置能够方便地装卸。此外,节段间为防止砂土进入套环,还需设置中继间钢套。

特点:不必专门建筑后背,可利用下一步待牵引的结构物或原路基等当后背,由于不必设专门的后背,因而能在无法修筑后背的地段或环境比较狭窄的地带施工;方向性较好;覆土极薄的地方也能施工;采用分段牵引法时,可用较小的牵引力进行大型结构物的施工。

第十节　管幕—箱涵顶进法

管幕—箱涵顶进法又称排管顶进法,其施工原理与管棚法施工原理相似。首先在始发井与接收井之间利用小型顶管机顶进钢管到土体中,各单管间依靠锁口在钢管侧面相接形成管排,并在锁口空隙注入止水剂以达到止水要求,形成超前支护。然后再采用开挖方案或箱涵顶进方案进行地下构筑物的施工。这是一种新型暗挖法,见图 6—11。该工法不需开挖、无振动和噪声、地表变形易于控制,尤其适合于软土地基修建大断面浅埋式地下通道。

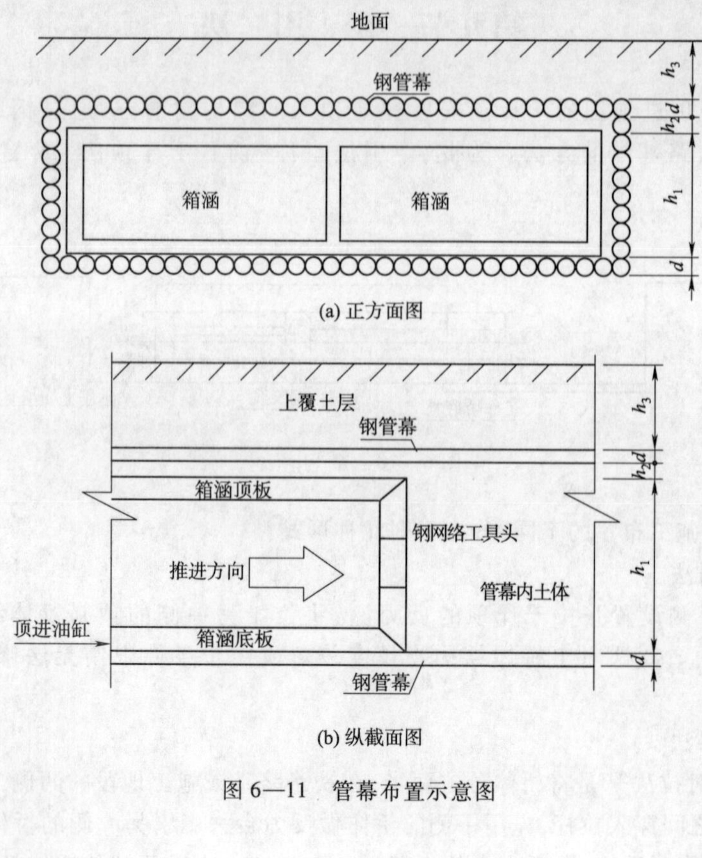

图 6—11　管幕布置示意图

一、网格工具管设计

网格工具管的主要作用是切割土体。在不加固管幕内软土情况下,网格的作用主要用来维持开挖面土体稳定和切割土体。网格尺寸和入土深度将以维持开挖面稳定、控制路面沉降为目的而进行设计。设计合适的高度、宽度及一定入土深度的网格可以保证土体的稳定性。网格尺寸主要由土压力及摩擦力决定，如图 6—12 所示。

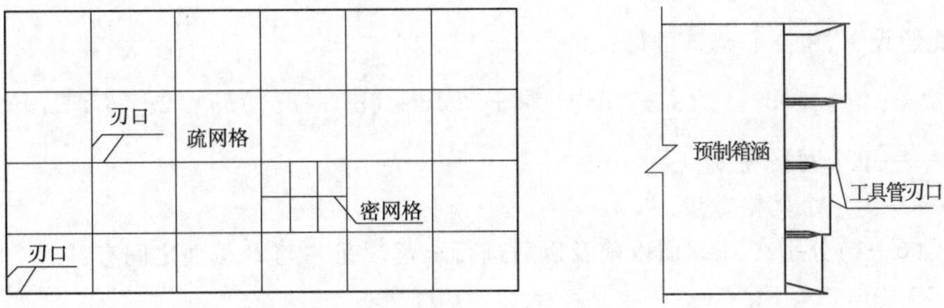

(a) 立面图　　(b) 剖面图

图 6—12　网格工具管示意图

（一）网格尺寸的确定

网格工具管的设计采用自平衡设计方法。

1. 网格内土体应力分布规律

当土体挤入网格并达到平衡后，取出一个网格进行分析，在前方土压力、摩擦力及土体自重作用下，网格内土体变形如图 6—13(a)所示，在 B 截面处网格上部将与土体脱离，此点钢板与土体接触正应力为 0，据此可近似认为 B 截面 x 方向的土压力等于此面自重应力(z 向)产生的侧向(x 向)土压力。在 B 截面以后，土体只在自重及摩擦力下维持平衡，由于后端临空，上部土体必然会和钢板之间产生呈锥体状的空隙。根据以上分析，B 截面以前称为全接触，计为 l_1，C 截面处长度称为临界长度，计为 l。小于此长度，土体将不再处于平衡状态。以下对 B 截面前、后土体进行分析，现取网格内厚 dx 的土体进行受力分析，如图 6—13(b)所示，坐标原点取网格前端迎土面 A 截面处。

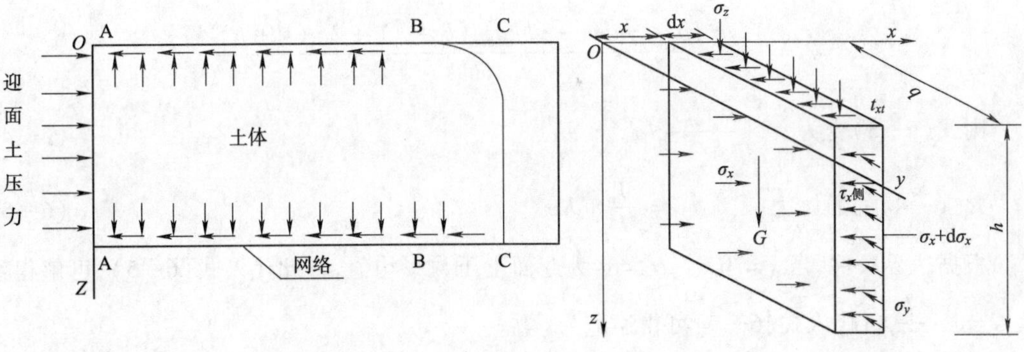

(a) 侧视图　　(b) 轴侧图

图 6—13　网格内土体受力分析

为简化分析，做以下假设：

(1) τ_x 沿 y 方向均匀分布，沿 z 向线性分布；

（2）因网格的截面尺寸与网格所处的深度相比较小，所以取 σ_x 为 y—z 平面上的平均压应力；

（3）z 向的侧压力系数 k、摩擦系数 μ 及钢板与土体接触面的黏聚力 c_s 在网格范围内为常数。

在此假设下，由 $\Sigma x = 0$ 可得：

$$bh\sigma_x = \tau_{x上} b\mathrm{d}x + 2\left(\int_0^h \tau_{x侧}\mathrm{d}z\right)\mathrm{d}x + \tau_{x下} b\mathrm{d}x + (\sigma_x + \mathrm{d}\sigma_x)bh + 2c_s(b+h)\mathrm{d}x \quad (6—1)$$

式中　h——单个网格高度；

b——为单个网格宽度。

对式（6—1）分别在 B 截面以前及以后进行求解。在 A 与 B 截面之间有：

$$\left.\begin{aligned} \tau_{x上} &= \mu\sigma_z \\ \tau_{x下} &= \mu(\sigma_z + \gamma h) \\ \tau_{x侧} &= \mu\sigma_y \\ \sigma_z &= k\left(\sigma_x - \frac{1}{2}\gamma h k_0\right) \\ \sigma_y &= k\left(\sigma_x - \frac{1}{2}\gamma h k_0 + \gamma z\right) \end{aligned}\right\} \quad (6—2)$$

式中　k_0——静止土压力系数。

当 x 面上的平均压应力超过平均自重应力后才会产生 z 向或 y 向的侧向应力，把式（6—2）代入式（6—1）可得

$$-bh\mathrm{d}\sigma_x = 2k\mu(b+h)\sigma_x\mathrm{d}x + [\gamma h^2 k\mu + \gamma hb\mu - \gamma hkk_0u(b+h) + 2c_s(b+h)]\mathrm{d}x$$

移项后得

$$\frac{\mathrm{d}\sigma_x}{\mathrm{d}x} + \frac{2k\mu(b+h)}{bh}\sigma_x = -\frac{\gamma h^2 k\mu + \gamma hb\mu - \gamma hkk_0u(b+h) + 2c_s(b+h)}{bh} \quad (6—3)$$

令　$I = \dfrac{2k\mu(b+h)}{bh}$

$$J = -\frac{\gamma h^2 k\mu + \gamma hb\mu - \gamma hkk_0u(b+h) + 2c_s(b+h)}{bh}$$

则式（6—3）变为　$\dfrac{\mathrm{d}\sigma_x}{\mathrm{d}x} + I\sigma_x = J$　　(6—4)

式（6—4）的通解为　$\sigma_x = \dfrac{J}{I} + K\mathrm{e}^{-Ix}$　　(6—5)

根据边界条件，当 $x=0$ 时，$\sigma_x = p$ 为迎面土压力平均值，将此代入式（6—5），可解得系数 $K = p - \dfrac{J}{I}$，再代入式（6—5）可得通解为

$$\sigma_x = \frac{J}{I} + \left(p - \frac{J}{I}\right)\mathrm{e}^{-Ix} \quad (x \leqslant l_1) \quad (6—6)$$

σ_x 最小值为 B 截面处的 $k_0\gamma h/2$，可计算出全接触长度 l_1 为

$$l_1 = \frac{\ln\left(p - \dfrac{J}{I}\right) - \ln\left(\dfrac{1}{2}k_0\gamma h - \dfrac{J}{I}\right)}{I} \quad (6—7)$$

在B与C截面之间有

$$\left.\begin{aligned}\tau_{x上} &= 0\\ \tau_{x下} &= \mu\gamma h\\ \tau_{x侧} &= \mu k\gamma z\\ \sigma_z &= 0\\ \sigma_y &= k\gamma z\end{aligned}\right\} \tag{6—8}$$

将式(6—8)代入式(6—1)可得

$$-bh\mathrm{d}\sigma_x = [\gamma h^2 k\mu + \gamma hb\mu + 2c_s(b+h)]\mathrm{d}x \tag{6—9}$$

令　$M = -\dfrac{\gamma h^2 k\mu + \gamma hb\mu + 2c_s(b+h)}{bh}$

由边界条件在 $x = l_1$ 处，$\sigma_x = \dfrac{1}{2}k_0\gamma h$ 可解得

$$\sigma_x = M(x - l_1) + \frac{1}{2}k_0\gamma h \quad (x \geqslant l_1) \tag{6—10}$$

在 C 截面处 $\sigma_x = 0$，由此可得到临界长度 l 为

$$l = -\frac{1}{2}k_0\gamma h/M + l_1 \tag{6—11}$$

因此，网格内土体截面平均应力 σ_x 变化规律为

$$\sigma_x = \begin{cases}\dfrac{J}{I} + (p - \dfrac{J}{I})\mathrm{e}^{-Ix} & (x \leqslant l_1)\\ M(x - l_1) + \dfrac{1}{2}k_0\gamma h & (x \geqslant l_1)\end{cases} \tag{6—12}$$

利用式(6—12)不难得到正应力、剪应力的变化方程。

全接触长度 l_1 及临界长度 l 分别为

$$\left.\begin{aligned}l_1 &= \frac{\ln(p - \dfrac{J}{I}) - \ln(\dfrac{1}{2}k_0\gamma h - \dfrac{J}{I})}{I}\\ l &= -\frac{1}{2}k_0\gamma h/M + l_1\end{aligned}\right\} \tag{6—13}$$

式(6—12)确定了网格的宽度、高度及入土深度之间的关系，保证了土体不会从网格中挤出。另外，还要保证网格后端的土体处于自立状态而不塌或不滑动，可近似按朗肯土压力理论进行计算，即

$$h \leqslant \frac{2c}{\gamma\sqrt{k_a}} \tag{6—14}$$

式中　$k_a = \tan^2(45° - \dfrac{\varphi}{2})$

在满足式(6—14)的前提下，由式(6—12)进行网格优化设计。可先假设不同的宽带和高度，再计算长度 l，得到几组不同的 b、h 及 l，根据工艺要求，选定一组尺寸。

(二)网格尺寸影响因素分析

由式(6—9)和(6—10)可知，网格尺寸的影响因素主要有网格前的土压力、网格壁

与土体之间的摩擦特性以及土的物理力学特性等。如取网格的截面尺寸一定，根据土质参数进行计算，可得出网格的临界长度与网格前土压力 p、摩擦系数 μ 与临界长度的关系。临界长度随网格前土压力增大而增大，随摩擦系数增大而减小，服从指数分布规律。

（三）工程案例

某软土地层，$c=14\,\text{kPa}$，$\varphi=10.5°$，$\gamma=18\,\text{kN/m}^3$，设钢板与土体之间的黏聚 $c_s=c/2=7\,\text{kPa}$，$\varphi_s=2\varphi/3=7°$（此值需通过试验确定），网格前端的静止土压力为 130 kPa。计算参数为

$$k_a=\tan^2(45°-\frac{\varphi}{2})=0.692$$

$$k=1-\sin\varphi=1-\sin10.5°=0.82$$

$$\mu=\tan\varphi=\tan7°=0.123$$

试取网格的截面尺寸为 $b=60\,\text{cm}$，$h=60\,\text{cm}$，计算如下：自立高度，满足

$$I=\frac{2k\mu(b+h)}{bh}=\frac{2\times0.28\times0.123\times(0.6+0.6)}{0.6\times0.6}=0.672$$

$$J=-\frac{\gamma h^2k\mu+\gamma hb\mu-\gamma hkk_0u(b+h)+2c_s(b+h)}{bh}=-47.72$$

$$M=-\frac{\gamma h^2k\mu+\gamma hb\mu+2c_s(b+h)}{bh}=-50.7$$

由式（6—13）可得：$l_1=1.46\,\text{m}$，$l=1.55\,\text{m}$。

由式（6—12）可得网格内土体截面平均应力 σ_x 变化规律为

$$\sigma_x=\begin{cases}-71+201e^{-0.672x} & (0\leqslant x\leqslant l_1)\\ -50.7(x-l_1)+4.4 & (l_1<x\leqslant l)\end{cases}\tag{6—15}$$

式（6－15）变化规律可绘成图 6—14。

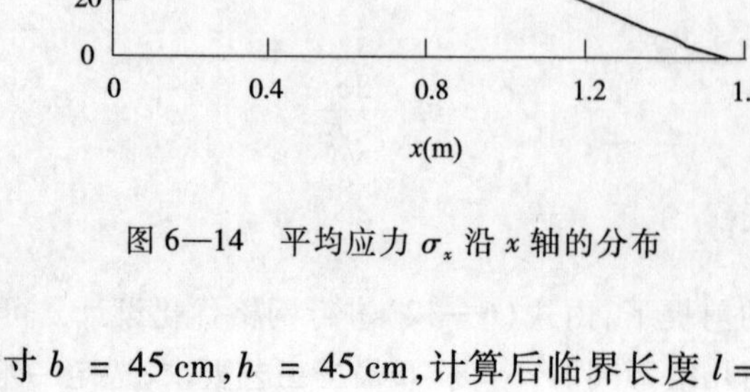

图 6—14　平均应力 σ_x 沿 x 轴的分布

如取网格截面尺寸 $b=45\,\text{cm}$，$h=45\,\text{cm}$，计算后临界长度 $l=\frac{\ln199.5-\ln72.8}{0.90}+\frac{3.32}{66.2}=1.17\,\text{m}$。

因此，可选 60 cm × 60 cm 截面，长 155 cm 的网格，或 45 cm × 45 cm 截面，长 117 cm 的网格，考虑适当的安全系数后即可初步设计出满足稳定性的网格参数。如果在钢板上焊上钢筋或采取其他措施增加摩阻力，以上计算的临界长度还可缩短。

二、管幕内箱涵顶进阻力计算

箱涵推进阻力由开挖面的迎面阻力和箱涵壁四周的摩阻力组成。迎面阻力根据挖土工况不同可采用极限平衡理论计算，摩阻力采用摩擦力公式计算。

（一）摩阻力计算

摩阻力由上部、两侧以及箱涵底部摩阻力组成。如能形成完整的泥浆套，则摩阻力与压力无关，与泥浆的特性有关，按下式计算：

$$F = f \cdot A \tag{6—16}$$

式中　F——总摩阻力；

f——泥浆的黏剪力；

A——箱涵外表面面积。

若没有形成完整的泥浆套，箱涵的摩阻力计算按照法向应力与摩擦系数进行计算。对于大断面，一般难以形成完整的泥浆套，按以下摩阻力公式计算：

$$\left.\begin{aligned} F &= F_s + F_x + F_c \\ F_s &= \mu_s \cdot p_s \cdot A_s = \mu_s \cdot \gamma H \cdot A_s \\ F_x &= \mu_x \cdot p_x \cdot A_x = \mu_x \cdot (\gamma H + P_{box}) \cdot A_x \\ F_c &= \mu_c \cdot p_c \cdot A_c = 2\mu_c \cdot A_c \cdot \gamma (H + h_1/2) \cdot K_0 \end{aligned}\right\} \tag{6—17}$$

式中　F——总摩阻力；

F_s，F_x，F_c——分别表示箱涵上面、下面和侧面的摩阻力；

μ_s，μ_x，μ_c——箱涵上面、下面和侧面的摩擦系数；

p_s，p_x，p_c——分别表示箱涵上面、下面和侧面的法向应力；

A_s，A_x，A_c——分别表示上面、下面和侧面的接触面积；

γ——土的重度；

H——地面到箱涵顶的土体高度，这里包括上排钢管幕的折算高度；

P_{box}——由箱涵的重力而产生于箱涵底部的压应力；

h_1——箱涵横截面的外包高度；

K_0——静止土压力系数。

（二）迎面阻力计算

迎面阻力计算较为复杂，根据挤土程度不同而变化，可采用三种特殊状态进行研究：欠挖、均衡和超挖状态。当箱涵欠挖挤土推进时，由于管幕的抗隆起作用使得迎面阻力增加，根据研究增加的土压力约为上管幕上覆土压力的 29.4%，迎面土压力按被动极限状态计算；当超挖时，管幕具有卸载作用，上覆土重的 31.8% 将被管幕承担而不向下传递，此时迎面阻力按主动极限状态计算；当箱涵均衡推进，即既不欠挖也不超挖的情况，迎面土压力按静止土压力计算。

箱涵前端迎面阻力（图 6—15）在三种情况下的计算公式如下：

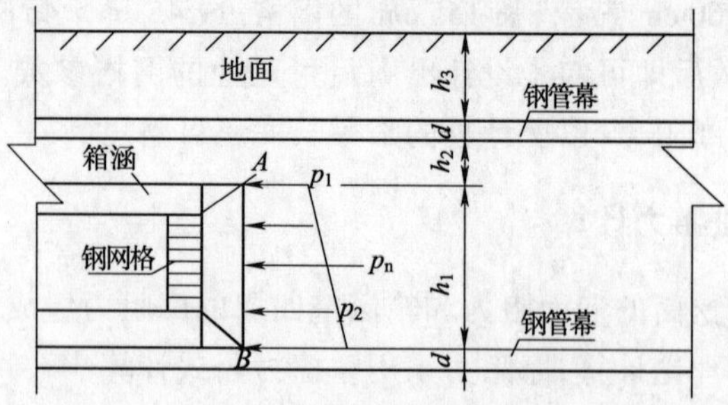

图 6—15　箱涵前端迎面阻力示意图

欠挖：

$$\left.\begin{aligned}p_1 &= k_p[\gamma h_3(1+\xi_{超})+\gamma h_{折}+\gamma h_2]+2c\sqrt{k_p}\\p_2 &= p_1+k_p\gamma h_1\\R_n &= (p_1+p_2)h_1/2\cdot D\end{aligned}\right\}\tag{6—18}$$

超挖：

$$\left.\begin{aligned}p_1 &= k_a[\gamma h_3(1-\xi_{卸})+\gamma h_{折}+\gamma h_2]-2c\sqrt{k_a}\\p_2 &= p_1+k_a\gamma h_1\\R_n &= (p_1+p_2)h_1/2\cdot D\end{aligned}\right\}\tag{6—19}$$

均衡：

$$\left.\begin{aligned}p_1 &= k_0(\gamma h_3+\gamma h_{折}+\gamma h_2)\\p_2 &= p_1+k_0\gamma h_1\\R_n &= (p_1+p_2)h_1/2\cdot D\end{aligned}\right\}\tag{6—20}$$

式中　p_1，p_2—— 箱涵前端上边缘和下边缘处的压应力；

R_n—— 前端的迎面阻力；

k_p，k_a，k_0—— 分别为被动、主动和静止土压力系数；

γ，h_1—— 如前所述；

h_2—— 上管幕下缘距箱涵上边缘的距离；

h_3—— 地面到上管幕上端的距离；

$h_{折}$—— 上排管幕折算为土体的高度；

$\xi_{超}$，$\xi_{卸}$—— 分别为管幕的超载率和卸载率；

c—— 土的黏聚力；

D—— 箱涵横截面外包宽度。

（三）总顶力计算

$$P = K(R_n + F)\tag{6—21}$$

式中　P——总顶力；

K——安全系数，黏性土 $K = 1.0 \sim 1.5$，无黏性土 $K = 1.5 \sim 2.5$；

R_n——开挖面迎面阻力；

F——总摩阻力。

比较迎面阻力的三种情况由于 $k_p > k_0 > k_a$，得出被动迎面阻力值最大，主动迎面阻力最小。而摩阻力在三种情况下近似相等，所以箱涵总推力在欠挖时最大，在超挖时最小。综合上述公式不难看出箱涵推力与摩擦系数、箱涵埋置深度、土的特性、箱涵的尺寸和重力、网格内的挖土状况密切相关。其中，摩擦系数随泥浆套的不同而变化，泥浆套与挖土状况动态地影响着箱涵的推力。

（四）工程案例

某箱涵覆土厚度 $H = 5$ m；土体重度 $\gamma = 18$ kN/m^3；$c = 10$ kPa；$\varphi = 10.5°$；箱涵宽度 $D = 34.2$ m；箱涵高度 $h = 7.85$ m。顶板 1.3 m，底板 1.4 m，两侧墙 1.0 m。切口长度 1.3 m。箱涵总长度为 126 m。

(1)摩阻力：顶面正压力为 $p_s = 90$ kPa；箱涵自重应力为 $P_{box} = 77.9$ kPa；两侧的正应力为 $p_c = 120$ kPa。箱涵顶进过程中注入特种复合泥浆，能极大地降低箱涵与土体的摩擦力，但由于箱涵截面过大，完整的泥浆套可能难以形成。设侧面、顶面摩擦系数为 0.05，底面为 0.10 进行计算。摩阻力 $F = 104\,000$ kN。

(2)迎面阻力：本工程地处饱和软土地层，为了维持开挖面的稳定性，采用特殊设计的网格工具管，通过挤土推进来平衡前端土体。由上述阻力分析可知，欠挖状态是推进阻力（迎面阻力 + 摩阻力）最大的状态。因此，依据上述相关公式来计算箱涵挤土欠挖时的推进阻力。挤土推进情况下，由于钢管幕的抑制作用，正面阻力按被动土压力超载 30% 计算，此时管幕下缘的土压应力 $p_s = \gamma(1.3h_3 + h_4) = 116$ kPa。于是，把各相关参数代入式(6—19)可得：$R_n = 80\,272$ kN。

推进阻力为：$P = R_n + F = 184\,272$ kN。

根据已有的推进经验，启动阻力将增大约 50 000 kN，所以 126 m 箱涵计算总推力 $F_{总} = 234\,300$ kN。

(3)实际推进阻力：图 6—16 为箱涵顶进中推进力曲线，前两节推进阻力增加很快，基本呈线性比例增加，到第三、第四、第五、第六节时，顶进阻力增加缓慢，这主要与施工工艺有关，出洞口 8 m 范围内为加固体，是边开挖边推进，所以推进力波动很大（见图中的 0 ~ 10 m 范围），穿过加固区后，推进阻力开始随推进距离增加而增大，这是因前两节箱涵推进时未加强注浆管理，没有形成完整的泥浆套。第二节箱涵以后加强复合泥浆注入，起到明显的减阻效果。可以预计，随着泥浆套的逐渐完善，推进阻力将随着距离的增加，其增加量越来越小。

每节箱涵推进中第一镐开始启动时推力较大（图 6—17），约高出 10% ~ 15%，这主要是因为经过箱涵预制期间二十几天的休止，被扰动后的土体强度得到一定程度的恢复，土体与箱涵黏结力也相应增加，箱涵启动时的阻力必然增加，然后会随之下降。另外，每镐的开始推力比结束推力要大，可认为摩阻力由静止摩擦向滑动摩擦转化，约提高 3%。

箱涵推进阻力来自于开挖面的迎面阻力以及箱涵壁上面、侧面和底面的摩阻力。泥浆套的形成情况和箱涵前端网格内挖土方式，动态地影响着箱涵的推力。箱涵推进过程中，在注浆等条件相同的情况下，挤土欠挖推力最大，超挖推力最小。采用上述理论计算公式算得的值与实测值相接近，说明上述分析方法存在一定的合理性。但是，考虑到实际施工中注浆及开挖面挖土等因素的不确定性，理论值可以作为实际施工时的参考。施工过程中还应加强监测，达到理论和实际有机结合。该计算方法也为以后类似工程提供参考。

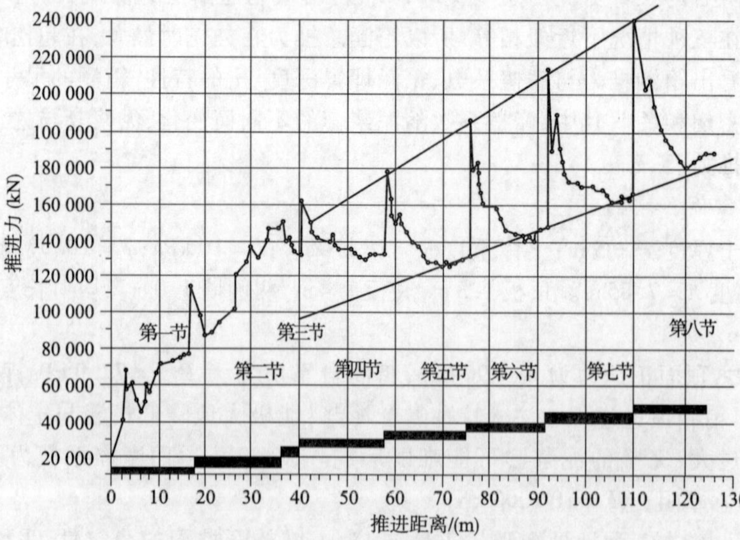

图 6—16　箱涵推进阻力曲线

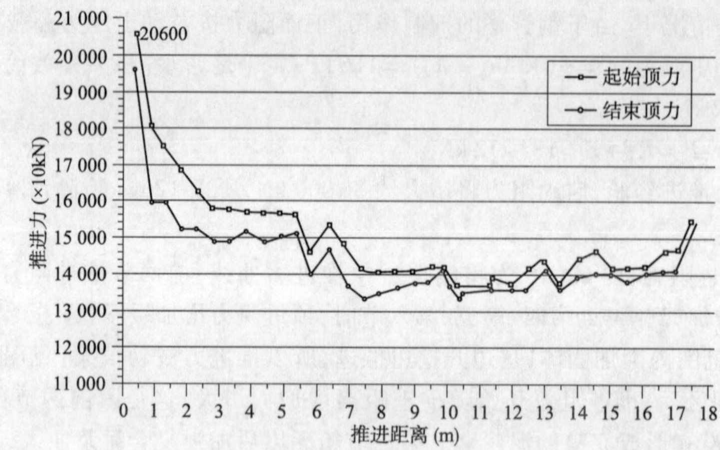

图 6—17　第六节箱涵推进顶力曲线

三、管幕内箱涵顶进控制技术

软土地层管幕内大断面箱涵顶进施工中，如水平控制不当，偏离轴线后易于碰上管幕而导致顶进困难甚至无法顶进。竖向偏差过大影响轴线坡度进而影响隧道净空，也会造成地表变形过大。

(一)水平方向控制

箱涵在顶进过程中水平方向极易发生方向偏差。因此对于水平姿态控制而言，开始顶进段的姿态控制极为重要，对后续箱涵顶进起决定作用，必须在箱涵入洞前控制好推进方向避免发生偏差。箱涵进入土体后，水平方向的控制通过调整左右两侧顶力或调整网格挖土的方法实现。根据对首节箱涵切口及尾部平面偏差的测量结果可以计算出箱涵中线的平面偏差及转角，据此结果进行纠偏。如使左侧顶进量增大，可使左边的油缸伸长量加大或者左侧适量挖土，纠偏的原则是勤测、勤纠、微量纠偏。可采用以下三种措施减小水平方向的偏差。

1. 设置导向墩

在滑板上箱涵两侧设导向墩，控制顶进方向的水平偏差。

2. 采用计算机液压同步推进系统

顶进中箱涵底板处布置了顶进油缸。为确保顶进油缸能同步顶进，又能分别调节每组油缸的顶进形式，实现对水平方向纠偏的控制，可把顶进油缸分组，通过计算机控制系统进行控制。系统将通过行程仪传感器测得的位移信号传至计算机，由计算机调整泵站电机变频器调整油泵流量，从而控制油缸推进速度，达到同步顶进的目的。如箱涵左右有偏差，则通过调整两侧的顶进量，达到纠偏的目的。

3. 通过实测成果实时修正推进参数

箱涵每顶进 50 cm 即进行一次测量，测量成果反馈至计算机液压同步顶进系统修正推进参数，使得箱涵水平方向偏差得到有效控制。

(二)高程方向控制

箱涵高程控制包括箱涵“低头”和“抬头”两个方面的控制。在没有钢管幕的箱涵顶进工程中，箱涵一般会低头。但对于软土地区，有管幕存在的箱涵顶进时，情况会发生很大的不同。当箱涵进入管幕内部时，由于管幕的作用，只要箱涵切口处没有集中力作用，底排管幕不产生沉降，故箱涵“低头”的可能性较小。因此主要是计算和控制箱涵顶进中“抬头”现象的发生，尤其是第一节箱涵易于发生“抬头”现象。

箱涵是贴着底排管幕前进，但在挤土状态下箱涵切口易上抬。实际施工表明，如果适当挖除部分底排网格内的土体，可以有效地遏制切口上抬趋势，并满足箱涵高程控制的目的。

(三)地表变形控制

1. 开挖面的稳定性控制

由于开挖面多是淤泥质黏土，呈饱和状态且有水平多层粉砂，自由水的压力有可能使开挖面失稳引起土体坍塌现象。预防性措施一是合理的网格工具头的设计，满足开挖面的稳定；二是当一节箱涵推完后把网格内的封门板全部插上，到下一节箱涵推进时再开启封门板。

2. 通过网格内挖土工艺直接调整地表变形。

3. 通过信息化施工技术(地表变形监测、管幕变形监测等)来不断修正推进参数，控制地表变形。

4. 泥浆的固化

箱涵顶进完成后，立即在箱涵与管幕间压注固化泥浆材料，使得箱涵与管幕之间的触变泥浆及时固化，可明显减小地表后期沉降。

第十一节　桥式盾构法

顶进法框架桥施工至今已经有 40 多年的历史，在列车限速 40 km/h 下的框架桥顶进施工技术已经比较成熟。经过 6 次提速后的铁路列车通过速度越来越高，以及近年来发展起来的城际铁路和高速铁路使传统的顶进法施工工艺很难满足要求。同时高速运行的列车对施工的安全也提出更高的要求,即在施工过程及以后的运营中对线路的沉降等影响达到最小的程度。近几年发展起来的桥式盾构也是框架桥顶进施工的一种新方法,其特点是在框架桥顶进施工前先制作好与框架桥结构类似的桥式盾构,将桥式盾构分次顶进路基内,在顶进桥式盾构时框架桥也分次顶进到路基内。桥式盾构起到保护路基稳定、提高线路安全的作用。管棚的使用起到支护路基土体防止路基沉降的作用。

一、盾构法简介

盾构法是一种较为先进的顶涵施工方法,是在保留传统顶涵施工、桥涵结构路侧预制工艺的基础上,对结构顶进支护方法进行了重大改革,将明挖开槽改为地下暗挖盾构支护,暗挖推进降低了施工对行车的影响。

盾构由钢柱、钢梁、盾壳、子盾构、液压推进系统、辅助机构六大部分组成,如图 6—18、图 6—19 所示。装配在第一节框架桥前端的盾构,作为带土顶进时掘进面与路基的施工支护,同时也担负顶推导向。

根据不同地质情况设计盾构长度,以确保中心土天然支护作用是“桥式盾构法”的关键。盾构的横向截面成简支梁桥形,其外廓尺寸与刚架桥外廓尺寸基本相同。“桥形”梁跨中滞后挖掘的大断面土体中心土从盾构入土直到出土前均保持 1:0.75 坡度,并滞后子盾构掘进面一段距离开挖。它与盾构共同平衡周边土压,成为掘进面的强大支护体系。

盾构母体中的子盾构由液压系统控制,单台组错开推进,担负减阻板的牵引及掘进面的小断面化。增强了开挖面的稳定性,被牵引的减阻板则将上部摩擦力分散。刚架桥推进前顺坡清除底板前方部分中心土体,盾构母体随刚架桥同步推进时,子盾构原推出部分被掘进面土体阻挡与子构箱体作相对运动套回箱内完成一盾构掘进工作循环。

盾构法施工有以下特点。

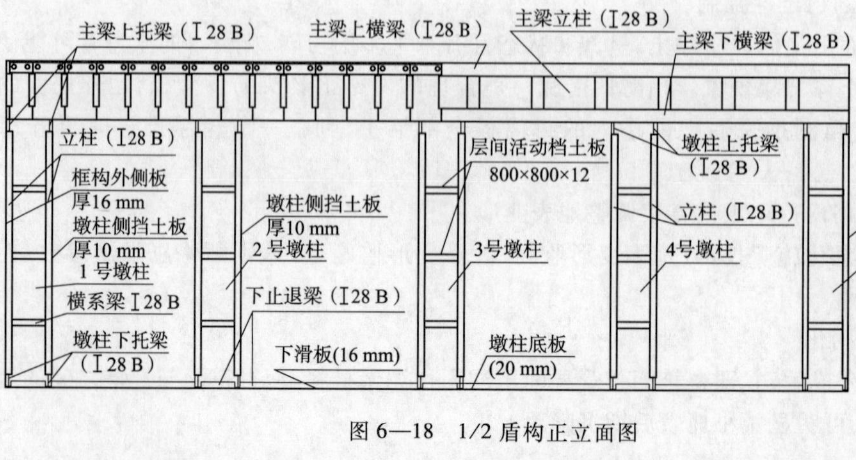

图 6—18　1/2 盾构正立面图

1. 钢箱棚断面加大,增强其承载能力(能承受列车和土压荷载且工人能在管内挖掘),从而省去注浆,同样能保持土体的稳定。另外,箱棚采用组拼式,各自独立,能适应各种框架断面。装拆运输方便,可以回收再用。

2. 掌子面采用人工开挖,虽箱棚内作业面较小,掘进速度较慢,但若遇障碍物(如石块、

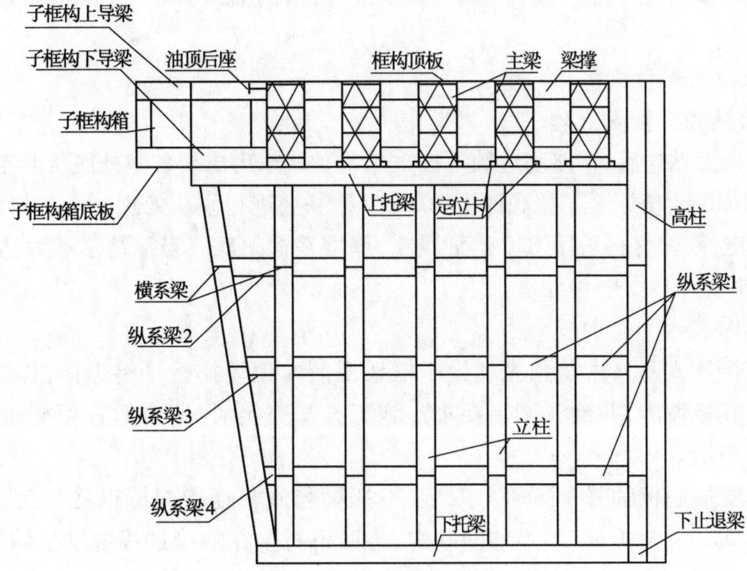

图6—19　盾构墩柱剖面图

管线），可及时发现，并进行处理。

3. 不扰动线路，故线路稳定性好，便于养护，允许列车通过速度大大提高，适用于提速需要。

4. 无需设挖孔桩支墩，无道砟损失，可减少管线的拆迁降低造价，相对限速时间短。

5. 适用于无水或一般水流条件下地层的框架顶进，在富水地层采取降水、止水处理后亦可适用，且不受线路平面（如架空跨度、道岔曲线、限界）的限制。顶进穿越线路股道越多、孔径越大，线路平面越复杂，相比之下优越性越大。

二、盾构法施工方法及工艺要求

盾构法顶涵施工前期工作与普通施工方法相同，主要是施工准备、基坑开挖及滑板制作、框架箱身预制、后座制作。

（一）盾构制作安装前注意事项

1. 框架桥几何尺寸修整

框架桥前端面为盾构止退梁、柱推力传递面，其不平整度将影响止退梁及相关柱的受力状态，不均衡受力可能造成盾构变形与偏向推进，影响安全和破坏盾构的导向功能，所以在盾构安装前必需对刚架桥前端面进行检测、修整。同时也应对刚架桥外廓几何尺寸进行严格检查，对跑模较严重部分进行必要的修整来减低推进阻力，刚架桥各表面的整体平整度还直接影响线路沉降控制的效果。为此，刚架桥边墙不允许误差大于3 cm，刚架桥顶面不允许误差大于1 cm。其检查方法可采用仪器与拉线对凸出部位采取凿低后再补平，对较低部位则先凿毛再水泥砂浆补平。

2. 刚架桥底部润滑层效果确认及预顶

采用“桥式盾构法”施工，框架推进时增加了盾构阻力，该状况在框架初动时会较明显。盾构安装前必须预先将框架推动相应行程，以确认滑板无粘连，可保证盾构安装后不因滑板粘连而又撤除。试顶方法为：使用油顶推动框架桥，行程 3 cm。预顶也是后座保护措施之一。

(二)桥式盾构制做安装

1. 盾构墩柱底板基底处理

在确认底板无粘连后，在路基边坡下按框架桥轴线放出盾构各墩柱底板开槽边线，开挖槽宽 1.5 m，槽长 6.6 m，槽深至框架底面下 10 cm。槽基底进行硬化处理。硬化层坡度视现场开挖地质状况而定，硬化材料采用 C20 素混凝土，厚度平框架底。当地基承载力达 180 kPa 以上时，墩柱底板地基可不作硬化处理。

2. 盾构墩柱安装

将墩柱底板放入基槽中与预先埋设于框架桥前端预埋托板平整焊接，焊缝为 30°坡口，焊接前应复测底板坡度，并确认满足要求。施工人员充足时，所有墩柱可同步平行作业，以减少吊机台班费用。

墩柱下托梁按底板轴线平行等分安装，下托梁与底板连接焊缝以受压为主，剪应力小，可采用每焊接 10 cm 空 20 cm 不焊的间断焊，为防下托梁在焊接过程中发生偏斜应采用两侧同步对称焊接。

立柱吊装前，应在预先搭设的工作平台上采用钢管脚手制做立柱定位架，在立柱安装时起安全及临时定位作用。将各条立柱的设计位置事前吊垂线标记于下托梁及定位架上，可极大程度提高墩柱安装进度与质量。当盾构墩柱安装基本就绪时，视情况对边坡槽进行简易支护，以确保路基稳定为原则。

墩柱上、下托梁安装时必需注意：与线路斜交，盾构墩柱托梁不在同一水平面上，其各托梁高差值为基坑滑板坡度换算，其值可由盾构设计人员现场确定。

3. 盾构主梁安装

桥式盾构所用主梁在地面临时平台上精心制作，由于该主梁除上方负载外还与盾构顶板共同承担框架桥推进时的轴向力传递，因此，设计刚度较大。安装时先测量标记定位线，于墩柱上托梁上，然后由起吊能力大的吊机分榀吊装就位。其梁垫在测量人员配合指挥下安装，各榀梁的顶面高度需按设计要求进行调配。

4. 子盾构箱体制作安装

为加快制作速度与合理安排劳动力，子盾构箱从母构体两侧做起向中间发展，合龙后按实际尺寸制作非标型子盾构。子构箱下托板需在临时设制的托架上调校后与第一榀盾构主梁下托板进行对接，其横向受压焊缝允许采用间距不大于 30 cm 的双面间断焊，纵向受剪、受拉焊缝却必需采用 60°坡口，双面满焊以保证焊缝牢固度。便于总体吊装的工地现场，子盾构箱可在就近工作平台上制做，采用机械整体吊装。

子盾构导向架各组件均在平台上靠模中统一标准制做，安装时采用定位装置定位焊接，导梁滑道与子盾构配合间隙设计为 4 mm，误差允许 ±1 mm。子盾构箱制做完成后将尚未编号子盾构进行试配，要求子盾构装入箱后无卡滞现象，空载时以人力可推动为宜。装配完成后进行编号与滑道注油。

子盾构箱底板厚 20 mm，盖板厚 16 mm，板面靠前端均设有上刃口，底板刃口为铲除土体欠挖量用箱盖板刃口为防止减阻板卷曲之用，导向架用料 I28B，要求材料平整无扭曲变形。

5. 盾构外壳制做安装

盾构外壳钢板均采用16 mm 厚钢板，其盾构尾部长30 cm 套在框架桥前端，起相互制约的作用。盾构外壳安装后其总宽值大于框架桥总宽约32 mm，由此间隙来降低顶推过程中框架桥两侧与土体产生的摩擦阻力，并有效地减小两侧土体的摩擦位移现象。超宽造成的土损失在刚架桥顶推到位后进行压浆补空，也可在顶进时压注水泥浆，以避免路基出现沉降。

盾构外壳顶面板采用16 mm 厚钢板满敷，左右两边与盾构边板焊接，顶板底面与主梁间梁撑焊接。安装时高于框架桥4 mm 以留出顶面扁铁焊接位置。顶板敷设后需对整体平面进行检测，不平整度高差应小于3 mm，如大于3 mm 则应检查调整。

(三)顶力设置

1. 子盾构顶力设置

子盾构是桥式盾构母体中对上部掘进面进行有效支护的重要部分，在不同土层中采用不同的推进方式来保持掘进面的稳定。连续框架根据盾构总宽，设多台组子盾构，各组间隔750 cm(其中一组按剩余实际尺寸制做)水平布置。

每台组子盾构内布30t 双向作用液压顶两台来保证子盾构的推进、切土能力，子盾构推进的同时，牵引框架桥顶面铺设的减阻板。每台子盾构中共需两台油顶，由两套液压泵站操纵控制，中间连续框架，每孔配备一套液压系统，其中设有高压截止阀，用以控制子盾构单独运动或间隔群体运动。严禁相邻子盾构同步推进，以免造成减阻板上部覆盖土应力集中被剪切破坏，而使线路产生水平位移。

2. 框架桥顶力设置

(1)桥式盾构母体与刚架桥采用铰接，盾构外壳套入桥体长度为30 cm。当框架桥被推进时盾构亦被框架桥同步、同方向推进。

(2)顶位处布置单向作用多台油压顶进，其中几台液压泵站采用并联方式操纵控制，以解决单泵流量过小推进缓慢问题。

(四)掘　　进

刚架桥工程采用桥式盾构法施工，掘进时，每组子盾构由1 名工人配合修整掘进面、出土以及盾构母体推进时对子盾构套入箱体状态的监视。如果出现意外能及时通报控制台而中断事故发展。子盾构允许单次推进行程30 ~ 40 cm。

子盾构作业为人力配合机械，视挖掘面土体的自稳能力而定，有先顶后挖、边顶边挖或先挖后顶的三种掘进方式。采用何种形式，由工程技术人员决定，液压操纵班按令执行。子盾构推进时，其上部土方由前端锯齿刃脚切割下落。作业基本处线路板结层，工人可视情况申请采用气动风镐掘土。

盾构墩柱设计为多层，每层土体由1 名工人完成掘进，每组墩柱由4 人担负出土、顶推监视工作。挖掘标准为墩柱的外廓尺寸宽与前进方向30 ~ 40 cm 长。

大断面中心土采用挖机掘进与装车，自卸汽车外运弃土。为缩短顶进期，掘进时，机械将框架桥前滞后的中心土挖去相同长30 ~ 40 cm 距离，并采用接力方式推进各节框架桥同一距离为一顶进工作循环。

顶进到一定程度时为防止传力柱横向分力引发起拱甚至飞扬伤人，在传力柱上方设置轨束梁反压或增设分配梁。传力柱方向应预留余土运输通道。

三、管棚加固技术

对沉降要求较高处，超前长大管棚是一种十分有效的支护手段。由于高速铁路和城际铁路速度高，对路基的沉降要求很高，列车通过时几乎要求路基和轨道没有沉降量，因而使用管棚技术是十分必要的，管棚施工技术的工艺流程见图6—20。

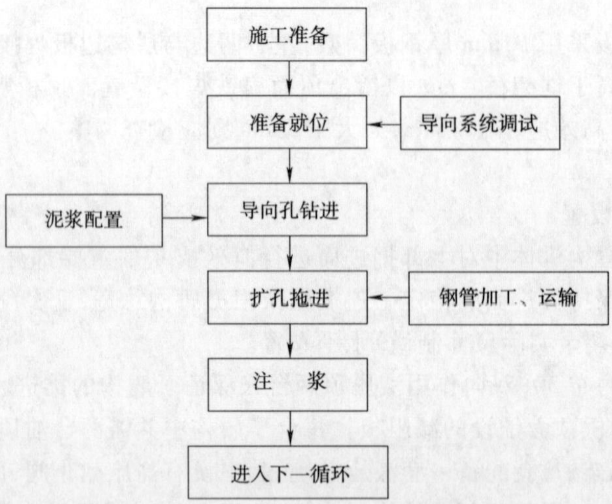

图6—20　管棚施工工艺流程

四、线路安全保证措施

线路沉降是由土损失、土干缩及土运动所造成的，工程的关键所在就是路基的利用与保护，它需要从框架结构预制、盾构制做、掘进、纠偏、减阻、注浆填充等各环节精益求精的施工过程来控制水土损失，全套控制措施的有力实施才能确保线路沉降受控、列车行驶安全。

（一）线路加固及日常养护

1. 线路简易加固

纵向轨束梁采用P502+3扣，每股道轨外侧各一束，股道束间中心距为3.1 m，纵向轨束需摆设平稳，两线间高出的道砟应耙走、耙平。线路外侧纵向轨束位如过低，则应垒高道床边坡加以垫平。两侧轨束面应在基本轨底面下20 cm以确保下一工序横向轨束能顺利穿越基本轨底为准。每相邻纵向轨束间隔距应大于3 m。较大的轨束距安装时对原线路不会造成影响，方便时提前完成。简易加固属线路双重保险工作，轨束下为无限支点间隔距大保护范围相应也大。

纵轨安装时每根接头相错1.5 m以上。所有轨束卡箍均靠近接头安装，并认真锁紧。纵横轨束安装均按标准设置防护员，钢轨过线路派人持木枋保护线路，以防造成“红轨”。

纵向轨束长度 L 以超出框架每侧不少于5 m即可。

横向轨束单束不短于4 m，采用P501+2相扣，每隔2条枕木设置1束，并与纵向轨束锁紧。横轨束安装均按标准设置安全防护员，如无条件采用封锁穿轨，则利用列车间隔时间作业,采用隔 5 穿 1 的调作法作业。钢轨过线路派人持木枋保护线路,轨束过基本轨底采用绝缘材料隔护,以严防"红轨"事故。

轨束安装完毕,在横向轨束与基本轨间对插木楔,以利于顶进期间快速微调线路水平。

2. 线路日常养护

施工期间由专职线路工、防护员(包括驻站联络员、普通工)共同组成线路维护班。对线路进行日常养护、安全防护并办理相关手续。线路加固时或出现意外情况从其他工班抽调人员会战。线路养护作业标准按《铁路》线路修理规则标准执行。

顶进期间工地负责人不得离开工地,跟班督促检查,确保顶进顺利、线路状态良好。驻站联络员与工地使用移动电话联络,列车到达前 10 min 停止顶进。线路人员下线前复查线路,清理现场,列车通过后恢复正常施工。

线路工在每次顶进停止后,第一时间对正在穿越线路进行水平、轨距测量,对线路变化不管大、小,有变即修,决不拖延。不管是否顶进,线路养护人员必须对线路进行一列一检,确保行车万无一失。

(二)施工监测及纠偏

框架桥推进施工的全过程中,盾构及框架桥运动中线、水平的测量非常重要,工程技术人员将每一顶进循环的测量数据绘制成框架桥推进轨迹图进行分析研究,用于科学指导框架桥的掘进与纠偏。

1. 子盾构箱托板前后高差

抽检各中心土中部台组,每天 1 次并换算成绝对高程。

2. 墩柱滑板前后高差

每工作循环,所有墩柱全测并换算成绝对高程。

3. 墩柱轴线:相对第一节框架桥实际轴线的平移线

交接班前后测,每班 2 次共 4 次,并标示与第 1 节刚架桥实际轴线相对误差。

4. 框架桥轴线:各节与初始位置的相对变化

测量并标示本次偏移值和累计偏移设计值。

5. 框架桥高程

测点设于各节桥内靠顶板倒角处,每节分桥前、桥后 4 个点,各点基本成 90°关系,并换算成绝对高程。

6. 线路沉降监测点

复核各线路轨顶及路肩标高,做好初始记录,以便线路交验前将线路恢复至初始值。

7. 顶进纠偏

盾构纠偏是掘进人员包括挖机司机按指挥人员发出的掘进指令,对子盾构、墩柱底板下及两侧土体进行超挖或欠挖土,不停改变各部位土应力来完成。

框架桥左右方向的纠偏为利用所布油顶的非均衡使用来完成,水平高程纠偏为调整桥式盾构运行轨迹来达到效果。另外,在地基承载力低于 150 kPa 地段还需采取与传统工艺相同方法,在刚架桥底板下作换填或加密土壤、压桩等措施来完成。

五、桥式盾构法施工注意事项

(一)盾构设计、制做

盾构体是框架桥顶推期路基掘进的临时支护及导向装置,设计时不可违背其中心土平衡原理。盾构长度应不小于刚架桥断面总高,宽度大于刚架桥断面总宽,主梁间分跨一般为3~4 m。

(二)滑板质量标准

基坑开挖如采用机械则应保留人工修整层,切忌破坏基底。滑板厚度应结合地基实际承载力考虑,其平整度要满足于滑板制做一条中要求。不平整的框架桥底板,顶推全过程将不同程度地破坏地基、基坑滑板的任何不足都给顶进工程埋下隐患。

(三)后　座

桥式盾构法为保证大型运输车辆出入框架桥,液压油顶均按桥底部两侧,布置也利于液压纠偏。后座两侧应力较中部大,故后座设计宽应为桥宽的1.2倍以上方能满足宽限要求。

(1)子盾构掘进面挖土应按当日书面技术交底,并按有经验的当值施工员要求进行,错误的开挖将导致路面沉降量增大。

(2)中心土的滞留长度及挖掘量应根据土层性质而定,任何情况下放坡量不可小于1:0.5,盾构墩柱两侧均设有剪力墙板,其斜边按1:0.75设置,视土质情况定,通常应以此标线向前延伸30~40 cm长,为中心土掘进控制线。为确保中心土的土压平衡能力,掘进时严禁超挖。

(3)盾构为刚性焊接体在推进中有可能因局部应力集中造成焊缝炸裂,故顶推作业时机械应停止。作业工人不得高声喧哗及发出金属敲击声以利声响判断。另外高压力顶推易产生强大破坏力,顶推时有条件远离液压装置及传力柱的人员必需撤离以防意外事故。

六、案例分析

在铁路长大干线上进行桥式盾构下穿涵施工,已经进行过几次试验,分别是南昌市政道路阳明大道下穿京九线、新余市政道路新余北大道下穿沪昆铁路和萍乡市政道路滨河大道下穿沪昆铁路等几个项目。本案例是在总结前几个项目的设计、施工经验的基础上进行的。

工程概况:新干县善政三路下穿京九线立交桥,桥址所处道路为新干县善政三路,是新干县一条重要主干道。善政三路于YK0+066.3处下穿京九铁路,框架桥与京九线相交处里程为京九线K1584+080,设计范围内京九线处于圆曲线,曲线半径为800 m,京九下行线纵坡为向大里程方向5.2‰,京九上行线纵坡为向大里程方向5.0‰,框架桥中心线与京九下行线中心线切线交角为82°。本设计框架桥为5 m+15 m+5 m钢筋混凝土三孔连续框架结构,1~15 m框架桥通行机动车,两侧各5 m框架桥为非机动车与人行通道。其中机动车道宽2×7.5 m,净高为4.6~5 m;非机动车道宽3.5 m,人行道宽1.5 m,净高为2.85~3.2 m。

框架桥采取中继间法顶进施工,框架桥板顶覆土厚度不小于1.5 m。全桥长36 m,分两节顶进，单节长度为18 m。为了降低顶进框架桥时限速对铁路线路造成的影响，框架桥工程采用桥式盾构顶进施工，设计的盾构侧面、平面和立面如图6—21～图6—23所示。顶进时采用框架钢构和管棚相结合法加固路基，线路采用轨束梁简易加固。

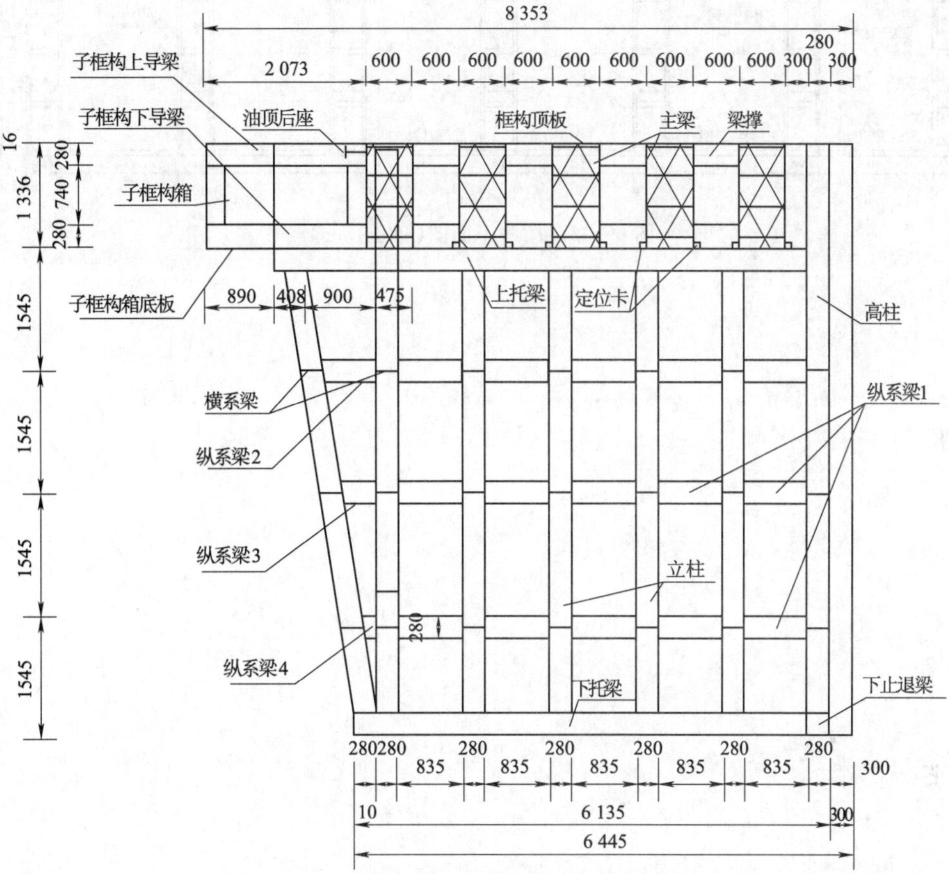

图6—21 盾构正立面图（单位：mm）

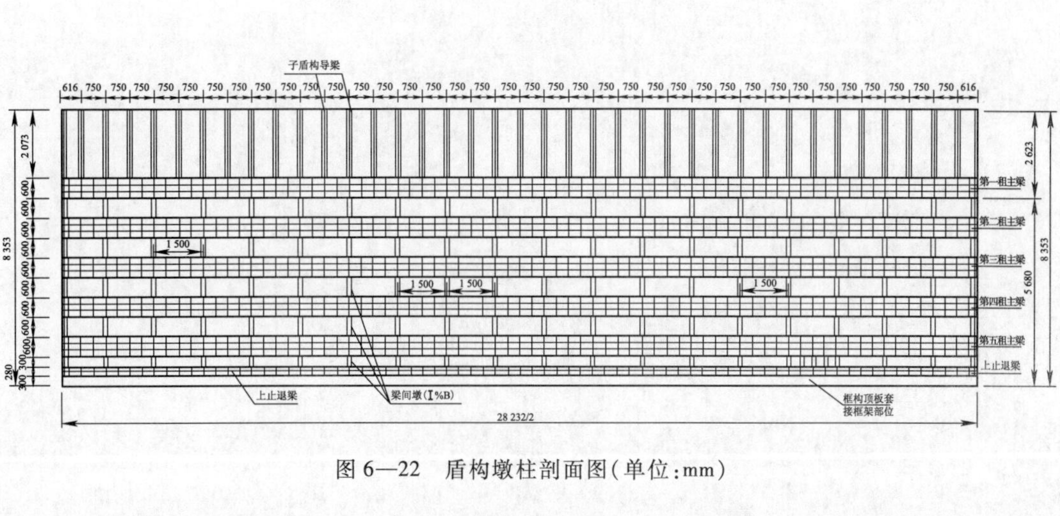

图6—22 盾构墩柱剖面图（单位：mm）

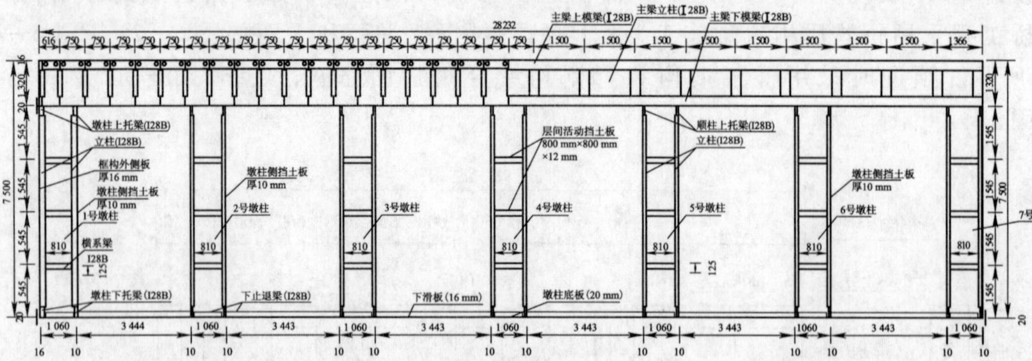

图 6—23　盾构平面图(单位:mm)

第七章　顶进施工工艺

地道桥顶进施工之前,应做好现场调查工作,充分掌握施工现场的最新资料。在此基础上,做好工程降水、工作坑、顶力、滑板、后背及润滑隔离层、预制箱身长度确定、线路加固以及软土地基加固等各环节的工艺设计。

箱涵顶入法施工工艺流程如图 7—1 所示。

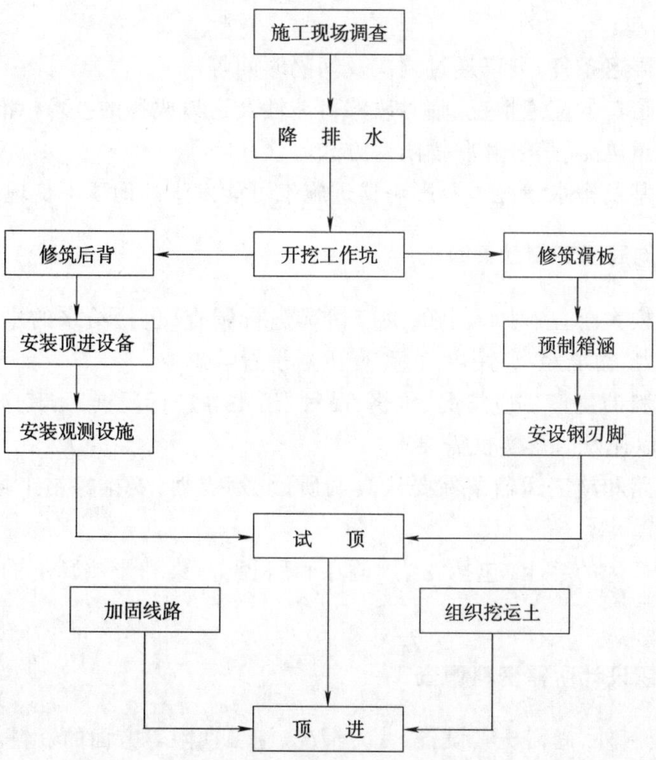

图 7—1　顶入法施工工艺流程图

第一节　现 场 调 查

地道桥顶进施工之前,应根据设计文件,对工程进行周密的实地调查核对,掌握第一手数据资料。这对正确选择施工方案、制定技术措施、合理安排施工顺序和施工进度来说是非常重要的。为编制切实可行的施工组织设计并顺利地组织施工,应对以下内容做好深入细致的调查工作。

一、对地道桥施工范围和顶进地点的调查

(1)施工地点的地形、地貌、地基土种类及物理力学性质。

(2)地下水位高低、含水层的渗透系数、流量及周边地区地面排水情况。

(3)当地的气象资料,包括气温、降雨、冰冻、台风等季节变化情况。

(4)施工范围内地上、地下各种设施及管线的种类、结构、位置、用途、产权单位的拆迁方案,以及必须采取的施工防护或施工过渡,并签订相关协议,以利相互配合、监督执行。

(5)地道桥泵房排水系统布置。

二、对施工地段铁路和道路交通情况调查

(1)既有铁路或站场股道设施状况,包括既有线股道数、道岔、线间距、轨道标高、无缝线路锁定温度等。

(2)既有容许限速条件、列车通过频次及间隔时间等。

(3)现有平交道口的交通情况、临时改移可能性及道口改移的技术标准和管理方式。

(4)既有线轨道电路、信号和联锁闭塞方式等。

(5)既有线路基及排水情况以及影响顶进施工可能发生的地质不良现象等。

三、对施工地点周围环境的调查

(1)视工程规模大小,应对水、电的供应情况进行调查,包括给水的水源、水质、水压及接管地点;供电能力、输电距离、用电负荷、变压器设置等。

(2)对各种材料的生产供应情况、价格、品种、运距等进行调查,尤其应对商品混凝土的供应作全面调查,以便及时落实供需要求。

(3)对交通道路和施工运输条件要认真调研,统筹规划,安排好施工场地,尽量减少场内倒运和交通拥堵。

(4)对地道桥产生的弃土(包括泥浆)地点和路径、污染和影响环境的情况进行详细调查并落实。

四、对施工组织设计所需资料调查

除上面有关资料外,尚需机具设备、劳力情况、施工期限等方面的资料。

第二节 设计、施工降排水

地道桥顶进施工范围内,应保持干槽施工。工作坑四周应设排水沟和集水井,坑顶周围应有防排地表水的措施。当桥涵底板处于地下水位以下时,可能造成桥涵主体结构下沉,甚至塌方。《桥规》规定"顶桥在施工期内应保持地下水位在基底以下 0.5~1.0 m,顶涵地下水位也应降至涵底以下,严禁带水作业。"因此当顶进桥涵的底板处于地下水位以下时,必须采取降低地下水位的措施。

根据水文地质情况进行降水设计,通常可采用排水沟、集水井或井点降水等。降水除满足顶进施工要求外,对降水后出现路基和建筑物下沉时,应有预防措施。在排降水施工中,

应根据具体情况选用相应的的降排水方法。各类井点降水的适用范围如表 7—1 所示。同时进行基坑渗水量计算。

表 7—1 各种井点系统的适用范围

井点类型	土层渗透系数(m/d)	降低水位深度(m)	井点类型	土层渗透系数(m/d)	降低水位深度(m)
一级轻型井点	0.1 ~ 80	3 ~ 6	电渗井点	<0.1	5 ~ 6
多级轻型井点	0.1 ~ 80	3 ~ 3n	喷射井点	0.1 ~ 50	8 ~ 20
管井井点	20 ~ 200	3 ~ 5	深井井点	10 ~ 80	>15

注:n 为多级数。

一、工作坑的降排水

(一) 自流排水

施工降排水工作应在工作坑开挖前进行。工作坑表层土质为黏性土,四周渗水量小且具备自流排水条件时,可挖排水沟,以自流方式排除地表水和雨水。若利用排水沟排除地下水,如土质较差时,沟槽应进行加固。

(二) 排水沟与集水井排降法

当工作坑较深,自流方式有困难时,则采用排水沟与集水井相结合的方法,将地下水及坑内雨水经排水沟汇集到集水井内,用水泵抽走,集水井可用干砌砖井,或混凝土管井(无雨水时其直径 1 ~ 1.5 m,如在雨季施工时,还要考虑雨水流量,其直径应根据计算决定),以下沉法施工。

排水沟和集水井设置:

(1) 坑底四周的排水沟和集水井应设在工作坑滑板以外,并选在地下水走向上游。根据地下水量大小、基坑平面形式及水泵能力,集水坑每隔 20 ~ 40 m 设一个。

(2) 排水沟深为 0.4 ~ 0.6 m,最小 0.3 m,沟底宽度不小于 0.3 m,坡度为 0.1% ~ 0.5%,排水沟边缘离开坡脚不少于 0.3 m。

(3) 集水井的直径或宽度一般为 0.6 ~ 0.8 m,要低于挖土面 0.7 ~ 1.0 m,井壁用竹笼或木板等支撑。当基坑挖到设计标高后,集水井可采用钢筋混凝土管,井底应低于坑底 1 ~ 2 m,并铺设碎石滤水层,以免在抽水时将泥砂抽出,并防止坑底的土被搅动。

(三) 井点降水法

当含水层为粗砂、砾石、卵石层,涌水量较大,或槽底为粉砂、黏砂土、细砂等,持力层有被扰动的可能时,则采用井点系统降水法。

二、路基内的降水——井点系统法

当地下水位高,路基内含饱和水时,疏干和降低路基内的地下水位,是保证桥梁顶进施工的一项重要措施。目前广泛采用井点系统降水法,此方法一般是在基坑一侧或两侧亦或四周埋设金属管构成井点系统(如顶进桥涵跨越多线时,也可在各线间加设井点),并将这些井点连接到一根横置的总管上,用抽水设备将地下水从井点内不断抽出(图 7—2),以疏干和降低路基内地下水位。各种井点系统降水方法的运用范围及降水深度如表 7—1 所示。

(一) 轻型井点法

轻型井点系统由滤管、井点、连接管及真空泵组成,其降水效果取决于滤管的透水性及

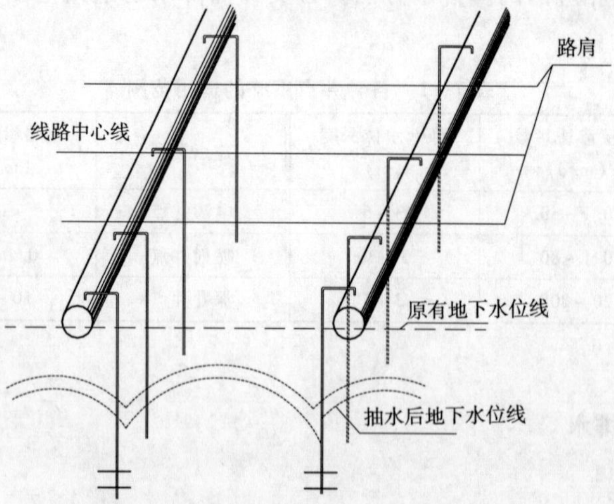

图 7—2　井点系统示意图

井点系统的真空度。井点布置在铁路两侧,井点的心脏是泵组,常用的泵为水环式真空泵及射流泵,其中水环式真空泵费用较高。在地下水位以下较深的工作坑,由于地下水渗入基坑边坡造成施工困难,可采用井点降水,并在工作坑中线位置设观测井。

各类井点技术要求应当执行《建筑地基基础工程施工质量验收规范》(GB 50202—2002)的有关规定。

轻型井点施工大致分为准备工作、井点埋设、运转使用及拆除等步骤。轻型井点降低地下水位全貌如图 7—3 所示。

1. 准备工作

(1)井点设备

①井点管。采用直径 38 ~ 55 mm 的钢管,长度为 5 ~ 7 m。下端装有滤管,滤管直径经常与井管直径相同,长度为 1.0 ~ 1.7 m,管壁上钻有直径 12 ~ 18 mm 的孔,呈梅花形分布。管壁外包两层滤网,内层为细滤网,采用 8 ~ 10 目的钢丝网或尼龙布。为避免滤孔淤塞,在管下端放一锥体铸铁头。井点管的上端用弯管接头与总管相连。

②滤水管。滤水管滤网的选择对井点降水效果有直接影响。在细砂层中,如仅用滤网而不填砂,水流进入滤水管会产生很大的压力损失。填砂不好或滤网孔眼过大,抽吸地下水会带走土粒,造成构筑物地基承载力降低和滤管阻塞。滤管构造如图 7—4 所示。

当渗透系数 $K > 10$ m/d、滤网间隙净距≤天然土体颗粒 5% 的直径,疏干地带含水层无隔水层时可不必填砂,否则必须进行填砂。

大颗粒砂粒填料应适合天然土体颗粒组成,并符合以下关系:

$$5d_{50} \leqslant D_{50} \leqslant 10d_{50}$$

式中　D_{50}——填砂颗粒 5% 的直径。

井点砂粒填料尽量采用同一种类的砂粒,其不均匀系数

$$C_n = \frac{D_{60}}{D_{10}} \leqslant 5$$

式中　D_{60}——颗粒小于土体总重 60% 的直径;

D_{10}——颗粒小于土体总重 10% 的直径。

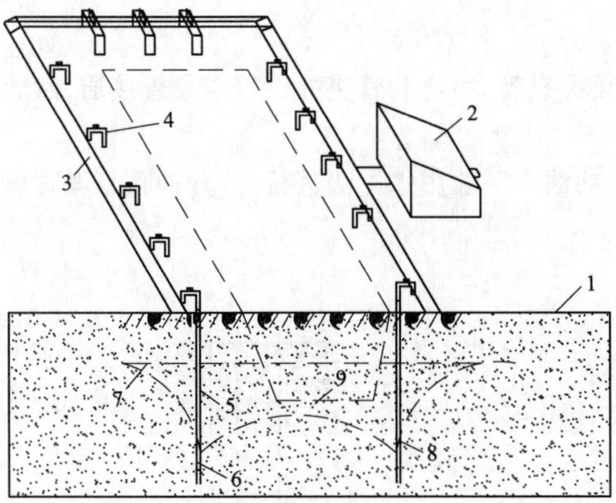

图 7—3 轻型井点降低地下水位全貌图

1—地面;2—水泵房;3—总管;4—弯联管;5—井点管;6—滤管;7—原有地下水位线;8—降低后地下水位线;9—基坑

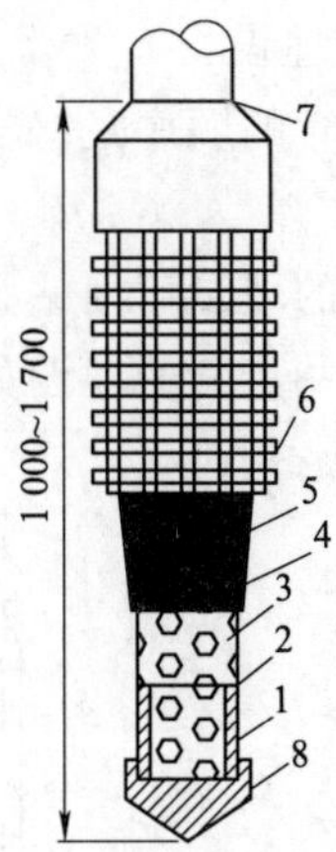

图 7—4　滤管构造(单位:mm)

1—钢管;2—管壁上的小孔;3—缠绕的塑料管;4—细滤网;5—粗滤网;6—粗铁丝保护网;7—井点管;8—铸铁头

③连接管与集水总管。连接管用胶皮管、塑料透明管或钢管制成,直径为 38 ~ 55 mm。每个连接管均应设阀门,以便检修井点。集水井总管一般用直径为 100 ~ 127 mm 的钢管分节连接,每节长 4 m,一般每隔 0.8 ~ 1.6 m 设一个连接井点管的接头。

④抽水设备。通常由一台真空泵、两台离心泵(一台备用)和一台气水分离器组成一套抽水机组。井点系统设备技术性能如表 7—2 所示。

表 7—2　井点抽水设备性能表

项　　目	V5 型真空泵井点	S－1 型水射泵井点
降水深度(m)	8	8
井点管:口径(mm)×长度(mm)	50×600	50×600
根数(根)	70	75
集水总管:口径(mm)×长度(mm)	125×100 000	100×100 000
集水总管上接管间距(m)	0.8	0.8
真 空 度	750	750
配套电机设备	B 型或 BA 型离心泵一台	3BA-9 型离心泵两台
额定功率(kW)	11.5	15
主机外形尺寸长(mm)×宽(mm)×高(mm)	2 400×1 400×2 000	2 300×1 000×1 350
质量(kg)	1 800	800

(2)施工现场准备

施工现场准备工作包括排水沟开挖、泵站设置等。

(3)设置监测标点

对在抽水影响半径范围内的建筑物及地下管线应设置监测标点，并准备好防止沉降的措施。

2. 井管埋设

埋设井管的顺序是：先排放总管，再埋设井点管，用弯联管将井点管与总管接通，然后安装抽水设备。

井点管的埋设可用钻孔法、冲击法和水冲法。一般用水冲法进行，并分冲孔与埋管填料两个过程。井点管的埋设如图 7—5 所示。

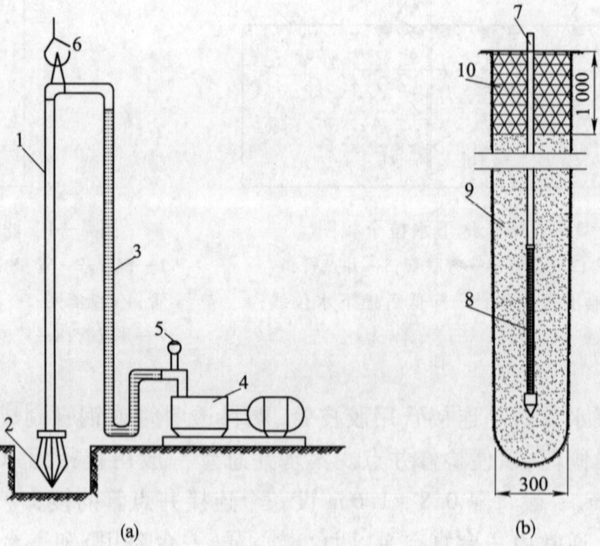

图 7—5 井点管的埋设（单位：mm）

1—冲管；2—冲嘴；3—胶皮管；4—高压水泵；5—压力表；6—起重机吊钩；
7—井点管；8—滤管；9—填砂；10—黏土封口

(1) 冲孔

先用起重设备将 ϕ50 ~ 70 mm 的冲管吊起并插在井点埋设位置上，然后开动高压水泵（一般压力为 0.6 ~ 1.2 MPa）将土冲松。冲孔时冲管应垂直插入土中，并做上下左右摆动，以加快土体松动。边冲边沉，冲孔直径一般为 250 ~ 300 mm，冲孔深度应比滤管深 0.5 ~ 1.0 m 为宜。各种土层冲孔所需水流压力如表 7—3 所示。

表 7—3 各种土层冲孔所需水流压力表

土壤名称	冲水压力（MPa）	土壤名称	冲水压力（MPa）
松散的细砂	0.25 ~ 0.45	可塑状态的黏土	0.60 ~ 0.75
软塑状态的黏土、粉质黏土	0.25 ~ 0.50	砾石夹黏性土	0.85 ~ 0.90
密实的腐殖土	0.5	硬塑状态的黏土、粉质黏土	0.75 ~ 1.25
密实的细砂	0.5	粗　砂	0.80 ~ 1.15
松散的中砂	0.45 ~ 0.55	中等颗粒的砾石	1.00 ~ 1.25
黄　土	0.60 ~ 0.65	硬黏土	1.25 ~ 1.50
密实的中砂	0.60 ~ 0.70	密实的粗砾	1.35 ~ 1.50

(2)埋管

井孔冲成后,应立即拔出冲管,插入井点管,并在井点管与孔壁之间迅速填灌砂滤层。砂滤层一般选用干净粗砂,填灌均匀,并填至滤管顶上 1 ~ 5 m,以保证水流通畅。井点填好砂滤料后,须用黏土封好井点管与孔壁间上部空间,以防漏气。若遇不稳定易坍孔的土层,应先射水下沉 ϕ150 mm 的套管,然后在套管内插入井点管,边填粗砂边拔套管。

(3)连接与试抽

将井点管、集水总管与水泵连接起来,形成完整的井点系统。井点管上端与集水总管上的接头短管用胶皮管或塑料透明管连接,并用夹箍夹紧,使接头处严密不漏气,以确保抽水效果。

安装完毕需进行试抽,检查有否漏气。正式抽水后一般不得停抽,停抽时会使滤网容易堵塞。正常抽水后,出水由混浊逐渐变清。

(4)井点运转与监测

①井点运行后要连续工作,应准备两路电源(或备发电机)。井点抽水真空度一般不得低于 55.3 ~ 66.7 kPa。如真空度不够,通常是管路漏气,应及时修复。

②检查发现淤塞的井点太多,严重影响降水效果时,应逐个用高压水反复冲洗,或拔出重新埋设。对长期出水混浊的井点应予停闭或更换。

③井点监测包括流量观测、地下水位观测、孔隙水压力观测和沉降观测。

a. 流量观测可用流量表或堰箱,若发现流量大而水位降低缓慢甚至降不下去时,可考虑改用流量较大的水泵;若流量较小而水位降低较快时则可改用小型水泵,以免离心泵无水发热,并可节约电力。

b. 可用井点管作为地下水位观测井。开始抽水时,每隔 4 ~ 8 h 测一次,以观测降水效果。3 d 后或降水达到预定标高前,每日观测 1 ~ 2 次。地下水位降到预定标高后,可数日或一周测一次,但若遇下雨时须加密观测。

c. 孔隙水压力观测是观测孔隙水压力变化,以判断边坡的稳定。孔隙水压力观测一般每天一次。在有异常情况时,如发现边坡裂缝、基坑周围发生较大沉降等须加密观测,每天不少于 2 次。

d. 对抽水影响范围内的建筑物和地下管线,应进行沉降观测,超过规定限值时要及时报告处理。

(5)井点拆除

①井点的拔除应在已施工部分的自重大于浮力的情况下进行,且底板混凝土须有一定的强度。

②拔出井点管可借助于倒链、起重机等,所留孔洞用砂及时填塞,对地基有防渗要求时,地面下 2 m 可用黏土填塞夯密。

③井点管拔出后要及时冲洗整修,以备后用。

(二)管 井 法

管井法是用直径 30 cm 的铸铁管作为井管,井管中装直径 62.5 mm 的扬水管和直径 19 mm的空气管,用空气压缩机压入空气,经气水混合形成大小不等的水泡,沿扬水管上升排走。

(三)喷射井点法

喷射井点是一种利用压力产生真空的设备,但不同于井点系统中的真空泵。喷射井点法使用了两根井点管，一根是送水的高压管，另一根是回水的低压管。喷射井点是将喷射器置于井点下的滤管顶上，从高压泵流出的高压循环水，流经高压水管和井点管，经喷嘴喷出而在该处造成一个真空，使四周土层中的地下水流入滤管内，地下水经回流井点管与循环压力水一起流经回流水管进入集水箱。高压泵从水箱抽水，水箱的溢流量即为净抽出的地下水量。

喷射井点能将地下水降至地表下 30 m，因此在较深的降水工作，多采用此法。喷射井点大都用于渗透性小的粉土和黏性土壤中，因此安装喷射井点一般需用套管，以便能在喷射井点的四周形成滤砂层。此种井点管的直径应保证井点管内外管的环形空间距离，以便高压力通过。喷射器的构造和原理如图 7—6 所示。

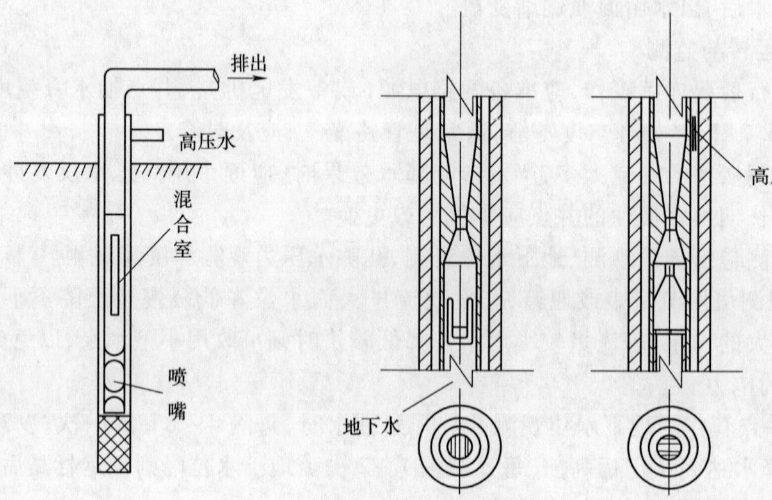

图 7—6　喷射器的构造

为了提高井点的降水效果，还可以采用射流—喷射井点。其原理是喷射井点的高压水通过内外管的环形空间到达喷水嘴，在喷嘴处由于截面缩小流速增大，因压力降低而造成局部真空，将地下水吸入混合室中，高压水和被吸入的地下水混合并经能量交换，以正常流速上升至一定高度，即被射流泵抽吸出地面，起到了二级接力降水的作用。

(四)电渗井点降水

当土层的渗透系数小于 0.1 m/d 时(如液塑状黏土、淤泥质土)，则上述轻型井点难以将水抽干，此时可采用电渗井点。

1. 电渗井点工作原理与适用条件

电渗井点一般与轻型井点结合使用，利用轻型或喷射井点管本身作为阴极，以金属棒如钢管(ϕ50 ~ 75 mm)或钢筋(ϕ20 ~ 25 mm)作为阳极，埋设在井点管的内侧。通入直流电(采用直流发电机或直流电焊机)后，带有负电荷的土颗粒向阳极板移动(即电泳现象)，而带有正电荷的水则向阴极方向移动集中，产生电渗现象。在电渗与井点管内真空双重作用下，强制黏土中水由井点管快速排出，井点管连续抽水，从而使地下水位逐渐降低，同时加速土体固结，增加土体强度。电渗井点示意如图 7—7 所示。

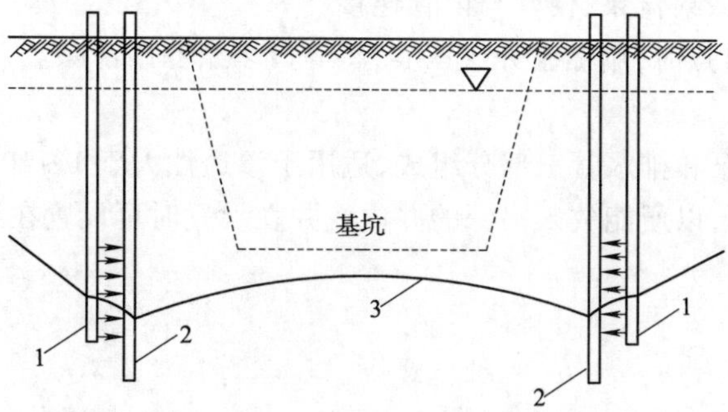

图 7—7　电渗井点示意图

1—井点管(阴极);2—金属棒(阳极);3—地下水降落线

2. 电渗井点的施工与运行

(1)一般先埋设井管,预留出布置电渗井阳极的位置,待井点降水不能满足降水要求时,再埋设电渗阳极,以改善降水效果。阳极埋设可用 ϕ75 mm 旋叶式电钻钻孔,钻进时加水和高压空气循环排泥。阳极就位后,利用下一钻孔排出的泥浆倒灌填孔,使阳极与土壤接触良好,减少电阻,以利电渗。如深度不大亦可用锤击打入。阳极埋设必须垂直,严禁与相邻阴极相碰,以免造成短路烧坏设备。

(2)阳极埋设在井点内侧,与阴极并列或交错排列。阴阳极的数量宜相等,必要时阳极数量可多于阴极数量。阴阳极之间的距离,当采用轻型井点时为 0.8 ~ 1.0 m,采用喷射井点时为 1.2 ~ 1.5 m。阳极外露地面上约 200 ~ 400 mm,入土深度比井点管深 500 mm,以保证水位能降低到要求的深度。

(3)阴阳极分别用扁钢、ϕ10 mm 的钢筋或电线连成通路,接到直流发电机或直流电焊机相应的电极上。

(4)工作电压一般为 30 ~ 60 V,不宜大于 60 V,电压梯度可采用 50V/m,土中通电的电流密度宜为 0.5 ~ 1.0 A/m^2。为避免大部分电流从土表层通过,影响电渗效果,通电前应清除井点管与阳极间地面上的导电物质,使地面保持干燥。若涂一层沥青,则绝缘效果更好。

(5)通电时,为消除由于电解作用产生的气体积聚于电极附近,使土体电阻增加,而增加电能消耗,宜采用间隔通电法,每通电 22 h,停电 2 h,再通电,以此类推。

(五)水平井点降水

在地道桥跨越多条铁路线,路基宽度很大时,在路基两侧打井点不能达到降水要求时,一般应考虑在路基上打辅助井点,但由于铁路运输的要求,往往不允许在铁路路基上进行井点作业。这种情况下可考虑采用水平井点降水。

井点降水是利用水平钻机将井点管敷设在地道桥设计位置的下方,其构造与普通井点基本相同,具体施工步骤如下:

(1)用水平钻机钻井点孔,钻头上设有高压水射流孔,边钻边用高压水冲孔。

(2)穿送水平井点管及灌砂导管,穿送时用导管不断射水冲孔。

(3)用射流送砂器灌砂,即用特制射流器抽吸水砂混合物,用导管将砂送入井点孔。

(4)穿入水平井点内管,安装井口压盖,使其密闭。

(5)安装真空泵或射流泵,使其与内管连接。

(6)封点抽水,封点时,用黏土分层压实,将洞口多余滤砂清除。

(六)深井降水

深井由管井、水泵和排水管三部分组成,适用于渗透性大于 1~10 m/d 的砂土中。深井采用潜水泵或深井泵,以便能放入很深的井内。井在设置时可设置在远离工作坑的地方,对工作坑施工干扰少。

三、井点布置

井点系统的布置应根据基坑平面形状与大小、土质、地下水位高低与流向、降水深度等要求而定。

(一)泵井点布置

图 7—8 为机械真空泵井点设备工作原理,图 7—9 为射流泵井点设备工作原理。

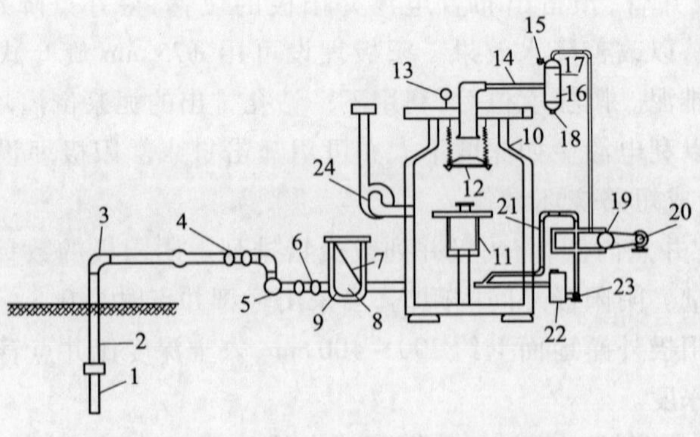

图 7—8　机械真空泵井点设备工作原理

1—滤管;2—井点管;3—弯管;4—阀门; 5—集水总管;6—闸门;7—滤网;8—过滤室;9—淘沙孔;10—水气分离器;11—浮筒,12—阀门;13—真空计; 14—进水管; 15—真空计;16—副水气分离器;17—挡水板;18—放水口;19—真空泵;20—电动机;21—冷却水管;22—冷却水箱;23—循环水泵;24—离心水泵

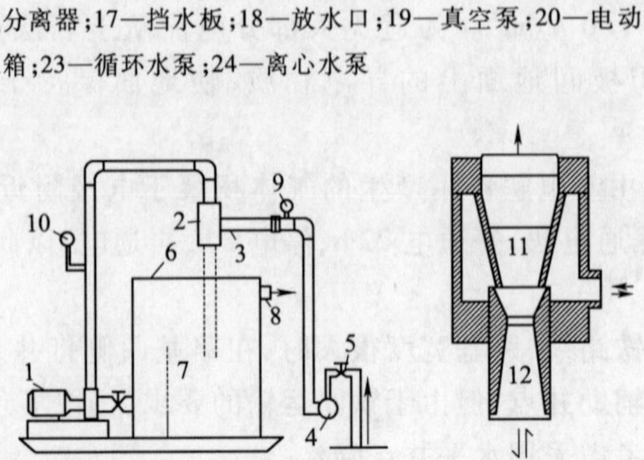

图 7—9　射流泵井点设备工作总图

1—离心水泵; 2—射流器;3—进水管;4—总管;5—井点管;6—循环水管;7—隔板;8—泄水口; 9—真空表;10—压力表;11—喷嘴;12—喉管

(二)井点系统平面布置

井点系统平面布置如表 7—4 所示。

表 7—4　井点系统平面布置

类型	布置简图	说　明
单排线状延伸	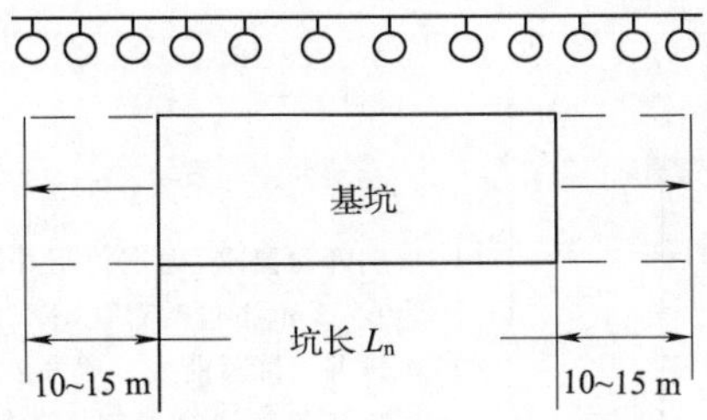	(1)基坑宽小于 6 m,降深不大于 6 m 时,一般可用单排井点; (2)基坑两端宜将井点间距加密以利降深,条件可能时亦可采用基坑端部延伸 10 ~ 15 m,而不加密井点间距; (3)单排井点亦可布置成端部转弯方向的方法,对上游来水最为有利
双排线状井点	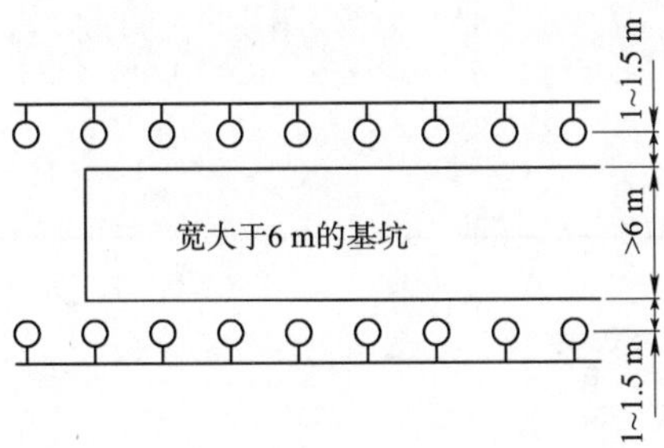	(1)基坑宽大于 6 m 的基坑,宜采用双排井点降水; (2)淤泥质、粉质黏土坑宽不大于 6 m 时,也宜采用双排井点
环圈井点系统	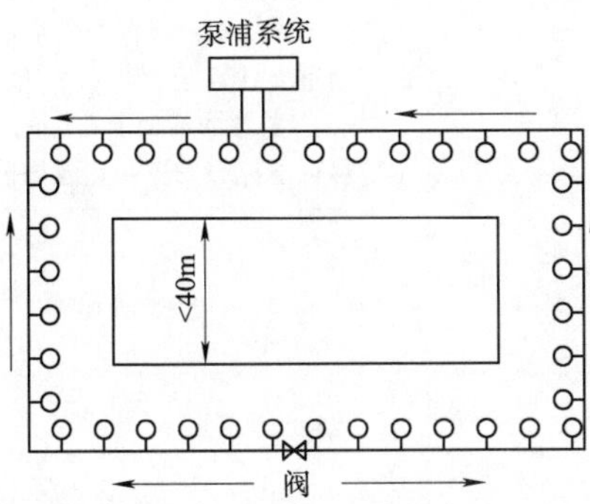	(1)环圈井点系统的宽度一般不宜超过 40 m; (2)环圈井点系统应在泵浦的对面安置一阀,使集水总管内水流分向流入泵浦设备,避免紊流,或将总管在泵浦对面断开; (3)在环圈总长的 1/5 距离,将井点间距加密于四角附近,加强降水; (4)在特殊情况下,只能设置半环形时,则应将两侧井点延长,其延长部分一般为基坑宽的一半
环圈井点增设中间井点	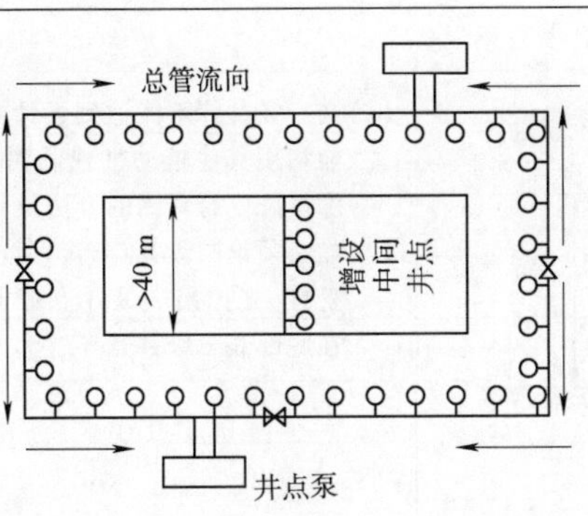	(1)环圈井点系统的宽度大于 40 m 时,应考虑地质条件,在基坑中央加设一排井点; (2)当环圈总长超过 100 ~ 200 m,需布设两套泵浦系统抽水,并使总管断开或装闸阀

(三)井点系统高程布置

井点系统高程布置如表 7—5 所示。

表 7—5　井点系统高程布置

类型	布置简图	说　明
单排线状井点高程	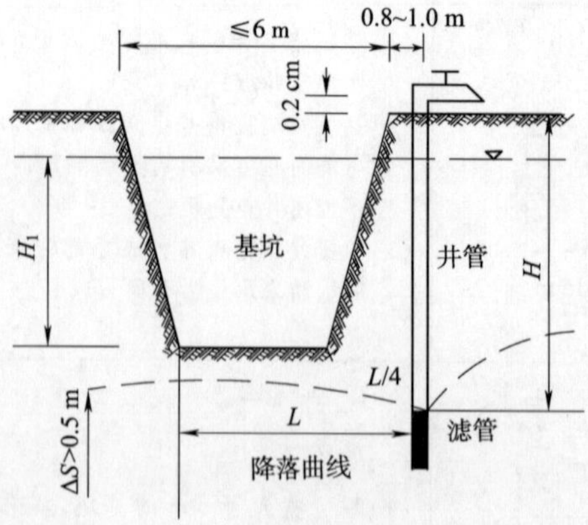	(1)根据降深要求，确定使用井管长度(一般为 6 ~ 7 m，不包括滤管)； (2)单排井点降落曲线一般可按水利坡度 $I=1/3\sim1/5$ 布置；I 值初期陡峻，后期平缓，最好 $I\approx1/10$
双排或环圈井点高程	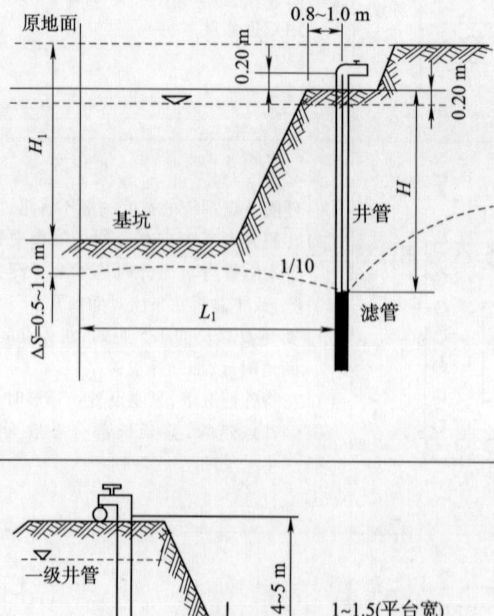	(1)双排井点或环圈井点均可按 $I=1/10$ 的坡降考虑。对于降深的安全值 ΔS 应视工程的重要性而定，但 ΔS 一般不应少于 0.5 m，有条件的不少于 1.0 m； (2)尽可能充分发挥井点有效降深，降低总管高程
二级轻型井点高程	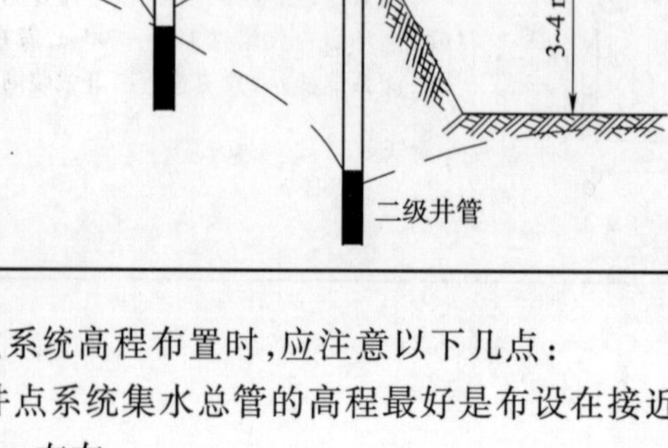	(1)当一级井深不能达到设计要求时，应尽可能利用其他辅助性或临时性特殊排水技术措施配合降深的方法设一级井点； (2)如必须设二级井点时，可按图示方法进行安排，先挖出一级井点疏干的土，然后再在底部装二级井点

井点系统高程布置时，应注意以下几点：

1. 井点系统集水总管的高程最好是布设在接近地下水位的高程，或略高于天然地下水以上 20 cm 左右。

2. 井点泵(离心泵)轴心高度应尽可能与集水总管在同一高程上,要防止地面雨水径流、坑四周围堰阻水。

3. 在同一井点系统中,无论为线状或环形布置,其中的各根井管长度须相同,使各井管的滤管顶部能在同一高程上(最大相差一般不允许大于 10 cm),以防高差过大,影响降水效果。

4. 井点泵浦系统、集水总管都应设置在比较可靠的地点,一般井点泵装置地点要以垫木铺垫或夯实整平。

四、工作坑渗水量计算

1. 当工作基底为不透水层时,用排水沟自流降水,如图 7—10 所示。其渗水应按以下公式计算:

$$Q = \frac{1.366KH^2}{\lg R_0 - \lg r_0} \tag{7—1}$$

$$r_0 = n(L + B)/4 \tag{7—2}$$

$$r_0 = \sqrt{A}/\pi \tag{7—3}$$

式中 Q——工作坑渗水量,m^3/d;

K——渗透系数,应经抽水试验确定,当无试验资料时可按表 7—6、表 7—7 数值选用;

H——含水层厚度,m;

R——影响半径,m,应经抽水试验确定,当无试验资料时,可按表 7—8 数值选用;

R_0——从基坑算起的影响半径,m;

r_0——引用基坑半径,m,对于矩形基坑按式(7—2)进行计算,对不规则基坑可按式(7—3)进行计算;

L——基坑(或井点群)长度,m;

B——基坑(或井点群)宽度,m;

n——系数,按表 7—9 数值选用;

A——基坑面积,m^2。

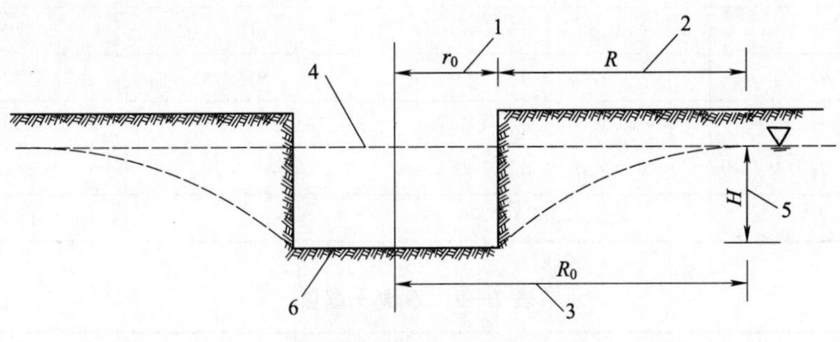

图 7—10　自流降水

1—引用基坑半径;2—影响半经;3—从基坑中心算起的影响半径;4—地下水位;5—含水层厚度;6—不透水层

表 7—6　土层渗透系数

土层名称	K(m/d)	土层名称	K(m/d)
黏　土	<0.001	细　砂	1 ~ 5
重砂黏土	0.001 ~ 0.050	中　砂	5 ~ 20
轻砂黏土	0.05 ~ 0.10	粗　砂	20 ~ 50
砂黏土	0.10 ~ 0.50	砾　石	50 ~ 150
黄　土	0.25 ~ 0.50	卵　石	100 ~ 500
粉　砂	0.50 ~ 1.00	漂　石	500 ~ 1 000

表 7—7　土层渗透系数经验值

土层名称	土层颗粒		K(m/d)
	粒径(mm)	所占比例(%)	
粉　砂	0.05 ~ 0.10	<70	1 ~ 5
细　砂	0.10 ~ 0.25	>70	5 ~ 10
中　砂	0.25 ~ 0.50	>50	10 ~ 25
粗　砂	0.50 ~ 1.00	>50	25 ~ 50
极粗砂	1.00 ~ 2.00	>50	50 ~ 100
砾石夹砂			75 ~ 150
带粗砂的砾石			100 ~ 200
清洁的砾石			>200

注：当含水层夹泥量多时取小值。

表 7—8　影响半径 R 值

土的种类	粒径(mm)	所占质量(%)	R(m)
极 细 砂	0.05 ~ 0.10	<70	25 ~ 50
细　砂	0.10 ~ 0.25	<70	50 ~ 100
中　砂	0.25 ~ 0.50	>50	100 ~ 200
粗　砂	0.50 ~ 1.00	>50	200 ~ 400
极 粗 砂	1.0 ~ 2.0	>50	400 ~ 500
小 砾 石	2.0 ~ 3.0	—	500 ~ 600
中 砾 石	3.0 ~ 5.0	—	600 ~ 1 500
大 砾 石	5.0 ~ 10.0	—	1 500 ~ 3 000

表 7—9　系数 n 取值

B/L	0	0.2	0.4	0.6	0.8	1.0
n	1.00	1.12	1.14	1.16	1.18	1.18

2. 当井底穿过潜水层到达不透水层时(图 7—11)，其工作坑渗水量按以下公式计算：

$$Q=\frac{1.366K(H^2-h^2)}{\lg R_0-\lg r_0} \tag{7—4}$$

式中　h——降水后稳定水位至不透水层的深度，m。

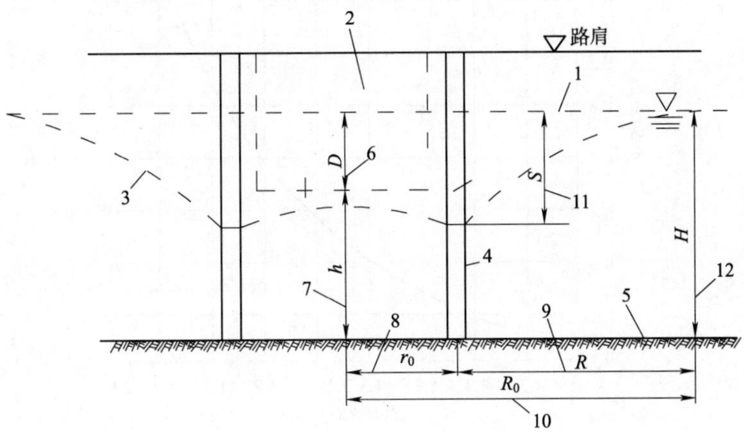

图 7—11　无压完整井

1—原地下水位线；2—工作坑；3—降水后稳定水位线；4—井点；5—不透水层；6—工作坑降水深度；7—稳定水位至不透水层深度；8—引用基坑半径；9—影响半径；10—从基坑中心算起的影响半径；11—地下水位深；12—含水层厚度

3. 当井底进入潜水层而未到达不透水层时（图 7—12），其工作坑渗水量按以下公式计算：

$$Q=\frac{1.366K(H^2-h^2)}{\lg R_0-\lg r_0} \tag{7—5}$$

式中　h——降水后稳定至有效带深度（m）；

H_0——计算有效带厚度（m），由图 7—13 及式（7—7）得出。

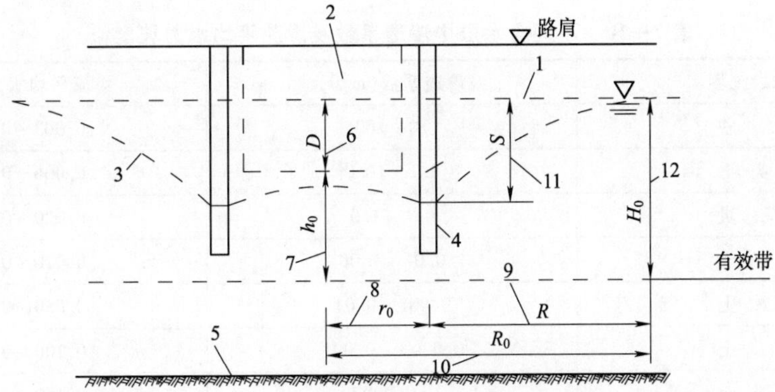

图 7—12　无压非完整井

1—原地下水位线；2—工作坑；3—降水后稳定水位线；4—井点；5—不透水层；6—工作坑降水深度；7—稳定水位至有效带深度；8—引用基坑半径；9—影响半径；10—从基坑中心算起的影响半径；11—地下水位降深；12—计算有效带厚度

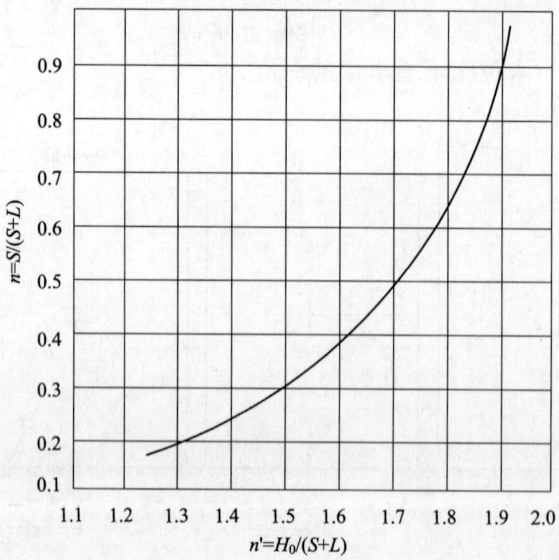

图 7—13　$n—n'$系

先求

$$S = D + I \cdot \frac{B}{2} \tag{7—6}$$

式中　S——地下水位的降深，m；

D——要求工作坑中心的降水深度，m；

B——井点群宽度，m；

I——渗流平均水力坡度，宜按表 7—10 查取，然后计算出 n，再在图 7—13 上查得相应的 n'，即 H_0 可按下式计算：

$$H_0 = n'(S + L) \tag{7—7}$$

式中　L——滤管长度，m。

表 7—10　不同含水层中渗透系数及渗流平均水力坡度值

含水层土壤	渗透系数(m/d)	渗流平均水力坡度 I
粗　砂	10～100	0.003～0.006
砂类土	0.1～10.0	0.006～0.020
泥　炭	0.1～1.0	0.020～0.120
黏砂土	0.01～1.00	0.020～0.050
砂黏土	0.001～0.01	0.050～0.100
黏　土	0.0001～0.001	0.100～0.150
重黏土	<0.0001	0.150～0.200

第三节　工作坑设置

一、工作坑的设置原则

工作坑是地道桥顶进施工的临时结构，应在确保铁路行车安全和顶进施工质量的前提下，力求减少加固支撑材料，降低成本消耗。

1. 工作坑应根据线路情况、现场地形地貌及施工需要，在保证排水和安全的前提下，选择施工场地宽敞、供料和出土方便的一侧，并优先考虑地道桥下坡顶进为宜。

2. 靠铁路一侧的工作坑边坡坡顶与最外侧铁路中心线的距离不得小于3.5 m，边坡的坡度应小于1:1，其余边坡坡度宜为1:0.5～1:1.25。对不稳定土层或雨季施工的工作坑边坡应进行抗滑稳定性验算，边坡不稳定时应先加固，后开挖。当坑边的建筑物基底压力线进入工作坑内，或工作坑的边坡不能按规定开挖时，应采取加固措施。

3. 工作坑的尺寸应根据地道桥的长度、宽度、后背尺寸和作业空间来确定，并应在底板和后背间留出2～3 m布置顶进设备的位置；桥体两侧可视结构高度、模板支设方法、混凝土浇筑方案、排水情况等预留2 m左右的工作宽度；箱体前端应预留出安置刃脚和箱体空顶的位置，还应绘制工作坑的平面图及剖面图。

4. 工作坑基底的承载量应满足预制箱身及顶进施工的要求，如土质松软时应对基底进行加固处理。

5. 工作坑运土坡道应避开后背土体顶进受力范围，如条件限制不能避开时，坡道边坡应进行支护加固。

6. 工作坑不仅要确保顶进施工工艺要求，还应结合引道工程的施工工艺要求一起考虑，这样才能更有效地保证铁路行车安全。地道桥工程中许多险情的发生往往在地道桥顶进就位以后，就是因为没有很好地考虑引道工程施工的工艺要求而引起的。

二、工作坑的类型

工作坑按其深度不同可分为浅工作坑和深工作坑。自地面至坑底挖深小于等于5 m的为浅工作坑。箱体穿越高填方路基时，工作坑均较浅，有的甚至有一半在地面上。开挖深度大于5 m的属深工作坑。深工作坑可用围堰支撑法施工。工作坑应采用机械分层开挖，挖到边坡及底部土方时应预留0.3 m，并应采用人工跟随机械削坡、清底、整平，但不得超挖。当采用人工开挖时，宜用阶梯分段倒土，台阶宽度不得小于0.8 m。滑板设有锚梁时，可与工作坑一次挖成。当选定钢板桩后背时，可先打桩，后挖工作坑。当工作坑底土质较弱，需进行加固时，宜采用夯填砂砾石或石灰（水泥）稳定土体进行坑底处理。当工作坑坡顶需堆置土方料具，或有机械运行时，应有安全距离。工作坑开挖主要有以下三种形式。

（一）放坡开挖式

当施工环境许可，在土质较好、开挖不深、无地下水的情况下，可采取放坡开挖，放坡大小视土质情况而定。各类土质开挖允许放坡参考值如表7—11所示。

开挖前应根据挖土深度及地下水情况，做好排水、降水工作，落实弃土地点，修好运土道路。采用放坡开挖设备简单,节约支撑材料,造价低,操作方便,但占地多,挖土方量大。

表 7—11　各类土质开挖允许放坡参考值

土层类别	密实度状态	边坡坡度(高度:宽度)	
		坡高 5 m 以内	坡高 5 ~ 10 m
碎石土	中　密	1:0.50 ~ 1:0.75	1:0.50 ~ 1:0.75
碎石土	稍　密	1:0.75 ~ 1:1.00	1:0.50 ~ 1:0.75
粉　土	$S_r \leqslant 0.5$	1:1.00 ~ 1:1.25	1:0.50 ~ 1:0.75
粉质黏土	硬　塑	1:1.00 ~ 1:1.25	
粉质黏土	可　塑	1:1.25 ~ 1:1.50	
黏　土	硬　塑	1:1.00 ~ 1:1.25	
杂填土	中密建筑垃圾	1:0.75 ~ 1:1.00	
软　土	经井点降水	1.00:1.50	

当基坑深度较浅,周围无邻近的重要建筑物及地下管线,可采取放坡开挖。

(二)混 合 式

施工环境许可,能采用大开挖,但下层土质差或有地下水时,则需采用混合式开挖。即地下水位以上部分采用大开挖,而下部采用打钢板桩进行加固后再开直槽。

(三)基坑围护式

基坑围护体系包括围护墙体和支撑结构两部分组成。基坑维护结构主要起到防水、防坍塌的作用。常用的地道桥基坑支护结构有钢板桩、"拉森"桩、水泥搅拌桩等。在设计施工中应根据工程特点、场地条件、环境保护、开挖方法等因素综合比较,在确保安全可靠的前提下,选择切实可行、经济合理的方案。

在设计和施工中围护墙和支撑结构应考虑以下因素:

1. 基坑支护结构包括围护墙、隔水帷幕和支撑结构,在一般情况下不应超出工程用地范围,否则应事先征得有关部门同意。

2. 基坑支护结构构件不能影响主体工程的正常施工。基坑围护应与隔水帷幕、降排水统筹安排,确保地下水位降至基坑底 0.5 m 以下,保持基坑干燥和顶进工作面不塌方、不涌泉。

3. 基坑周围地面沉降变形对附近建筑物、市政设施如煤气管、自来水管、通信电缆管线等的影响,均应控制在管理部门允许的规定范围内。

4. 工作坑围护开挖应与后背的修筑一并考虑,当后背采用型钢或钢板桩时应先打入桩后再开挖,这样既节省挖土量,又能保证桩后土的密实性。

5. 土方开挖方式直接影响基坑围护结构的稳定。应事先制定开挖方案,坚持先支护后开挖的原则,采取在平面上分段、深度上分层的开挖方式。

有围护结构的基坑开挖时,挖土的顺序、方法必须与围护设计工况相一致,并遵循"开槽支撑,先撑后挖,分层开挖,严禁超挖"的原则。

第四节　基 坑 围 护

一、基坑支护类型

(一)钢板桩支护

钢板桩支护结构常用作坑壁的垂直支护。其支护结构包括工字钢(钢轨桩)桩、衬板、腰梁(导梁)、顶撑(撑杠)或拉锚等。坑壁土侧压力由衬板传至工字钢桩,再通过腰梁传至顶撑或拉锚,如图7—14所示。

工字钢桩一般采用30号~40号工字钢,钢轨桩一般采用P43钢轨桩。其有关技术规格见《钢结构设计规范》。

工字钢长度一般为8~12 m,当工字钢桩长度大于12 m时,则可将工字钢接长。接桩的方法有标准接桩法(用型钢加固)和简易接桩法(用钢筋加固)。

工字钢桩衬板支护结构,是种临时性的支撑护壁结构。根据实践经验,按简支端锚着板计算是合适的,一般入土深度3~4 m。工字钢桩间距一般采用1.0 m,1.2 m,1.5 m,1.6 m,也有采用0.8 m的,间距过小则增加工字钢桩数量,过大则增加衬板的厚度,故应作仔细比较。

衬板材料可采用木板或钢筋混凝土薄板。木板厚度为5~10 cm,多数为5~6 cm,要经过计算确定,长度由工字钢桩的间距决定。

腰梁可用槽钢、工字钢或H形钢做成,也可用方木。腰梁用钢三角架垫托支承在工字钢桩上(图7—14),也可以将腰梁直接焊在工字钢桩上。腰梁的作用是传递压力,使工字钢桩的间距不变,使桩在受到两侧不同压力时不致转动。

顶撑的层数与基坑壁侧压力直接相关。要尽量减少顶撑层数。因为层数越多,对施工的干扰越大,修建速度越慢,造价越高。为了适应大型机械开挖,故顶撑最好不超过两层,以保证箱涵结构顶板混凝土的灌注及防水层的铺设。

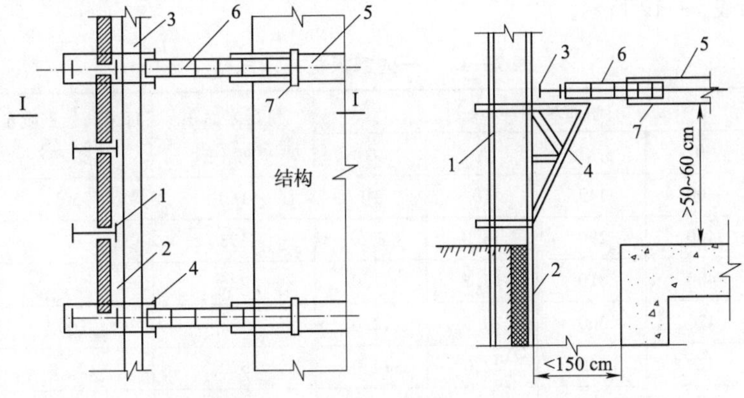

(a) 平面图　　(b) I—I 剖面

图7—14　工字钢桩衬板支护结构

1—工字钢(钢轨桩);2—木衬板;3—腰梁;4—三角托架;5—顶撑;6—活动节;7—销子

土质较好、基坑深度不大时,可采用单层顶撑,其安设位置距地面不宜过大,以避免增大悬臂弯矩,且顶撑底面应高出箱涵顶面至少 50 cm,以保证箱涵结构顶板混凝土的灌注及防水层的铺设易于进行。

顶撑的材料有钢、木两种。荷载小时,可用木质顶撑,一般为长度 6.5 m 的圆木,梢径约 32 cm。荷载较大时,应设钢顶撑,一般用型钢或钢管。钢顶撑做成可改变长度的,以适应打桩偏移及基坑宽度的变化(曲线,喇叭口地段),如图 7—15 所示。

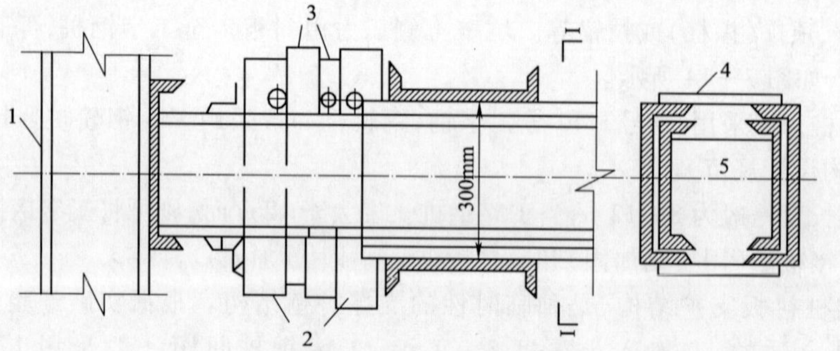

图 7—15　顶撑构造

1—工字钢;2—钢垫块;3—钢楔;4—盖板(12 mm);5—隔板

采用钢管做顶撑,其直径较小的为 15 ~ 20 cm,较大的可达 60 ~ 80 cm。大直径的钢管最好根据顶撑受压与自重的特点,采用偏心支顶。顶撑承受工字钢通过腰梁传来的压力,主要起柱的作用,但因顶撑是水平放置的,且上部有施工荷载,故又起梁的作用。因此可以设计成两头断面较中间断面小的结构。

(二)连续钢板桩支护结构

连续钢板桩的优点是强度大、挡水性好。施工时是先打下板桩挡住土再挖土,故桩与土密贴,坑壁土体移动小,沉陷小。连续钢板桩断面形式很多,许多国家都有自己的规格标准。我国目前常用的有"拉森"式钢板桩,国产鞍Ⅳ型钢板桩也是属于"拉森"式。常用的钢板桩的技术规格如表 7—12 所示。

表 7—12　一些钢板桩技术规格

型　号	断面尺寸(mm)				每延米面积(cm^2/m)	每米长板桩质量(kg/m)	每延米长截面模量(cm^3/m)
	B	h	t_1	t_2			
ⅢK-1	400	149	10	10	160	50	285
拉森Ⅲ	400	290	13.0	8.5	198	62	1 600
拉森Ⅳ	400	310	15.5	11.0	236	75	2 037
拉森Ⅴ	420	360	20.5	12.0	303	100	3 000
拉森Ⅵ	420	440	22.0	14.0	370	121.8	4 200
鞍 Ⅵ	400	310	15.5	10.5	247	77	2 042

"拉森"式钢板桩的长度一般有 12 m、18 m、20 m 三种,并可焊接成需要的长度。钢板桩的支护结构:腰梁、顶撑或拉杆锚锭与工字钢桩衬板支护结构相同。

二、基坑支护结构的设计

设计基坑支护结构，主要包括以下内容：确定基坑支护结构承受的荷载，计算其所需要的入土深度，从而确定桩的长度。为了保证基坑开挖面以下的地基稳定，在选择最安全的支护结构入土深度时，必须首先考虑砂质土地基的管涌现象或黏土地基的隆起现象，以及承压水引起冲溃基坑现象，然后计算在荷载作用下的最大弯矩，从而确定桩的断面。此外，还要确定顶撑或锚系以及腰梁的断面。对于桩板支护结构来说，还要确定木衬板的厚度。

(一)支护结构的荷载

1. 土压力

由于土的性质比较复杂，支护结构各部分的刚度不同，以及施工方法、顶撑或锚系的松紧程度不同等因素，都会使土压力发生很大的变化，因此难以准确地算出土压力的精确数值。常用的计算法仍以古典的库仑公式或朗肯公式为基本计算公式。

(1)支护结构稳定性计算土压力

$$e_a = p\tan^2\left(45° - \frac{\varphi_0}{2}\right) - 2c\tan\left(45° - \frac{\varphi_0}{2}\right) = pK_a - 2c\sqrt{K_a} \tag{7—8}$$

$$e_p = p\tan^2\left(45° - \frac{\varphi_0}{2}\right) + 2c\tan\left(45° - \frac{\varphi_0}{2}\right) = pK_p + 2c\sqrt{K_p} \tag{7—9}$$

式中　e_a——单位面积主动土压力，kN/m²；

e_p——单位面积被动土压力，kN/m²；

K_a——主动土压力系数，$K_a = \tan^2\left(45° - \frac{\varphi_0}{2}\right)$；

K_p——被动土压力系数，$K_P = \tan^2\left(45° - \frac{\varphi_0}{2}\right)$；

p——作用在离地面 h 深处水平面上的单位面积总垂直压力，$p = q + \gamma h$；

γ——土的容重，kN/m³；

φ_0——土的内摩擦角，°；

c——土的内聚力，kN/m²。

由于黏性土的土压力比砂土的土压力复杂，在计算中可近似地略去内聚力一项而适当增加内摩擦角(内摩擦角 φ_0 提高到 φ 值)，表 7—13 所示数值可作参考，则土压力公式可简化为：

$$e_a = p\tan^2\left(45° - \frac{\varphi_0}{2}\right) = pK_a = (q + \gamma h)K_a \tag{7—10}$$

$$e_p = p\tan^2\left(45° + \frac{\varphi_0}{2}\right) = pK_p = (q + \gamma h)K_p \tag{7—11}$$

当 $q = 0$ 时

$$e_a = \gamma h K_a \tag{7—12}$$

$$e_p = \gamma h K_p \tag{7—13}$$

图 7—16 为 e_a 及 e_p 分布图，由图可以看出，e_a 及 e_p 与 h 成直线关系变化，且 γK_a、γK_p 分别是主动土压和被动土压分布线的斜率。

表 7—13　土体物理力学参数

土　质	稍　湿		很　湿		饱　和		容重 γ(kN/m³)		
	φ_0	φ	φ_0	φ	φ_0	φ	稍湿	很湿	饱和
软的黏土及亚黏土	24°	40°	22°	27°	20°	20°	15	17	18
塑性的黏土及亚黏土	27°	40°	26°	30°	25°	25°	16	17	19
半硬的黏土及亚黏土	30°	45°	26°	30°	25°	25°	18	18	19
硬黏土	30°	50°	32°	38°	33°	33°	19	19	20
淤　泥	16°	35°	14°	20°	15°	15°	16	17	18
腐殖土	35°	40°	35°	35°	33°	33°	15	16	17

(2)支护结构的支撑系统断面计算用土压力

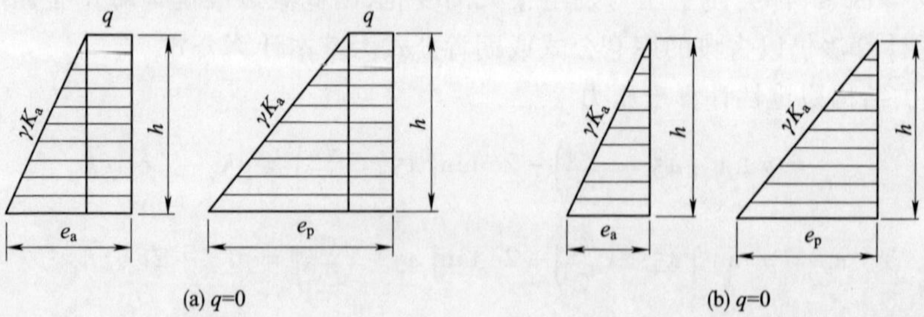

图 7—16　土压力分布

由于作用于基坑支撑系统上的土压力分布情况比较复杂，根据有关实测资料，土压力分布如图 7—17(a)所示。实际压力曲线均大致呈抛物线形，且最大压力强度约在基坑的半高度，一般常按图 7—17(b)的几种简化图进行计算。腰梁所承受的均布荷载(连续板桩)是侧向土压强度(不等于被动土压力强度，而总的土压力值大于主动土压力值)。对砂土取 $0.8\gamma HK_a$，对软黏土取 $\gamma H-4c$。

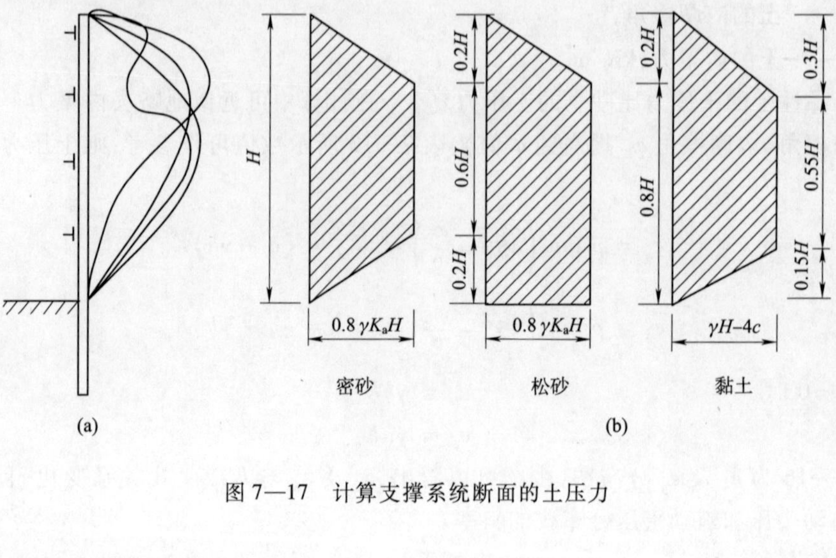

图 7—17　计算支撑系统断面的土压力

2. 水压力

作用在支护结构的水压力,可按图 7—18(a)所示的三角形分布考虑。在三角形分布不合理(即有残余水压力)时,按图 7—18(b)所示梯形分布计算。

地下水压力一般情况与土压力分算,并采用静水压力的全水头。计算水压时,水的容重一般取 $\gamma_w = 10\ kN/m^3$,可以把水看作是主动压力 = 静止压力 = 被动压力 = $\gamma_w \cdot h$。

对地基基床系数 $K = 0$ 的土,水压力就可以加入土压力的公式中一起计算。日本建筑规范中规定土压力和水压力二者可以合成一个侧压力,用土的湿容重进行计算,但侧压力系数 K 则另有规定。

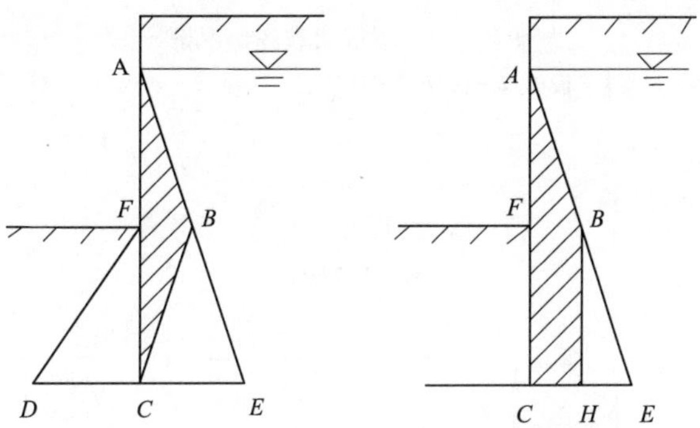

(a) 三角形分布　(b) 梯形分布

图 7—18　水压分布图

(二)单撑(层)支护板桩计算

较浅的基坑,板桩可以不加支撑,而仅依靠入土部分的土压力来维持板桩的稳定。但当基坑开挖较深时,则需根据开挖深度、板桩的材料和施工要求,设置一道或几道支撑。当基坑特别宽大时,则应用拉锚来代替支撑。

单撑(层)或单锚板桩墙是常用的一种支护型式。单锚板桩墙的计算,主要决定于以下三个因素:即板桩入土深度、板桩弯矩(用以确定板桩的断面)以及锚杆拉力(或横撑顶力),应使板桩支护结构的强度和稳定性有足够的保证。

板桩入土深度不足或坑底过于软弱,则可能发生板桩绕锚拉点(或支撑支点)转动,板桩底端向外踢出,如图 7—19(a)所示。

当选用的板桩断面太小,跨中弯矩大于板桩的抗弯能力时,板桩在土压力作用下产生过大的弯曲变形,甚至可能失去稳定,使边坡破坏,如图 7 —19(b)所示。

锚锭应设置在土体破坏棱体以外,当锚锭距离太短或锚杆被拉断时,板桩墙向前倾倒,墙后地面开裂,边坡失去稳定,如图 7—19(c)所示。

上述三种破坏情况中,第二、三种是经常遇到的,而第一种情况发生不多。造成事故的原因,除计算的误差外,常常是由于大量弃土无计划堆置于板桩墙后地面上所引起的,而且经常发生在暴雨季节,因此施工时要特别注意。

1. 单撑浅桩计算

当板桩入土深度较浅而顶端有拉锚或顶撑时,板桩上端为简支,下端为自由支撑,其作用相当于单跨简支梁,这时作用在墙后的土压力为主动土压力,如图 7—20 所示。e_a 和 e_p

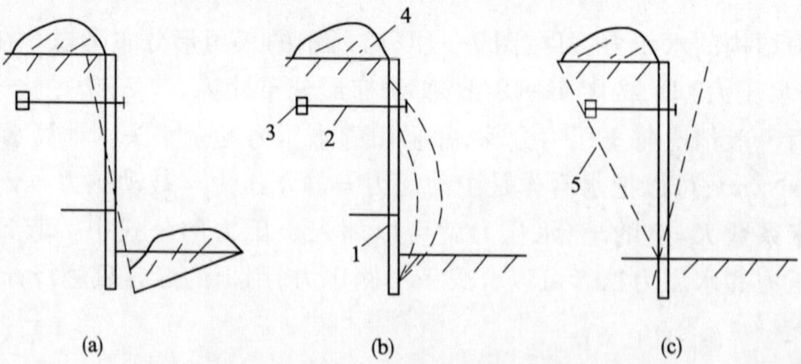

图 7—19　板桩墙破坏情况图

1—板桩；2—拉杆；3—锚锭；4—土堆；5—破裂面

可用下式计算：

$$e_a = \gamma(h + t)K_a \tag{7—14}$$

$$e_p = \gamma t K_p \tag{7—15}$$

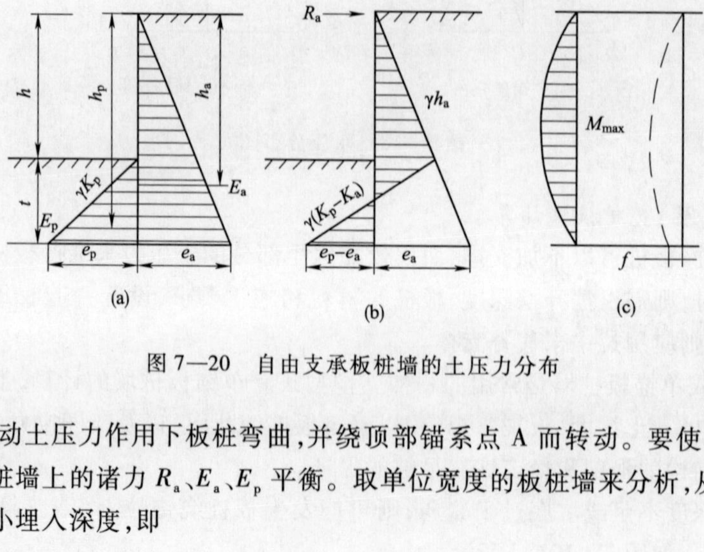

图 7—20　自由支承板桩墙的土压力分布

在墙后主动土压力作用下板桩弯曲，并绕顶部锚系点 A 而转动。要使板桩稳定，则必须使作用在板桩墙上的诸力 R_a、E_a、E_p 平衡。取单位宽度的板桩墙来分析，从 $\Sigma M_A = 0$ 即可求得所需的最小埋入深度，即

$$E_a h_a - E_a h_p = E_p \frac{2}{3}(h + t) - E_p\left(h + \frac{2}{3}t\right) = 0 \tag{7—16}$$

式中　E_a——主动土压力，$E_a = \frac{1}{2} \cdot e_a \cdot (h+t) = \frac{1}{2} \cdot \gamma(h+t)^2 \cdot K_a$；

E_p——被动土压力，$E_p = \frac{1}{2} \cdot e_p \cdot t = \frac{1}{2} \cdot \gamma t^2 \cdot K_p$；

由式(7—16)可以确定板桩的入土深度 t，再由 $\sum H = 0$，即可求得作用在 A 点的锚杆拉力 R_a，即

$$R_a - E_a + E_p = 0$$

$$R_a = E_a - E_p \tag{7—17}$$

然后根据求得的 t、R_a 值，即可画出作用在板桩上所有的力，并求得其最大弯矩 M_{max}

(M_{max}发生在剪力为零的截面处),再按求得的M_{max}去选择板桩的断面。

应该指出用这种简化方法计算时,土压力不考虑墙与土间的摩擦作用,同时用这种方法算出的弯矩比实际大得多,因此可将板桩的计算弯矩减小一半来选择板桩断面。即

$$W = \frac{M_{max}}{2[\sigma]} \tag{7—18}$$

式中　W——板桩的断面模量;

$[\sigma]$——板桩的容许压力。

2. 单撑深桩计算

在地下工程中为了减少地下水渗进基坑并且从安全角度着想,而将连续板桩打入较深,此时板桩下端近似固定端。要正确地估计 t 对板土上压力分布的影响是有困难的,这里介绍一种简化计算方法——相当梁法。

相当梁法可用图 7—21 说明。图 7—21(a)中 ab 示一荷重梁,其一端为固定,另一端为简支,力矩图的正负力矩转折点在 c 点处,如图 7—21(b)所示。若将梁在 c 点处截断,并置一自由支点 c,则 ac 一端上的力矩将保持不变,ac 即为 ab 相当梁,这就是相当梁的基本原理。

应用相当梁法计算板桩,首先应当知道正负力矩转折点 C 点的位置。由于实际上和地面下土压力强度等于零点的位置是很接近的,如图 7—21(c)、图 7—21(d)所示,所以在计算过程中就用土压力强度等于零的点的位置来代替它。这样计算的误差很小,对结果影响不大。因此,第一要先求出 y 的长度,求出后,即可决定 C,另一端顶撑 A 的反力 R_a 及 C 点的反力 P_0。根据 P_0 就可以进一步求出板桩的入土深度 t_0。

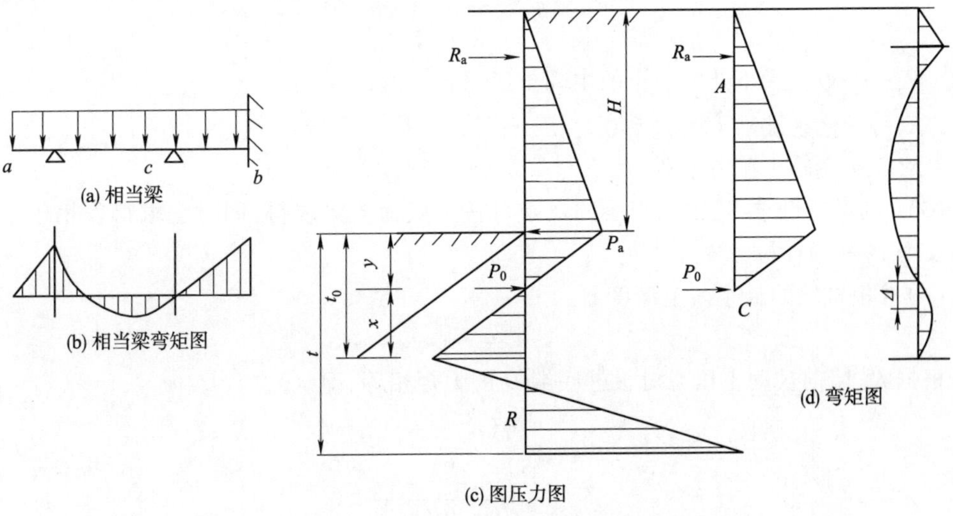

图 7—21　相当梁法

但作用在板桩上不仅有土压力,还有由于板桩变形,在土与墙之间有相对位移,因而在土墙之间产生摩擦力。由于墙前破坏棱柱体向上移动而使墙对土产生向下摩擦力,此摩擦力阻挡破坏棱柱体的滑动,于是墙前被动土压力因之有所增大;而墙后填土由于土体的破裂而向下移动,使墙对土产生向上的摩擦力。因此墙后的主动土压力和被动土压力将因此而减少。在一些计算方法中,考虑板桩墙与土的摩擦作用,将墙前及墙后的被动土压力分别乘以修正系数,而为了慎重起见对主动土压力则不予折减。现以 K 及 K'代表墙前和墙后被动

土压力增减系数，则作用在墙上的被动土压力系数按下列公式计算：

墙前：
$$\overline{K}_p = K\tan^2\left(45° + \frac{\varphi}{2}\right) = K \cdot K_p \tag{7—19}$$

墙后：
$$\overline{K}'_p = K'\tan^2\left(45° + \frac{\varphi}{2}\right) = K' \cdot K_p \tag{7—20}$$

修正系数 K 和 K' 如表 7—14 所示。

表 7—14　钢板桩的修正系数 K 及 K'

土的内摩擦角 φ	40°	35°	30°	25°	20°	15°	10°
K	2.3	2.0	1.8	1.7	1.6	1.4	1.2
K'	0.23	0.4	0.47	0.55	0.64	0.75	1.0

计算步骤：

(1)计算板桩上各支点处所受主动土压力强度，并给出土压力分布图，计算时墙前及墙后破动土压力乘以修正系数 K 和 K'，如图 7—21 所示，暂不管 t_0 深度以下的土压力情况。

(2)计算板桩墙上土压力强度值等于零点离土面的距离，在 y 深处墙前被动土压力与墙后的主动土压力相等，即

$$\gamma\overline{K}_p \cdot y = \gamma K_a(H+y) = P_a + \gamma \cdot K_a \cdot y$$

$$\gamma(\overline{K}_p - K_a) \cdot y = P_a \tag{7—21}$$

解得
$$y = \frac{P_a}{\gamma(\overline{K}_p - K_a)} \tag{7—22}$$

式中　P_a——板桩入土处墙后土的主动土压力强度值；

$\overline{K}_p$——修正被动土压力系数；

K_a——主动土压力系数。

(3)y 的数既已求得，则相当梁的弯矩可按一般简支梁求得，同时也求得作用于 y 深度处的反力 P_0 和锚杆拉力 R_a。

(4)求板桩墙的最小入土深度 t_0：

$$t_0 = y + x$$

根据 P_a 墙前被动土压力对板桩底端 D 的力矩相等，即

$$P_0 x = \frac{\gamma(\overline{K}_p - K_a)}{6}x^3 \tag{7—23}$$

$$x = \sqrt{\frac{6P_0}{\gamma(\overline{K}_p - K_a)}} \tag{7—24}$$

最后求得
$$t_0 = y + \sqrt{\frac{6P_0}{\gamma(\overline{K}_p - K_a)}} \tag{7—25}$$

实际板桩墙下端位于 x 深度之下，如图 7—21(c)所示，因此板桩墙的入土深度为

$$t = t_0 \cdot K_2$$

式中　K_2——经验系数，其值在 1.1 ~ 1.2 之间。普通为 1.1，板桩后面的土为填土时则采用 1.2。

实践证明,用相当梁法计算所得的跨中弯矩比实际大得多,因此在实际使用时用一个经验弯矩折减系数来修正所求得的 M_{max},该系数在 0.6 ~ 0.8 之间,一般采用 0.74,即 $M=(0.6\sim0.8)M_{max}$。但对于锚杆而言,计算结果没有富余的安全度,且由于土压力重分布及锚杆松紧程度不一致,使锚杆受力不均匀,因此实际设计时应将锚杆拉力加大 35% ~ 40% 。

3. 桩板(浅桩)的计算

桩板支护与连续板桩支护的情况有所不同,工字钢桩是隔一定距离设置的,用衬板直接挡土。因而在计算土压力时,不能像连续板桩那样,按每延米计算,而是在坑底以上以 1 m 范围来计算每根桩的主动土压力。在坑底以下则以桩的翼缘宽度 b 来计算主动土压力,如图 7—22 所示。在计算桩前的被动土压力时,则应考虑到被桩推挤的土体由于土颗粒之间有内聚力和摩擦力的作用,不只是宽度 b 范围的破坏棱体 $b\times F$(F 为破坏棱体的截面),而可能是在水平面内桩两侧发展楔块,如图 7—22(c)所示。其体积为 $b\cdot F+2F\cdot\frac{t}{3}$,因此所求得的被动土压力,应乘以土体抗力增加系数 m,该系数为被工字钢顶起土块的总体积与正对着桩面被顶起土块的体积比,即

$$m=\frac{bF+2F\cdot\frac{t}{3}}{bF}=1+\frac{2t}{3b} \tag{7—26}$$

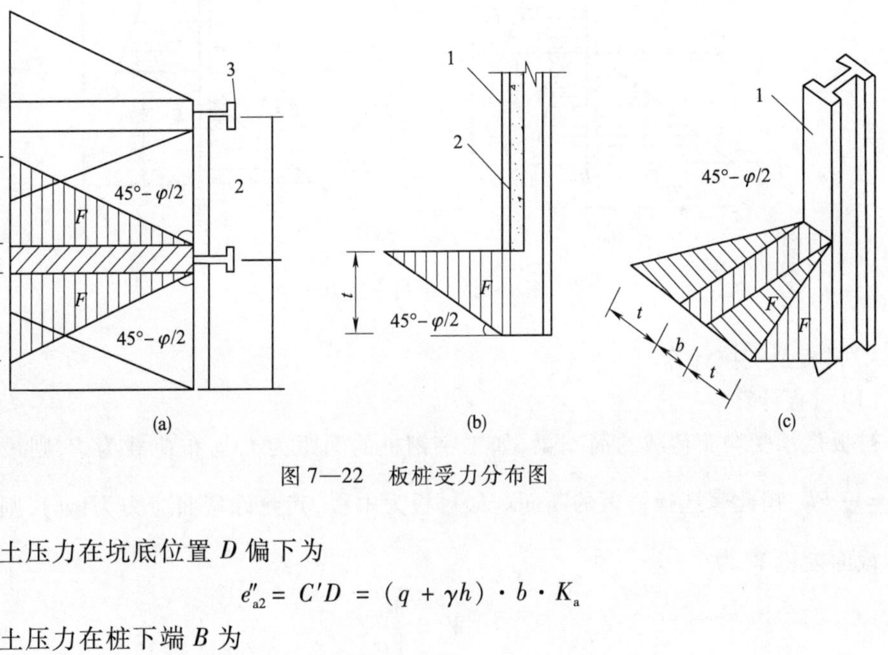

图 7—22　板桩受力分布图

主动土压力在坑底位置 D 偏下为

$$e''_{a2}=C'D=(q+\gamma h)\cdot b\cdot K_a$$

主动土压力在桩下端 B 为

$$e_{a3}=[q+\gamma(h+t)]\cdot b\cdot K_a$$

被动土压力在桩下端 B 为

$$e_p=\gamma\cdot t\cdot m\cdot b\cdot K_p \tag{7—27}$$

土压力分布图确定后,即可仿照连续板桩计算法,分别计算矩形及三角形的主动和被动土压力。然后根据 $\sum M_T=0$ 对 T 点列出力矩平衡方程式,求得 t 值;再根据 $\sum H=0$ 求得支撑反力 R;以工字钢桩作为简支梁,求最大弯矩 M_{max},再根据支撑特点对 t,R,M_{max} 分别乘以

经验系数作为实际采用值。

在计算被动土压力时，略去坑底以下工字钢桩与土之间的摩擦力，而不考虑被动土压力修正系数 K 及 K'。

因此，工字钢桩受力如图 7—23(b)所示。坑底以上的主动土压力计算与单撑浅桩相似，即用计算宽度 1 m，坑底偏下 DC' 主动土压力计算宽度为 b，$\Delta DC'K$ 的斜边 $C'K$ 的斜率为 $\gamma(mK_p - K_a)b$。

故

$$y_0 = \frac{(q+\gamma h)K_a b}{\gamma(mK_p - K_a)b} = \frac{(q+\gamma h)K_a}{\gamma(mK_p - K_a)} \tag{7—28}$$

以 AK 为简支梁，取 $\sum M_k = 0$，可得 R，P_0，再仿照单撑深桩计算方法可得

$$x = \sqrt{\frac{6P_0}{b \cdot \gamma(mK_p - K_a)}} \tag{7—29}$$

由此，决定桩的入土深度 t 及钢桩全长 $h+t$，再计算最大弯矩 M_{max}，选择工字钢型号。

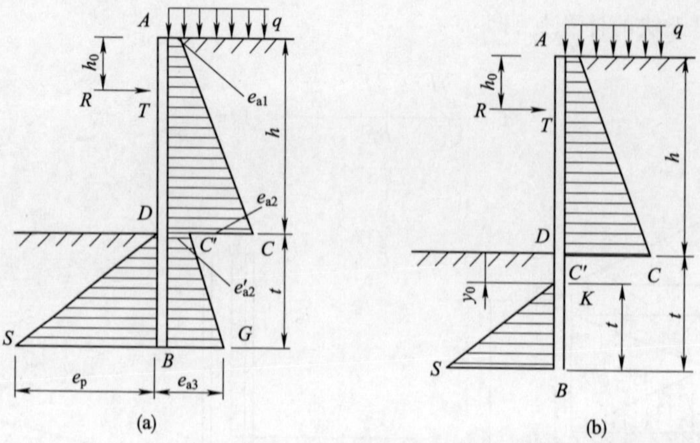

图 7—23　桩板土压力分布

4. 衬板及支撑计算

(1)衬板计算

衬板是承受均布荷载的简支梁，如工字钢桩的间距为 l，均布荷载为 P，则最大弯矩为 $M_{max} = \frac{1}{8}Pl^2$，用此来选择衬板的断面。如衬板为木板，其允许弯曲应力为$[\sigma]$，则衬板应具有的截面模量 W 为

$$W = \frac{M_{max}}{[\sigma]} \tag{7—30}$$

如衬板宽度为 b，则厚度 d 为

$$d = \sqrt{\frac{6M_{max}}{b[\sigma]}} \tag{7—31}$$

因坑壁沿高度的侧压力是不同的，因此衬板的厚度可以变化，可分成数段(每段 3 ~ 4 m)，每段采用相同厚度的衬板，最小厚度为 5 cm，以便于衬板的制作与施工。

对衬板还要验算剪力，但在一般情况下剪力不控制设计。

(2)腰梁(导梁)的计算

对于连续板桩的腰梁或是承受工字钢桩传来荷载的腰梁,都是按简支梁或连续梁进行计算。其承受的荷载就是计算板桩或工字钢桩的支撑反力 R_A。对板桩来说 R_A 是均布荷载,对工字钢来说 R_A 是集中荷载,但也可近似地简化为均布荷载。单撑的基坑支护,如按库仑公式计算,上部支撑反力 R_A 常过小,需增加约 35%~40%。

为谨慎起见,通常把腰梁当做单跨度的简支梁来考虑,即认为它所受的弯曲力矩为

$$M = \frac{1}{8}R_A \cdot l_a^2 \tag{7—32}$$

式中 l_a——锚杆或顶撑的间距;

R_A——单位长度上支撑反力。

腰梁的断面模量

$$W = \frac{M}{[\sigma]} \tag{7—33}$$

式中 $[\sigma]$——腰梁材料的容许弯曲应力。

(3)顶撑计算

顶撑主要受轴向荷载,如其间距为 l_a,则轴向荷载为 $R_A l_a$(板桩)或 nR(一根顶撑承受 n 根工字钢桩传来的荷载)。单撑的 R_A 值应增加 35% ~40%。此外,还要考虑施工时加到顶撑的横向荷载,如人、设备和建筑材料产生的荷载。此项荷载可假定是以 1.5 kN/m 沿顶撑全长均匀分布,或 1.5 kN 集中荷载作用在横撑跨度中点。

(4)锚系计算

锚系的方式有两种:一种是借助埋入土中的锚板来抵抗锚杆拉力;另一种是用锚锭桩。这里只介绍锚锭板的计算。

①锚系长度的确定。当锚锭板设在土的破坏棱体以外(即土的稳定范围内),如图 7—24 所示,土的破坏棱体是由锚锭板产生的被动土压力所形成的土楔,在这种情况下,可以根据图 7—24 所示的几何关系,用下式来表示连续板桩(或桩板)与锚锭板的系杆长度(锚长):

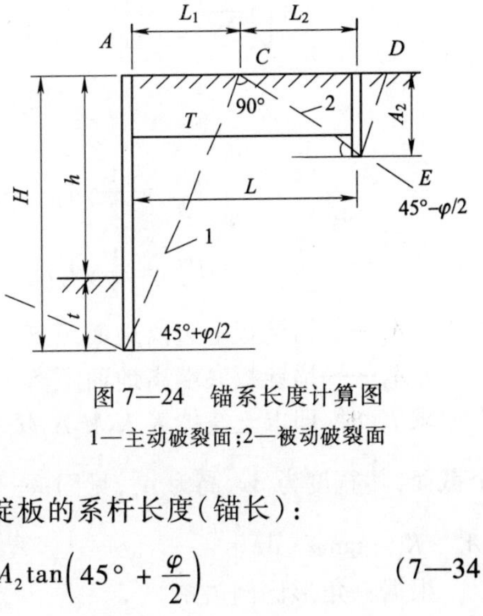

图 7—24 锚系长度计算图

1—主动破裂面;2—被动破裂面

$$L = (h + t)\tan\left(45° - \frac{\varphi}{2}\right) + A_2\tan\left(45° + \frac{\varphi}{2}\right) \tag{7—34}$$

式中 t——坑底到深桩反弯点或浅桩下端的距离;

A_2——锚锭板底端离土面的距离;

φ——墙后土的内摩擦角。

式(7—34)中右边第一项为墙后主动土压破坏棱体在地面的宽度 L_1,第二项为锚锭板到被动土压破坏棱体在地面边缘的距离 L_2。

②锚锭板计算。锚锭板上作用的力有:锚杆拉力和促使锚板向前移动的板后主动土压力 E_a',锚锭板前阻止锚锭板向前移动的被动土压力 E_p',如图 7—25 所示。如前所述 R_A 值取计算值再增加 35% ~40%。

锚锭板 MN 的稳定条件由下列公式决定：

$$S \cdot R_A \leqslant \frac{1}{k}\left[E_P' \cdot B + 2E_r - E_a' \cdot B\right] \tag{7—35}$$

式中 R_A——单位长度上的锚杆拉力；

S——锚杆的间距；

k——安全系数，$k=2$；

E_r——锚锭板前被动土压破坏棱体侧面摩擦力；

B——锚锭板宽度。

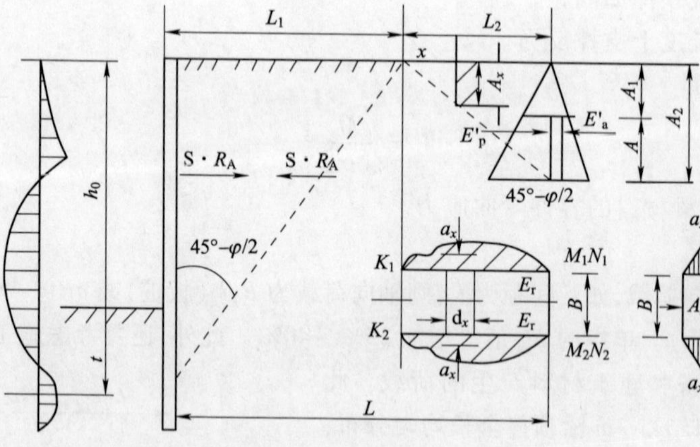

图 7—25 锚锭的计算图

$$E_a' = \frac{1}{2}\gamma A_2^2 K_a - \frac{1}{2}\gamma A_1^2 K_a = \frac{1}{2}\gamma K_a(A_2^2 - A_1^2) \tag{7—36}$$

$$E_p' = \frac{1}{2}\gamma A_2^2 K_p - \frac{1}{2}\gamma A_1^2 K_p = \frac{1}{2}\gamma K_p(A_2^2 - A_1^2) \tag{7—37}$$

式中 A_1——锚锭板上边离地面距离；

A_2——锚锭板底端离地面距离。

求 E_r 时，即求土棱体 $K_1K_2M_2N_2M_1N_1$ 侧面的摩擦力时，先在距 K_1K_2 边 x 处任意选择两个截面，其宽度为 dx，高为 A_x，见图 7—25。则作用在这单元土体侧面的摩擦力为 $dE_r = \frac{1}{2}\gamma A_x^2 \cdot K_a \cdot \tan\varphi \cdot dx$。

根据三角形比例关系

$$\frac{A_x}{A_2} = \frac{x}{L_2} \qquad A_x = \frac{A_2 x}{L_2}$$

代入 dE_r 式中，则

$$dE_r = \frac{1}{2}\gamma \cdot K_a \cdot \tan\varphi\left(\frac{A_2 \cdot x}{L_2}\right)^2 dx$$

$$dE_r = \frac{1}{2}\gamma \cdot K_a \cdot \frac{A_2^2}{L_2^2}\tan\varphi\int_0^{L_2} x^2 dx = \frac{1}{6}\gamma K_a \cdot A_2^2 \cdot L_2 \tan\varphi$$

式中 $L_2 = A_2\tan\left(45° + \frac{\varphi}{2}\right)$。

最后得

$$E_r = \frac{1}{6}\gamma K_a A_2^3 \tan\left(45° + \frac{\varphi}{2}\right)\tan\varphi \tag{7—38}$$

将求得的 E_a'、E_p'和 E_r,代入式(7～35),即可求得锚锭板所能承受的锚系力。如果不能满足稳定条件,可调整锚锭板的宽度与高度进行核算。

必须指出,被动土压棱体两侧的摩擦力决不应大于锚锭板间所能产生的被动土压力,即

$$2E_r \leqslant E_p l_a \tag{7—39}$$

式中　l_a——相邻锚锭板之间的净距。

当地面有活荷载时,为谨慎起见,计算 E_a'时,应将活荷载计算进去,而计算 E_p'时则不予计算。

(三)基坑失稳形式

在深基坑开挖过程中,有效的围护结构是基坑稳定的保证。通过对基坑失稳的诸多工程事故分析,其破坏形式可归纳为两大类:基坑的稳定性破坏[图 7—26(a)、(b)、(c)、(d)、(e)、(f)]和基坑的强度破坏[(图 7—26(g)、(h)、(i)]。

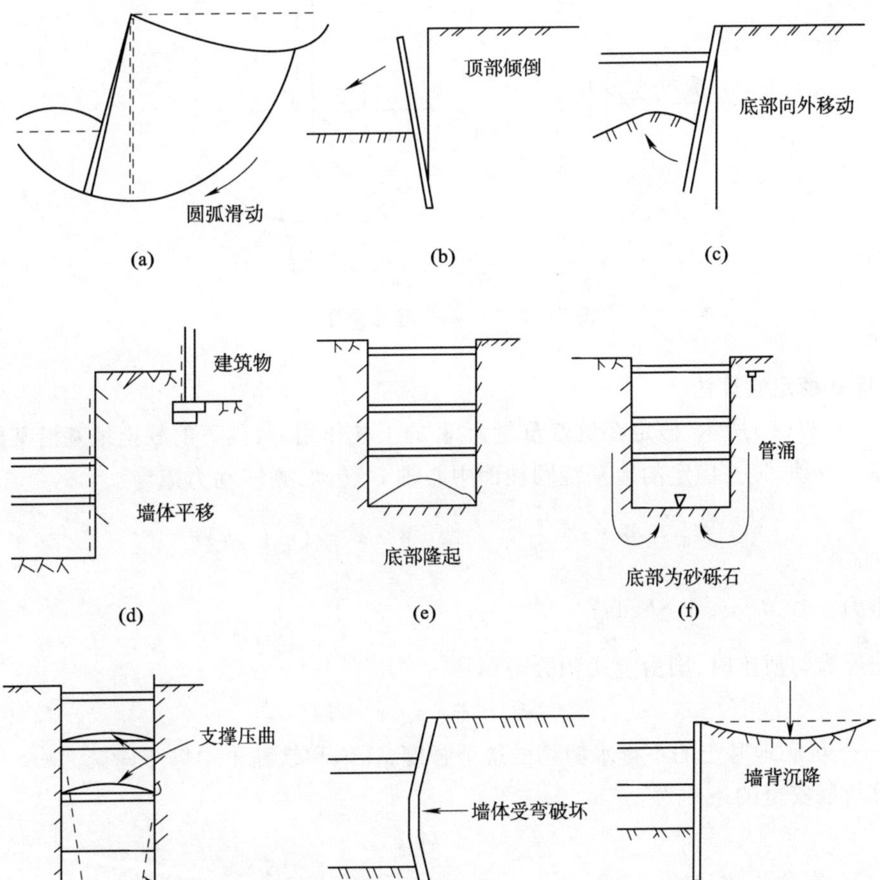

图 7—26　基坑的失稳形式

（四）板桩支护的稳定验算

为了保证基坑的稳定性，减少对周围环境的危害，在围护结构的设计时，应对维护结构进行稳定性验算。一般情况下，围护体系的稳定性主要从整个围护体系及基坑坑底的稳定性两个方面考虑。

在板桩稳定性验算过程中，除了需要通过板桩的入土深度考虑板桩的稳定外，还要验算基坑是否会出现管涌或流砂、隆起现象以及承压水的冲溃基坑现象。

1. 基坑底隆起验算

开挖软土基坑时，假如板桩背后的土柱重量超过基坑底面以下的地基承载力时，地基中塑性平衡状态受到破坏，就会发生坑壁土流动、坑顶下陷、坑底隆起的现象，如图 7—27(a)所示。为防止发生这种现象，必须验算地基隆起的安全程度。

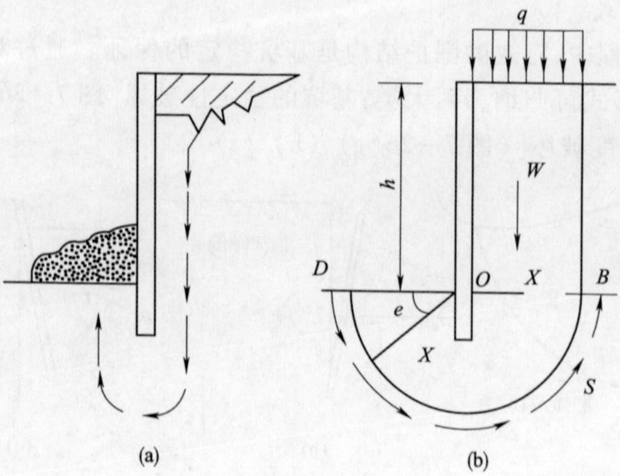

图 7—27　地基隆起与验算法

(1)地基稳定验算法

如图 7—27(b)所示，假定在坑壁重量为 W 的土柱作用下，其下的软土地基沿某柱面$\widehat{BD}$发生破坏和滑动，失去稳定的地基绕圆柱面中心轴 O 转动，则转动力矩为

$$M_{\mathrm{d}} = W \cdot x \cdot \frac{x}{2} \qquad W \cdot x = (q + \gamma h)x$$

稳定力矩为 $M_{\mathrm{r}} = x\int_{\mathrm{a}}^{\pi} S(x\mathrm{d}\theta)$

当土层为匀质土时，则由上式积分得

$$M_{\mathrm{r}} = \pi \cdot s \cdot x^2 \tag{7—40}$$

式中　s——坑底地基土的不排水剪切的抗剪强度，在饱和软黏土中等于内聚力 c。

验算坑底安全的条件为

$$M_{\mathrm{r}} \geqslant kM_{\mathrm{d}}$$

式中　k——安全系数，取 $k \geqslant 1.2$。

上述验算公式未考虑土体与板桩间的摩擦力，也未考虑垂直面 AB 上土的抗剪强度对该面内土体下陷的阻力。

(2)地基强度验算法

此法计算示意图如图 7—28 所示，在坑壁土柱重量作用下，下面的软土地基如无板桩或硬层阻碍，其破坏和滑动是沿着圆柱面$\overset{\frown}{BD}$及斜面$\overset{\frown}{DO'}$发生。

在饱和软黏土中 $\varphi=\theta$，如$\overline{DO'}$面与水平面的夹角为45°，土的抗剪强度 $s=c$，土的单轴抗压强度 $q_u=2c$，地基土的极限承载能力 $q_d=5.7c$，则坑壁下的坑底平面面$\overline{OB}$上总压力 P 为

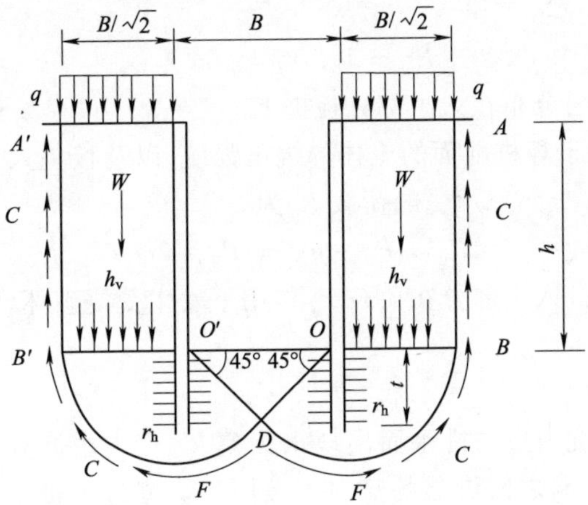

图 7—28　软土地基强度验算法示意图

$$P=W-c\cdot h=(q+\gamma\cdot h)\frac{B}{\sqrt{2}}-c\cdot h \tag{7—41}$$

单位面积压力 p_v 为

$$p_v=\frac{P}{B/\sqrt{2}}=q+\gamma h-\frac{\sqrt{2}c\cdot h}{B} \tag{7—42}$$

此压力显然应小于地基上的承载能力

$$p_v\leqslant\frac{q_d}{k} \tag{7—43}$$

式中　k——安全系数，取 1.5。

因 $q_d=5.7c$，故 $p_v\leqslant 3.8c$。

如基坑两侧软土地基的破坏和滑动受到板桩阻碍，则板桩处于受力状态。取坑壁下扇形土块 OBF 为自由体，并对 O 点取力矩，则得平衡条件。若作用在板桩侧面的单位面积压力为 p_h，则得下式

$$p_h\frac{B}{\sqrt{2}}\cdot\frac{B}{2\sqrt{2}}=p_v\frac{B}{\sqrt{2}}\cdot\frac{B}{2\sqrt{2}}-\frac{\pi}{2}\cdot\frac{B}{\sqrt{2}}\cdot c\cdot\frac{B}{\sqrt{2}} \tag{7—44}$$

即
$$p_h=p_v-\pi c$$

则作用在板桩上的总压力 p_h 为

$$p_h=(p_v-\pi c)\frac{B}{\sqrt{2}} \tag{7—45}$$

此水平压力 p_h 在板桩的入土深度小于$\overline{OF}$($=\frac{B}{\sqrt{2}}$)的情况下，一部分由板桩承受，另一部

分由桩下的土承受。

如入土深度 $t \geqslant \frac{2}{3} \cdot \frac{B}{\sqrt{2}}$，则由于板桩的刚度较大，作用在板桩以下土上部分水平压力的大部分将转移到桩上，因而可以认为板桩承担了全部水平压力 p_h。

如入土深度 $t \leqslant \frac{2}{3} \cdot \frac{B}{\sqrt{2}}$，则可假定板桩承受的水平压力为

$$P_h = 1.5t(p_v - \pi c) \tag{7—46}$$

此压力可以认为均匀分布在入土部分板桩上。

P_h 是由基坑底下位于板桩前面的土体的抗压强度，以及板桩入土部分的抗挠曲强度来平衡的，也就是说板桩入土部分承受的荷载 P_t 为

$$P_t = P_h - q_u t = P_h - 2ct \tag{7—47}$$

如作为悬臂梁的板桩入土部分在荷载 P_t 作用下发生受挠破坏，则坑底以下土体也将破坏而隆起。

2. 流砂验算

图 7—29 表示在基坑内边沟排水而出现水头差 h'，产生由高处向低处的渗流，水经过板桩下端之前渗流的流向大致向下。流过板桩下端之后转而向上到达坑底表面后通过边沟进入集水井，再用水泵抽走。因此坑底下的土处于浸没在水中的状态，其有效重量应为浮容重 γ'。当向上的渗流力或动水压力 j 达到能够抵消土粒的有效重量，即浮容重 γ 时，土粒变为处于"浮扬"或"翻腾"状态。要避免这种现象就应满足：

$$\gamma' \geqslant kj$$

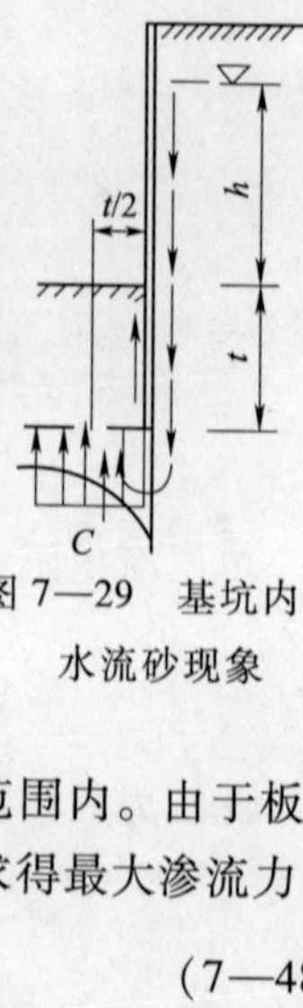

图 7—29　基坑内排水流砂现象

式中　k——安全系数，视挡水结构的性质和土质等因素而定，$k = 1.5 \sim 2.0$。

根据试验结果，流砂现象首先发生在离坑壁大约等于板桩深度一半的范围内。由于板桩是临时结构，为简化计算，可近似地取最短路程，即紧贴板桩位置的路线，来求得最大渗流力：

$$j = i \cdot \gamma_w = \frac{h'}{h' + 2t} \cdot \gamma_w \tag{7—48}$$

故条件式应为

$$\gamma' \geqslant k \cdot \frac{k'}{h' + 2t} \cdot \gamma_w \tag{7—49}$$

也可改写为

$$t \geqslant \frac{k \cdot h' \cdot \gamma_w - \gamma' h'}{2\gamma'} \tag{7—50}$$

如坑底以上土层为粗粒硬石层、松散填土或多裂隙土等，在坑壁一侧水流经此层的水头损失很小，可略而不计，则条件式可简化为

$$t \geqslant \frac{k \cdot h' \cdot \gamma_w}{2 \cdot \gamma'} \text{ 或 } \frac{2\gamma' t}{h' \cdot \gamma_w} \geqslant k \tag{7—51}$$

h'/t 为板桩背后的动水坡降。h'/t 增大到 k 小于 1 时，流砂就冒出。当 $k = 1$ 时的 h'/t 叫做极限动水坡降。在决定板桩的埋入深度时宜取安全系数 $k = 1.2 \sim 1.5$。

【例题 7—1】　根据箱涵的施工要求，已知基坑断面尺寸为 10.4 m × 16.0 m（深度 × 宽度），试设计板桩。有关设计资料为：

(1)地质资料如图 7—30(a)所示。

(2)地面活荷载按 10 kN/m² 计算。

(3)采用人工降低地下水位的措施,土压力按朗金土压力理论计算,如图 7—30(b)所示。

解:本题按单撑深桩用相当梁法计算。

1. 土压力计算

γ、φ、c 值按 19.7 m 范围内加权平均值计算得:$\gamma_{平均} = 17.6\ \text{kN/m}^2$;$\varphi = 18°30'$;$c_{平均} = 6.3\ \text{kN/m}^2$。

略去 c 值,查表 7—14 得 $\varphi = 22°$,则

$$K_a = \tan^2\left(45° - \frac{22°}{2}\right) = 0.455$$

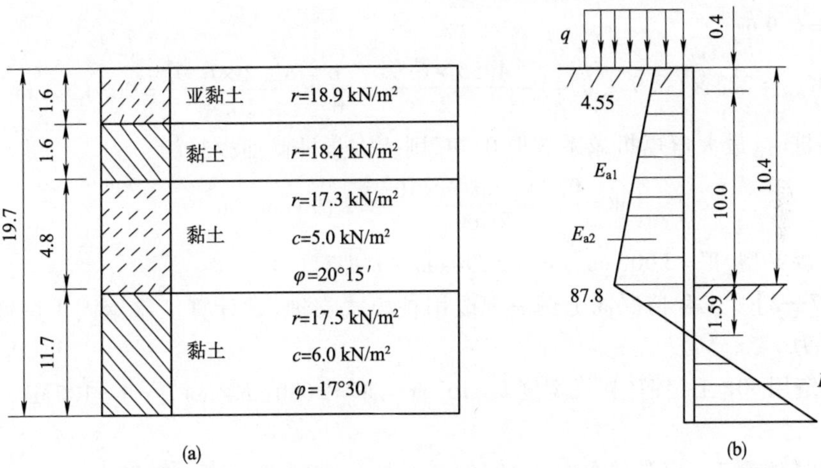

图 7—30　地质资料及土压力分布(单位:m)

$$K_p = \tan^2\left(45° + \frac{22°}{2}\right) = 2.18$$

考虑墙土间摩擦力作用,K_p 应乘以修正系数 K。

查表 7—14,取 $K = 1.65$,得

$$\overline{K}_p = 1.65 \times 2.18 = 3.60$$

又

$$e_{a0} = 10 \times 0.455 = 4.55\ \text{kN/m}^2$$

$$P_a = (10 + 17.6 \times 10.4) \times 0.455 = 87.8\ \text{kN/m}^2$$

2. 计算土压力零点位置

$$y = \frac{P_a}{\gamma(\overline{K}_p - K_a)} = \frac{87.8}{17.6(3.60 - 0.455)} = 1.59\ \text{m}$$

3. 顶撑反力 B(图 7—31)

由 $\sum M_0 = 0$,得

$$R_a = \frac{322 + 2180 + 73.7}{10 + 1.59} = 223\ \text{kN/m}$$

由 $\sum Y = 0$,得

$$P_0 = 328\ \text{kN/m}$$

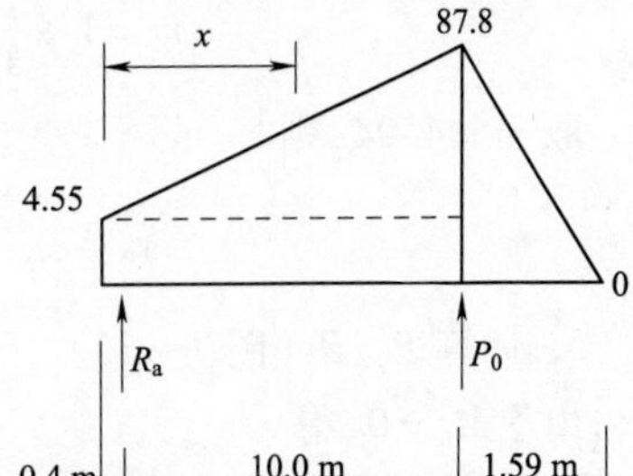

图 7—31　计算简图

4. 板桩入土深度

$$t_0 = \gamma \times \sqrt{\frac{6P_0}{\gamma(K_p - K_a)}} = 1.59 + \sqrt{\frac{6 \times 328}{17.6 \times (3.60 - 0.455)}} = 7.57\ \mathrm{m}$$

实际需要深度为

$$t = (1.1 \sim 1.2)\ t_0 = (1.1 \sim 1.2) \times 7.57 = 8.3 \sim 9.1\ \mathrm{m}$$

选用20 m长桩,入土深度为9.6 m,可满足要求。

5. 最大弯矩 $M_{\max}$ 的计算,板桩断面选择

先求 $Q=0$ 的位置 x 值,再求该点 $M_{\max}$,由 $\sum H=0$,得

$$R_a - 4.55x - \frac{1}{2} \times \frac{x^2}{10.4}(87.8 - 4.55) = 0$$

解得　　$x = 6.9\ \mathrm{m}$

$$M_{\max} = 223 \times (6.9 - 0.4) - \frac{4.55 \times 6.9^2}{2} - \frac{1}{6} \times \frac{82.2 \times 6.9^3}{10.4} = 903\ \mathrm{kN \cdot m}$$

设计板桩时,最大弯矩折减系数取0.74,则所需板桩截面模量为

$$W = \frac{0.74 \times 90.3 \times 10^5}{2\,400} = 2\,790\ \mathrm{cm^3/m}$$

选用拉森Ⅴ型,$W = 3\,000\ \mathrm{cm^3/m} > 2\,790\ \mathrm{cm^3/m}$ 即可。

【例题7—2】 工程情况同上例。现改用桩板式支护,试计算工字钢入土深度、跨中弯矩和支撑反力。

初步选定用50c工字钢(翼缘宽度 $b = 162\ \mathrm{cm}$, $W = 2\,080\ \mathrm{cm^3/m}$),$[\sigma] = 180\ \mathrm{MPa}$,间距 $a = 0.8\ \mathrm{m}$。

解:根据【例题7—1】计算知:$\gamma = 17.6\ \mathrm{kN/m^3}$;$\varphi = 22°$;$K_a = 0.455$;$K_p = 2.18$(不考虑摩擦力增加系数)。

1. 求主动土压力(图7—32)

$$e_{a1} = 0.8 \times 10 \times 0.455 = 3.6\ \mathrm{kN/m}$$

$$P_a = 87.8 \times 0.8 = 70.3\ \mathrm{kN/m}$$

$$P_a' = 87.8 \times 0.162 = 14.2\ \mathrm{kN/m}$$

2. 计算土压力零点位置

设桩的入土深度为6 m,则由式(7—26) $m = 1 + \frac{2t}{3b}$ 得

$$m = 1 + \frac{2 \times 6}{3 \times 0.162} = 26 > \left(\frac{l}{b} = \frac{80}{16.2} = 4.94\right)$$

取 $m = 4.94$,则

$$y_0 = \frac{87.8}{17.6(4.94 \times 2.18 - 0.455)} = 0.48\ \mathrm{m}$$

3. 计算 P_a、R_a(图7—33)

由 $\sum M_0 = 0$,得

$$R_a = \frac{(213 + 1\,360 + 1.1)}{10 + 0.48} = 151\ \mathrm{kN/m}$$

实际取 $R_a = 1.35 \times 151 = 204\ \mathrm{kN/m}$

由 $\sum Y_0=0$，得 $P_0=387-151=236\ \text{kN/m}$

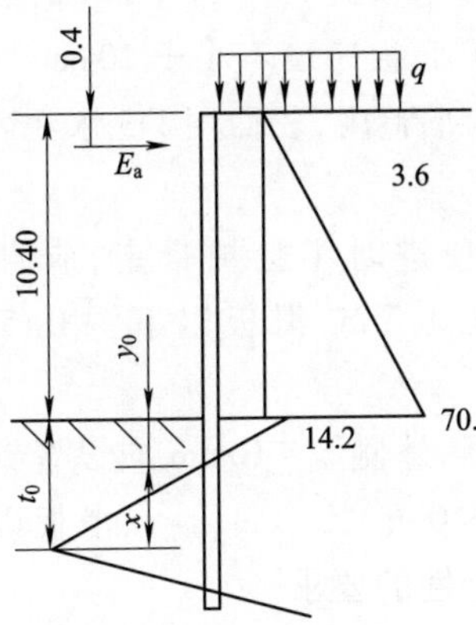

图 7—32　土压力简图

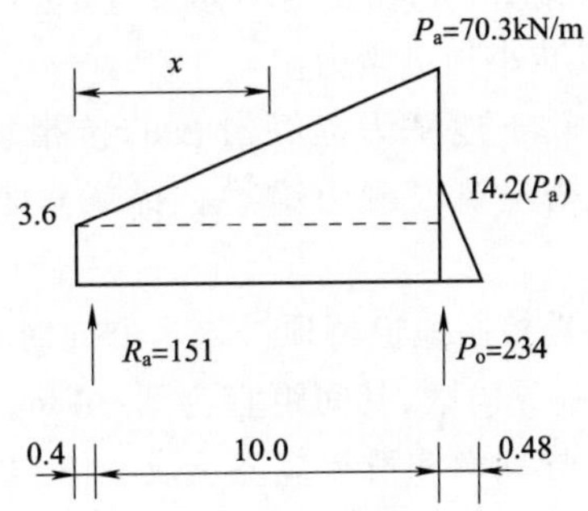

图 7—33　计算简图（单位：m）

4. 入土深度计算

$$t_0=0.48+\sqrt{\frac{6\times236}{0.162\times17.6(4.94\times2.18-0.455)}}=7.43\ \text{m}$$

实际所需深度 t 为

$$t=(1.1\sim1.2)t_0=(1.1\sim1.2)\times7.43=8.2\sim8.9\ \text{m}$$

5. 跨中弯矩计算

在 x 处 $Q=0$

$$R_a-\left[3.6x+\frac{1}{2}\times\frac{x^2}{10.4}\times(70.3-3.6)\right]=0$$

得 $x=6.3$ m

$$M_{\max}=151\times(6.3-0.4)-\frac{3.6\times6.3^2}{2}-\frac{66.7\times6.3^2}{10.4\times6}=552\ \text{kN}\cdot\text{m}$$

$$\sigma=\frac{0.74\times55.2\times10^5}{2080}=196\ \text{MPa}>180\ \text{MPa}$$

由上述计算可见，对于这样的工程，虽然用了如此大型的工字钢，但仍不足够抵抗土压力引起的弯矩。这时应加密工字钢桩间距，改变设计方案，以满足要求。

第五节　滑板制作、箱涵预制

一、滑　板

（一）滑板的作用

滑板是顶进工艺极为重要的设施，主要作为预制箱涵时的施工垫层及顶进起动时与基底土壤的隔离层，使箱涵结构物在浇灌混凝土的过程中不致产生不均匀沉降，并防止箱涵结构与其底面以下的土壤粘结影响起动顶进。

（二）滑板的技术要求

1. 滑板应满足预制箱体所需的强度和刚度，以及顶进时的稳定性要求。可根据地基承载能力、箱体重量和顶进方法选用钢筋混凝土滑板、混凝土滑板、砌筑片石滑板和灰土滑板等。根据土质情况，滑板底部可设碎石和灰土垫层。当单宽顶力大于 30 t/m 时，需要在滑板中设置钢筋等抗拉材料，底板混凝土等级为 C15 或 C20，底板厚度不小于 20 cm。

2. 滑板中心线要与箱体顶进中心线一致，并有较高的平整度，表面用 1:3 水泥砂浆压实抹光，以减小顶进阻力。

3. 软土地基为提高滑板的抗滑能力，以保证箱体顶进时不会被带走，应直接在其坑内挖槽浇筑混凝土锚梁。锚梁可取上宽 0.5 m，下宽 0.3 m，滑板以下深 0.5 m 的梯形断面。

4. 当控制地道桥顶进入土方向时，在滑道两侧，距箱涵外侧 5 ~ 10 cm 应设置钢筋混凝土或钢制导向墩，其间距宜为 3 ~ 4 m，并应深入滑板以下 0.6 ~ 0.8 m，且在滑板以上外露 0.2 m。导向墩和滑板应浇筑成一体，并应满足强度和稳定性的要求

5. 为预防箱体顶进“扎头”和偏移，一般在浇筑滑板时设有 1‰ ~ 5‰ 前高后低的仰坡。

6. 当后背反力不能满足地道桥顶进要求时，可将混凝土滑板和后背梁用受力钢筋连成一体。

7. 地道桥采用气垫起动时应在桥体底板或滑板中预留输气管道并设置充气空气压缩机。

8. 滑板前端轴线方向钢筋应有端头，板前预留出至少 30 cm 以上的预留筋，以便在接长滑道板时连接接长滑板纵向筋。

(三)滑板的结构形式

滑板的结构形式有两种。

1. 滑板与后背梁连成整体(图 7—34)

这种形式滑板承受的拉力沿顶进方向逐渐减少，最大可能断裂位置通常在滑板与后背梁连接处。为保证滑板与后背梁的整体性，一般应配置钢筋，设计成钢筋混凝土结构，从而使滑板与后背梁共同承受顶力。

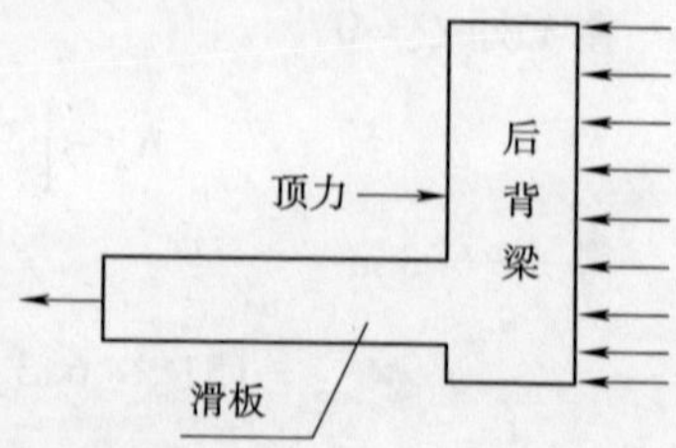

图 7—34　滑板与后背梁连成整体

2. 滑板与后背梁分离(图 7—35)

这种结构形式的滑板在靠近后背梁一端受力最小，沿顶进方向至箱涵尾部滑板承受的拉力逐渐增大。在箱涵尾部到滑板前端这一段范围内，因受润滑、隔离、顶进中高程等施工质量的影响，致使滑板顶面、底面摩擦力的分布变化较大，给滑板的计算带来了很多困难。

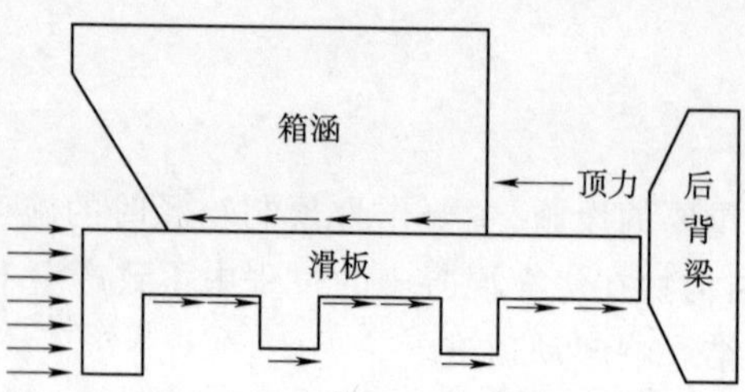

图 7—35　滑板与后背梁分离

(四)滑板施工

1. 准备工作

(1)滑板施工方案已确定,各部尺寸、标高、坡度已明确,完成技术交底、施工放样。

(2)承载力不够的软土地基,进行地基加固,土方开挖至基底设计标高。

(3)保持基底干燥。

(4)各种施工材料、机具按计划筹备落实。

2. 施工作业

(1)为确保底板有足够的抗滑能力,按设计尺寸开挖并浇筑混凝土锚梁,导向墩应与锚梁同步施工。

(2)排水槽必须与顶进方向一致,并前宽后窄、前深后浅(一般前比后大 2 ~ 3 cm),槽道表面应用水泥砂浆抹光。

(五)滑板抗滑移稳定性验算

混凝土滑板在桥体起动时的抗滑移稳定性可按下式进行验算:

$$\frac{G\mu + nAR}{N} \geqslant 1.3 \tag{7—52}$$

式中 N——桥体启动顶力,kN,宜取桥体自重的 0.6 ~ 1.0 倍;

G——滑板自重及其顶面上荷载,kN;

μ——滑板底面与土基间的摩擦系数,应视基底土的性质经验确定,当无试验资料时,可采用下列数值:黏性土宜为 0.25 ~ 0.30;亚黏土宜为 0.30 ~ 0.40;砂类土宜为 0.40;砾石类土宜为 0.50;

R——锚梁正面土基抗力,kN,可采用土壤的允许承载力;

A——锚梁正面受力面积,m^2;

N——锚梁数量。

二、润滑隔离层

(一)润滑隔离层的作用

为了能使预制好的箱涵在滑板上顺利地起动顶进,要求箱涵不与滑板粘连。为此,应在滑板上设置润滑隔离层,从而减少顶进阻力,减少顶进时可能出现的结构损伤、偏移等事故。

(二)润滑隔离层的组成

润滑隔离层是由润滑层和隔离层两部分组成。目前施工中常用的润滑剂有机油、石蜡、滑石粉、黄油等,其中以石蜡效果较好,缺点是成本高,施工中受气温影响较大。如果以三分之一机油调制的滑石粉浆作润滑剂则效果更好,施工操作也较为简便。隔离层有塑料薄膜、油毡纸、油毡布和水泥砂浆抹面等,其中以塑料薄膜应用较为普遍。塑料薄膜以铺一层为好,若铺两层预进时容易产生拥堆现象,致使箱涵局部架空,造成倾斜,影响控制顶进高程。塑料薄膜的大小一般比箱涵底板每边加宽 15 cm 以上,接缝应顺顶进方向。接缝处要求粘结牢固,使之成为一整张,以避免在箱涵顶进过程中出现错动现象。

在选择润滑隔离层时,要考虑施工方法的不同情况。当采用顶入法施工时,要求滑板平整、光滑、起动滑行摩阻力愈小愈好,润滑隔离层宜选用摩擦系数低的材料。如采用顶拉法施工则不必光滑,以防止由于静止摩阻力不够使箱体产生后退现象。润滑隔离层宜选用油毡纸等摩擦系数偏大的隔离材料。常用润滑剂摩擦系数可按表 7—15 采用。箱体重量在 2 000 t以上应铺设二油二毡，并增设水垫，以进一步减少启动阻力。为了减少启动阻力，软土地基大型箱体顶进施工一般需设水垫，水垫管应在润滑隔离层铺设时一并埋设，见图 7—36。在使用气垫减阻顶进时，箱体左右边缘处各 0.5 m 范围内，要求平整光滑，便于气垫裙随箱身滑行，以增强密封效果。

表 7—15　常用润滑剂摩擦系数

介质名称	规　格	摩擦系数 μ
无 介 质	—	0.52 ~ 0.69
石蜡	厚度 2 ~ 4 mm	0.17 ~ 0.34
滑 石 粉	厚度 3 mm	0.30
机油滑石粉浆	厚度 1 ~ 2 mm	0.20

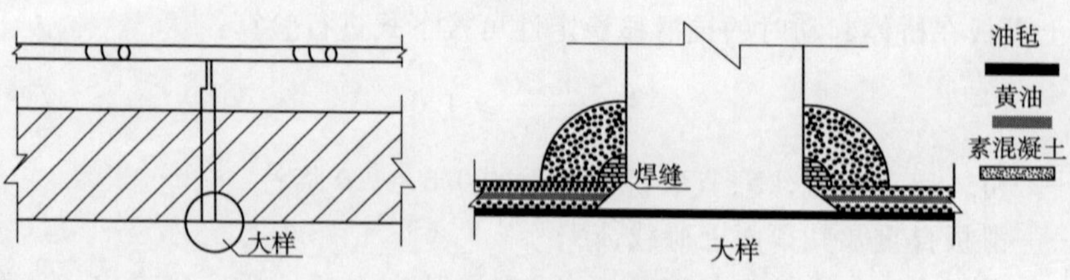

图 7—36　水垫高压水管埋设图

(三)润滑隔离层的施工

常用的润滑剂为石蜡掺机油，将石蜡加热融化后掺入 10% ~ 25% 废机油，然后均匀摊铺在底板上，厚度 3 mm 左右。施工时将石蜡加热至 150 ℃左右(夏季可略低，冬季可略高)再掺入机油搅拌均匀后，用扁喷嘴壶浇在滑板上预先放置的两道 10 号铅丝(每米一道)之间，随即用木刮板刮平。铅丝取去后的槽痕用喷灯烤合。浇洒的石蜡面上还需洒滑石粉一道约厚 1 mm，然后再铺塑料薄膜一层，如图 7—37 所示。为了在焊接箱涵底板钢筋时不致烧坏塑料薄膜，要求在塑料薄膜上经常浇水，在施焊处的塑料薄膜上应铺一块铁板或石棉布。

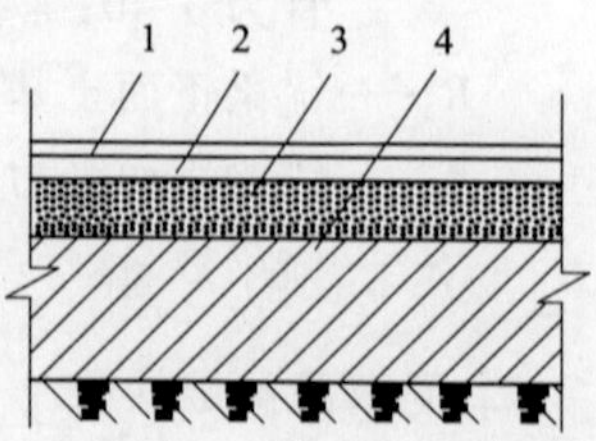

图 7—37　滑板及隔离层做法

1—塑料薄模；2—石蜡；3—砂浆找平层；4—混凝土底板

三、箱涵制作

工序流程见图 7—38。

用顶进法施工的箱桥，其箱身的预制工作，一般都在工作坑内进行。桥体预制的工作程序是：①在工作坑内的滑板上支立箱身底板的模板；②绑扎底板钢筋；③浇筑底板混凝土；④支立内模；⑤绑扎侧墙及顶板钢筋；⑥支立外模；⑦浇筑侧墙及顶板混凝土；⑧养生；⑨拆模；⑩做防水层。桥体预制过程中的模板安装、钢筋加工及绑扎、混凝土浇筑、养护等，直接关系到工程质量。在预制过程中应避免跑模漏浆、钢筋错位、结构裂缝等情况的发生，应保证混凝土标号达到设计要求。顶进工艺所要求的预埋件、底下的船头坡、桥体表面防水等，都需在预制过程中进行处理。

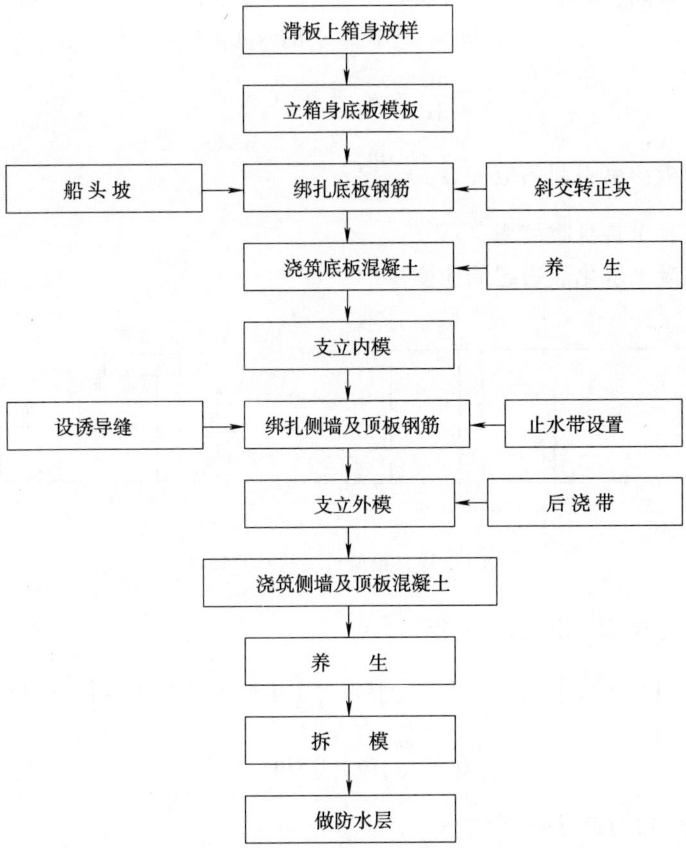

图 7—38　箱身预制流程图

(一)箱身预制长度的确定

箱身预制是地道桥工程中重要的工序之一,箱身预制长度是设计按照结构受力及构造要求确定的,预制长度 L 与外高 H、外宽 B 一般应满足 $L/H \geqslant 1.0$ 及 $L/B \geqslant 1.0$。但在一定的施工条件下,预制箱身超过一定长度后,混凝土箱身会出现明显的竖向裂缝,严重时会贯穿全箱身。

1. 箱身预制长度的理论计算

在箱身预制阶段,不存在外荷作用。影响箱身预制长度的主要因素为混凝土水化热、混凝土自身干缩和环境温差。混凝土水化热主要与水泥品种、配合比及模板条件等有关。箱身混凝土浇筑后产生水化热,并且温度逐渐升至最高;随着时间的推移,箱身混凝土温度下降并开始收缩;由于先期浇筑的底板混凝土对箱身墙板的约束作用,使箱身板墙内产生拉应力;当箱身板墙内的拉应力超过其容许抗拉强度时,箱身就会产生裂缝。混凝土自身干缩是混凝土所具有的一种特性,主要与配合比、振捣、养护、配筋等有关。环境温差是指混凝土入模温度与环境温度相对稳定时的温度差,它对箱身混凝土同样产生收缩影响。混凝土水化热、混凝土自身干缩和环境温差的共同作用是箱身混凝土产生裂缝的主要原因。这种竖向裂缝一般发生在接近箱身总长的 1/2、1/4、1/8 等处。

预制箱身长度计算公式推导如下:

对任一坐标 x 处(图 7—39),其位移

$$du = \varepsilon_\sigma dx + \varepsilon_y dx + \varepsilon_\tau dx$$

$$\frac{du}{dx} = \varepsilon_\sigma + \varepsilon_y + \varepsilon_\tau \tag{7—53}$$

式中　ε_σ——地板约束引起的应变,$\varepsilon_\sigma = \frac{du_\sigma}{dx}$;

ε_y——混凝土自身收缩率;

ε_τ——混凝土水化热引起的应变率。

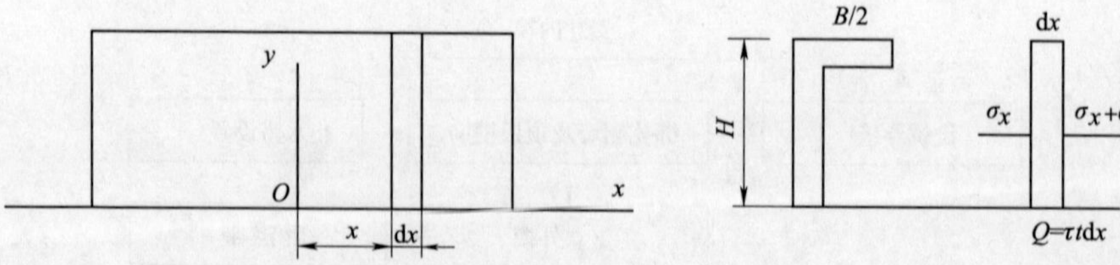

图 7—39　箱型桥结构计算简图

取任一微分元素 dx, 由 $\sum x = 0$,得

$$\left(H + \frac{B}{2}\right)t\sigma_x + \left(H + \frac{B}{2}\right)t\sigma_x - \left(H + \frac{B}{2}\right)t\sigma_x + \tau t dx = 0$$

$$\left(H + \frac{B}{2}\right)t\sigma_x + \tau t dx = 0 \tag{7—54}$$

式中　H,B——分别为箱身高、宽;

c_x——地基水平阻力系数。

其中,$\tau_1 = c_x u$。

对式(7—53)求导,得　$$\frac{d^2\mu}{dx^2} = \frac{d^2\mu_\sigma}{dx^2} \tag{7—55}$$

因　$$\sigma_x = E(t)\varepsilon_\sigma \quad \varepsilon_\sigma = \frac{d\mu_\sigma}{dx}$$

则　$$\frac{d\sigma_x}{dx} = E(t)\frac{d^2\mu_\sigma}{dx^2} = E(t)\frac{d^2\mu}{dx^2} \tag{7—56}$$

代入式(7—54),得　$$E(t)\frac{d^2\mu}{dx^2} - \frac{c_x}{\left(H + \frac{B}{2}\right)}\mu = 0$$

设　$$\beta = \sqrt{\frac{c_x}{\left(H + \frac{B}{2}\right)E(t)}} \qquad \frac{d^2u}{dx^2} - \beta^2\mu = 0 \tag{7—57}$$

方程(7—57)通解　$$u = c_1 \mathrm{ch}\beta x + c_2 \mathrm{sh}\beta x \tag{7—58}$$

由边界条件:$x=0$　$u=0$,得 $c_1 = 0$　$x = L/2$　$\sigma_x = 0$ 则

$$c_2 = \frac{\alpha T}{\beta \mathrm{ch}\beta \frac{L}{2}} \tag{7—59}$$

得位移及应力表达式
$$u=\frac{\alpha T}{\beta \mathrm{ch}\beta \frac{L}{2}}\mathrm{sh}\beta x \tag{7—60}$$

$$\sigma_x=E\left(\frac{\mathrm{d}u}{\mathrm{d}x}-\alpha T\right)=-E\alpha T\left(1-\frac{\mathrm{ch}\beta x}{\mathrm{ch}\beta \frac{L}{2}}\right) \tag{7—61}$$

$x=0,\mathrm{ch}\beta_x=1$，得
$$\sigma_{\max}=-E\alpha T\left(1-\frac{1}{\mathrm{ch}\beta \frac{L}{2}}\right) \tag{7—62}$$

当水平应力达到抗拉极限时，混凝土的拉伸变形达到极限，此状态下 L 即为不产生裂缝的最大间距：

$$\sigma_{\max}=R_L,\varepsilon=\varepsilon_p,R_L=E(t)\varepsilon_p$$

$$E(t)\varepsilon_p=-E(t)\alpha T+\frac{E(t)\alpha T}{\mathrm{ch}\beta \frac{L}{2}}\mathrm{ch}\beta\frac{L}{2}=\frac{E(t)\alpha T}{E(t)\alpha T+E(t)\varepsilon_p}\frac{L}{2}=\beta \mathrm{arch}\frac{\alpha T}{\alpha T+\varepsilon_p}$$

所以
$$[L]_{\max}=2\sqrt{\frac{E(t)\left(H+\frac{B}{2}\right)}{c_x}}\mathrm{arch}\frac{\alpha T}{\alpha T+\varepsilon_p} \tag{7—63}$$

当 $\sigma_{\max}$ 稍超过 R_L 时，间距减少一半，得
$$[L]_{\min}=2\sqrt{\frac{E(t)\left(H+\frac{B}{2}\right)}{c_x}}\mathrm{arch}\frac{\alpha T}{\alpha T+\varepsilon_p} \tag{7—64}$$

取平均值
$$[L]_{\max}=1.55\sqrt{\frac{E(t)\left(H+\frac{B}{2}\right)}{c_x}}\mathrm{arch}\frac{\alpha T}{\alpha T+\varepsilon_p} \tag{7—65}$$

公式中，如 T 为正值（升温），极限应变 ε 为负值（压应变）；如 T 为负（降温或收缩），极限变 ε 为正值（拉应变）。

2. 箱身预制长度的变化规律

(1)箱身预制长度计算

根据前面推导的公式，对常见的箱形桥预制长度进行计算分析。主要计算条件如下：

为便于比较，环境温差均取 −10 ℃；配筋率均取 0.25%；箱身混凝土材料及配比如表 7—16 所示；按正常工地条件养护 15 d 计算；箱身有效计算高度取 3.5 m；c_x 取 15 N/mm^2。

表 7—16　箱身混凝土材料及配合比取值

混凝土强度等级	水(kg/m^3)	水泥(kg/m^3)	砂子(kg/m^3)	碎石(kg/m^3)	粉煤灰(kg/m^3)	减水剂(kg/m^3)	坍落度(mm)
C20	185	302	858	1020		1.40(普通)	120±30
C25	185	335	820	1030		1.55(普通)	120±30
C30	185	355	783	1030		1.74(普通)	120±30
C45	180	435	730	1020	50	6.84(普通)	120±30
C50	185	455	672	1015	50	7.74(普通)	120±30

计算结果如表 7—17 所示,平均长度变化规律如图 7—40 所示。

表 7—17　箱型桥箱身预制长度参照表

箱身壁厚(mm)	混凝土强度等级	〔L_{max}〕	〔L_{min}〕	〔L〕
500	C30	22 727	11 364	17 046
	C40	27 800	13 900	20 520
	C50	31 140	15 570	23 355
700	C30	17 787	8 894	13 341
	C40	20 745	10 373	15 559
	C50	22 461	11 230	16 846
900	C30	16 098	8 049	12 074
	C40	18 572	9 286	13 929
	C50	19 983	9 991	14 987

(2)箱身预制长度的变化规律

通过以上分析,可以得出地道桥箱身预制长度的变化规律。

①对于不同壁厚、不同强度等级的箱身,其预制长度是不同的。箱身预制长度主要取决于其混凝土强度等级、混凝土自身收缩和环境温差三大因素。在工程实践中,应综合分析这些因素,以确定不同情况下合理的箱身预制长度。

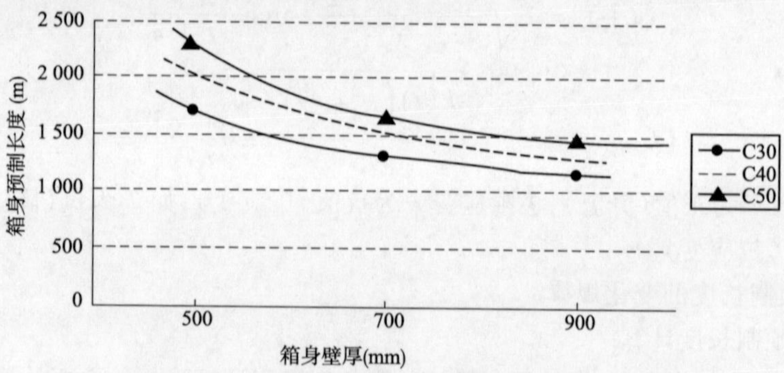

图 7—40　箱身预制长度与混凝土、壁厚关系

②对于混凝土强度等级相同的箱身,其预制长度随着箱身壁厚增大而减小。这主要是因为:在环境温度不变的情况下,混凝土水化热与混凝土干缩作用均随厚度增加而趋强;在混凝土抗裂强度未提高的情况下,使得箱身预制长度减小。

③对于壁厚相同的箱身,其预制长度随箱身混凝土强度等级提高而变大。这主要是因为:尽管由于混凝土强度等级的提高,水化热作用有所增强,但混凝土的抗裂强度也同时得到提高,并且其提高所带来的效果超过了水化热增强所带来的不利作用,使得箱身预制长度变大。

(二)模板工程

模板是保证箱身混凝土成型的模型,模板系统是由模板、支撑及紧固件等组成。在现浇钢筋混凝土结构施工中,要保证箱身各部分的形状、尺寸及相互间位置准确;具有足够的强度、刚度及稳定性；构造要简单，装拆方便，能多次周转使用；接缝严密，不得漏浆。

桥体的侧模可用对销螺栓拉紧，对销螺栓的直径与两端垫板均需根据浇筑混凝土方法、速度、捣固的机具性能与浇筑体本身的厚度决定。桥体框架内模，可采用三铰拱式桁架，不仅方便装拆，且节省材料。在安装桥体外模时，为避免立墙浇筑过程中留下施工缝，一般采用插模法。插模法乃是将工字钢的下端，利用底板侧面预留螺栓固定，工字钢上端利用钢筋拉杆对拉，在两工字钢之间插入外模，随混凝土的浇筑速度向上提升，如图 7—41 所示。

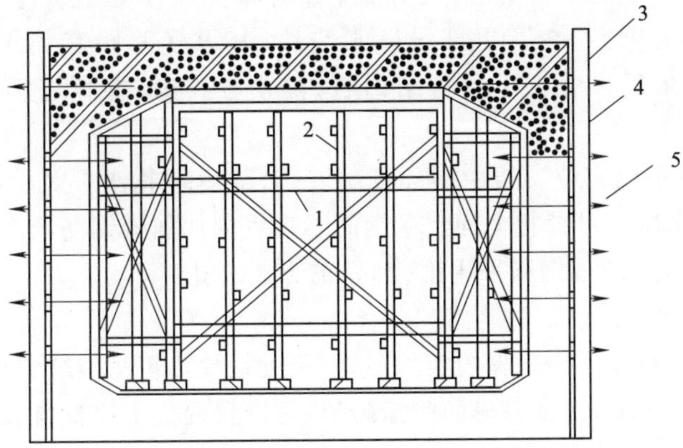

图 7—41　插模法示意图

1—水平支撑；2—竖向支撑；3—外模竖肋；4—外模板；5—连接件

对于三孔连续箱形桥体，其模板的施工顺序是：先立两边墙的内模、两中墙一侧的侧模和中孔顶模，然后在浇筑混凝土时，用插模法边浇边插两边墙的外模和两中墙边孔一侧的侧模，分层向上浇筑。

模板板面常用钢模或竹腔模板，使用前应设隔离层便于脱模。为了使混凝土外露面光滑，可采用塑料薄膜作隔离层，也可以采用胶带纸把拼缝封住。为了预防混凝土表面出现气泡和色差，使用的模板表面要清洗干净。选用合适的脱模剂（严禁使用废机油作隔离剂），涂抹要均匀，并用棉纱布轻抹去涂刷不均或多余的脱模剂。

模板安设过程中应注意以下几点：

(1)预留沉落量

大型箱桥跨度大、顶板混凝土重，为了消除施工中结构自重、施工荷载作用引起的挠度，对跨度大于 4 m 的现浇钢筋混凝土应按设计要求起拱。如无设计具体要求时，起拱高度宜为跨度的 1/1000 ~ 3/1000。为便于标高调节，在每根立杆上部或底部设升降螺杆装置。

(2)箱体允许误差

支模时，在箱体两侧前端的范围外，可向外放宽 10 mm 或使前端保持正误差，尾部为负误差，形成楔形，不得出现前窄后宽现象，以利顶进。

(3)设置预留孔

在箱身侧墙高度大于 3 m 时，为在浇筑混凝土时便于捣固，常在内模上预留孔口。

(4)脚手板不得搁置在模板上，以防模板变形。

(三)钢筋工程

箱形桥的钢筋数量多,绑扎比较困难,所以必须精心制作,确保钢筋与混凝土共同作用,使箱体结构在强度及抗裂方面都有较好的性能。

(1)钢筋表面应洁净,黏着的油污、泥土、浮锈等使用前必须清干净,经调直的钢筋不得有局部弯曲、残弯、小波浪形。

(2)严格按配料单下料焊接,弯制成型,分类挂牌,堆放整齐。

(3)按照滑板顶面放出箱体底板及墙身位置线,在控制位置应设定位钢筋;在定位筋上应按设计尺寸依次标出下层钢筋位置,由端部按顺序绑扎。下层钢筋绑扎完后,可安装上层定位架主钢筋,在其下部设砂浆垫块,其纵横间距宜大于 1 m,并用同样方法绑扎上层钢筋。最后绑扎上下层拉结钢筋,位置应正确,绑扎应牢固,浇筑混凝土时应无变形。

(4)墙体竖筋可采用定位支架由端部依次安装,随后绑扎水平及中间拉结钢筋。用斜撑或拉线将竖筋稳固后方可绑扎上面水平钢筋。最后绑扎加腋钢筋。

(5)顶模板安装后,顶板钢筋采用第(3)条的方法绑扎。

(四)混凝土工程

箱形桥混凝土浇筑除了要确保内实外美外,关键是预防箱身裂纹和箱体渗漏,按照预制箱身设计工艺采取诱导缝、后浇带等防裂措施外,对浇筑混凝土原材料、配合比、施工养护工艺都有更为严格的要求。

1. 准备工作

(1)材料

①水泥采用 42.5 级普通硅酸盐水泥,掺适量粉煤灰和矿粉以减少水化热;

②石子粒径 5 ~ 40 mm,含泥量小于 1%;

③砂子为中粗,细度模数大于 2.5,含泥量小于 3%;

④掺入适量减水剂和缓凝剂,保证混凝土初凝时间在 4 ~ 6 h 之间,在防止水泥迅速水化放热的基础上,避免水泥长期不凝而带来的塑性收缩增加。

(2)配合比

混凝土设计强度一般采用 C35,抗渗系数 P8,施工配合比需进行试验确定。

(3)作业条件

①复核模板、支顶、预埋件、管线、钢筋等符合施工方案和设计图纸,杂物清除干净,并办理隐蔽验收手续。

②脚手架架设符合安全规定。

③水泥、砂、石子及外加剂、掺合料等经检查符合有关标准要求,计量检查准确,机具经试运转符合使用要求。

④根据施工方案对班组进行全面施工技术交底,包括作业内容、特点、数量、工期、施工方法、安全措施、质量要求和施工缝设置等。

2. 施工作业

(1)箱身预制划分阶段施工时,施工缝的位置宜留在侧墙下加腋的上部或上加腋的下部。对施工缝接茬应清凿去除表层浮浆,用水冲刷干净,然后刷一层水泥素浆,随即灌以原混凝土强度的砂浆 3 ~ 5 cm 后,再浇筑新的混凝土。

(2)箱身混凝土分阶段施工时,其底板或顶板混凝土应一次浇筑。浇筑底板混凝土时,应严格控制振捣深度,防止振坏滑板上面的隔离层。

(3)高温或寒冷季节浇筑混凝土应采取内部降温或外部保暖措施,使混凝土内外温度差不超过 25 ℃,预防温度裂缝的产生。

(4)混凝土浇筑完毕后,应根据气温环境条件,采取合理的养护方法,如箱顶储水、内外侧墙采取遮盖、自动喷淋等缓慢升温或降温的方法。

(5)箱身混凝土达到设计强度 70% 时可拆除内模,达到 100% 后允许顶进作业,以试块自然养生强度为依据。

(6)侧墙厚度 1 m 及以上属大体积混凝土,应按大体积混凝土工艺操作。

(五)接缝处理

桥体预制分阶段施工时,施工缝的位置宜留在墙体下加腋的上部或上加腋的下部。各边墙施工缝不得在同一平面上,并宜增加连接短钢筋。

桥体分节接缝防水应按要求施工。止水带可结合桥体预制和顶进施工进行安装,其位置应准确、安装应牢固。桥体顶进就位后接缝应采用弹性防水材料密封抹平,接缝不应渗水。

(六)船 头 坡

1. 船头坡的设置

在软土地基中顶进时,为了预防"扎头",在箱身前端底板下设置坡度为10%~20% 向下的斜坡,其长度为 50~100 cm。在浇注底板混凝土时,就设定船头坡的坡度,用钢筋混凝土的楔形作为船头坡,如图 7—42 所示。它的优点是能有效地减少箱体的"扎头"现象,船头坡适当加大,对软土地基顶进能起到很好的效果。

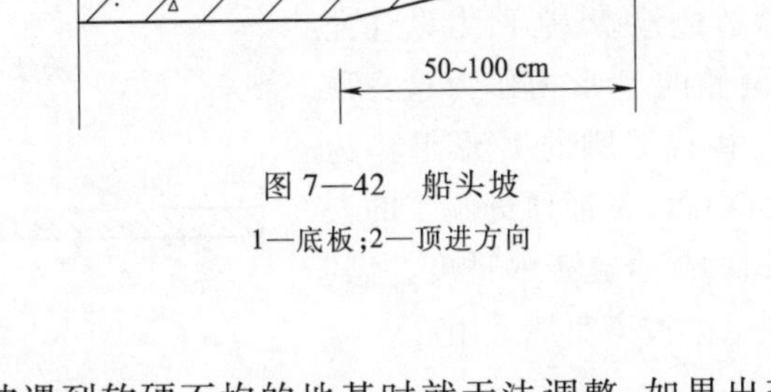

图 7—42　船头坡

1—底板;2—顶进方向

2. 船头坡的调式

通常设定的船头坡遇到软硬不均的地基时就无法调整,如果出现"抬头"现象,调整坡度就会变得很困难,所以在顶进大型箱形桥的时候,有必要设计一种可调式船头坡。可调船头坡的原理是,利用钢板椭圆形螺栓孔来上下调节钢板高低位置,从而达到改变船头坡坡度的目的,甚至可以使坡度变为下坡,操作起来也比较简单,如图 7—43 所示。只需松开螺栓,调整至需要的坡度,再将螺栓拧紧就可以了。

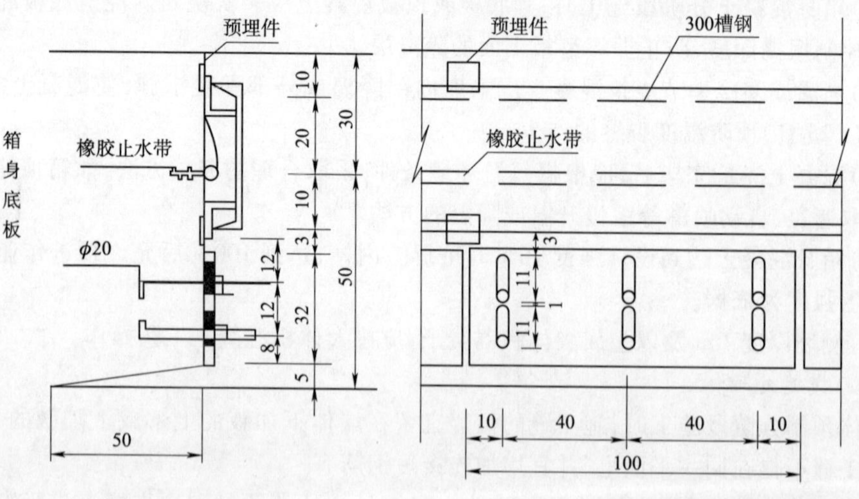

图 7—43　可调式船头坡(单位:cm)

顶进速度越快,船头坡的作用就越大,降水效果越好,船头坡的作用越能发挥,所以船头坡的设置应与地质条件、顶进速度、降水效果等因素综合考虑,合理采用。硬土或经过地基加固的情况下不适宜采用船头坡。

(七)钢筋混凝土刃脚

刃脚是切开掘进作业空间的工具,安设在箱身前端,其主要作用是切土、导向、支护掘进作业空间及挡护工作前壁防止侧向坍塌,是维持支墩稳定必不可少的措施。

以前桥涵顶进采用钢刃脚,一般用 10 ~ 20 mm 厚的钢板焊制而成,挑出长度 0.5 ~ 0.8 m,与桥体前端预埋螺栓进行拼装固定,桥涵净空超过 4 m 时还设置中平台。

桥涵顶进采用低高度便梁加固线路,同时采用挖掘机挖土,刃脚一般采用钢筋混凝土结构,直接与预制箱身时一起浇筑。考虑此刃脚顶进到位后还要凿除,所以其厚度仅为侧墙厚度的一半左右,挑出长度 1 ~ 2 m,内设钢筋网与箱身侧墙连接,如图 7—44 所示。

为了确保施工过程中便梁支墩和侧壁土体稳定,减少箱桥两侧锥体挖基对路基稳定的威胁,避免钢筋混凝土刃脚凿除造成浪费,在顶力设计允许的情况下,采取箱桥两侧的 U 形槽作为箱身顶进的刃脚,顶进到位后,替代刃脚的 U 形槽作为箱桥的永久结构。这样既可以保证顶进施工的安全,又可加快桥涵附属结构配合施工的进度,尤其在软土地基箱桥顶进施工中被广泛地采用。

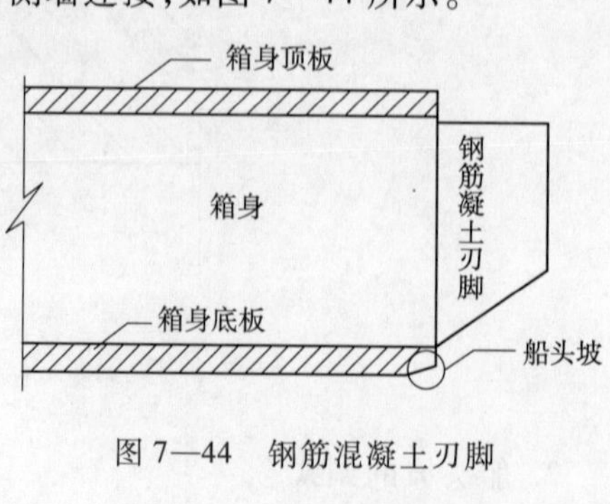

图 7—44　钢筋混凝土刃脚

(八)转 正 块

箱桥顶进施工立交桥大部分不是正交,都是不同角度的斜交,而顶力方向必须与立交桥轴线一致,所以斜交箱身后端底板必须设置转正块。转正块根据斜交角度的大小分为三角形或阶梯形。

根据箱形桥首节引道的设计,决定转正块是否需拆除。如果要凿除,那么箱身底板与转正块分开浇筑;如果作为引道底板结构的一部分,那么可与箱身同时浇筑。

（九）诱导缝设置

1. 概述

箱身超过一定长度，混凝土收缩“温度裂纹”便是客观存在的，与其让它无规则地产生，还不如人为地把它控制起来。诱导缝的设置就是“控”、“放”结合，把无规则变为有规则，人为控制的一种改进施工工艺。诱导缝设置及其断面结构，如图 7—45 所示。

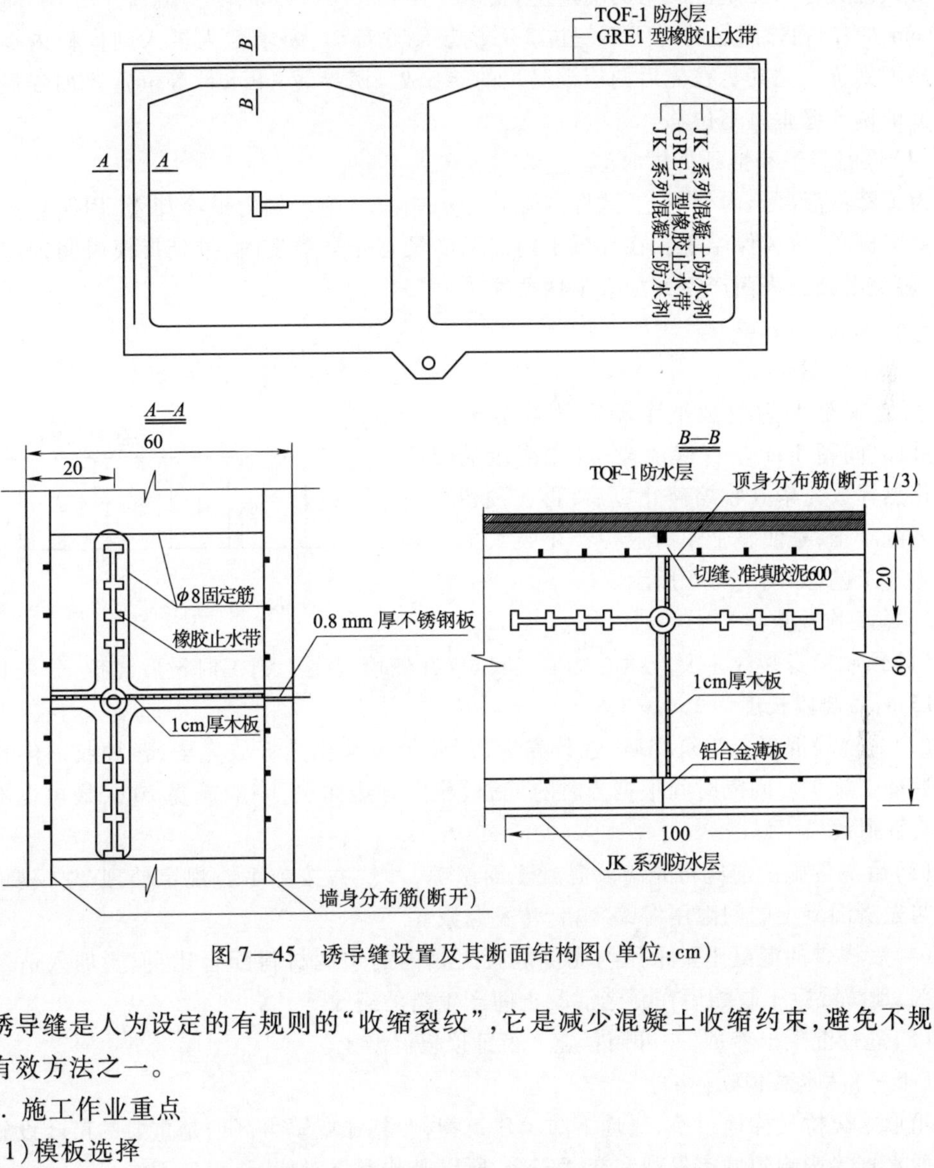

图 7—45　诱导缝设置及其断面结构图（单位：cm）

诱导缝是人为设定的有规则的“收缩裂纹”，它是减少混凝土收缩约束，避免不规则裂纹的有效方法之一。

2. 施工作业重点

（1）模板选择

夏季气温高，混凝土的散热是关键，可选择导热性能好的小钢模（1 500 mm × 300 mm）。小钢模接缝多，为了防止再现漏浆和渣缝，在每道模板拼缝处粘上海绵条，以保证侧墙面的外观质量。

（2）设置诱导缝

为了确保设置的诱导缝有效，应适当的缩短其间距，一般控制在 12 ~ 15 m，并与钢模尺寸配套。诱导缝的范围从墙身扩展到整个顶板，可预防墙顶倒角处开裂，其断面结构设计成 0.8 mm 不锈钢片 +1 cm 木板 +45 cm 宽橡胶止水带的组成体，墙身分布钢筋全部断开。5 cm宽的薄钢片露出墙外 2 cm，用钢模夹紧，木板与橡胶止水带相互垂直安装在墙身内，用间距 30 cm 的特制小钢筋进行固定。

(3)混凝土浇筑

由试验员专门测定混凝土的坍落度，要求控制在 10 ~ 14 cm；墙身混凝土分层厚度控制在 50 cm 左右，相邻两层的时间不超过 2 h；浇筑墙底部时，要求工人进入到模板内操作，防止振捣不到位。尤其是在先后两层混凝土的接头处、诱导缝、止水带等位置要加强振捣，但又要保证诱导缝垂直不位移。

(4)保温养生和推延拆模时间

为了降低混凝土内外温差，采取内降外保的相应措施。如内设冷却管，用循环水降温，外挂草帘棚布，抗风保温等。在混凝土内部温度没有完全散发时，推延拆模时间，减少内外温差，避免混凝土表面产生并加大早期裂纹。

(十)后浇带施工

1. 概　　述

后浇带是人为地把整个箱身侧墙分成若干段，每段之间留 1 m 左右待浇段，待先浇段的混凝土水化热释放完毕并收缩停止以后，再在预留待浇段补浇混凝土，是使整个箱身避免产生裂纹的一种改进施工工艺，如图 7—46 所示。

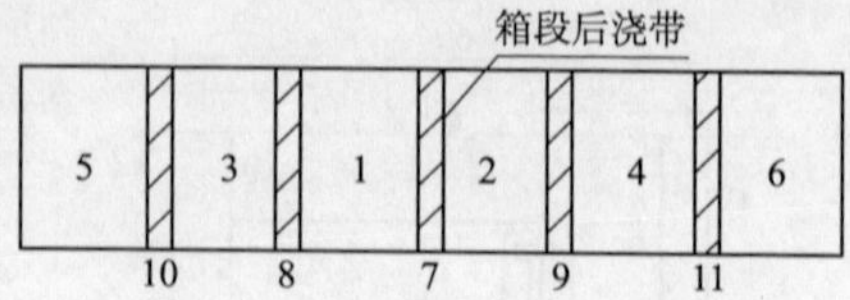

图 7—46　箱段后浇带制作流程示意图

2. 施工作业重点

(1)预制箱身裂纹主要产生在侧墙，所以仅在侧墙混凝土施工时设后浇带，分段长度为 12 ~ 15 m，后浇段长度为 1 m。

(2)先浇段混凝土浇筑完后，进行养生，待混凝土水化热释放完毕，各种收缩停止后再进行后浇带施工。间隔时间根据当时的气温、养生方法而定，一般需要 10 d，最短也不得少于 7 d，否则效果不好。

(3)后浇带施工前应将先浇段混凝土面凿毛，冲洗并按施工缝规定处理；立模要密贴，模板与先浇混凝土的间隙用海绵塞堵，防止漏浆。

(4)后浇带的混凝土要采用与先浇混凝土相同的水泥材料配合比，但要加入适量的微膨胀剂，预防混凝土收缩后在新老混凝土间产生新的裂纹。

(5)进行混凝土养护，并可接着施工箱身顶板混凝土。

(十一)防水层铺设

箱形立交桥又称地道桥，属地下防水建筑物，尤其在城镇市区内是重要的市政设施。防止渗漏水直接影响到城市景观和交通安全，所以必须严肃对待，认真处理好。

施工前，按工艺标准及设计要求编制相应的施工方案；施工期间各工种全过程应相互协调，密切配合；施工完成后注意产品保护，不应损坏。

1. 施工准备

(1)材料

①水泥、砂、石子、掺合剂、外加剂都要符合防水混凝土结构的要求，具备抗渗、防腐蚀的

性能。

②防水卷材、涂料、沥青等胶结材料符合相关技术标准，有出厂合格证，并经检验合格方可使用。

(2)施工工艺、质量要求、安全措施等都已明确，作业人员经过培训，每道工序都进行施工技术交底。

2. 施工作业

(1)加强混凝土自防水作用

①模板牢固、密贴，并保持湿润，控制分层灌注时间间隔，合理加强振捣，避免过早脱模，克服蜂窝、麻面、漏浆等工程质量通病，提高箱身混凝土自防水能力。

②在管道、预埋件和钢筋过密处浇灌混凝土有困难时，应采用相同抗渗等级的细石混凝土，预防漏捣造成孔洞。

③施工缝、变形缝、止水带、穿墙管件、支模块件等处是造成渗漏水的薄弱环节，应认真执行设计和施工规范，严格操作工艺，振实捣严。

(2)做好面层处理

①在浇筑箱身顶板混凝土时应按设计要求做好泄水坡，并用水泥砂浆抹光。

②做防水层前应清除污垢、浮土等杂物，并保持干燥。

(3)防水层铺设

①不管采用何种类型的防水层，都要按照施工说明书规定的工艺要求、作业程序进行铺设。

②要避免质量通病：

a. 空鼓：基层不干燥、卷材潮湿或沥青脱水不完全、沥青卷材防水施工浇油不足或油层太厚、粘结不严等。

b. 翘边：浇铺温度太低、沥青胶稠度太稠、油层厚、刮油刮边不及时或不均匀、搭接边清理不干净、受污染等。

③首次采用防水新材料新工艺。随着科技发展，防水新材料、新工艺不断改进创新，为了确保施工质量，施工作业前应详细阅读施工说明书，了解新材料的防水性能，掌握施工工艺，并到现场交底，必要时应请生产厂方到现场帮助指导。

(4)主要安全技术措施

①防水材料中有机溶剂和高分子聚合物等均为易燃品，应贮存在干燥、远离火源的地方，贮仓及施工现场禁止烟火，并备有灭火防火用品。

②施工操作时应注意风向，在通风不良的地方作业应通风排气，施工作业人员每隔 1 ~ 2 h 到通风处间休，防止中毒。

③施工时应戴防护手套，防护眼镜等，避免涂料污染和伤害。

(5)产品保护

①掌握好作业顺序，减少在已施工的涂层上走动，也不能在上面堆放物品。

②已铺贴好的防水层应及时采取保护措施，操作人员不得穿带钉鞋作业。

③排水口处应保持畅通，防止堵塞积水。

④防水层施工完成后应及时做好保护层，并及时铺垫砂层。

第六节　顶力计算及后背设计

地道桥顶进所克服的各种阻力之和为顶力，顶力大小与箱体重量、润滑隔离层的力学性能、路基土质、施工方法等因素有关。正确地确定顶力，对决定选用顶进设备及进行后背设计，使其既简易合理又有一定的安全储备来说极为重要。

一、顶进阻力的分类

1. 启动阻力，即克服箱体自重产生于滑板上的黏结力、真空吸附力及静摩阻力。启动顶力系数可取 0.6～1.0，在滑板上空顶顶力系数为 0.2～0.6；采用气垫或水垫起重顶力系数可降低 0.3～0.4。

2. 箱体自重底板与基底土的摩擦力，其摩擦系数视其基底土的性质经试验确定，当无试验资料时可采用 0.6～0.8。

3. 由水平压力引起箱体与土的摩擦力，其侧面摩擦系数视土的性质经试验确定，当无试验资料时可采用 0.6～0.8。若箱体外壁与土层间的空隙注入触变泥浆，能使箱体受到润滑和浮力而减阻，表面摩擦力会减小一半以上。

4. 带土顶进箱体前切土阻力，视刃脚的构造、挖土的方法、土的性质不同，同样需要经试验而定。无试验资料时，黏性质土用 500～550 kN/m^2，卵石土用 1 500～1 700 kN/m^2（箱身前允许超挖时可不计）。

5. 箱体顶部以上垂直压力引起的摩擦力，采用便梁加固线路架空时可不计。

二、箱体顶力计算

（一）顶力计算公式

$$P = K[N_1f_1 + (N_1 + N_2)f_2 + 2Ef_3 + RA] \tag{7—66}$$

式中　P——最大顶力，kN；

K——系数，一般取 1.2；

N_1——箱体顶上总荷重（包括线路加固荷载），kN；

f_1——箱顶上表面与顶上荷重的摩阻系数；

N_2——箱身自重，kN；

f_2——箱体底板与基底土的摩阻系数；

E——箱体两侧土压力，kN；

f_3——侧面摩阻系数；

R——刃脚下正面阻力，应视刃角构造、挖土方法、土的性质，经试验确定，当无试验资料时，可采用砂质黏土 500～550 kPa，卵石土 1 500～1 700 kPa；

A——刃脚正面面积，m^2。

（二）计算说明

1. 摩阻系数 f 是个综合值，它不仅反映箱体表面与土的摩阻情况，而且同时反映了由于箱体顶进过程中难免上下左右偏移倾斜而引起的分阻力。

2. 当土与箱体侧墙混凝土间的附着力大于土的抗剪强度时，土会因局部受剪破坏而随箱体移动。

3. 采用气垫、水垫、接长滑板、加注膨润土触变泥浆等措施，都能直接起到减小摩阻系数的作用。

4. 挖土质量、降水效果、顶进速度等情况都会影响 f 值的大小，因此在选择时要细致周密地予以综合考虑。

（三）箱体顶力简易估算

在铁路上采用便梁架空再顶进箱体，两侧土压力较小，则顶力主要来自箱体底部土的摩阻力，计算公式可简化为

$$P=\mu N \qquad (7—67)$$

式中　P——顶力，kN；

μ——顶力系数，一般为1.0～1.5；

N——箱体重力，kN。

经过多次顶力曲线分析，当箱体启动时顶力较大。而启动后的空顶阶段，其顶力较小，以后刃脚入土顶力逐渐增大，最大顶力则发生在箱体脱离底板后，接近设计位置时随即逐渐下降，所以改善滑道板平整度、优化润滑隔离层，采取气垫或水垫等措施，可有效地减小启动顶力；而采用高压旋喷桩进行地基加固、硬化基底土层，浇筑混凝土便梁支墩减少侧向土压力、设置门槛接长滑道板等措施，则可较大地减小顶进阻力，这对软土地基、大型或特大型箱桥的顶进施工是十分必要的。

三、斜交顶进顶力布置

斜桥顶入路基的偏转力矩是随着边墙外土压的增大而增加的，为了使顶力中心和变化的阻力中心相对应而阻止桥体偏转，对于大斜度桥不可能只靠不断调整千斤顶位置进行矫正。所以将斜顶进所需要的顶力分成正向顶力和斜偏顶力分开布置。

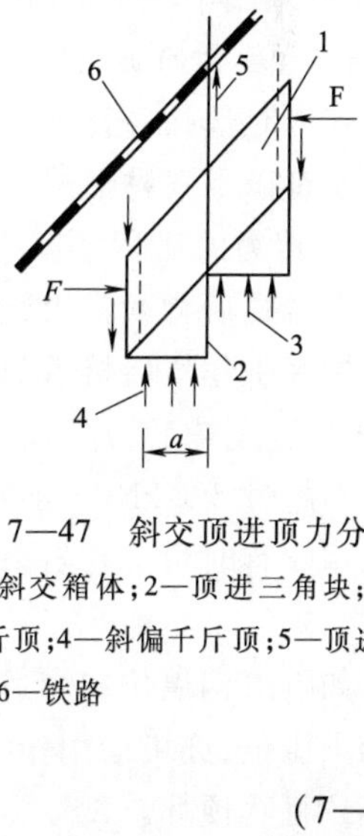

图7—47　斜交顶进顶力分布
1—斜交箱体；2—顶进三角块；3—千斤顶；4—斜偏千斤顶；5—顶进方向；6—铁路

最大斜偏顶力可按下式计算（图7—47）：

$$N_0 = F \cdot I/a \qquad (7—68)$$

式中　N_0——最大斜偏顶力，kN；

F——侧向土压力，kN；

I——两侧土压力合力的中心距离，m；

a——斜偏顶力合力中心距桥体轴线距离，m。

对斜交箱形桥顶进入土后分阶段计算出斜偏顶力，按即时千斤顶工作顶力确定开启斜偏千斤顶的台数及位置，作为理论斜偏操作程序。因为影响顶进偏差的因素很复杂，应结合实测偏差进行矫正，阻止箱体偏转。

四、后　　背

后背是顶进施工中的重要设施，它承受顶进时的水平顶力，要求有足够的稳定性与刚度，当最大顶力发生时后背不能产生过大弹性变形和移动，更不能顶垮，否则就会把

桥顶偏，甚至不能继续顶进。但它又是一个临时结构，所占造价比重较大，若过分安全也是浪费，因而还要力求节约。后背位于工作坑后部，是顶进施工时千斤顶的承力面，承受顶进时的水平反力。后背和滑板是临时构筑物，但对顶进施工十分重要，应根据顶力大小、地形地貌、土质、机具设备及运输等条件来选定。但必须安全可靠，以确保顶进施工顺利进行。

(一)后背的功能要求

1. 要有一定的刚度，压缩变形要小。

2. 具有足够的承载力和稳定性，不致因顶力大而坍塌。顶进前后背能承受背后土体的水平推力。

3. 后背土体应一致，压缩均匀，以免顶力大时后背倾斜。

4. 后背壁面应平整，垂直于箱体中轴线，便于安装顶进设备。后背宽度应根据单位宽度提供的土抗力和设计顶力确定(包括斜桥顶进斜偏顶力)，其位置应与千斤顶布置相对应。

5. 后背设置应留有补强余地。当后背的水平反力不足时，可将后背梁和滑板连成整体，亦可采用串联式后背使其整体反力满足最大顶力的需要。

(二)后背的类型

施工时选择后背类型的原则应因地制宜、就地取材，尽量减小工程造价。目前常用的后背主要有以下三种形式。

1. 重力式后背

重力式后背通常由浆砌片石或钢筋混凝土做成，如图 7—48 所示。浆砌片石后背一般都在挖好工作坑后接着修筑。墙背后若为填土，应分层夯实压密，保证填土内摩擦角大于 30°。顶进完毕后，片石拆作他用。此种后背施工简便易行，造价较低，常用于后背单位长度顶力不超过 800 kN/m 的小型桥涵，特别在复线改造工程中工点多而分散、设备少的情况更为适用。有时由于片石来源缺乏，也有用少筋混凝土修成厚 0.8 ~ 1.0 m、高 2.5 ~ 3.0 m 的后背。

如引道挡墙位置合适，可以利用作为后背。又如引道路面有可能先修建一部分并在其上堆土压重，亦可借用作为后背。凡借用其他建筑物作后背者，均需要先进行设计计算，保证不致将其顶坏。

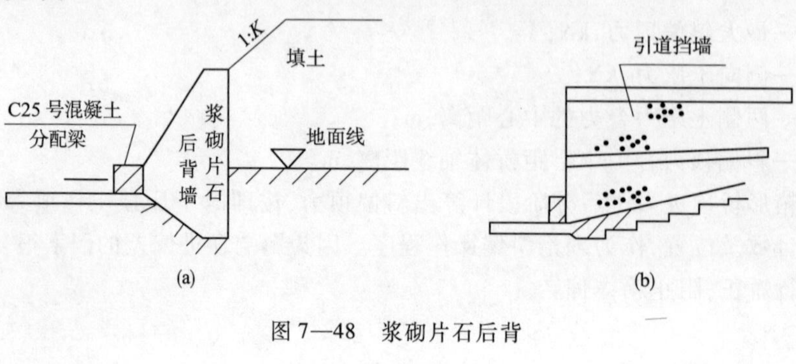

图 7—48　浆砌片石后背

2. 板桩式后背

板桩式后背由各种类型的型钢、后背梁和后背填土组成，如图 7—49 所示。板桩可采用钢轨、工字钢、槽钢和钢板等，见图 7—50。在大型工程中，大多采用此种后背。打入钢板桩后桩顶应设拉锚，然后开挖工作坑，亦可在工作坑形成后埋桩。一般板桩式后背每米宽度上的设计顶力约 1 000 kN 左右。若板桩刚度较大且增加堆土高度时，每米宽度顶力可达1 700 kN。板桩式后背需占用较多钢材，还需打桩设备，一般情况下造价较高。

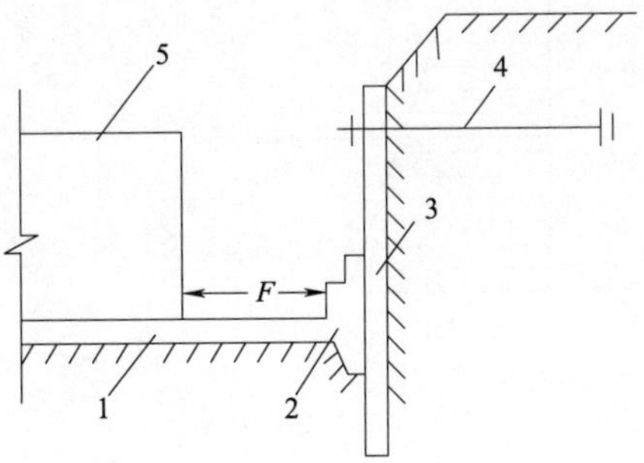

图 7—49　板桩式后背示意图

1—滑板；2—后背梁；3—桩板桩；4—拉锚；5—箱涵

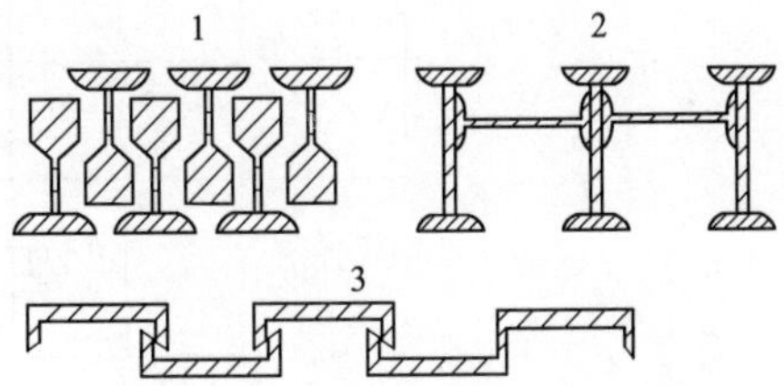

图 7—50　作为板桩式后背的型钢

1—钢轨桩；2—工字钢桩；3—槽钢板桩

3. 钢筋混凝土拼装式后背

钢筋混凝土拼装式后背主要由各种钢筋混凝土预制件组成。其优点是可以提供比重力式后背更大的顶力，组装简单易行，可以反复使用，常用于工点相对集中、需要较大顶力，有起吊、运输条件的施工现场。

顶进桥涵小，所需顶力小，所处地质条件好的顶进施工中，也可借助现场条件，采用天然后背，如图 7—51 所示。

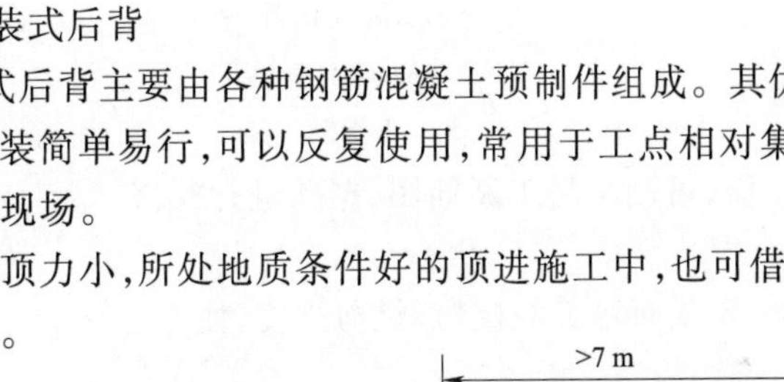

图 7—51　天然后背

1—导轨；2—枕木；3—横顶铁；4—立顶铁；5—方木；6—原状土

（三）后背的设计检算

1. 重力式后背设计

(1)浆砌片石后背

浆砌片石后背尺寸及受力关系如图 7—52 所示。拟定尺寸时要保证压力在圬工中，传递范围在 h_1 高度以内。通常 $h_1=2\sim5$ m，视工作坑高低及顶力大小而定，需先确定再经验算修正。

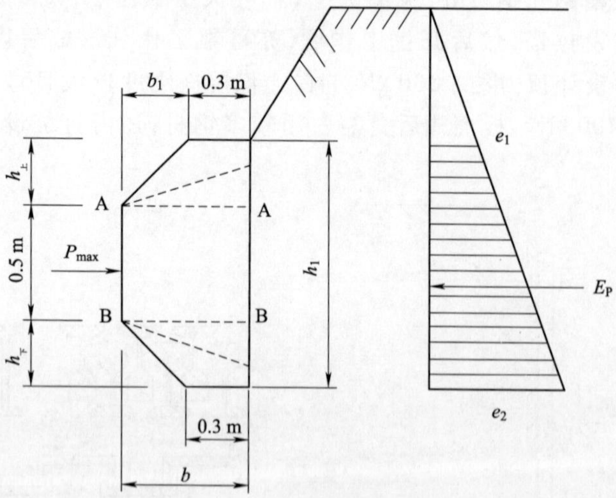

图 7—52　浆砌片石后背

一般
$$h_上 = 1.1b_1, h_下 = 0.75b_1$$
而
$$h_1 = 185b_1 + 0.5$$
则
$$b_1 = \frac{h_1 - 0.5}{1.85} \tag{7—69}$$

选定 h_1 值,得到 b_1 值,可画出圬工断面图,据此进行校核

$$P_{max} \leqslant E_p$$

还要校 A—A 及 B—B 截面圬工的抗弯、抗剪强度,使

$$\sigma = \frac{M}{W} \leqslant [\sigma] \qquad \tau = \frac{Q}{F} \leqslant [\tau] \tag{7—70}$$

式中　$[\sigma]$,$[\tau]$——分别为圬工材料的弯曲和剪切允许应力。

(2)钢筋混凝土后背

如图 7—53 所示,可按悬臂梁校核 A—A 及 B—B 截面。后背高度 h_1 视工作坑深度及顶力大小取 2.5 ~ 5 m,厚度 b 可取 25 ~ 50 cm,仍然要满足 $P_{max} \leqslant E_p$ 的条件,并按普通钢筋混凝土受弯构件计算竖向受力筋的面积。为简化钢筋类型,可取两种长度竖向筋,一种过 A—A 截面直到顶部,其面积由 M_A 计算;另一种到 A—A 截面下方即截止,两种筋的总面积由 M_B 计算得到。

2. 钢板桩后背的设计

板桩式后背设计的一般顺序是:计算土压力、桩的入土深度、最大弯矩、锚拉力、桩和锚的尺寸、验算其稳定性。

(1)板桩墙设计原则

①板桩墙稳定

钢板桩可按顶端锚系板桩设计,将千斤顶顶力的施力点布置在被动土压力的合力点上,使最大顶力发生时保持板桩墙的稳定。

②板桩墙设计

先确定土压力,然后作板桩入土深度、拉锚及板桩强度计算,并做板墙在各施工阶段的

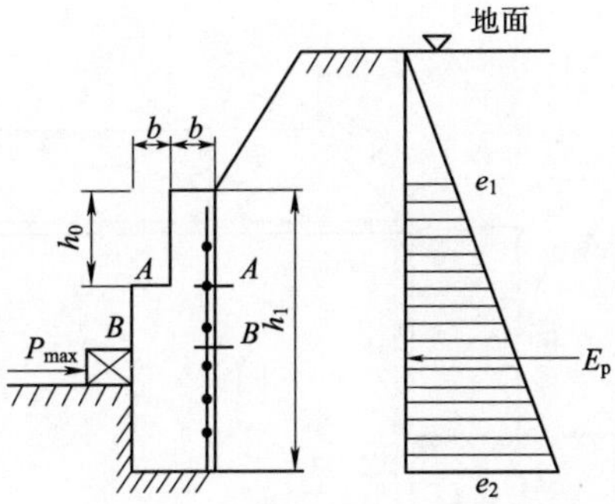

图 7—53　钢筋混凝土后背

稳定性计算。

③板桩强度计算

a. 当工作坑开挖时,可将板桩视为上端锚系点至下端零压点的后支梁,按一般静力计算的方法求其弯矩。

b. 当顶力最大时,按直线分布的被动土压力图形计算板桩的内力。

(2)板桩墙稳定性验算

①当墙顶上面有填土,墙背垂直时(图 7—54)后背每米宽度上土的主动压力可按下列公式算:

$$F_A = \frac{1}{2}\gamma(H+h)^2\frac{\tan\theta - A}{\tan(\theta+\varphi)} \tag{7—71}$$

$$A = \frac{hb}{(H_0+h)^2} \tag{7—72}$$

式中　F_A——主动土压力,kN/m;

γ——土的重度,kN/m^3;

H_0——基底以上墙的外荷垂直高度,m;

h——墙顶上的填土高度(m),切土坡度宜为 1:1 ~ 1:1.5;

θ——墙背土的破裂角,°;

φ——墙背土的内摩擦角,°;

A——系数;

b——墙顶填切土坡宽度,m。

②当墙顶上面有填土,墙背垂直时(图 7—55)后背每米宽度上土的被动压力可按下列公式算:

$$F_B = \frac{1}{2}\gamma H^2\tan^2\left(45° + \frac{\varphi}{2}\right) + 2CH\tan\left(45° + \frac{\varphi}{2}\right) \tag{7—73}$$

式中　F_B——被动土压力,kN/m;

H——天然土后背的高度,m;

C——后背土的黏结力,N/m^2。

表 7—18 为常用的每米宽度上总被动土压力表。

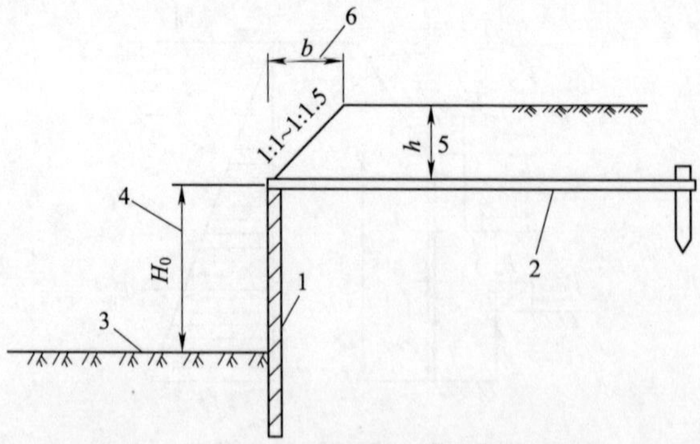

图 7—54　主动土压力

1—板桩墙;2—拉杆拉锚;3—工作坑基底;4—墙外露高度;
5—墙顶上填土高度;6—填土坡宽度

表 7—18　每米宽度上总被动土压力表

土的类别	γ (kN/m³)	ϕ (°)	c (kN/m)	每种高度的 1 m 宽度上总被动土压力(kN/m)				
				2 m	3 m	4 m	5 m	6 m
软塑状低液限黏性土	19	20	10	135	261	423	531	873
硬塑状低液限黏性土	20	25	20	224	410	645	929	1 250
中密的粉土质砂	16	25	5	110	224	378	571	802
密实的粉土质砂	18	30	10	177	347	570	848	1 180
中 细 砂	17	30		105	236	420	657	945
粗砂砾石	20	35		148	332	590	923	1 330

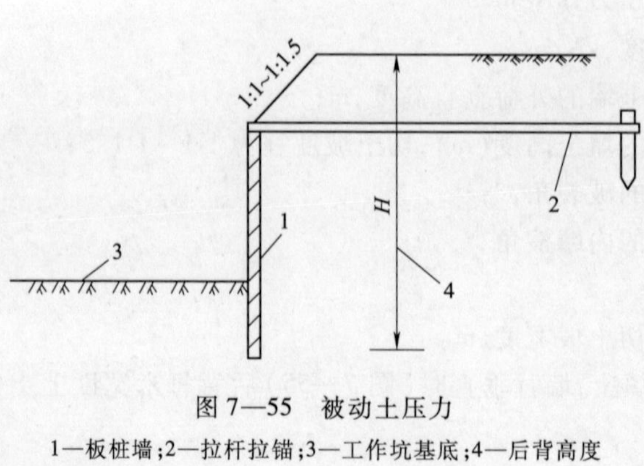

图 7—55　被动土压力

1—板桩墙;2—拉杆拉锚;3—工作坑基底;4—后背高度

③抗倾覆稳定系数应按下式计算:

$$K_t = \frac{M_s}{M_t} \geqslant 1.5 \tag{7—74}$$

式中　K_t——抗倾覆稳定系数;

M_s——稳定力矩之和,kN · m/m;

M_t——倾覆力矩之和,kN · m/m。

④抗压稳定系数应按下式计算：

$$K_J = \frac{N_t}{N_J} \geqslant 1.1 \sim 1.3 \tag{7—75}$$

式中　K_J——抗压稳定系数；

N_t——后背墙的极限抗力，kN；

N_J——设计最大顶力，kN。

(3)板桩墙后背设计实例

①设计资料

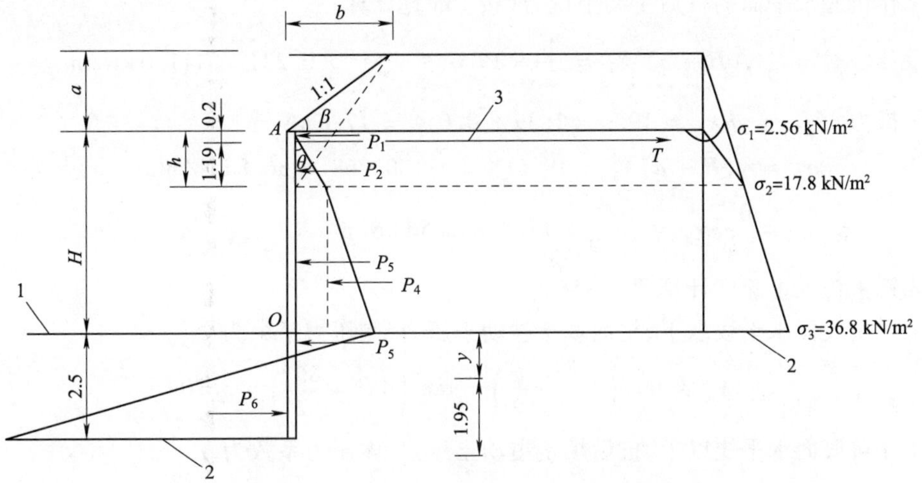

图 7—56　板桩入土深度计算图示(单位:m)

1—工作坑底;2—土压力;3—拉杆

a. 工作坑深 7 m，打入钢板桩 7.5 m，深入工作坑底面以下 2.5 m，桩顶以上 2 m，切土坡度为 1:1。板桩墙布置示意如图 7—56 所示；

b. 土为黏质砂土，密度 ρ 为 1 960 kg/m^3；

c. 土的内摩擦角 $\varphi = 35°$；

d. 桩顶设置拉杆与钢板桩的连接点在桩顶以下 20 cm。

②桩后土压力计算：

$$a = 2\ \text{m}, b = 2\ \text{m}, H = 5\ \text{m}$$

$$A = \frac{ab}{(H+a)^2} = \frac{2 \times 2}{(5+2)^2} = 0.0816$$

桩后土的破裂角按下式求得：

$$\begin{aligned} \tan\theta &= -\tan\varphi + \sqrt{(1+\tan^2\varphi)\left(1+\frac{A}{\tan\varphi}\right)} \\ &= -0.7 + \sqrt{(1+0.7^2)\left(1+\frac{0.0816}{0.7}\right)} \\ &= -0.7 + 1.29 = 0.59 \end{aligned}$$

得 $\theta = 30°34'$

$$h = \frac{b}{\tan\theta} - a = \frac{2}{0.59} - 2 = 1.39\ \text{m}$$

$$\lambda_1 = \frac{\tan\theta - A}{\tan(\theta + \varphi)} = \frac{0.59 - 0.0816}{\tan(30°34' + 35°)} = 0.231$$

侧压力系数

$$\lambda_2 = \tan\theta/\tan(\theta + \varphi)(1 - \tan\beta\tan\theta)$$

$$= 0.59/\tan(30°34' + 35°)(1 - 1 \times \tan30°34') = 0.654$$

$$\lambda_3 = \tan\theta/\tan(\theta + \varphi) = 0.59/\tan65°34' = 0.268$$

工作坑底水平面的桩后主动土压力(按 1 m 宽计算)

$$E = \frac{1}{2}\gamma(H + a)^2\lambda_1 = \frac{1}{2} \times 19.6(5 + 2)^2 \times 0.231 = 111.0\ \text{kN/m}$$

土推力　$\sigma_2 = \gamma h\lambda_2 = 19.6 \times 1.39 \times 0.654 = 17.8\ \text{kN/m}^2$

$$\sigma_3 = \gamma(H + a)\lambda_3 = 19.6(5 + 2) \times 0.268 = 36.8\ \text{kN/m}^2$$

$$\sigma_1 = \frac{0.2}{h}\sigma_2 = \frac{0.2}{1.39} \times 17.8 = 2.56\ \text{kN/m}^2$$

③钢板桩入土深度计算图 7—56。

工作坑底面水平线以下,桩前填土被动土压力,侧压力系数为

$$\lambda_p = \tan^2\left(45° + \frac{\varphi}{2}\right) = \tan^2\left(45° + \frac{35°}{2}\right) = 3.70$$

工作坑底面水平线以下,桩后填土主动土压力,侧压力系数为

$$\lambda_a = \tan^2\left(45° + \frac{\varphi}{2}\right) = \tan^2\left(45° + \frac{35°}{2}\right) = 0.27$$

设工作坑底面以下,钢板桩后所受主动土压力强度为 σ_a;钢板桩前同一高度内的被动土压力强度为 σ_p;桩后产生主动土压力的土层深度为 y。

则

$$\gamma y\lambda_p = \rho y\lambda_a + 36.8$$

$$\gamma y(\lambda_p - \lambda_a) = 36.8$$

所以　$y = 36.8/\gamma(\gamma_p - \lambda_a) = 36.8/19.6(3.70 - 0.27) = 36.8/67.2 = 0.55\ \text{m}$

兹求得各外力对钢板桩顶端拉杆系点 A 的力矩如下:

$$M_1 = P_1h_1 = \frac{1}{2} \times 0.2 \times 2.56 \times \left(\frac{1}{3} \times 0.2\right) = -0.017\ \text{kN·m}$$

$$M_2 = 2.56 \times 1.19 \times \frac{1}{2} \times 1.19 + \frac{1}{2} \times (17.8 - 2.56) \times 1.19 \times \frac{2}{3} \times 1.19$$

$$= 1.81 + 7.19 = 9.0\ \text{kN·m}$$

$$M_3 = 17.8 \times (5 - 1.39) \times \frac{1}{2} \times (5 - 0.2) = 154.22\ \text{kN·m}$$

$$M_4 = \frac{1}{2} \times (36.8 - 17.8) \times (5 - 1.39) \times \left[\frac{2}{3} \times (5 - 1.39) + 1.19\right]$$

$$= 123.35\ \text{kN·m}$$

$$M_5 = \frac{1}{2} \times 36.8 \times 0.55 \times \left(\frac{1}{3} \times 0.55 + 5 - 0.2\right) = 50.43\ \text{kN·m}$$

$$\sum P = P_1 + P_2 + P_3 + P_4 + P_5$$

$$= \frac{1}{2} \times 0.2 \times 2.56 + \frac{1}{2} \times (2.56 + 17.8) \times 1.19 + 178 \times (5 - 1.39) + \frac{1}{2}(36.8 - 17.8) \times (5 - 1.39) + \frac{1}{2} \times 36.8 \times 0.55 = 121.0\ \text{kN}$$

$$\sum M_A = M_1 + M_2 + M_3 + M_4 + M_5 = -0.017 + 9.0 + 154.22 + 123.35 + 50.43 = 336.98\ \text{kN} \cdot \text{m}$$

设 D_0 为在深度 y 下所需的附加深度

则 $$\frac{1}{2}(67.2D_0) \times D_0 \times \left(\frac{2}{3}D_0 + 0.55 + 4.80\right) = 336.98\ \text{kN} \cdot \text{m}$$

化简得 $$22.4D_0^3 + 179.76D_0^2 = 336.98\ \text{kN} \cdot \text{m}$$

解得 $$D_0 = 1.27\ \text{m}$$

则钢板桩需要打入工作坑底面以下的总深度为

$$D_t = y + D_0 = 0.55 + 1.27 = 1.82\ \text{m}$$

采用 $$D_t = 2.5\ \text{m}$$

钢板桩顶拉杆的拉力 $$T = 121.0 - \frac{1}{2}(67.2 \times 1.27) \times 1.27 = 66.8\ \text{kN}$$

桩顶拉杆每隔 2 m 设一组,每组拉杆为上下并列的两根钢筋所组成,一端与钢板桩顶的槽钢焊接紧,另一端则焊接于锚桩上,拉杆长采用 12 m。

④钢板桩稳定及抗压力计算

a. 求稳定系数 K_0

对 A 点取力矩,已算得 $P_1 \sim P_5$ 对 A 点的力矩总和为 $\sum M_A = 336.93\ \text{kN} \cdot \text{m}$。基坑底板下,桩前被动土压力 P_6 为:

$$P_6 = \frac{1}{2}(67.2 \times 1.95) \times 1.95 = 127.6\ \text{kN}$$

P_6 对 A 点的力矩为:

$$M_6 = 127.6 \times \left(\frac{2}{3} \times 1.95 + 0.55 + 4.8\right) = 849.60\ \text{kN} \cdot \text{m}$$

钢板桩稳定系数

$$K_0 = \frac{M_6}{\sum M_A} = \frac{849.60}{336.98} = 2.52 > 1.3$$

b. 求抗压安全系数

顶进时共设置 16 台 5 000 kN 千斤顶分布于箱涵端部两侧,每侧 8 台(每台效率按 0.7 计算),则每侧最大设备顶力为:$\sum T = 8 \times 5\,000 \times 0.7 = 28\,000\ \text{kN}$

采用的每侧最大设计顶力为 $F/2 = 53\,300/2 = 26\,650\ \text{kN}$

钢板桩后产生的被动土压力为 $E_p = 30\,680\ \text{kN}$

抗压安全系数

$$K_0 = \frac{E_P}{E_T} = \frac{30\,680}{26\,650} = 1.15$$

⑤钢板桩的组合排列

工作坑开槽时，钢板桩弯矩远小于顶进时被动土压力产生的弯矩。最大弯矩应产生于截面 *I—I*(图 7—57)，即后背梁底部处。

$$q_1 = 19.6 \times (5.7 + 2) \times 3.7 = 558\ \text{kN}$$

$$q_2 = 19.6 \times (7.5 + 2) \times 3.7 = 689\ \text{kN}$$

$$E_{a1} = 558 \times 1.8 = 1\,004.4\ \text{kN}$$

$$E_{a2} = \frac{1}{2} \times (689 - 558) \times 1.8 = 117.9\ \text{kN}$$

$$M_{\max} = \frac{1}{2} \times 1\,004.4 \times 1.8 + 117.9 \times 1.8 \times \frac{2}{3} = 1\,045.44\ \text{kN} \cdot \text{m}$$

所需的截面模量

$$W = \frac{M_{\max}}{[\sigma]} = \frac{1\,045.44 \times 10^5}{21\,000} = 1\,978\ \text{cm}^3$$

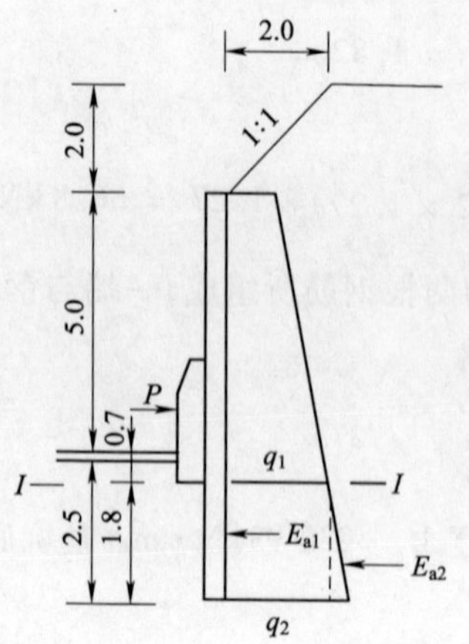

图 7—57　板桩最大弯矩截面(单位：m)

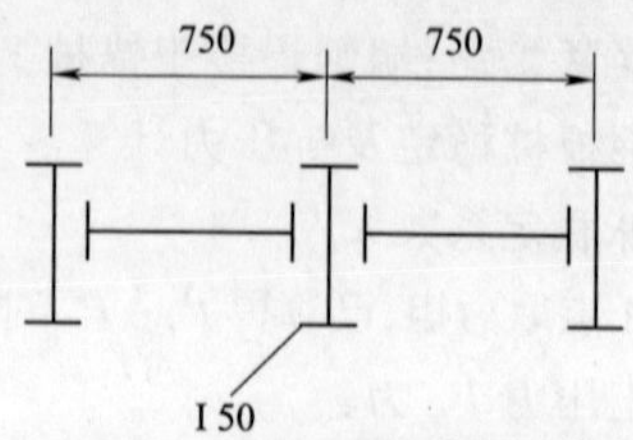

图 7—58　钢板桩组合排列(单位：mm)

选用 I 56 组合排列如图 7—58 所示，每两根工字钢中至中为 75 cm，每 1 m 工字钢所供给的 *W* 为

$$W = \frac{100}{75} \times (5\,308 + 839) = 8\,195 > 4\,978\ \text{cm}^3$$

3. 拼装式后背的设计

钢筋混凝土预制桩的设计与钢筋混凝土重力式后背的设计基本相同，只需规定出桩顶距后背地层顶面的距离即可定出被动土压力。

钢筋混凝土预制底座通常按每块的设计顶力计算钢筋面积。每块宽度通常为 1 m，高度 h 通常为 2.5 ~ 3.0 m，尺寸及受力情况如图 7—59 所示。常用 $h = 0.5$ m，$b_1 = 20$ cm；$b_2 = 80$ mm，$l_0 = 30$ cm。每块设计顶力通常为 $P_0 = 800 \sim 1\,000$ kN，顶座土压按均匀分布考虑，则

$$q = P_0 / l \cdot b \tag{7—76}$$

按最不利截面 *A—A* 的弯矩和剪力计算钢筋面积

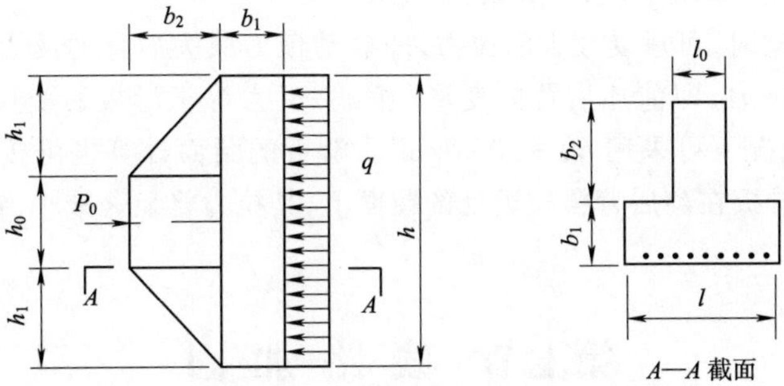

图 7—59　钢筋混凝土预制底座

$$M_A = \frac{1}{2}q \cdot h_1^2$$

A—A 截面为普通钢筋混凝土 T 形梁。该截面的剪力

$$Q_A = q \cdot h_1 \quad (7\text{—}77)$$

（四）后背梁的设计

后背梁的作用是使顶力均匀地传递到钢板桩及后背填土上，所以后背梁与钢板桩接触面的大小，主要由钢板桩的强度及开槽时土的稳定性控制。后背较宽时，后背梁也较长，不得不使纵向钢筋增加，故多按顶力设备的布置情况，将后背梁适当地分成若干段，使梁的计算长度变短，就使主要受力钢筋转到垂直方向上，从而减少钢筋用量。

后背梁的内力，一般可按均匀反力的连续梁计算，其断面计算则可按钢筋混凝土的破损阶段计算，并采用较低的安全系数，一般可用 $K = 1.1 \sim 1.2$，只要保证钢筋低于其屈服点即可。

如将箱涵底板下的工作坑滑板设计成与后背梁相连而成为整体时，则后背的设计顶力为箱涵的最大顶力减去滑板的抗拉力，如图 7—60 和图 7—61 所示。

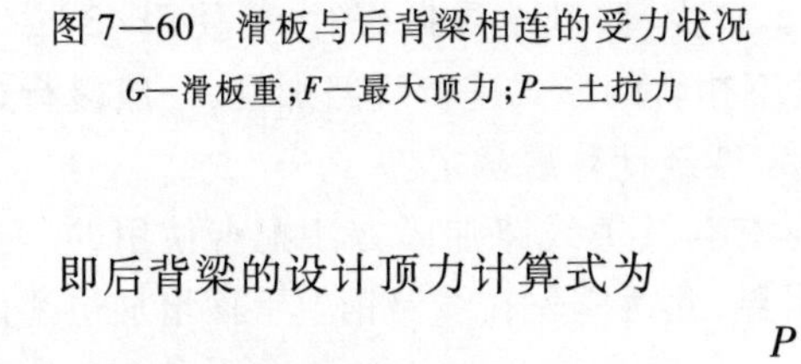

图 7—60　滑板与后背梁相连的受力状况

G—滑板重；F—最大顶力；P—土抗力

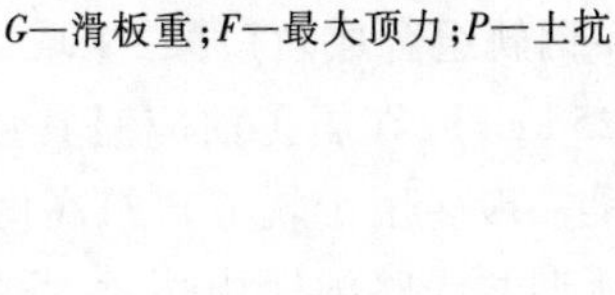

图 7—61　滑板与后背梁相连的受力分析

G—滑板重；F—最大顶力；P—土抗力

即后背梁的设计顶力计算式为

$$P = F - Gf \quad (7\text{—}78)$$

式中　P——设计顶力，kN；

F——最大顶力，kN；

G——滑板重（包括板上的施工荷载或压载），kN；

f——板与土的摩阻系数，一般取 $f=0.6$。

滑板在箱涵启动时，可承受较大的拉力，即启动顶力减去后背的反力。此时，后背反力可假定为土的允许抗力，即前述后背的变形（压缩）反力等于滑板的变形（拉伸）时的土抗力，一般软土地基情况下可采用 60 ~ 70 kN/m²。滑板的断面计算也可按破损阶段设计，并可采用 $K=1.05$。滑板在离后背梁较远处的断面上，其拉力将显著减小，钢筋的布置可相应减少。

第七节　线路加固

在顶进桥涵施工中，为确保行车及施工安全必须进行铁路线路的加固。选择线路加固的方式应以对运输干扰较小，而又确保铁路运输安全，同时施工简便易行为原则。此外，还应根据路基土质、顶进桥涵的结构尺寸、涵顶以上覆土厚度，以及施工季节和地下水变化情况等综合考虑后决定。

一、线路加固形式

当顶进箱涵或圆涵的结构尺寸较小（如孔径小于 2 m），且处于直线地段，运输不甚繁忙，路基填土密实，涵顶覆土厚度在 3 m 以上时，可不进行线路加固，但需限速通过，并有专人监视线路，如有异状及时进行整修。当路基土质不良，有塌方可能时，可用 3—3—3—3、3—5—3，或 3—7—3 吊轨进行线路加固，以增加线路的强度及稳定性。

当顶进桥涵孔径较大如净跨在 2 ~ 8 m 以内，覆土厚度在 1 m 以上时，可采用便梁法、轨束梁法或工字钢束梁法加固线路。另外，还可用钢板脱壳法稳定涵顶以上覆土，防止线路横移，但线路仍以 3—3—3—3 或 3—7—3 吊轨加固。

钢板脱壳法系在箱涵顶部铺一层分成许多条的薄钢板，钢板端部用螺栓固定在钢刃上（螺母应放在内侧）。待箱涵顶入路基后，若线路产生横移，在箱涵内将螺母拧下，把螺栓顶入土中，使钢板不再随箱涵一同前进，从而防止线路横移，至箱涵顶入就位后将钢板一条一条抽出。

当顶进桥涵净跨大于 8 m，顶上又无覆土或覆土很薄时，可采用吊轨加横梁加固法或吊轨加纵横梁加固法。

二、吊轨、扣轨梁加固

对于小桥涵顶进，当铁路位于直线并通过列车较少、路基土质良好时，可使用 43 kg/m 或 50 kg/m 钢轨组合成轨束梁，采取线上吊轨或线下扣轨的形式进行线路加固，一般慢行速度不超过 25 km/h，在施工前应对其强度、刚度、稳定性经计算后确定。

吊轨梁一般多用于轨下建筑高度受限制时，也有与其他线路加固方法配合使用的。当吊轨所用轨型与线路钢轨相同时，往往超出铁路限界，此时应先在线路钢轨下面增加垫片以抬高线路钢轨轨面。

吊轨梁的计算方法与轨束梁相同。

在限速 15 km/h，通过 DF_4 型机车的情况下，轨数 3—5—5—3 的吊轨方式，其最大容许跨度如表 7－19 所示。

表 7—19　不同轨型的最大容许跨度

轨型	P50	P43	P38	中 38
跨度(m)	5.15	4.6	4.4	4.25

三、横梁加固法和纵横梁加固法

此法适用于顶板以上无覆土或覆土很薄时的顶进，特别适用于大型箱涵的顶进，无论顶进方向与线路正交还是斜交均可使用。由于采用此法加固线路后，行车比较安全可靠，故被现场广为采用。

（一）施工要点

1. 铺设吊轨

按 3—3—3—3 或 3—5—3 扣设吊轨，钢轨接头错开 1 m 以上，两端伸出箱涵边墙外 3～5 m。为保行车安全，需加设临时梭头。吊轨与枕木用 ϕ22U 形螺栓和角钢紧密联结。

2. 设横梁

按轨底到涵顶的高度选择工字钢型号，铺设间距一般 1.5 m 左右。横梁长度在预制箱涵一侧为距钢轨外侧 3～5 m，另一侧距钢轨外侧 2～4 m 为宜，并使用 ϕ22 的 U 形螺栓及扣扳将横梁与吊轨联结牢固。为减少箱涵顶入时的阻力，每组横梁下垫以槽钢（滑道）。横梁一端支承在箱涵顶上，另一端支承在路基枕木垛上。

3. 设纵梁

当箱涵与线路斜交时，线路加固范围相应要长得多，架空跨度也大，斜交顶进容易产生方向偏差，以致带动线路走动，故宜加设纵梁架空线路。纵梁一般设在线路两侧，并用 U 形螺栓与横梁联结牢固。

当箱涵通过道岔区时，线路上吊轨应尽量设到每个角落，还应根据需要增加辅助横梁（特别是叉心处），以保证道岔的稳定性。

（二）工字钢横梁设计

活载取现行机车最大轴重作为计算荷载，当限速不超过 40 km/h 时，冲击系数约为 1.15，再考虑横梁不均匀工作系数 1.3，则综合系数 $\beta=1.15\times1.3\approx1.5$，此时 $\beta\cdot P=1.5P$。

由于机车特殊荷载轴重的间距和横梁间距一致，可以认为每副轴重 P 作用在一支横梁上，并由两条轨各承担一半，横梁可按简支梁核算工字钢的强度和挠度，计算简图如图 7—62 所示。

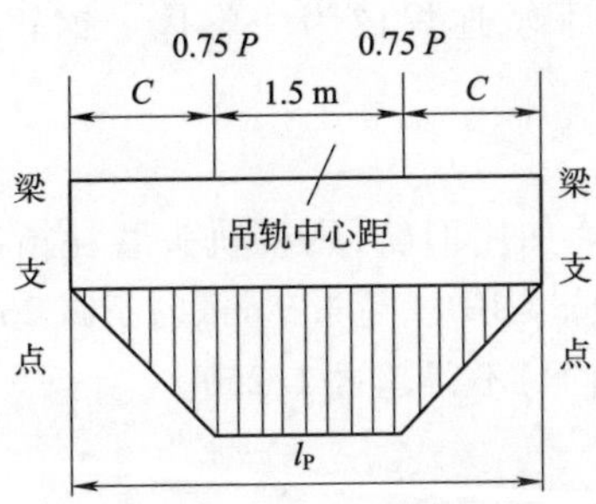

图 7—62　横梁计算简图

$$M_{\max} = 0.75P \cdot C \tag{7—79}$$

$$\sigma = \frac{M_{\max}}{W} \leqslant [\sigma] \tag{7—80}$$

$$f = \frac{0.75P \cdot C \cdot l_{\mathrm{p}}^2}{24E \cdot I}(3 - 4a^2) = \frac{P \cdot C \cdot l_{\mathrm{p}}^2}{32E \cdot I}(3 - 4a^2) \leqslant \frac{l_{\mathrm{p}}}{400} \tag{7—81}$$

式中 P——现行机车最大轴重,kN;

l_{p}——工字钢横梁计算跨度,cm;

C——轨顶中心至横梁支点处的水平距离,cm;

W——工字钢横梁截面抵抗矩,m;

$[\sigma]$——工字钢的容许应力,取 170 MPa;

I——工字钢横梁的惯性矩,cm^4;

E——工字钢的弹性模量,取 2.1×10^5 MPa;

a——系数,$a = C/l_{\mathrm{p}}$。

(三)防止线路横移及高度调整

由于顶进桥涵顶面与线路设备间的摩擦,顶进过程中有可能产生线路横移现象,因此必须采取相应的措施加以防止。当线路为路堤时,在施顶箱涵的一侧每隔 3 ~ 5 根横梁安装一组卷扬机及滑轮组将线路拉紧。若线路与地面大致等高时,可在箱涵顶进方向的对侧,设置板桩地锚,用木撑杠将线路及横梁顶住,效果较好。

在顶进中,由于箱涵高程的变化,以致箱涵带动土体使轨面高程变化。为随时调整,在横梁枕木间用 1 ~ 5 cm 厚木板垫塞,槽钢与箱涵顶板间也垫以木楔。

四、轨束梁加固法

轨束梁适用于将线路架空后,短期能竣工的工点。一般最大跨度以不超过 6 m 为宜。

(一)轨束梁的构造

根据梁的跨度及机车轴重不同,轨束梁可以做成单层、双层及焊接轨束梁等几种。

单层轨束梁每束由 2 ~ 9 根轨组成,轨数在 4 根以上,应将轨梁上下交错分置。但此时必须将钢轨拧紧在一起以保证上下轨底面在同一水平上。通常用角钢与结合螺栓将钢轨夹紧。轨间空隙用木块填塞 。

双层轨束梁夹紧形式与单层相同,只是将轨束梁集中排成两层 。

焊接轨束梁主要是为了提高轨束梁承载能力。它是将每两根钢轨底面间加一块 12 mm × 160 mm的焊接板,使上下轨连焊成为一整体。钢轨焊接必须在工厂进行以保证质量。

(二)轨束梁的计算

轨束梁可采用新轨或旧轨。如用旧轨,则视轨头磨耗情况,将其容许最大跨度加以折减。当轨头磨耗在 5 ~ 9 mm 时折减 10% ,超过 9 mm 时折减 20% 。钢轨容许应力为 170 MPa,轨束梁的最大挠度(静活载作用下)不得超过 1/250。

1. 钢轨的几何特性

钢轨的几何特性如图 7—63,有关参数见表 7—20。

表 7—20　钢轨截面几何性质

轨　型	质量(kg/m)	尺寸(mm)				面积(cm^2)	J(cm^4)	$W_1=\frac{J}{Z_1}$	$W_2=\frac{J}{Z_2}$
		H	b	B	d				
中 38	38.1	135	60.5	118	13	48.6	1 182	164	188
P38	38.7	134	68	114	13	49.4	1 203	179	180
P43	43.6	140	70	114	13.5	55.7	1 472	206	215
P50	51.5	152	70	132	15.5	65.8	2 037	251	287

2. 计算简图及设计荷载

假设跨中全部悬空,按简支梁计算。荷载分恒载与活载两种。临时结构取永久性结构活载冲击系数的 50%,见图 7—64。

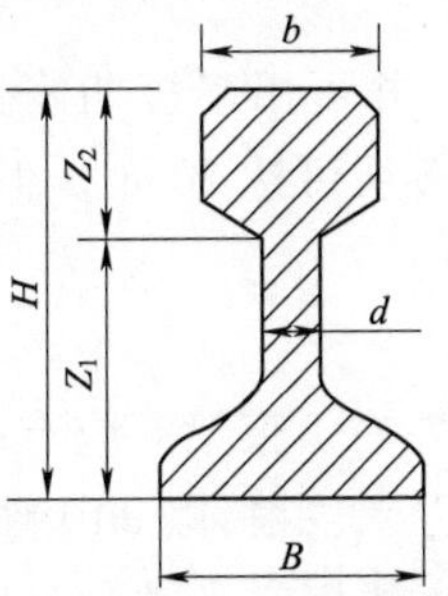

图 7—63　钢轨几何特性

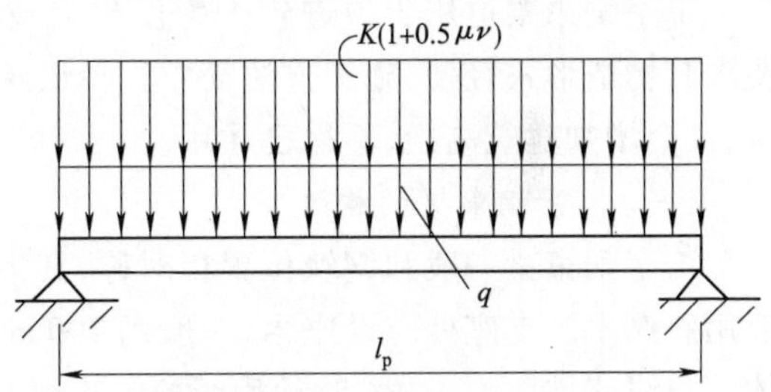

图 7—64　轨束梁计算图式

恒载:q

桥面重按 60 kN/m 计,轨重按实际采用的轨型及轨数计算,取两者之和。

活载:$K(1+0.5\mu v)$

式中　K——换算均布荷载,按影响线图形(求跨中弯矩或跨端剪力)、现行机车类型及 l_p 查《桥梁设计通用资料》或有关手册而得。

$1+0.5\mu v$——冲击系数,对钢梁经试验有

$$\mu=\frac{28}{40+l_p} \tag{7—82}$$

式中　v——列车限速时冲击力折减系数,$v=\frac{v}{2v_{kp}-v}$;

v——限制速度,km/h;

v_{kp}——机车临界速度:$\frac{1\,250}{l_p}+v\leqslant 80$ km/h;

l_p——计算跨度,m。

恒载弯矩:
$$M_p=\frac{1}{8}ql_p^2 \tag{7—83}$$

活载弯矩:
$$M_h=\frac{1}{8}Kl_p^2(1+0.5\mu v) \tag{7—84}$$

总弯矩:
$$M=M_p+M_h \tag{7—85}$$

3. 校核强度及挠度

强度条件：$M = n \cdot W \cdot [\sigma]$ (7—86)

式中 n——钢轨根数；

W——钢轨截面模量，cm^3；

$[\sigma]$——钢轨容许应力，取 170 MPa。

挠度条件：$f = \dfrac{5K \cdot l_p^4}{384E \cdot J \cdot n} \leqslant \dfrac{l_p}{250}$

式中 E——钢轨弹性模量，MPa；

J——钢轨惯性矩，cm^4；

其余符号同前。

五、工字钢束梁加固法

工字钢束梁适用于顶进较大跨度框架桥时的架空线路，并可用于短期修复桥跨结构。要求其构造形式轻便，施工方法简单。单层跨度可达 15 m，多层可达 20 m 。但多层需要焊接，又会增加建筑高度，不得已才用。

（一）工字钢束梁的构造

工字钢束梁一般和钢轨位置相对称，其中心距为 1.5 m 左右。束梁间应有纵横联结，一般用斜撑木。支座处应设座木，一般用 200 mm × 200 mm 的方木二根，以 ϕ19 螺栓串联成整体。当线路坡度大于 4‰时须用螺栓将束梁与座木扣牢，座木再固定于墩台上。

（二）设计与计算

工字钢束梁的计算简图和内力计算与轨束梁基本相同，也按简支梁计算，考虑恒载及活载，活载冲击系数计算方法也与轨束梁一样。

1. 检算跨中抗弯及端部抗剪强度（假定端部剪力全由腹板承受）

（1）抗弯

$$\sigma = \frac{\sum M}{W} \leqslant [\sigma] = 1\,700\ \text{MPa} \quad (7—87)$$

式中 $\sum M = M_p + M_k$

$M_p = \dfrac{1}{8} P_1 l_p^2$，kN · m/线；

$M_k = \dfrac{1}{8}(1 + \mu v) K l_p^2$，kN · m/线；

P_1——每米梁重 + 桥面重，kN/m；

K——换算均布活载（跨中弯矩）；

l_p——计算跨度，m；

其余符号及求法同前。

（2）抗剪

$$\tau = 1.5 \frac{\sum V}{hd} \leqslant 0.75[\sigma] = 127.5\ \text{MPa} \quad (7—88)$$

式中 $\sum V = V_p + V_k$

$V_p = \frac{1}{2}P_1 l_p$,kN/线；

$V_k = \frac{1}{2}(1 + \upsilon\mu)K' l_p$,kN/线；

K'——换算匀布活载,按支座剪力影响线图形查有关手册；

h——工字钢束梁高,cm;

d——工字钢束梁腹板厚,cm。

2. 检算腹板与翼缘接触处的支承应力

$$\sigma = \frac{\sum V}{bd} \leqslant 1.5[\sigma] \quad (7\text{—}89)$$

式中　b——工字钢束梁支承宽度,cm。

3. 验算挠度

$$f = \frac{5K \cdot l_p^4}{384E \cdot J \cdot n} \leqslant \frac{l_p}{400} \quad (7\text{—}90)$$

式中各符号及求法同前。

由于束梁两端支承处腹板压应力较高,有可能失稳而局部弯曲,应按压杆稳定验算:

$$\sigma = \frac{\sum V}{\left(b + \frac{n}{4}\right)d \cdot \varphi} \leqslant [\sigma] \quad (7\text{—}91)$$

式中　φ——纵向挠曲允许应力折减系数,按腹板最小回转半径及受压自由长度(0.7h)查《桥规》表而得。

六、便梁加固法

对于软土地基较大型地道桥顶进,铁路干线地段应采用低高度便梁进行线路加固,常用的低高度便梁有 D16 m 和 D24 m,列车慢行限速为 45 km/h。

(一)D 型施工便梁的设计技术特性

(1)D 型施工便梁采用下承板梁结构,按铁路“中—活载”和“建限图 7—66”限界进行设计。

(2)梁部结构设计应力按车速 60 km/h 计算,活载冲击折减系数取 0.545。

(3)纵横梁的竖向弹性挠度不超过跨度的 1/400。

(4)纵横梁和连接板等主要受力构件的钢材采用 16 锰钢,其余为 Q235 钢,便梁制作全部采用电焊,工地连接采用精制螺栓。

(5)D 型便梁取消桥枕,把钢轨直接搁置在横梁上,这样可较大地降低轨底到纵梁底的建筑高度,故 D 型施工便梁属于低高度便梁。

(6)曲线上使用便梁时,曲线外轨超高如小于等于 100 mm,便梁利用支墩横向坡度以满足外股钢轨超高值。

(7)施工便梁纵梁采用箱形梁,横梁采用工字形断面,梁底设斜拉杆连接,结构稳定可靠。

(8)为了适应和调节轨底到箱顶的高度,D16 型便梁把纵梁的位置分为“高位”和“低位”两挡,D24 型便梁把纵梁分成“高位”、“中位”、“低位”和“最低位”四挡。

(9)在直线上 D 型便梁定位线与既有线中线重合,单线时亦与横梁中线重合,在曲线上便梁定位线按通常的平分中点布置。

(10)在自动和半自动闭塞线路区段,施工便梁采用尼龙绝缘垫把钢轨与横梁进行绝缘隔离。

(二)便梁的型号及适用范围

1. D 型施工便梁的构件和主要尺寸

D 型施工便梁的型号按设计跨度分类有 D12、D16、D20、D24 共四种,最常用的是 D16 和 D24。

D 型施工便梁为下承式板梁,由纵梁、横梁、牛脚、连接板、挡砟板、斜拉杆、横梁安装辅助定位角钢、钢轨扣件和各种联结零件组成,其主要尺寸如表 7—21 所示。

表 7—21　D 型施工便梁主要尺寸表

<table>
<tr><th rowspan="2">型号</th><th rowspan="2">跨度(m)</th><th rowspan="2">全长 L(m)</th><th colspan="3">纵梁尺寸(mm)</th><th colspan="4" rowspan="2">轨底至梁底高度 H(m)</th><th colspan="4">纵梁尺寸(mm)</th></tr>
<tr><th>中心距 B</th><th>高度 e</th><th>宽度 d</th><th>中心距</th><th>高度</th><th>宽度</th><th>长度</th></tr>
<tr><td>D12</td><td>12.06</td><td>12.40</td><td>4 400</td><td>720</td><td>420</td><td colspan="2">0.235</td><td colspan="2">0.385</td><td>670</td><td>210</td><td>200</td><td>3 960</td></tr>
<tr><td>D16</td><td>16.08</td><td>16.40</td><td>4 400</td><td>900</td><td>420</td><td colspan="2">0.415</td><td colspan="2">0.585</td><td>670</td><td>210</td><td>200</td><td>3 960</td></tr>
<tr><td>D20</td><td>20.10</td><td>20.48</td><td>4 460</td><td>1 200</td><td>480</td><td>0.275</td><td>0.425</td><td>0.575</td><td>0.725</td><td>670</td><td>212</td><td>200</td><td>3 960</td></tr>
<tr><td>D24</td><td>24.12</td><td>24.50</td><td>4 460</td><td>1 300</td><td>480</td><td>0.375</td><td>0.525</td><td>0.675</td><td>0.825</td><td>670</td><td>212</td><td>200</td><td>3 960</td></tr>
</table>

2. 施工便梁的选用

根据顶进箱体的宽度、线路状况、土质条件及施工安全、便梁来源等综合因素来确定。采用何种跨度型号的施工便梁,再按现场线路情况,对照便梁“现场组装设置图(或设置表)”选择便梁的布置方式。一般尽可能采用“高位架设”(即轨底至梁底高度最小),若线间距不够,则应先拨道加宽,以满足铁路限界要求。

3. 施工便梁适用范围

D 型施工便梁适用于直线和曲线半径 $R \geqslant 400$ m 的单线或复线地段,复线地段根据便梁不同跨度和不同曲线半径,还应满足相应的线间距 S 的要求。另外,便梁的轨底至梁底的建筑高度 H 应满足箱体顶进对净空的要求,适用的钢轨类型不轻于 43 kg/m。

(1)D16 型施工便梁

直线地段:单线及双线 $S \geqslant 4.00$ m 均能使用。对单线及双线 $S \geqslant 4.40$ m 时,H = 415 mm(高位);对双线 $S = 4.00 \sim 4.40$ m 时,$H = 565$ mm(低位)。

(2)D24 型施工便梁

直线地段:单线、双线 $S \geqslant 4.51$ m 均能使用。对单线及双线 $S \geqslant 4.81$ m 时,$H = 375$ mm(高位);对双线 $S = 4.51 \sim 4.80$ m 时,$H = 825$ mm(最低位)。

曲线地段:$R \geqslant 400$ m 的单线及 $R \geqslant 400$ m 的双线且 $S \geqslant 4.51$ m(另要考虑曲线间距的加宽)均能使用。对单线 $R = 400 \sim 800$ m 及双线 $R = 400 \sim 800$ m 且相应 $S = 4.94 \sim 4.74$ m 时,$H = 825$ mm(最低位);对单线 $R = 800 \sim 900$ m 及双线 $R = 800 \sim 900$ m 且 $S \geqslant 5.04$ m 时,$H = 675$ mm(低位);对单线 $R \geqslant 900$ m 及双线 $R = 900 \sim 4\,000$ m,且 $S = 4.9 \sim 15.04$ m 时,$H = 375$ mm(高位)。

(三)便梁布置的计算方法

低高度施工便梁的布置架设要受铁路限界、既有线间距、曲线半径及超高等因素的影响，现介绍以曲线地段布置方式的计算方法，其计算步骤如下：

1. 纵梁顶的高度 H'

H'与便梁的型号、纵梁布置所采用的高、低位和钢轨的类型有关，具体按下式计算：

$$H' = e - H - h' \tag{7—92}$$

式中　H'——纵梁顶到轨顶高度，mm，如图 7—65 所示；

e——纵梁高度，mm，查表 7—21；

H——轨底至梁底的高度，mm；

h'——钢轨高度，mm。

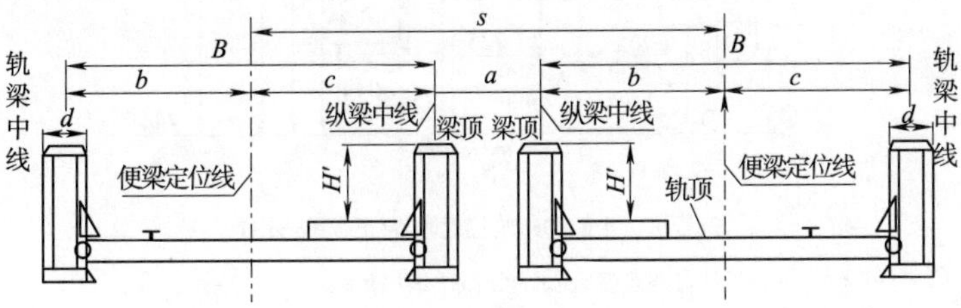

图 7—65　双曲线地段 D 型便梁横断面布置图

从 D 型施工便梁设计图上可查得纵梁顶到轨顶的高度 H'（此值系以 43 kg/m 新轨为准），其中 D12、D16 型便梁有高位和低位 2 种纵梁布置方式，即对应的 $H_1' = 335$ mm 和 $H_2' = 185$ mm。而 D20、D24 便梁有最高位、中位、低位和最低位 4 种布置方式，即对应的 $H_1' = 785$ mm、$H_2' = 635$ mm、$H_3' = 485$ mm、$H_4' = 335$ mm。现在既有线上的钢轨基本上是 60 kg/m（轨高 176 mm）和 50 kg/m（轨高 152 mm）。若仍采用设计图上的 H'（按 43 kg/m 钢轨，轨高 140 mm）计，虽对限界横向尺寸值的确定无影响，但对计算的曲线内侧加宽值有影响，故应将设计图上的 H'值减去相应的钢轨高差，即可与式（7—92）的计算结果相一致。

2. 横向限界值 A

根据 H'值可从“直线建筑接近限界图（图 7—66）”中查得相应横向限界值 A。

3. 外轨超高 h

根据曲线半径 R（m）、行车速度 v（km/h），求得外轨超高 h（mm）：

$$h = 11.8 \times v^2/R \tag{7—93}$$

D 型施工便梁的设计行车速度为 60 km/h，但实际上很难做到，特别在软土地基上，受支墩沉降、便梁钢结构本身的缺陷和施工管理素质等诸多因素的影响，根据规定限速为 45 km/h。

4. 中点 E

根据曲线半径 R（mm）和 D 型便梁全长 L（m），可计算得中点 E（mm）：

$$E = 1\,000R - 1\,000[R^2 - (L/2)^2]^{1/2} \tag{7—93}$$

5. 曲线内、外侧加宽 $W_{内}$、$W_{外}$

根据曲线半径 R（mm），外轨超高 h（mm）和 H'（mm）值，可求得曲线内、外侧加宽 $W_{内}$（mm）、$W_{外}$（mm）。

$$W_{内} = 40\,500/R + H/1\,500 \times h$$

$$W_{外} = 44\,000/R$$

6. 便梁定位线支墩纵梁中心线的距离 b、c

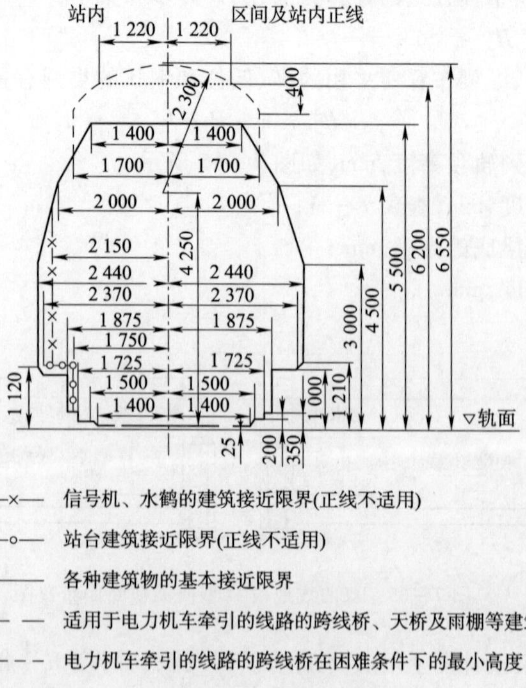

图 7—66　直线建筑基本限界图(单位:mm)

由 A、E、$W_{内}$、$W_{外}$ 可得便梁定位线支墩纵梁中心线的距离 b、c 值,见图 7—67。

$$b = A + E/2 + d/2 + W_{内} \tag{7—95}$$

$$c = A + E/2 + d/2 + W_{外} \tag{7—96}$$

式中　d——D 型施工便梁的单片纵梁宽度,mm。

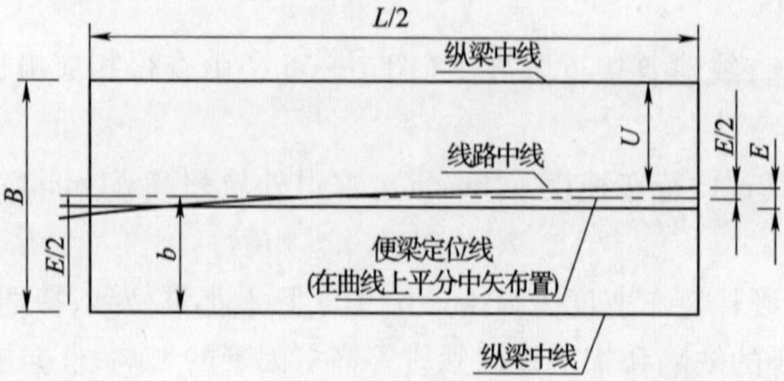

图 7—67　曲线地段 D 型便梁半平面布置示意图

7. 确定上述计算结果是否可付诸实施

应用时满足以下 3 个条件,才可按上述计算结果进行便梁布置。

(1)曲线外轨超高 $h \leqslant 100$ mm,取行车限速 $v = 45$ km/h,由式(7—93)可得 $R \geqslant 11.8v^2/100 = 239$(m),既有线的半径一般都能满足此要求,故不受其控制。

(2)计算所得便梁定位线至两片纵梁中心线的距离不能超出便梁本身尺寸限制。

即

$$b + c + 50 \leqslant B \tag{7—97}$$

式中　B——两片纵梁的中心距,mm,查表 7—21;

50——便梁部件及施工误差,mm。

(3)既有双线线间距限制,即

$$b + c + a \leqslant S \tag{7—98}$$

式中　a——两线相邻两片纵梁的中心距,mm,$a = d + 400$(mm),其中 100 mm 为便梁部件;

S——既有双线的线间距,mm。

若上述后两条不能满足要求时,则可减小 H' 值或拨道加大线间距 S 值。若现场允许采用较小跨度便梁时,则重新计算布置方式。

第八节　顶 进 作 业

箱形桥顶进施工的程序为:试顶→调整→挖土顶进→顶进就位→拆除顶进及加固设备→恢复线路。顶进作业一旦开始应连续施工,各工序间应密切协调配合,并采取施工及铁路营运的安全措施。

一、准备工作

1. 线路加固的检查

顶进工作的顺利进行,首要条件是保证铁路行车的安全,因此在开顶前必须对线路加固的质量进行检查。如加固是否符合设计图纸的要求,加固部件有无侵入限界的情况,加固扣件是否有松动脱落,工字钢与既有线钢轨接触处的绝缘是否良好等等,都必须引起施工人员的足够重视。

2. 顶进设备的检查

顶进设备主要是高压油泵、千斤顶和顶铁。安装前应加以整修并做压力试验。油压管路安装完毕后,要进行试运转,检查压力能否达到规定标准,油管是否漏油,顶铁的长短规格、数量配置是否符合施工要求。

3. 箱涵外表的润滑处理

对桥体结构和后背应进行全面检查,验收桥体和顶面保护层混凝土强度应达到设计要求。箱涵外表涂以石蜡及机油(4:1)熬制而成的润滑剂。熬制温度夏季为 120 ℃ ~150 ℃,冬季为 150 ℃ ~180 ℃,趁热涂刷,使其渗入混凝土孔隙内以保证不易擦掉或剥落以减少摩阻力和加强混凝土的防水性能。

4. 降低地下水位

地下水处理不当必然给施工增加许多困难。尤其在顶进中,因基底土壤被水浸泡变软而造成箱涵下沉或严重坍方,甚至影响铁路安全和工程质量。因此,当箱涵底板处在地下水位以下时,必须采取降水措施。在箱涵顶进中,按规定地下水位应降至箱涵底面以下 0.5 ~1.0 m,严禁带水作业。

5. 故障处理措施及材料的准备

"扎头"是桥涵顶进中较普遍出现的问题,在软土地基尤为严重,因此要求预先拟定处理措施。一般可以选用的有:换填土壤、打短木桩加固土壤、铺设预制钢筋混凝土板或废钢筋混凝土轨枕等,根据选用的方法准备好所需要的材料。

6. 安装观测仪器

为检查箱涵是否在顶进中按预定位置走行,千斤顶每顶进一个行程应用仪器测量箱涵的中线位置与水平高差,以便及时采取调整措施。

7. 启动试顶

箱涵启动是使其与滑板分离,也是对顶进设备及后背的一次检验。桥体开始启动,即开始不切土的空顶,空顶时顶力一般较小,在没有使用减阻措施的情况下约为箱涵自重的20%~40%。启动时,油泵应逐渐加压,每次升压后还要稳定10 min,并对设备及滑板、后背梁等发生的裂缝情况,进行检查。升压大小及间隔时间可按表7-22进行。

表7—22　升压大小及间隔时间

设计起动顶力(%)	30	50	70	90
累计时间(min)	20	40	50	60

在加压过程中,如发现油压突然下降,则表明箱涵已与滑板脱离。倘若在起动顶力的作用下,发现后背的变形与设计顶力出入较大,则应立即采取加强措施,以避免在顶进中后背破坏,造成施工上的困难。

箱涵起动后,开始为不切土的空顶,但此时需要注意控制好箱涵顶进的方向,切不可麻痹大意,以免产生较大偏差造成纠正困难。顶进桥涵施工在做好各项准备工作后,应以最短时间顶完,组织快速施工,为此要求做到:

(1)合理安排施工工期,要尽量避开雨季和冬季。因为雨季增加顶进困难,而冬季不但要增加防寒保温费用,而且工程质量也不易保证。

(2)做好施工组织计划。根据实地调查情况,研究施工方案,布置施工场地,编制出详细的施工组织计划。

(3)挖、运土工序与顶进密切配合,措施得当,组织合理。

(4)加强组织指挥,及时解决设备、技术问题。

二、顶进施工作业

开镐顶进是现场顶进工作的中心环节,每次开镐前应检查油泵等液压系统有无故障,挖土部位及尺寸是否符合要求,顶铁安装是否合格和后背变形情况有无发展等。这些方面倘若有一个环节发生问题,都会给顶进带来困难,甚至造成事故。

顶进工作的过程是:当前方刃脚处挖土完成一个顶程后,即开动高压油泵,使千斤顶产生顶力,通过传力设备(顶铁、顶柱),借助于后背的反作用力,推动箱涵前进。箱涵前进后,用拉镐将千斤顶活塞拉回复原(如用双作用千斤顶时则可自动回镐),然后在空挡处填放顶铁,以待下次开镐。如此循环往复,直至箱涵就位,顶进结束。

顶进应利用列车运行的间隙进行。为了保证安全,应在顶进施工人员和线路防护人员之间,临时安装电话、电铃和信号灯等。规定一定的联络办法,以密切配合,步调一致。

(一)试　顶

试顶是箱桥顶进施工必不可少的步骤,它可以检验顶进设备液压系统是否正常有效,后背是否稳固可靠,测得箱身启动顶力数值等,以利改进调整,为更主动地把握后续顶进作业做到心中有数。

(二)挖运土

框架桥涵的顶进速度主要取决于洞内的挖、运土速度。故应尽可能为挖、运土创造条件,提高效率。由于箱涵高度一般在6 m左右,故人工挖土宜分成上下两层进行,即在箱涵内设置挖土平台——中间平台。

中间平台的构造可分为钢质和木质两种。采用钢质平台,可直接安装在箱涵的预埋螺栓上;采用木质平台时,则安装在箱涵的端部侧墙预埋螺栓固定的型钢上。平台的主要设计荷载为:在平台上的作业人员和工具重量,并考虑堆放少量弃土等,按简支梁计算。

跨度较大的箱涵为了增加平台的跨度,应设置中柱或支架。当使用机械挖土时,可不设置中间平台。

以下为顶进开挖操作要求。

(1)挖土应在列车运行的间隙时间内进行,每米工作面上宜布置1~2人;每次掘进尺应根据土质情况决定,一般约为20~50 cm,在松散的或软塑性的土层中顶进严禁超挖,必须保证刃脚切入土层不少于10 cm。切土顶进有利于顶进方向的控制。

(2)按照侧刃脚坡度及规定的进尺应由上往下开挖,侧刃脚进土应在0.1 m以上。开挖面的坡度不得大于1:0.75,并严禁逆坡挖土,不得超前挖土,严禁扰动基底土壤。挖土时应掌握土坡的平整,并保持与刃脚坡度一致,或根据路基土质情况选用适当坡度,严禁出现倒坡,以保安全。

(3)列车通过时不得挖土。又如发现机械设备有故障不能顶进时,亦应立即停止挖土。

(4)挖土工作必须与观测工作紧密配合,根据箱身顶进时的偏差情况,随时改进挖土方法。有条件的地方可以采用小型挖土机械挖土,以提高速度。运土一般最好用小型卡车从洞内装土、运土,最好直接装卸,避免倒运。

(5)挖上方土时,工具不得接触钢轨,防止联电干扰铁路信号。

(三)安装顶铁(顶柱)

(1)为保证顶柱的受压稳定,一般在顶柱与横梁间用螺栓拴牢,并每隔8 m设横梁一道,使传力较均匀及增加顶柱横向稳定。

(2)每行顶铁与千斤顶应保持一条直线,并与后背梁垂直,各行长度要力求一致,有缝隙时要用铁片塞紧,预防因受力不均而损坏失稳。

(3)顶铁数取决于总顶力与顶铁(柱)的允许顶力,必须有一定的安全储备。

(四)接长车道

(1)为保证挖掘出的土方能及时运出箱身,以保证顶进作业的连续性,运土一般采用活动车道。

(2)活动车道一般为型钢与钢板组成,也可以采用两个木垛上铺设方木组成车道。固定在箱涵底板上,可在顶进中随箱身一同前进。

(五)多箱身顶进处理

(1)按照预先设计的顺序逐一进行箱身顶进。

(2)首孔箱身顶进后要转移便梁,往往把该箱身作为箱身支墩,在箱顶面便梁支承处灌注箱身混凝土时,预先按设计要增加分布钢筋,在箱内线路轨底相应位置接设二根钢支撑(每根钢支撑承受轴底压力不小于100 kN)。

(3)要补做两箱间侧面防水层。

(4)由于进入路基后,单侧承受压力,两箱会贴紧甚至会顶裂箱身,应及时增设隔离钢圆棒,直径为设计间距,上端焊在圆形铁板上,放置在两箱体之间顶进方向自行滚动。

(六)顶进作业注意事项

(1)当箱体底板挖土完成一进尺长度时,开动高压油泵使千斤顶受液压力而产生顶力,推动箱身前进,通常每一冲程 200 ~ 500 mm。当千斤顶已到限位时,控制操作系统把活塞退回原位,在空挡处增放顶铁,以待下次开镐。循环往复,直至就位。

(2)开始顶进应连续作业,不能中途停顿间歇。每次开镐前及交接班时都应检查油泵等液压系统有无故障,挖土是否符合要求,顶铁、顶柱、横梁安装是否合格,后背变形等情况。任何环节出问题都会影响顶进工作。

(3)根据土质情况和顶力增长趋势来控制刃脚切土深度,正常情况下底板上部要保留 30 ~ 50 cm 的原状土。

(4)顶进时,顶柱和后背处严禁站人,以防顶柱崩出或后背发生意外危及安全。

(5)顶进时每镐都要测定箱身标高和方向偏差情况,并与设计值比较,画出偏差曲线,判定偏离趋势,及时采取措施进行调整,避免盲目顶进,大起大落,造成无法挽回的缺陷。

(6)顶进过程中应做好记录,并根据记录绘制顶力和箱位偏差曲线,以利分析总结,不断改进提高。

三、测量监测

为了准确掌握箱涵顶进的方向和高程,应在箱涵的后方设置观测点以观测箱涵顶进时中线和水平偏差。观测点应离后背稍远,以免后背变形影响观测仪器的稳定,在箱涵洞内四个角上进行高程测量。顶进方向偏差的观测可在箱涵一侧的前后端各设一个标尺进行。为观测顶进中后背的变形情况,可在后背梁两端设立标尺,进行后背变形观测。

测量工作对箱涵顶进很重要,必须每顶一镐测量一次高程和左右方向偏差,并做好记录,以便及时纠正偏差,保证顶进顺利进行。

(一)监测方案的编制

1. 箱桥顶进施工概况

(1)箱体结构尺寸(长、宽、高)、重量、顶进坡度、顶进距离等;

(2)箱顶离便梁纵梁间距、离开支墩距离、拉槽尺寸等;

(3)多箱体顶进顺序、箱身间距、顶进日程计划等;

(4)箱桥顶进允许误差目标。

2. 监测目的和项目

(1)监测目的

①确保箱身顶进不偏离轴线,发现偏差及时纠正;

②确保箱身高程符合设计要求,控制在目标值内;

③确保箱身顶力变化在设计最大顶力范围内。

(2)监测项目

①轴线方向监测;

②高程水平监测;

③顶力系统监测。

3. 测点布置和埋设

顶进控制测量如图 7—68 所示。

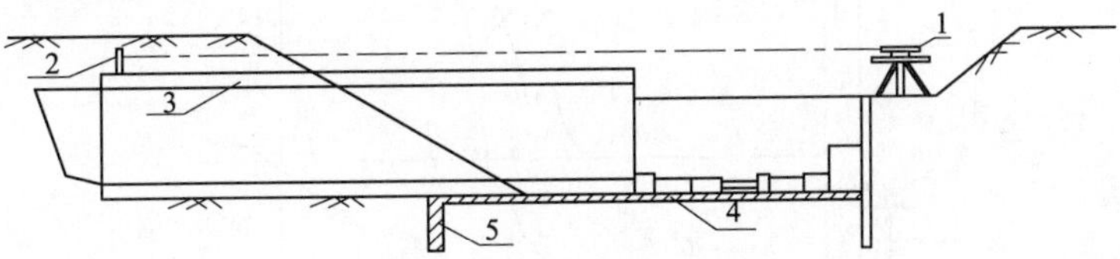

图 7—68　顶进控制测量

1—经纬仪;2—接收靶;3—箱体;4—滑板;5—门槛

在箱身前端墙轴线处设置固定的接收靶,接收靶用厘米方格纸组成,如图 7—69 所示。顶力从油泵压力表读取,经计算获得。

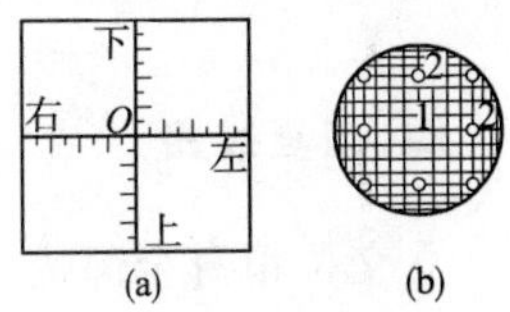

图 7—69　接收靶

4. 监测的实施

(1)使用的经纬仪、水平仪或激光经纬仪等应经过检验并具有合格证;

(2)应制定人员安排和组织落实措施;

(3)监测频率:箱身的水平、方向及顶力每顶进一镐监测一次,每次监测数据记录表内。

(二)监测的报警值

1. 水平:每镐偏差超过 10 mm 累计超过 50 mm。

2. 方向:每镐偏差超过 10 mm,累计超过 50 mm。

3. 顶力达到设计最大顶力的 80% 时,在顶进过程中箱身在方向或高程上出现误差时,应及时掌握后续进展、趋势,采取相应措施进行纠偏,防止超过报警值后再进行处理。大起大落的纠偏会使箱身处于不均匀受力状态,影响箱体使用质量,故应尽力避免。

4. 顶进方向偏离曲线、顶进高差曲线、顶力变化曲线分别如图 7—70 ~ 7—72 所示。

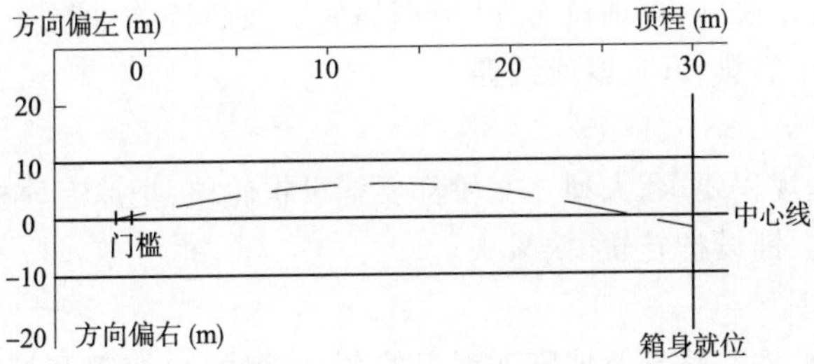

图 7—70　顶进方向偏离曲线

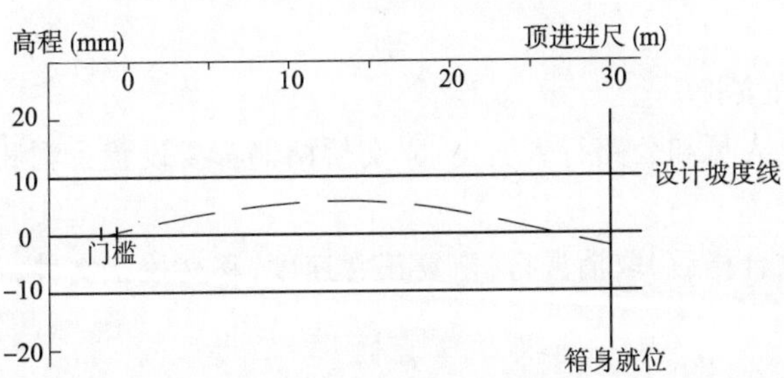

图 7—71　顶进高差曲线

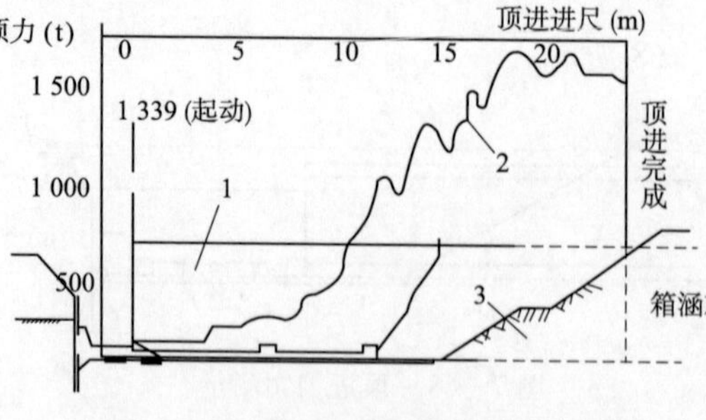

图 7—72　顶力变化曲线

1—桥体浇筑位置;2—顶力曲线;3—路基

四、恢复线路

立交桥箱身全部按设计顶进就位后,要做好以下各项工作,才能恢复线路、办理交接。

1. 填塞箱身间隙

多个箱身顶进就位后,箱间留下空隙应用 C15 细石混凝土灌满捣实。顶面应高于箱顶 3 ~ 5 cm 并向两侧作泄水坡,这样可以避免箱间积水,预防出现端墙渗漏、冒吐白浆现象。

2. 斜交时设过渡段

箱身与线路斜交时,线路上铺设的轨枕一端着力于箱身,另一端着力于回填的砟土上,由于软硬不一,开通后线路易出现三角坑、列车摇晃,造成病害。为此应在加固设备拆除之前,用浆砌片石砌筑台阶式过渡段。一般深度不少于 2 m,坡度不陡于 1:1.5,台阶式布置。

3. 拆除施工便梁

在箱体顶部先铺设底砂,再铺设石砟,串镐捣实。按拆除作业顺序卸螺栓扣件,解体便梁抽出横梁,吊装运走纵梁,开通既有线路。

4. 铺设护轨

按铁路技术管理规程要求,大型立交桥都要铺设护轮轨,把原有轨枕更换为带有护轮轨孔的钢筋混凝土轨枕,铺设护轮轨、铁梭头。

5. 浇筑电缆槽道

箱桥顶进施工前,铁路路基及坡脚下埋设的各种管线、电缆都开挖出来,暂绑扎在便梁或临时支架上。顶进施工结束后,应抓紧浇筑电缆槽道,及时使各种电缆归位,防止电缆被盗、损坏。

6. 箱桥台帽栏杆安设

为确保铁路作业人员和公路行人安全,立交桥两侧都要设置台帽和栏杆。

7. 验收交接

桥上线路经验收合格后,取消慢行,恢复正常速度,移交竣工文件,与工务部门办理交接手续。

第九节 软土地基基底加固

软土主要是由天然含水率大、压缩性高、承载能力低的淤泥沉积物及少量腐殖物质所组成的土。

一、软土的类型、成因及分布特征

软土是在静水或缓慢水流环境下，经生物化学作用形成的以细粒土为主的近代沉积物。

软土广泛地分布在我国东海、黄海、渤海等沿海地区。如滨海相沉积的天津塘沽、浙江、温州、宁波等地；弱谷相沉积的闽江口平原；河滩相沉积的长江中下游、珠江下游、淮河平原，松辽平原等地区。在内陆平原及山区、软土则分布较为零散，主要的分布有湖相沉积的洞庭湖、洪泽湖、太湖，鄱阳湖周围和古云梦地区边缘地带，以及昆明的滇池地区、贵州六盘水地区的洪积扇和煤系地层分布区的山间洼地等。

二、软土的工程性质

1. 天然含水率大

软土的天然含水率一般大于液限，呈软塑或半流塑状态。液限一般在 40% ~60%，天然含水量大于 35%，饱和度大于 95%。

软土的天然含水率虽大于液限，但只要不被破坏扰动，仍可处于软塑状态。但一经扰动，土的结构受到破坏，将立即变成流塑状态。

2. 孔隙比大

软土的孔隙比大于 1.0，一般介于 1 ~2 之间，最大的可超过 2。

3. 透水性能低

软土的透水性能很低，渗透系数一般为 $10^{-6}\sim10^{-8}$ cm/s，这对地基排水固结不利，常使建筑物沉降延续时间加长。同时加载初期，地基土中常出现较高的孔隙水压力，影响地基承载力。

4. 压缩性高

软土属于高压流性土，压缩系数 $\alpha_{0.1\sim0.2}$，一般大于 0.5 MPa^{-1}，且其压缩变形大部分发生在竖向压应力 0.1 MPa 左右时。对工程的直接影响是建筑地基沉降量大。

5. 具流变性

软土在荷载持续作用下，压缩变形有随时间延长而增长的特性，这叫流变性。一般流变速度很小，每年仅几厘米，但持续时间很长，有的持续达数十年。在剪切力作用下，土体长期出现缓慢的剪切变形，这对建筑物地基的沉降有较大的影响，对建筑物的稳定性不利。

6. 抗剪强度低

软土的抗剪强度很低。不排水剪切时，$\phi=0°$，c 一般小于 20 kPa；排水固结条件下 $\phi=10°\sim15°$，$c=20$ kPa 左右。当然，抗剪强度的大小与施工加荷载的速度和排水固结条件有关。

三、软土地基顶进施工特点

围绕确保既有线行车安全和箱身顶进质量达标两大关键，软土地基地道桥顶进施工有以下特点：

(1)工作坑围护结构要更牢固，靠线路侧工作坑放坡应平缓，必要时进行加固；

(2)要验算后背能承受最大顶力，不够时进行加固或采取减少启动顶力的相应措施；

(3)对预制箱身的地基承载力进行核算，不能满足时应进行基底加固；

(4)软土地基应采用便梁进行线路加固，便梁应根据地基承载应力大小采取不同形式的支墩；

(5)线路下原有软土地基应进行适当的加固处理；

(6)为防止顶进"扎头"，应设置门槛并接长滑板；

(7)应适当增加箱身长度，或箱身和第一段U形槽同步顶进，避免开挖翼墙基础对线路边坡造成坍塌危险。

四、软土地基顶进施工作业步骤

承建地道桥工程后，应熟读设计文件，到现场详细调查核对；进行设计交底，领会设计意图；确定施工方案，编制施工组织设计，并与铁路设备管理单位和运输部门签订施工配合协议，然后才能动土开工。

五、软土地基加固

软土地基箱身基底土质持力层达到70 kN/m² 及以上的老路基，多年跑车已稳固无下沉，顶进的是单体箱身，重量远比挖出土体的重量轻，这种情况可不进行地基加固。

假若地下水位比较高，为防止基底含水量大受力振动外挤，可在箱体两端设封头桩墙，以确保箱体稳定。

(一)软土地基加固处理方式的选择

随着地基加固技术的不断发展，一些新技术已广泛应用到软土地基顶进施工的各个方面。目前软土地基加固的主要方法有：压预制桩、水泥搅拌桩和高压旋喷桩等。由于地质条件、既有线路状况不尽一致，应因地制宜，区别对待。

(二)静压力桩地基加固法

在软弱地基条件下，为了保证框架桥涵基底承载力要求，可以在桥涵基底设置钢筋混凝土预制桩，以提高地基承载力，防止因地基发生不均匀沉降造成框架桥破坏。

在框架涵内进行压桩，由于施工空间的限制，大型的静压力桩机不能使用，压桩设备需满足以下三个要求：满足压桩阻力的要求；不影响顶进开挖作业；便于操作，有压力量测装置。

1. 压桩设备的工作原理

静力压桩架在压桩孔对位、固定，安装好预制桩、千斤顶和反力梁，接通高压油泵的管路。开启高压油泵，千斤顶出镐，对预制桩施加向下的静压力，使桩体下移。压桩的反力由反力梁承受，并通过压桩架将反力传递给框架底板。桩体下移、千斤顶出镐到满镐后，关闭高压油泵进油阀，开启回油阀，液压千斤顶回油收镐，千斤顶靠自重下移，重新安装反力梁，继续压桩。

2. 压桩架设计

压桩架为压桩的反力装置，其各部结构首先要满足压桩反力的要求。根据《建筑地基处理技术规范》要求，取压桩阻力 $P=1.5R$。因设计单桩承载力 R 为 100 kN，压桩阻力应为 150 kN。现场制作时，考虑到地质的复杂性，压桩架应具有一定的安全系数，按照 300 kN 的压桩阻力进行压桩架设计。压桩架要操作简单，移动方便，为保证框架内挖、装土的工作面，压桩架尺寸不宜过大。

现场制作的压桩架为单桩压桩架，采用钢轨焊接而成，外轮廓宽 100 cm，长 120 cm，高 432.4 cm，由承力系统、提升系统和走行系统三个部分组成。其承力系统包括主体框架、反力梁和与框架底板锚栓联结的销钉等。

压桩架的提升系统包括电动葫芦、滑轮和滑道。可上下移动千斤顶，保证千斤顶的稳固和移动方便。安装在压桩架上的滑轮用于提升预制桩，便于预制桩安装就位。

压桩架的走行系统包括压桩架底板滚轴和倒链，将倒链安装在底板预埋锚栓和压桩架之间，人工拖动压桩架平移。

3. 静力压桩施工工艺及步骤

(1)单桩施工工艺

压桩架对位、固定→下节预制桩就位→落千斤顶→安装反力梁→开启油泵、压桩→将下节桩压至框架底板以上 0.3 m 位置→提升千斤顶→中节桩就位→接桩→将中节桩压至框架底板以上 0.3 m 位置→提升千斤顶→上节桩就位→接桩→将上节桩压至框架底板水平位置→安装传力柱→继续压桩至框架底板以下 0.5 m→填砂→压砂→压桩架移位。

(2)施工步骤

①用全站仪测量顶进距离及框架位置，当压桩孔到达设计桩位后，停止顶进，进行压桩施工；

②压桩架对位，在其底脚钢轨与框架底板预埋锚栓间穿入销钉，使压桩架与框架底板固结，防止移动；

③将预制桩运至压桩架下，用滑轮起吊就位，保持桩身垂直。将千斤顶下落到桩顶，在千斤顶和压桩架横撑间安装反力梁；

④开启高压油泵，千斤顶出镐，在静力作用下使桩位下移。千斤顶满镐后，关闭油泵，千斤顶回油、收镐，调整千斤顶和反力梁的位置，继续压桩。每节桩分三至四镐压到底板以上 0.3 m 位置，进行接桩；

⑤压桩时，技术人员应观测千斤顶压力、每镐的下压深度和时间，并认真做好记录；

⑥接桩采用焊接方式，用角钢将桩间预埋钢板焊接，连接成整体；

⑦上节桩压至底板位置时，安装传力柱送桩，将预制桩压至底板以下 0.5 m，拆除传力柱，然后在桩顶与框架底板之间填砂压实；

⑧压完一排后，将压桩孔用枕木封盖，防止压桩孔被土填实；

⑨开挖土方，继续顶进至下一排桩位置，复核桩孔位置符合设计后进行压桩；

⑩最后一排桩压桩完成后，将底板压桩孔周围凿毛，用同标号混凝土进行封孔。

4. 质量控制措施

(1)施工过程中严格控制压桩位置，随时观测压力表读数及压桩架各部位受力情况，防止意外发生；

(2)施工中按照要求抽取部分桩基进行承载力检测，确保压桩质量。

(三)高压旋喷桩地基加固法

20世纪以来，随着高压旋喷桩加固地基工艺的不断完善，经改进的矮型高压旋喷桩被引用到既有线施工便梁下进行地基加固施工。利用高压旋喷桩加固既有铁路线下框架桥箱身地基基础，发挥了旋喷钻机机械小巧、桩体强度高、对既有线路影响小的优点，有效地解决了框架桥在顶进过程中的“扎头”和工后变形、沉降现象，取得了较好的效果，已被广泛推广采用。

1. 高压旋喷桩加固形式

(1)顶进前先两侧加固，顶进到位后补桩

在进行便梁支墩基础高压旋喷桩加固的同时，对箱身两侧的地基进行加固，并适当加密，形成1～2 m宽的条状加固带，待支墩强度达到规定要求、便梁架设后可立即进行箱体顶进。顶进到位后再利用箱底预留的水垫预留孔进行高压旋喷桩补强。

在运输紧张、慢行时间受控制时，这种方法可较大地缩短工期。

(2)顶进前先进行箱底地基加固

加固的高压旋喷桩，纵向应与顶进方向一致，横排应与纵排垂直，桩间互相紧靠形成网状框架形结构，受力分布也比较均匀，有利于提高基底承压能力。

旋喷桩施工和凝固周期较长，对既有线运输干扰大。

2. 高压旋喷桩施工作业

(1)旋喷桩施工的材料、机具及作业条件

①浆液材料及配方

浆液材料以水泥为主要材料，加入不同外加剂后，可具有速凝、早强、抗冻等性能。采用新鲜无结块的42.5级普通硅酸盐水泥，一般泥浆水灰比为1:1～1.2:1之间。稠度过大流动缓慢易堵嘴，稠度过小则影响强度。为消除离析，可加入水泥用量3倍的陶土、0.9%碱。浆液宜在旋喷前1 h配制，使用前滤去硬块、砂粒等，以免堵嘴。

②喷浆量的计算

以单位时间喷射的浆量及喷射持续时间计算出浆量：

$$Q = H/v(1+\beta) \tag{7—99}$$

式中　Q——一根桩灌注浆液量，m^3；

H——旋喷长度，m；

v——旋喷提升速度，m/min；

q——泵的排浆量，m^3/min；

β——浆液损失系数，通常为0.1～0.2。

一般线下高压旋喷桩水泥注入量为土体的15%～35%。

③机具

高压旋喷注浆法主要机具设备为高压泵、钻机、浆液搅拌器等；辅助设备包括操纵控制系统、高压管路、材料储筒及各种阀门接头安全设施等。箱桥顶进地基高压旋喷桩钻机经过改造，其高度不超过2.5 m。旋喷施工常用主要机具、设备如表7—23所示。

表 7—23　旋喷施工常用主要机具、设备参考表

设备名称		规格性能	用　途
单管法	高压泥浆泵	(1)SNC-H300 型黄河牌压浆车 (2)ACF-700 型压浆车、柱塞式、带压力流量仪表	旋喷注浆
	钻　机	(1)无锡 30 型 (2)XJ100 型振动钻机	旋喷用
	旋喷管	单管、42 mm 地质钻杆旋喷直径为 3.2 ~ 4.0 mm	注浆成柱
	高压胶管	工作压力为 31 MPa、9 MPa，内径为 19 mm	高压水泥浆用
三重管法	高压泵	(1)3W-TB$_4$ 高压柱塞泵，带压力流量仪表 (2)SNC-H300 黄河牌压浆车 (3)ACF-700 型压浆车	高压水助喷
	泥浆泵	(1)BW250/50 型、压力为 3 ~ 5 MPa，排量为 150 ~ 250 L/min (2)200/40 型、压力为 4 MPa，排量为 120 ~ 200 L/min (3)ACF-700 型压浆车	旋喷注浆
	空压机	压力 0.55 ~ 0.7 MPa，排量为 69 m^3/min	旋喷用气
	钻　机	(1)无锡 30 型钻机 (2)XJ100 型振动钻机	旋喷、成孔用
	旋喷管	三重管，泥浆压力为 2 MPa，水压力为 20 MPa，气压为 0.5 MPa	水、气、浆成桩
	高压胶管	工作压力为 31 MPa、9 MPa，内径为 19 mm	高压水泥浆用
	其　他	搅拌管，各种压力、流量仪表等	控制压力流量用

注：(1)钻机的速度和提升速度根据需要应附设调速装置，或增设慢速卷扬机；

(2)三重管法选用高压泥浆泵、空压机和高压胶管等可参照表中所列规格选用；

(3)三重管法尚需配备搅拌罐（一次搅拌量 3.5 m^3）、旋转及提升装置、吊车、集泥箱、指挥信号装置等；

(4)其他尚需配备各种压力、流量仪表等。

④作业条件

a. 工程地质资料、钻孔柱状图及地质剖面图等各种参数齐全；

b. 经现场调查、室内配比试验旋喷注浆加固方案已拟定；

c. 根据估计喷射直径来选用喷射直径的 2 ~ 3 倍为宜；

d. 施工便梁下路基拉槽开挖深度为 3 m 左右，宽度按照设计要求及便梁允许开挖的条件来确定。

(2)施工准备

①高压旋喷桩试桩并选取施工技术参数；

②在 D24 施工便梁下面拉槽开挖土方，开挖深度为 3 m，宽度与框架箱身横截面尺寸相当，并按 1:1 放坡，如图 7—73 所示。

③高压旋喷桩钻机选用，其高度不超过 2.5 m，能适应在线路便梁底下进行旋喷施工作业。

(3)施工作业

高压旋喷桩施工工艺如下：

场地平整→测量定位→机具就位→钻孔至设计标高→旋喷开始→提升旋喷注浆、喷气、桩头复喷→旋喷结束成桩。

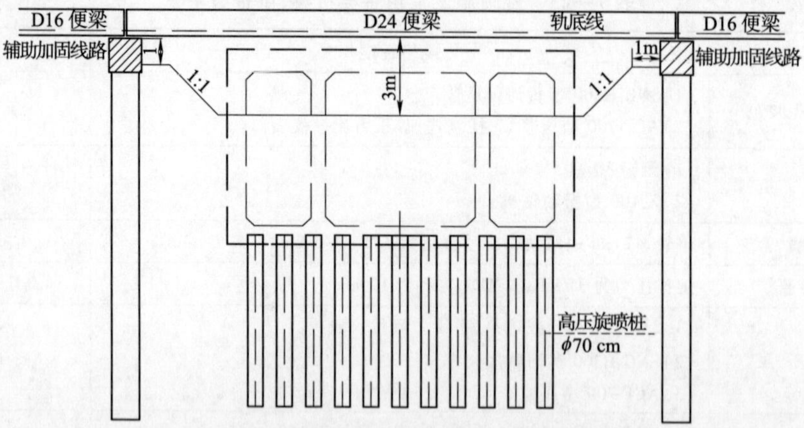

图 7—73　便梁下人工拉槽开挖土方断面图

①场地平整

在施工便梁下拉槽开挖后进行场地整平，清除桩位处周围的一切障碍物，并做好排浆沟。

②测量定位

使用钢卷尺和麻线根据桩距传递放出旋喷桩的桩位位置，用小竹签做好标记，并撒白灰标识，确保桩机准确就位。

③桩机就位

将钻机安置在设计孔位上，使钻杆头对准孔位中心，用水平尺和定位测锤校准桩机，使桩机水平、导向架和钻杆与地面垂直，倾斜度一般不得大于 1.5% 。为了保证桩位准确，必须使用定位卡，桩位对中误差不大于 5 cm。

④贯入注浆管

施工时，插管与钻孔两道工序合二为一，即钻孔完成时插管作业同时完成。在插管过程中，为防止泥砂堵塞喷嘴，高压水喷嘴边射水、边插管，水压力 0.5 ~ 1.0 MPa，每钻 2 m 接长一次钻杆，直至达到设计标高后停止钻进。

⑤浆液配置

高压旋喷桩的浆液，采用 P. O42.5 普通硅酸盐水泥配制，水泥浆液水灰比为 1:1，比重为 1.48。搅拌灰浆时，先加水，然后加水泥，每次灰浆搅拌时间不得少于 2 min，水泥浆应在使用前 1 h 制备，浆液在灰浆拌和机中要不断搅拌，直到喷浆前。喷浆时，水泥浆从灰浆拌和机倒入集料斗时要进行过滤筛，把水泥硬块剔出。水泥浆通过胶管送到旋转振动钻机的喷管内，最后射出。

⑥喷射注浆

在插入旋喷管前先检查高压设备和管路系统，设备的压力和排量必须满足设计要求。各部位密封圈必须良好，各通道和喷嘴内不得有杂物，并做高压水射水试验，合格后方可喷射浆液。

旋喷作业系统的各项工艺参数都必须按照预先设定的要求加以控制，并随时做好旋喷时间、喷浆量、冒浆情况、压力变化等的记录。

喷射时,先达到预定的喷射压力,原位旋转喷浆 60 s,待水泥浆与桩端土充分搅拌后,再边喷浆边反向匀速旋转提升注浆管,提升速度为 15 ~ 20 cm/min,直至距桩顶 1 m 时,放慢搅拌速度和提升速度(提升速度 10 ~ 15 cm/min),保证桩顶密实均匀。中间发生故障时,应停止提升和旋喷,以防桩体中断,同时立即检查排除故障,重新开始喷射注浆的孔段与前段搭接不小于 1 m,防止固结体脱节。为防止浆管扭断,钻杆的旋转和提升必须连续不断。当注浆管不能一次提升完成而需分次拆卸时,拆卸动作要快,卸管后继续喷射的搭接长度不得小于 10 cm,并且搅拌时间超过 2 h 的水泥浆液不得使用。在高压喷浆同时,射入 0.7 MPa 的高压气流。

施工过程中控制冒浆量小于注浆量的 20%,超过 20% 或完全不冒浆时,要查明原因,及时采取相应的措施补救。

为保证桩头质量,旋喷时实际停浆面按高于设计桩顶标高 0.5 ~ 1 m 控制。

⑦冲洗

当喷射提升到设计标高后,旋喷结束。旋喷施工完毕后,用清水把注浆管等机具设备冲洗干净,管内不得残存水泥浆。通常把浆液换成水,在地面上喷射,以便把注浆泵、注浆管和软管内的浆液全部排出。

⑧桩机移位

待旋喷桩机注浆管全部拔出地面后,先关闭电机,然后将桩机移至新的桩位。重复以上操作,进行下一根桩的施工。

⑨为了防止孔间串浆,高压旋喷桩施工时采用跳跃法,隔两根桩打一根桩。

(四)混凝土挤密桩地基加固法

1. 混凝土挤密桩地基桩间土承载力计算

对于一般土来说,挤密桩入土后土体积被压缩,土壤孔隙比变小,密度增大,土壤承载力得以提高。经地基处理后的承载力应通过试验确定。

2. 混凝土挤密桩地基加固计算

(1)受力原理

混凝土挤密桩和桩间土形成一个复合地基,在基底应力作用下,混凝土挤密桩和桩间土体共同受力,而且桩的下沉量与其周围土体沉降变形量相同,基底与桩顶、桩周土始终密贴接触。试验表明,当桩和桩间土同时受到上部荷载作用时(如做单桩和群桩复合地基荷载试验),若起始标高一致,则下沉量相同。

但由于桩的刚度大,在受力过程中产生应力集中现象,明显表现出桩顶上的受力比桩间土大,而且这种应力分摊比随着上部荷载的不同而变化,并不是一个常数。当地基破坏时,表现出来的现象是桩先破坏,然后整个地基破坏。由于混凝土挤密桩的刚度较桩周土体的刚度大,故在基底应力作用下,混凝土挤密桩瞬间率先受力,但由于挤密桩不是桩基,不能起桩基那样的摩擦桩、端承桩作用(尽管混凝土桩周摩擦力及桩底端承力是存在的),故在混凝土挤密桩瞬间率先受力下沉的同时,桩周土体立即开始承受基底其余部分应力并压缩下沉。桩间土受力压缩下沉后,桩重新受力下沉,又造成桩间土受力压缩下沉。这样,桩和桩间土反复交替受力下沉,直到下沉基本稳定。

桩的下沉量和桩间土压缩下沉量始终是相同的,混凝土挤密桩的下沉量不取决于桩周摩阻力和桩底端承力,而是取决于桩周土体的下沉量,即桩周土体下沉多少,挤密桩也随之下沉多少。混凝土挤密桩所承受的部分基底力即是每个桩周土极限摩阻力、桩底土极限承载力的总和。而桩基础中桩承受的基底力是每个桩周土允许摩阻力、桩底土允许承载力的总和。这是混凝土挤密桩加固地基与桩基础的根本区别。

根据温克尔假定，地基每单位面积上所受的压力与相应的地基沉降量成正比，其关系式为

$$P(x) = Kb_0 y_x \tag{7—100}$$

式中 K——基床系数，又称弹性抗力系数；

y_x——地基的沉降量；

b_0——地基梁底宽度。

(2)基础为刚性梁时的地基基础计算

①地基承载力验算

每根混凝土挤密桩所承担的基底力为

$$P_{桩} = RF + U\sum f_i L_i \tag{7—101}$$

式中 R——桩底处土壤极限承载力；

F——桩底支承面积；

U——桩身截面周长；

f_i——桩周第 i 层土极限摩阻力；

L_i——按土层分段桩长度。

当桩数为 n 时，全部混凝土挤密桩承受的基底应力为 $nP_{桩}$。

轴心荷载作用时桩周土所承受的基底应力为

$$P_{土} = \frac{N + G - nP_{桩}}{A} \tag{7—102}$$

式中 N——上部结构传至基础顶面的竖向荷载；

G——基础自重和基础上的土重；

A——基础底面积。

偏心荷载作用时桩周土承受的基底应力为

$$P_{土\max} = \frac{N + G - nP_{桩}}{A} + \frac{M}{W} \tag{7—103}$$

$$P_{土\min} = \frac{N + G - nP_{桩}}{A} - \frac{M}{W} \tag{7—104}$$

式中 M——作用于基础底面的力矩(此处假设基础下挤密桩为对称分布，桩不对基础形产生力矩)；

W——基础底的抵抗矩，亦称截面模量。

$P_{土\max}$，$P_{土\min}$——分别为基础底面边缘的最大最小压力，当 $P_{土\min}$ 为负值时，即偏心距 $e > B/6$ (B 为基础底面横向宽度)，有

$$P_{土\max} = \frac{2(N + G - nP_{桩})}{3LD} \tag{7—105}$$

其中 L——垂直于弯矩作用方向的基础底面边长；

D——合力作用点至基础底面最大压力边缘的距离。

当 $P_{土} \leqslant [R]$ 或 $P_{土max} \leqslant 1.2[R]$ 时，基底承载力满足要求。

式中，$[R]$ 为混凝土挤密桩地基加固后的土壤允许承载力。

②基础计算

矩形基础、条形基础计算均与一般计算相同。唯有在计算中需在基底混凝土挤密桩处作用竖直向上的集中力，该集中力的值为每个混凝土挤密桩所承受的基底力，其值见式（7—101）。

（3）基础为弹性梁时的地基基础计算

基础可视为在外力 p、q 和混凝土挤密桩承受力 $P_{桩}$ 作用下的弹性地基梁。

弹性地基梁计算有专门著作可参阅，此处不再赘述。计算时应注意弹性地基梁两端的约束条件。

计算时可同时求得地基梁的内力（力矩、剪力）和梁的变形（竖向线变位、转角）等。

据温克尔假定，可求得基底应力

$$P(x) = Kb_0 y_x \tag{7—106}$$

当 $P(x) \leqslant [R]$ 时，基底承载力满足要求。

求得弹性地基梁内力后，可根据常规进行结构检算。

混凝土挤密桩加固地基之桩尖处土体承载力验算和软弱下卧层计算与一般桩基础计算相同。混凝土挤密桩加固后地基的变形计算方法同一般基础的计算。但计算中基底应力值仅取桩周土所承受的基底应力，其压缩模量应采用混凝土挤密桩地基加固后的值而不再另行考虑挤密桩的作用。

（4）几点说明

①本计算方法仅适用于小木桩、混凝土挤密桩等对土体产生单纯挤密效应的复合地基计算。其他兼有挤密、固结等双重作用的复合地基（如灰土桩、粉喷桩、搅拌桩等）不适用。

②本节的计算方法供设计阶段使用，挤密后桩间土的承载力应通过试验确定。

③本方法不适用渗透系数大的砂类、卵石类土壤。

第八章　顶进设备

顶进设备,分液压系统及顶力传递两大部分。液压传动以高压油泵作为动力,通过控制阀、调节阀、电气集中控制台,组成液压系统,使千斤顶产生顶力。顶进施工法的顶力传递一般是指千斤顶至后背之间的传递,传力设备一般由顶铁、顶柱、横梁组成,但在牵引法及顶拉法施工中,其顶力的传递则要借助粗钢筋拉杆或预应力钢绞线来完成。下面分别说明各种顶进设备的构造及工作状况。顶进设备的组成如图 8—1 所示。

- 顶进设备
  - 液压系统
    - 动力机构——高压油泵
    - 操纵系统——控制阀、调节阀
    - 执行机构——千斤顶(即油缸,也称顶镐)
    - 辅助装置——油箱、油管、压力表等
  - 传力设备
    - 顶铁——按照每次顶镐的出镐量更换顶铁,使桥体可继续顶进
    - 顶柱——在顶进过程中,桥体逐渐远离后背,须借助顶柱来传递顶力
    - 横梁
      - 活动横梁——随桥体顶进而前进,将顶镐的顶力均匀
      - 固定横梁——顶柱的横向连接梁,避免顶柱受压失稳,使顶力均匀分布

图 8—1　顶进设备的组成

第一节　千　斤　顶

千斤顶即带活塞杆的油缸,常见的有单作用油缸千斤顶和双作用油缸千斤顶两种。

单作用油缸千斤顶的活塞杆仅作单向顶进运动,而反向运动需要借助外力进行,常常是靠配置拉镐来实现活塞杆的反向运动以代替人工回镐。拉镐的位置如图 8—2 所示。

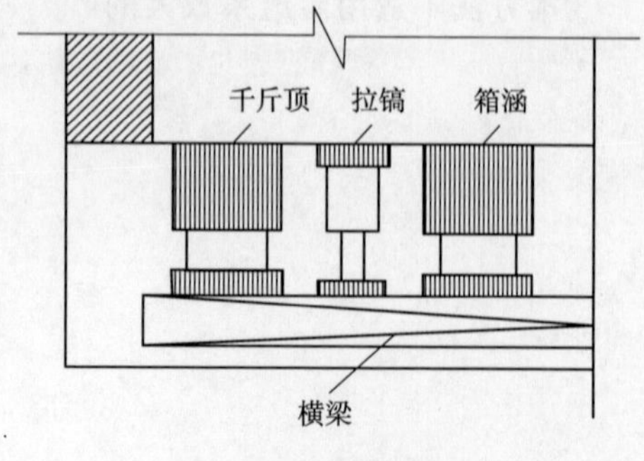

图 8—2　拉镐位置

由于拉镐与横梁连接,当开动千斤顶顶进时,拉镐的活塞杆同时被拉出。待千斤顶顶进一个顶程后,再开动拉镐,将横梁拉回,与此同时千斤顶随之复原。如缺乏拉镐,也可用小型千斤顶(约 100 kN)代替,设置方法是将小型千斤顶放在拉锚上,如图 8—3 所示。

拉锚用钢板托盘、拉杆与箱涵底板连接,在千斤顶与小型千斤顶之间设置横梁,横梁由顶铁支承,拉锚与顶铁应错开其位置。顶进时千斤顶由横梁作支承顶面使箱涵顶进,由于拉锚与箱涵连接,在箱涵顶进时拉锚亦随之前进,这样小型千斤顶亦逐渐接近横梁,待千斤顶顶进一个顶程之后,可开动小型千斤顶将横梁顶回,这时千斤顶亦随之复原,然后再接长顶铁重复下一个顶程。

由于单作用油缸千斤顶存在着需借用外力来帮助回镐的缺点,近来各施工单位多采用

双作用油缸千斤顶,使其能自动回镐,其构造如图 8—4 所示。

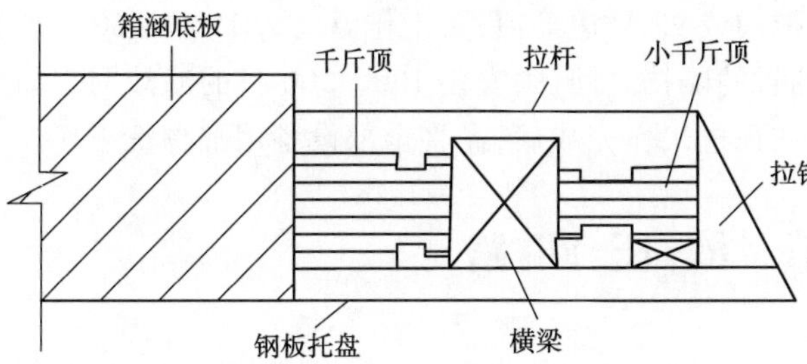

图 8—3　小型千斤顶代替拉镐

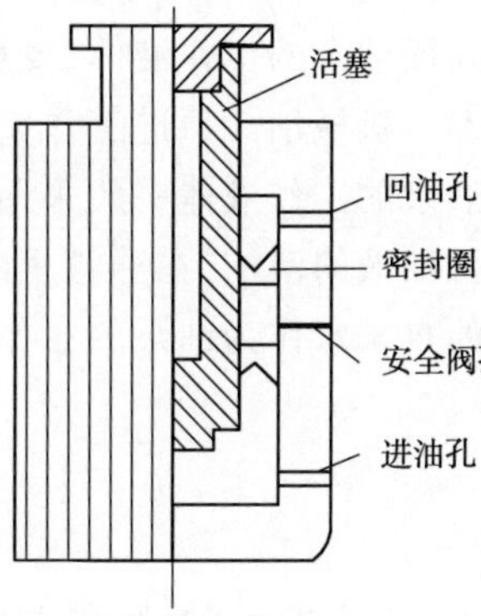

图 8—4　双作用油缸千斤顶构造

双作用油缸千斤顶有进、回两个油路,顶进时高压油泵向进油孔送油,推动活塞杆,使顶头向前移动,待活塞杆伸出长度达到规定限值之后,变换高压油泵手柄位置,使置于回油部位,则高压油从缸体的另一端进入即从回油孔进入,使活塞杆退回原位。

配备千斤顶应根据顶力大小、活塞面积、工作压力及顶进方法等综合考虑。宜选用活塞面积大、工作压力小、顶程较大的千斤顶。有条件时应选用顶程为 50 cm 以上的双作用卧式千斤顶,这样使用比较方便。计算千斤顶的台数是按顶进时油泵及连接油管能够承受的压力值来确定每台千斤顶的实际顶力,然后以此实际顶力再计算千斤顶的最少台数,并配置若干台作为备用。

千斤顶一般都设置在箱涵底板处的钢板托盘上,以避免千斤顶与土接触造成刮土现象。千斤顶的布置应以箱涵中心线为轴,对称设置。当使用千斤顶的型号不同时最好对称组合。箱涵斜交不对称时需计算阻力的合力位置,按合力作用线对称布置。顶进施工中所需配置的千斤顶台数的计算式如下:

$$N = \frac{P_{max}}{nT} \tag{8—1}$$

式中　P_{max}——最大顶力,kN;

n——千斤顶效率系数,一般 $n = 0.7$;

T——千斤顶顶力,kN。

为了保证正常顶进,千斤顶配置需考虑一定的储备量,一般为总台数的 25% 左右。

第二节　高 压 油 泵

高压油泵是液压传动的动力机构。由于柱塞式高压油泵具有效率高、压力和功率都大的特点,在顶进桥涵中得到广泛的使用。目前常用柱塞泵的设计压力为 32 MPa,使用时最好维持在 20 MPa 左右,以适应连接高压油泵与千斤顶的紫铜油管接头的焊接耐压力,避免油管开裂及漏油,并按 20 MPa 工作压力来配置千斤顶所需数量。

高压油泵输出流量大小需适应顶进速度的要求。为避免桥涵顶进的速度过快造成线路的急骤变形，并减少线路养护困难，保证行车安全，一般配备油泵的流量大于 10 L/min 即可，必要时也可用小流量油泵并联使用。

高压油泵的工作液体，要根据施工气温选择。冬季施工常用黏度较低的锭子油，夏季可用低标号机械油。顶进工作完成后，需要将全部设备用油排净并擦洗干净。

油泵的工作液体一般采用 20 号机械油或 22 号透平油，其工作温度为 15 ℃ ~ 60 ℃。为了保持油液的清洁，在油箱里的吸、排油管的隔挡之间，须安装 100 ~ 200 目的滤油网。如用洁净的自来水作为油泵的工作液体，则在顶进工作完成后，需将全部设备用油擦洗干净。

第三节　液　压　回　路

一、采用单作用油缸千斤顶

用于顶进箱形桥体的液压系统比较简单，一般的回路形式如图 8—5 所示。

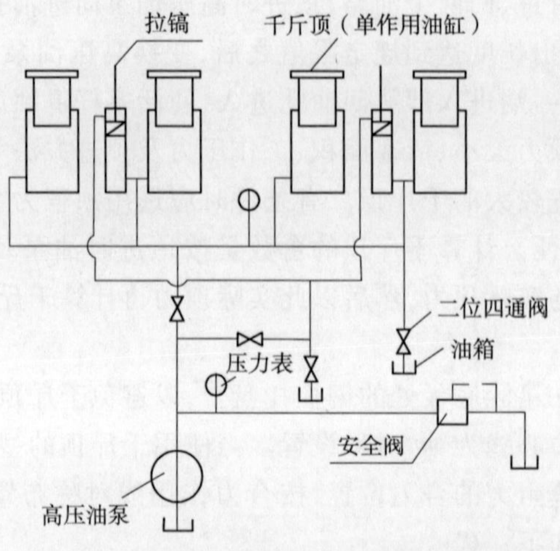

图 8—5　单作用油缸千斤顶液压回路

当油泵数量较多时，宜将千斤顶与拉镐分别安装成两个单独的回路。这样，由于拉镐负荷较小，可采用压力较低的油泵。

二、采用双作用油缸千斤顶

双作用油缸千斤顶的进退动作，是依靠三位四通 O 形滑阀的电磁换向阀，用电磁铁通电后推动阀芯改变油路通向来实现的。在电磁换向阀阀芯换向时，往往会产生瞬时的冲击压力，这种冲击压力会引起管路抖动，甚至造成爆管现象。为了消除冲击压力，在进回油管之间设置一只常闭式的电磁溢流阀。当需要换向时，开启电磁溢流阀溢流卸荷，使整个油压系统压力下降。待电磁换向阀换向之后，关闭电磁溢流阀，则油路压力逐渐回升。此外，还需设置旁通油路，以保证油泵能在无负荷的情况下启动。

因此，双作用油缸千斤顶的液压回路比较复杂，其液压系统原理如图 8—6 所示。

图 8—6 中电接点压力表和压力继电器是过压保护电路的油压电讯号转换件，专门控制小型继电器电源的通断。当油路故障或操作失误，油路压力超过电接点压力表或压力继电

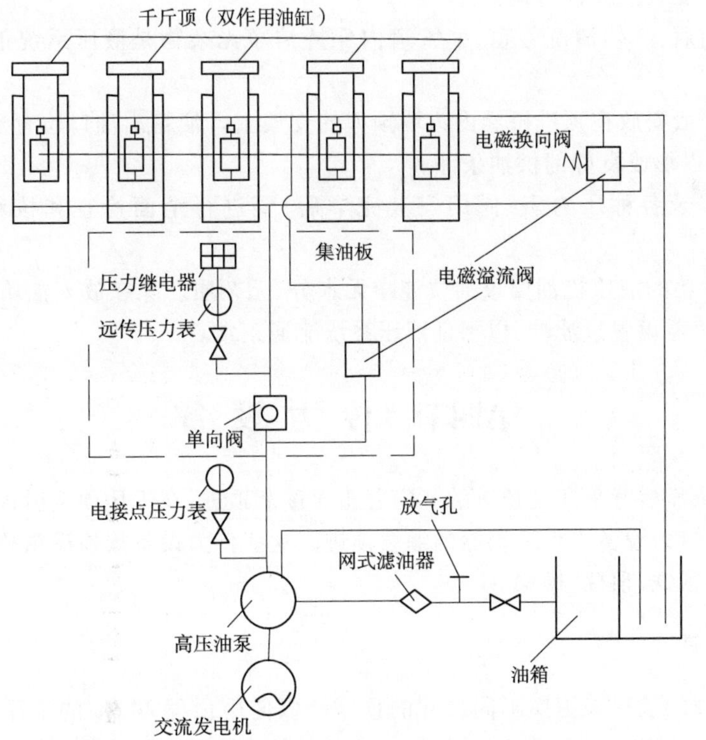

图 8—6　双作用油缸千斤顶液压回路

器的压力调定值时，小型继电器通电，则油泵电动机停止，起到保护电路的作用。

液压回路用的油管有铜管、钢管和橡胶软管。管道接头常采用焊接式和卡套式，采用法兰盘连接时，需垫 1 ~ 2 mm 的紫铜板或铝板。管道内径应按流量决定，各种管路的流速要求如表 8—1 所示。

表 8—1　各种管路的流速

管道种类	最大流速（m/s）
吸油管道	1
压力管道	5
回油管道	2

管道的壁厚按下式计算：

$$S \geqslant \frac{Pd}{2[\sigma]} \tag{8—2}$$

式中　P——最大工作压力；

d——油管内径；

$[\sigma]$——容许应力。

三、安装注意事项

(1) 检查液压元件质量状况，必要时需进行压力和密封性试验。

(2)紫铜管安装前要进行退火。

(3)安装前后,必须清洗管道,使管道内保持洁净无杂物是液压系统正常工作的重要条件。

(4)油箱一般安放在顶进桥涵内边墙预埋的支架上。油箱出油口位置要高于油泵进油口 0.5 m 以上,以形成良好的供油条件。

(5)油路以及各种压力表、阀门安装完毕后,要进行全面检查和核对,以保证安装正确。

(6)放入油箱的液压机油要求油质纯净无水分、无杂质。除在放入油箱前进行过滤外,在油箱出油口仍需设置过滤器,以保证液压系统流通正常。

第四节　传力设备

顶入法是依靠后背来实现顶进的。随着箱涵逐渐顶进,在千斤顶至后背间,距离愈来愈大,需设置大量传力设备以保证箱涵的继续顶进。这些传力设备按顶进箱涵的大小、顶程的长短,一般包括顶铁、顶柱、横梁。

一、顶　铁

根据千斤顶的顶程来更换不同尺寸的顶铁。以使用顶程 20 cm 的千斤顶为例,顶铁长度一般分为 10 cm、15 cm、20 cm、30 cm、60 cm、80 cm 六种规格,还有不同厚度的补空铁垫板用以填充空隙。顶铁的材料可用铸铁或型钢。

二、顶　柱

顶柱可用钢轨钢板组焊而成,或型钢钢板组焊而成,横截面为方形,常用长度为 1 m、2 m、4 m 等,在起吊设备方便的情况下,也可以制成 8 m 长的顶柱。此外,也可结合利用其他工程制作的钢筋混凝土构件,例如直径为 40 ~ 50 cm 的钢筋混凝土管桩。

三、横　梁

横梁分活动横梁和固定横梁两种,如图 8—7 所示。

1. 活动横梁

活动横梁常用工字钢及钢板焊接而成。活动横梁能随着箱涵顶进而向前移动,置于千斤顶前后各一根,其作用为均匀传递顶力。千斤顶前端的横梁还可分布压力,防止箱涵底板因直接承受顶力而顶碎。但目前一般是用一块 20 mm 厚的钢板置于箱涵底板后端以直接承受顶力。

2. 固定横梁

固定横梁其位置固定后,不能移动。它是顶柱的横向连接梁。通常每隔 8 m 顶柱长设置一道,顶柱与横梁之间用螺栓联结牢固,其作用为均匀传递顶力,保证顶柱的受压稳定。

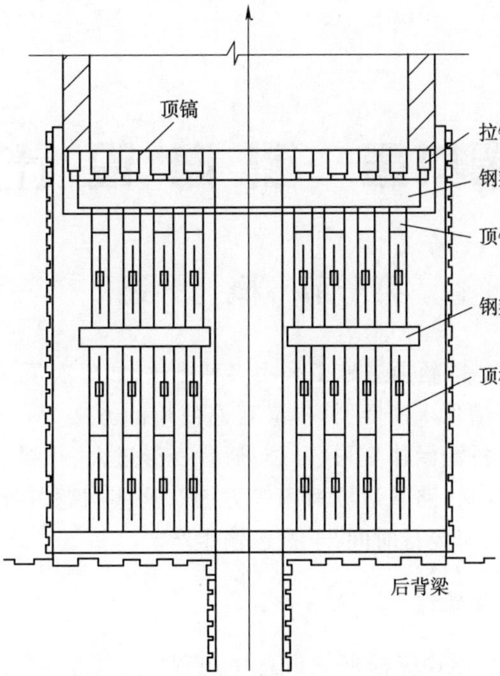

图 8—7　箱涵顶进传力设备布置

第九章　引道设计

第一节　概　述

根据不同的工程情况，桥涵顶进施工采用多种方法，如一次顶入法、对顶法、中继间法、对拉法、多箱体顶进法、开槽顶入法等，其中最普遍使用的方法为一次顶入法。在顶进施工中常见的问题主要表现在桥涵涵体变形、开裂；后背变形过大、开裂、破坏；线路发生横移；桥涵底板与滑板粘连；桥涵扎头；路基边坡坍塌等方面。这些问题若处理不当时，不但会影响工程质量，而且还要延长列车慢行时间，干扰运输生产。

一、道路、铁路立体交叉条件

（1）立体交叉的位置与形式应根据城市总体规划的要求，并考虑道路与铁路的等级及性质、交通量、交通组成、地形、地下设施、铁路行车瞭望条件、地质、水文、环境要求、城市景观、施工管理等因素综合比较确定。

（2）高速公路、一级公路与铁路相交叉时，必须设置立体交叉；准高速铁路、路段旅客列车设计行车速度为 140 km/h 的铁路与公路相交叉时，必须设置立体交叉。

（3）公路、铁路相交叉，符合下列情况之一者应设置立体交叉：

①铁路、二级公路相交时；

②路段旅客列车设计行车速度为 120km/h 的铁路、公路相交时；

③由于铁路调车作业对公路上行驶的车辆会造成较严重延误时；

④受地形等条件限制，采用平面交叉会危及行车安全时。

二、道路、铁路立体交叉设计要求

（1）道路、铁路立体交叉引道范围内不应设平面交叉口，引道以外设平面交叉口时，应有大于或等于 50 m 的平面交叉口缓坡段，其坡度宜小于或等于 2%，困难情况下应小于或等于 3%。道路、铁路立体交叉范围内的平、纵技术指标应符合道路路线设计规定的要求。

铁路从道路上跨越通过时，其跨线桥下净空及布孔应符合道路建筑限界、视距的规定，以及对前方信息识别的要求。铁路从道路跨线桥下通过时，桥下净空应符合现行铁路净空限界标准的规定。

（2）立交处的铁路与道路，宜为直线。

（3）当道路从铁路桥下穿过时，其纵坡应符合道路路线纵坡的要求。

（4）铁路与道路立交范围内的排水应综合考虑，合理布设，形成完整通畅的排水系统。下穿铁路的道路不能自流排水时，应设置泵站排水。

（5）铁路与道路立交的铁路或道路桥上，应按有关专业规范、规定设置安全防护设备。

(6)与铁路交叉的道路桥上及两端引线20 m范围内或下穿的道路,应铺筑次高级以上路面;通行机动车的乡村道路桥上及两端引线20 m范围内铺筑应不低于中级路面。

(7)公路、铁路相邻时,铁路用地界与高速公路、一级公路用地界相距不应小于10 m;与二、三、四级公路用地界相距不应小于5 m。

第二节　控制要素

一、道路分类与分级

1. 城市道路

按照道路在道路网中的地位、交通功能以及对沿线建筑物的服务功能等,城市道路分为快速路、主干路、次干路和支路四类。城市道路的设计主要包括平面设计、纵断面设计、平面线形与纵断面地形的结合、横断面设计。

(1)快速路

快速路应为城市中大量、长距离、快速交通服务。快速路对向车行道之间应设中间分车带,其进出口应采用全控制或部分控制。

快速路两侧不应设置吸引大量车流、人流的公共建筑物的进出口。两侧一般建筑物的进出口应加以控制。

(2)主干路

主干路应为连接城市各主要分区的干路,以交通功能为主。自行车交通量大时,宜采用机动车与非机动车分隔形式,如三幅路或四幅路。

主干路两侧不应设置吸引大量车流、人流的公共建筑物的进出口。

(3)次干路

次干路应与主干路结合组成道路网,起集散交通的作用,兼有服务功能。

(4)支路

支路应为次干路与街坊路的连接线,解决局部地区交通,以服务功能为主。

除快速路外,每类道路按照所占城市的规模、设计交通量、地形等分为Ⅰ、Ⅱ、Ⅲ级。大城市应采用各类道路中的Ⅰ级标准;中等城市应采用Ⅱ级标准;小城市应采用Ⅲ级标准。

2. 公　　路

根据《公路工程技术标准》(JTG B01—2003),公路根据功能和适应的交通量分为以下五个等级:高速公路、一级公路、二级公路、三级公路和四级公路。

(1)高速公路

高速公路为专供汽车分向、分车道行驶并应全部控制出入的多车道公路。

(2)一级公路

一级公路为供汽车分向、分车道行驶,并可根据需要控制出入的多车道公路。

(3)二级公路

二级公路为供汽车行驶的双车道公路。

(4)三级公路

三级公路为主要供汽车行驶的双车道公路。

(5) 四级公路

四级公路为主要供汽车行驶的双车道或单车道公路。

3. 乡村道路

乡村道路按行驶车辆的情况分为主要通行机动车和非机动车两种，目前尚无统一的标准。改移乡村道路时，应调查原道路行驶车辆类型及主要技术标准，原则上按原道路标准与所属单位签订协议书，并据此依据设计。乡村道路的平纵断面，一般要求纵坡平缓，平面线形则可曲折些。

为保证行车安全，当机动车路纵坡连续大于5%，畜力车路纵坡连续大于3%时，其纵坡长度加以限制。当坡长超过限制时，应设置坡度为：机动车不大于3%，畜力车不大于2%；坡长均不大于50 m 的缓和坡段。平坡纵坡，机动车路可参考四级公路，畜力车路根据调查，其值一般取4.5%～5%为宜。

二、计算行车速度

1. 城市道路行车速度

计算行车速度的规定如表9—1所示。当旧路改建有特殊困难，如商业街、文化街等，经技术经济比较认为合理时，可适当降低计算行车速度，但应考虑夜间行车安全。

表 9—1　各类各级道路计算行车速度

道路类别	快速路	主干路			次干路			支路		
道路级别	—	Ⅰ	Ⅱ	Ⅲ	Ⅰ	Ⅱ	Ⅲ	Ⅰ	Ⅱ	Ⅲ
计算行车速度(km/h)	80,60	60,50	50,40	40,30	50,40	40,30	30,20	40,30	30,20	20

注：条件许可时，宜采用大值。

2. 公路行车速度

表 9—2　各级公路设计速度

公路等级	高速公路			一级公路			二级公路		三级公路		四级公路
设计速度(km/h)	120	100	80	100	80	60	80	60	40	30	20

(1) 高速公路特殊困难的局部路段，且因新建工程可能诱发工程地质病害时，经论证，该局部路段的设计速度可采用60 km/h，但长度不宜大于15 km，或仅限于相邻两互通式立体交叉之间，与其相邻路段的设计速度不应大于80 km/h。

(2) 一级公路作为干线公路时，设计速度宜采用100 km/h或80 km/h。一级公路作为集散公路时，根据混合交通量、平面交叉间距等因素，设计速度宜采用60 km/h或80 km/h。

(3) 二级公路作为干线公路时，设计速度宜采用80 km/h。二级公路作为集散公路时，混合交通量较大、平面交叉间距较小的路段，设计速度宜采用60 km/h。二级公路位于地形、地质等自然条件复杂的山区，经论证该路段的设计速度可采用40 km/h。

三、设计车辆

1. 机动车道设计所采用的设计车辆外廓尺寸规定如表9—3所示。

表 9—3　机动车设计车辆外廓尺寸

车辆类型	项　目					
	总长(m)	总宽(m)	总高(m)	前悬(m)	轴距(m)	后悬(m)
小客车	6	1.8	2	0.8	3.8	1.4
载重汽车	12	2.5	4	1.5	6.5	4
鞍式列车	16	2.5	4	1.2	4+8.8	2

2. 非机动车道设计所采用的设计车辆外廓尺寸规定如表 9—4 所示。

表 9—4　非机动车设计车辆外廓尺寸

车辆类型	项　目		
	总长(m)	总宽(m)	总高(m)
自行车	1.93	0.60	2.25
三轮车	3.40	1.25	2.50
板　车	3.70	1.50	2.50
兽力车	4.20	1.70	2.50

四、建筑限界

1. 城市道路建筑限界

(1)建筑限界

城市道路建筑限界如图 9—1 所示。顶角抹角宽度应与机动车道侧向净宽一致。建筑限界内不得有任何物体侵入。

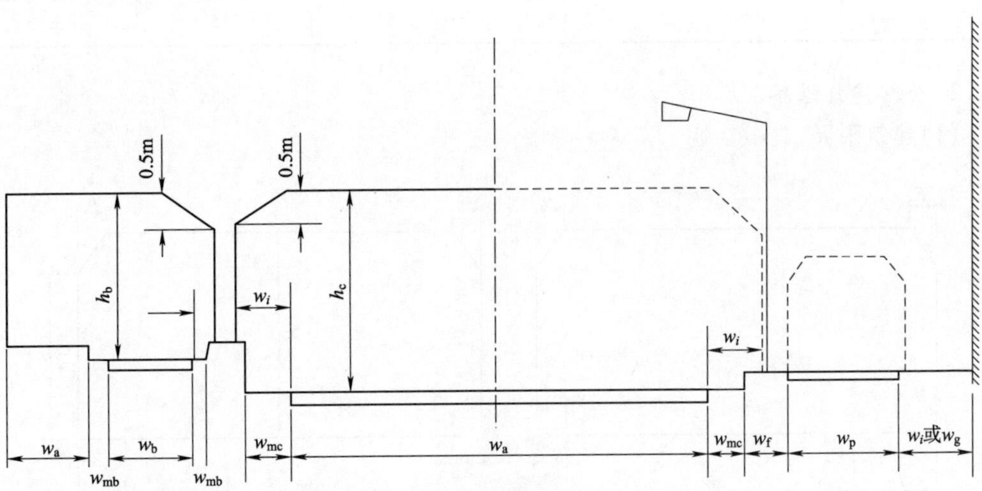

(a) 无中间带

图　9—1

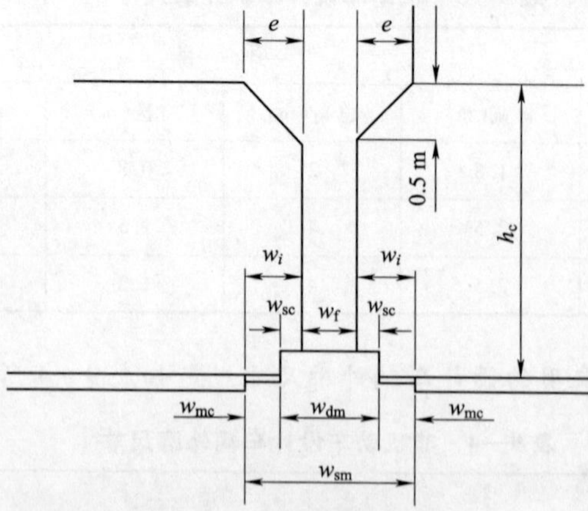

(b) 有中间带

图 9—1 道路建筑限界

w_{sm}—中间分车带宽度(m);w_{dm}—中间分隔带宽度(m);w_c—机动车车行道宽度或机动车与非机动车混合行驶的车道宽度(m);w_i—侧向净宽(m);w_{mc}—机动车道路缘带宽度(m);w_{mb}—非机动车道路缘带宽度(m);w_{sc}—机动车车行道安全带宽度(m);w_b—非机动车车行道安全带宽度(m);w_a—路侧带宽度(m);w_f—设施带宽度(m);w_p—人行道宽度(m);h_b—自行车道、人行道及其他非机动车道的最小净高(m);h_c—机动车车行道最小净高(m);e—顶角抹角宽度(m);

(2)最小净高

表 9—5 最小净高

行车道种类	机动车			非机动车	
行驶车辆种类	各种汽车	无轨电车	有轨电车	自行车、行人	其他非机动车
最小净高(m)	4.5	5.0	5.5	2.5	3.5

2. 公路建筑限界

(1)建筑限界

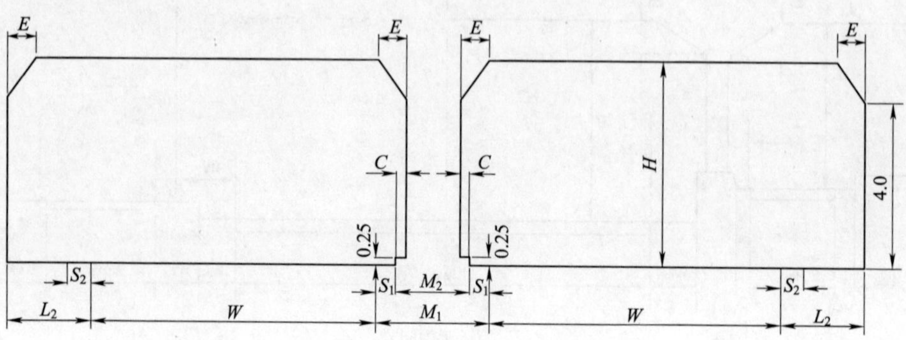

(a) 高速公路、一级公路(整体式)建筑限界

图 9—2

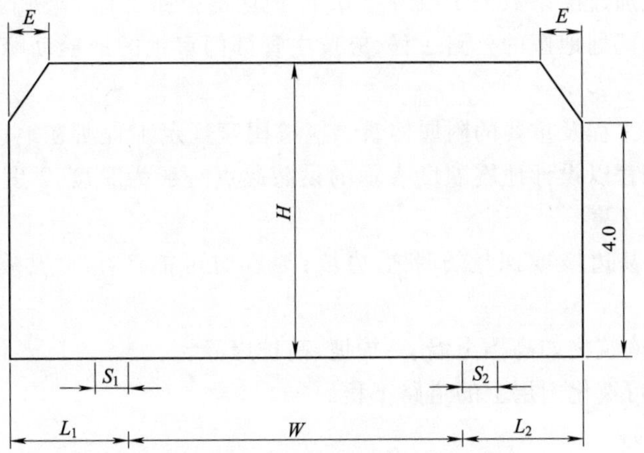

(b) 高速公路、一级公路(分离式)建筑限界

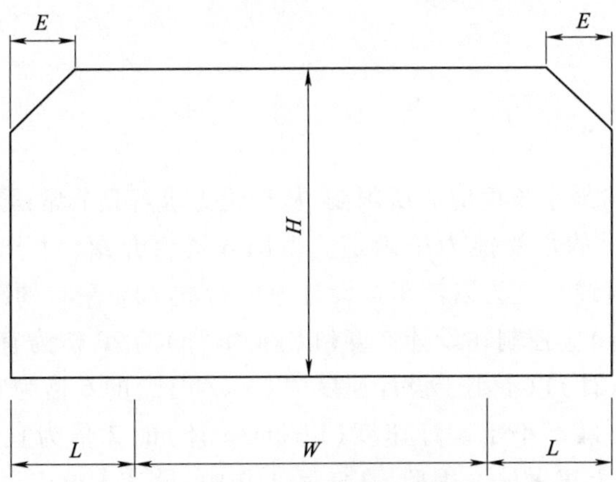

(c) 二、三、四级公路建筑限界

图 9—2　公路建筑限界(单位:m)

W—行车道宽度；L_1—左侧硬路肩宽度；L_2—右侧硬路肩宽度；S_1—左侧路缘带宽度；S_2—右侧路缘带宽度；L—侧向宽度:高速公路 、一级公路的侧向宽度为硬路肩宽度(L_1 或 L_2)；二、三、四级公路的侧向宽度为路肩宽度减去 0. 25 m；C—当设计速度大于 100 km/h 时为 0. 5 m，等于或小于 100 km/h 时为 0. 25 m；M_1—中间带宽度；M_2—中央分隔带宽度；E—建筑限界顶角宽度:当 $L \leqslant 1$ m 时，$E = L$；当 $L > 1$ m 时，$E = 1$ m；H—净空高度。

(2)结构净高

一条公路应采用同一净高。高速公路、一级公路、二级公路的净高应为 5. 00 m；三级公路、四级公路的净高应为 4. 50 m；检修道、人行道与行车道分开设置时，其净高应为 2. 50 m；通行拖拉机、兽力车时净高应大于或等于 2. 70 m；通行农用汽车时净高应大于或等于 3. 20 m；人行通道净高应大于或等于 2. 20 m。

五、道路抗震设防

地震动峰值加速度系数小于或等于 0. 05 地区的公路工程，除有特殊要求外，可采用简易设防。地震动峰值加速度系数等于 0. 10，0. 15，0. 20，0. 30 地区的公路工程，应进行抗震设计。地震动峰值加速度系数大于或等于0.40地区的公路工程,应进行专门的抗震研究和设计。做过地震小区划地区的公路工程,应按主管部门审批的地震动峰值加速度系数进行抗震设计。

地震区的道路工程及重要的附属构筑物应按国家规定工程所在地区的设防烈度,进行抗震设防。道路工程以设计地震烈度表示的设防起点一般为8度,7度以下不设防。以下情况设防起点应为7度。

(1)高填方路基边坡或深挖方路堑边坡,地震时可能产生大规模滑坡、塌方的重要路段。

(2)重要附属构筑物如高挡土墙、高护坡、高护岸等。

(3)软土层或可液化土层上的道路工程。

第三节 平面设计

一、公路平面设计

1. 直　　线

关于直线的最大与最小长度应有所限制,从理论上求解是非常困难的,主要应根据驾驶员的视觉反应及心理上的承受能力来确定。据国外资料介绍,对于设计速度大于或等于60 km/h的公路,最大直线长度为以汽车按设计速度行驶70 s左右的距离控制;一般直线路段的最大长度(以m计)应控制在设计速度(以km/h计)的20倍为宜;另外,同向曲线之间直线的最小长度(以m计)以不小于设计速度(以km/h计)的6倍为宜;反向曲线之间的最小直线长度(以m计)以不小于设计速度(以km/h计)的2倍为宜。设计速度小于等于40 km/h的公路可参照上述做法。因此,在实际工作中,设计人员应根据地形、地物、自然景观以及经验等来判断决定。

直线的最大与最小长度应有所限制。一条公路的直线与曲线的长度设计应合理。

2. 圆 曲 线

如果引道必须设计成曲线时,该曲线最好设在分车带以外,其曲线半径可参照交通部颁发的《公路工程技术标准》(以下简称《公路标准》,即表9—6)选用。

本标准给出了圆曲线最小半径的三种值,即"一般值"、"极限值"、"不设超高最小半径"。公路线形设计时,应根据沿线地形等情况,尽量选用较大半径。在不得已情况下方可使用"极限值";当地形条件许可时,应尽量采用大于圆曲线最小半径的"一般值"。

表9—6　圆曲线最小半径

设计速度(km/h)		120	100	80	60	40	30	20
一般值(m)		1 000	700	400	200	100	65	30
极限值		650	400	250	125	60	30	15
不设超高最小半径(m)	路拱≤2.0%	5 500	4 000	2 500	1 500	600	350	150
	路拱>2.0%	7 500	5 250	3 350	1 900	800	450	200

3. 回旋线

高速公路、一、二、三级公路的直线与半径小于表9—18中所列不设超高圆曲线最小半径相衔接处，应设置缓和曲线进行连接。《公路标准》规定缓和曲线采用回旋线，回旋线的基本公式按如下公式计算：

$$rl = A^2 \tag{9—1}$$

式中　r——回旋线上某点的曲线半径(m)；

l——回旋线上某点到原点的曲线长(m)；

A——回旋线参数(m)。

四级公路的直线与小于不设超高的圆曲线最小半径相衔接处，可不设置回旋线，用超高、加宽缓和段径相连接。

二、城市道路平面设计

1. 设计要求

直线、平曲线的布设与连接宜符合下列规定：

(1)计算行车速度大于或等于60 km/h时，直线长度宜满足下列要求：

①同向曲线间的最小直线长度(m)宜大于或等于计算行车速度(km/h)数值的6倍。

②反向曲线间的最小直线长度(m)宜大于或等于计算行车速度(km/h)数值的2倍。

当计算行车速度小于60 km/h，地形条件困难时，直线段长度可不受上述限制，但应满足设置缓和曲线最小长度的要求。

(2)计算行车速度大于或等于40 km/h时，半径不同的同向圆曲线连接处应设置缓和曲线。受地形限制并符合下述条件之一时，可采用复曲线。

①小圆半径大于或等于不设缓和曲线的最小圆曲线半径；

②小圆半径小于不设缓和曲线的最小圆曲线半径，但大圆与小圆的内移值之差小于或等于0.1 m；

③大圆半径与小圆半径之比值小于或等于1.5。

(3)计算行车速度大于或等于40 km/h时，长直线下坡尽头的平曲线半径应大于或等于不设超高的最小半径。在难以实施地段，应采取防护措施。

(4)计算行车速度小于40 km/h，且两圆半径都大于不设超高最小半径，可不设缓和曲线而构成复曲线。

2. 曲线设置

道路的圆曲线半径应采用大于或等于如表9—7所规定的不设超高最小半径值。当受地形条件限制时，可采用设超高推荐半径值。地形条件特别困难时，可采用设超高最小半径值。

表9—7　圆曲线半径

计算行车速度(km/h)	80	60	50	40	30	20
不设超高最小半径(m)	1 000	600	400	300	150	70
设超高推荐半径(m)	400	300	200	150	85	40
设超高最小半径(m)	250	150	100	70	40	20

平曲线由圆曲线及两端缓和曲线组成。平曲线长度与圆曲线长度应大于或等于如表

9—8 所列的规定值。

表 9—8　平曲线与圆曲线最小长度

计算行车速度(km/h)	80	60	50	40	30	20
平曲线最小长度(m)	140	100	85	70	50	40
圆曲线最小长度(m)	70	50	40	35	25	20

直线与圆曲线或大半径圆曲线与小半径圆曲线之间应设缓和曲线。缓和曲线采用回旋线。缓和曲线长度应大于或等于如表 9—9 所列规定值。

表 9—9　缓和曲线最小长度

计算行车速度(km/h)	80	60	50	40	30	20
缓和曲线最小长度(m)	70	50	45	35	25	20

计算行车速度小于 40 km/h 时,缓和曲线可用直线代替。直线缓和段一端应与圆曲线相切,另一端与直线相接,相接处予以圆顺,如图 9—3 所示。

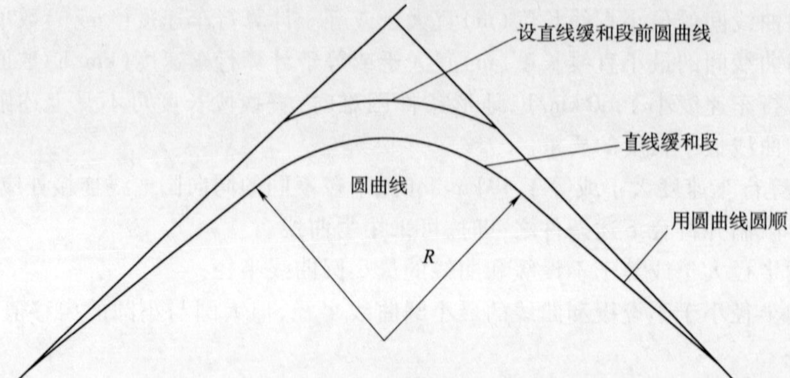

图 9—3　直线缓和段的设置

圆曲线半径大于如表 9—10 所列不设缓和曲线的最小圆曲线半径时,直线与圆曲线可径相连接。

表 9—10　不设缓和曲线的最小圆曲线半径

计算行车速度(km/h)	80	60	50	40
不设缓和曲线的最小圆曲线半径(m)	2000	1000	700	500

圆曲线半径小于如表 9—7 中不设超高最小半径时,在圆曲线范围内应设超高,最大超高横坡度的规定如表 9—11 所示。

表 9—11　最大超高横坡度

计算行车速度(km/h)	80	60,50	40,30,20
最大超高横坡度(%)	6	4	2

超高的过渡方式应根据地形状况、车道数、超高横坡度值、横断面形式、便于排水、路容美观等因素决定。单幅路路面宽度及三幅路机动车道路面宽度宜绕中线旋转；双幅路路面宽度及四幅路机动车道路面宽度宜绕中间分隔带边缘旋转，使两侧车行道各自成为独立的超高横断面，如图 9—4 所示。

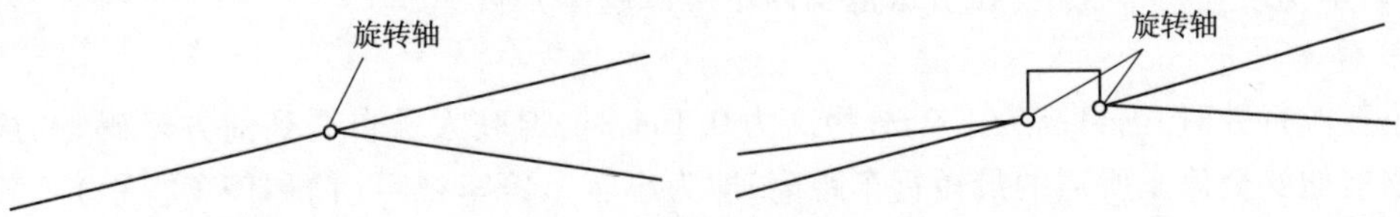

图 9—4　超高过渡方式示意图

由直线上的正常路拱断面过渡到圆曲线上的超高断面时，必须在其间设置超高缓和段。超高缓和段长度按下式计算：

$$L_0 = b \cdot \Delta i / e \tag{9—2}$$

式中　L_0——超高缓和段长度(m)；

b——超高旋转轴至路面边缘的宽度(m)；

Δi——超高横坡度与路拱度的代数差(%)；

e——超高渐变率，超高旋转轴与路面边缘之间相对升降的比率，如表 9—12 所示。

在超高缓和段长度与缓和曲线长度两者中取大值作为缓和曲线长度。

表 9—12　超高渐变率

计算行车速度(km/h)	80	60	50	40	30	20
超高渐变率	1/50	1/25	1/115	1/100	1/75	1/50

超高缓和段起、终点处路面边缘出现的竖向转折，应予以圆顺。

圆曲线半径小于或等于 250 m 时，应在圆曲线内侧加宽，每条车道加宽值如表 9—13 所示。

表 9—13　圆曲线每条车道的加宽值(单位：m)

车型 \ 圆曲线半径(m)	200 < R ≤250	150 < R ≤200	100 < R ≤150	60 < R ≤100	50 < R ≤60	40 < R ≤50	30 < R ≤40	20 < R ≤30	15 < R ≤20
小型汽车	0.28	0.30	0.32	0.35	0.39	0.40	0.45	0.60	0.70
普通汽车	0.40	0.45	0.60	0.70	0.90	1.00	1.30	1.80	2.40
铰接车	0.45	0.55	0.75	0.95	1.25	1.50	1.90	2.80	3.50

加宽缓和段长度的规定如下：

(1)设置缓和曲线或超高缓和段时，加宽缓和段长度应采用与缓和曲线或超高缓和段长度相同值。

(2)不设缓和曲线或超高缓和段时，加宽缓和段长度应按加宽侧路面边缘宽度渐变率为 1:15 ~ 1:30，且长度不得小于 10 m 的要求设置。

三、视　　距

机动车辆行驶时,驾驶人员必须能瞭望道路上相当的距离,以便有充分的时间或距离,采取适当的措施,防止交通事故,此项距离称为行车视距。行车视距一般分停车视距、会车视距、错车视距和超车视距(在引道范围内不考虑超车)等。

1. 停车视距

小客车行驶时,当目高为 1.2 m,物高为 0.1 m 时,驾驶人员自看到前方障碍物时起,至障碍物前能安全停车所需的最短行车距离,即为小客车停车视距(简称停车视距)。载重货车行驶时,当目高为 2.0 m,物高为 0.1 m 时,驾驶人员自看到前方障碍物时起,至障碍物前能安全停车所需的最短行车距离,即为货车停车视距,如图 9—5 所示。

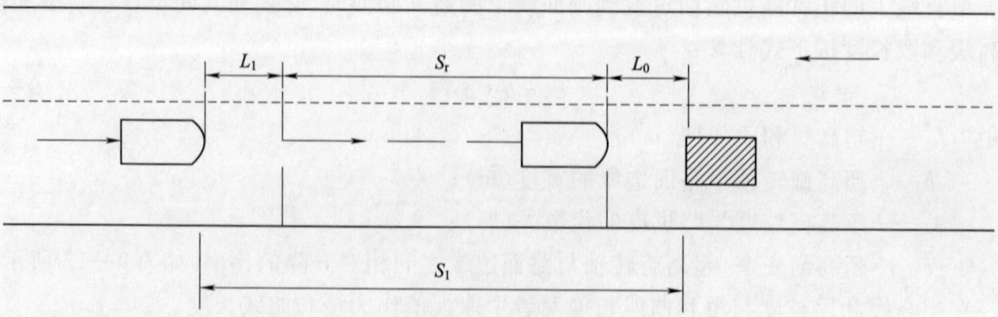

图 9—5　停车视距

停车视距

$$S_1 = L_1 + S_r + L_0 \tag{9—3}$$

式中　S_1——停车视距(m),如表 9—14、9—15 所示;

L_1——反应距离,即驾驶人员从发现障碍物到开始制动车辆行驶的距离(m);

S_r——制动距离,即车辆开始制动到车辆停止时间内车辆行驶的距离(m);

L_0——安全距离,即车辆在障碍物前面停止后,尚留有的一段距离(m)。

表 9—14　高速公路、一级公路停车视距及货车停车视距

设计速度(km/h)	120	100	80	60
停车视距(m)	210	160	110	75
货车停车视距(m)	245	180	125	85

表 9—15　二、三、四级公路停车视距及货车停车视距

设计速度(km/h)	80	60	40	30	20
停车视距(m)	110	75	40	30	20
货车停车视距(m)	125	85	50	35	20

2. 会车视距

当两辆机动车彼此都在同一条车行道上对面行驶,发现时来不及或无法错车,只能双方采取制动,使车辆在未相撞之前完全刹住,以防事故的发生。此项在双方离路面 1.2 m 高驾驶人员视点之间，保证安全的最短距离，称为会车视距（图 9—6）。

会车视距 $$S_2 = 2L_1 + 2S_r + L_0 \quad (9—4)$$

式中符号同停车视距。

会车视距一般采取两倍的停车视距，即

$$S_2 = 2S_1 \quad (9—5)$$

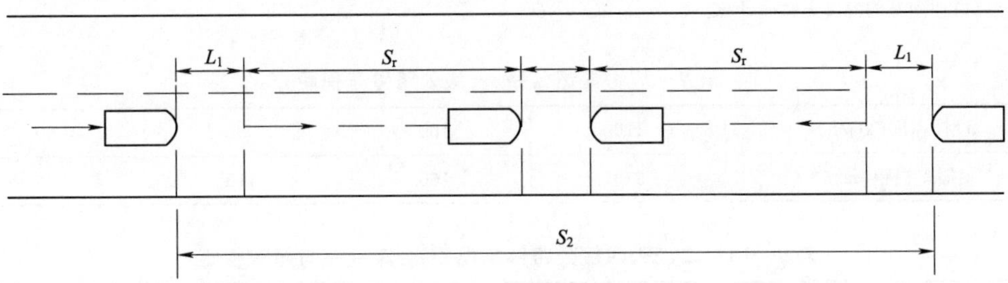

图 9—6　会车视距

3. 错车视距

在没有明确划分车道线的双车道道路上，两辆机动车有可能都在同一条车道上对面行驶。此时为保证行车安全，其中一辆车可以从右边绕越迎面驶来的车辆后，再回到原来的车道上继续行驶。这个相对行驶的两辆机动车之间的保证安全距离称为错车视距（图 9—7）。

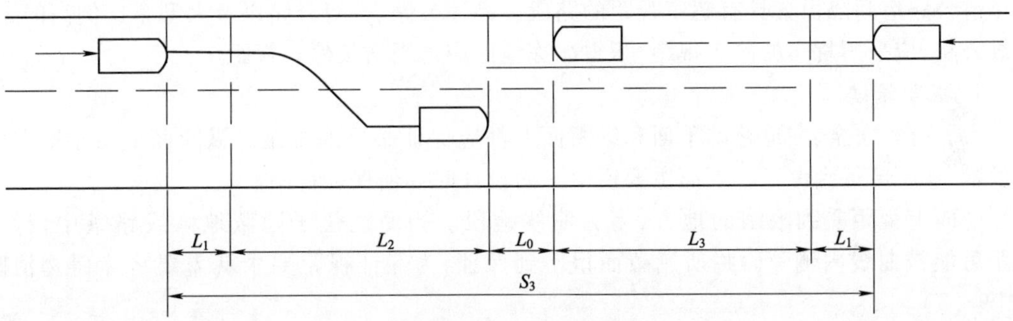

图 9—7　错车视距

错车视距 $$S_3 = 2L_1 + L_2 + L_3 + L_0 \quad (9—6)$$

式中　L_2——绕越距离（m）；

L_3——第一辆机动车绕越时间内第二辆车行驶的距离，如两辆机动车速度相同时 $L_3 = L_2$（m）

L_1、L_0 符号同前。

4. 视距要求

地道桥孔内应有足够的通视距离，其长度不小于在设计车速下的错车视距，其数据参考表 9—16 所列。

地道桥孔以外两端引道范围内通视距离，可按《公路标准》规定（表 9—17 和 9—18）。

表 9—16　通视距离

行车速度(km/h)	错车视距(m)	行车速度(km/h)	错车视距(m)
30	57	50	91
40	75	60	109

注:(1)按两相向车辆同下驶 2% 坡道;
(2)按潮湿的混凝土路面计算。

表 9—17　高速公路、一级公路停车视距

设计速度(km/h)	120	100	80	60
停车视距(m)	210	160	110	75

表 9—18　二、三、四级公路停车视距、会车视距与超车视距

设计速度(km/h)	80	60	40	30	20
停车视距(m)	110	75	40	30	20
会车视距(m)	220	150	80	60	40
超车视距(m)	550	350	200	150	100

由于高速公路和一级公路采用分向分道行驶,不存在会车的问题,只考虑停车视距。对于二、三、四级公路,除必须保证会车视距的要求外,双车道公路还应考虑超车视距的要求。双车道公路应间隔设置具有超车视距的路段。高速公路、一级公路以及大型车比例高的二、三级公路,应采用货车的停车视距,积雪冰冻地区应适当增长停车视距。

5. 视距保证

为了行车安全,在道路的平面和纵断面上都应保证必要的视距。纵断面上由于竖曲线的设置,视距已得到保证。下面主要说明平面设计时如何保证视距。

平面上视距受到限制的地方,多为曲线地段。当曲线位于隐蔽地区或路堑中,行车视距可能被曲线内侧障碍物所遮蔽而得不到保证,为保证视距要求就需要将障碍物清除(图 9—8)。

图中 AB 虚线是车辆沿内侧车道行驶的轨迹。A 处驾驶人员在离路面 1.2 m 高的 AB 视线上,应能看见 B 处行驶着的车辆。A 到 B 沿路面的距离(AB 弧长),即为应当保证的最短视距。设障碍物与车辆行驶轨迹的距离为 Z_0,通视线与行车轨迹的距离为 Z。于是:

当 $Z < Z_0$ 时,视距能得到保证,即没有障碍物遮挡视线。

当 $Z > Z_0$ 时,即图 9—8 中画阴影的面积上的障碍物需要清除,方能保证视距。

图 9—8 中 AB 为车辆行驶到 A 处的通视线。要确定在整个曲线全长范围的视距界限,应用作图法。其作图方法是:根据车辆在曲线上行驶轨迹的不同位置,依次按最短视距长画出许多弦线,与各弦线相切的曲线就是视距界限。视距界限与行车轨迹之间的障碍物必须清除。曲线道路两端视距障碍物的清除范围是从曲线起点(或终点)向直线方向各取一个最短视距长度开始(或结束),如图 9—9 所示。

在地道桥孔前后,由于引道位于凹形竖曲线上,车辆通过桥孔时的视距受地道桥孔的净空限制。因此,仍应检查桥孔前后引道坡度能否保证车辆行驶有足够的视距。其检查方法

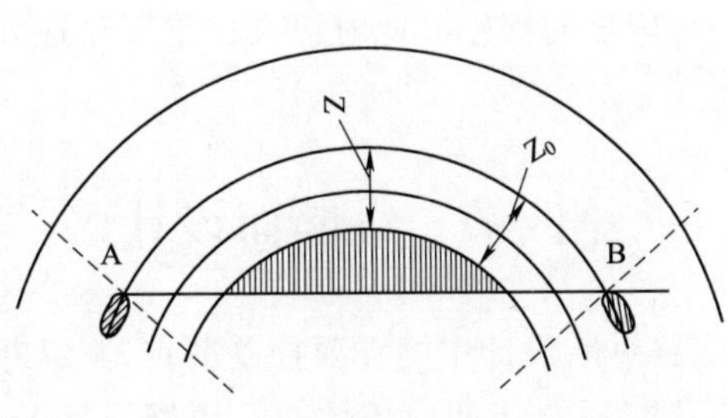

图 9—8　视距障碍平面示意

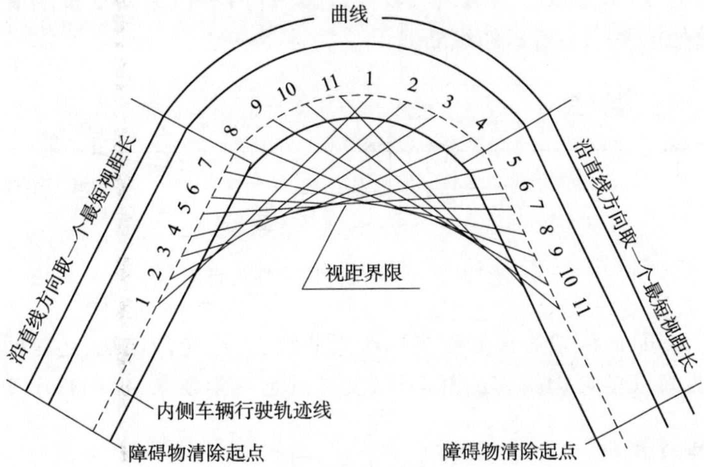

图 9—9　视距障碍清除方法

可采用作图法，如图 9—10 所示。图中 AB 为最短视距，d 为视线高度，可根据当地行驶较多的车辆类型确定。

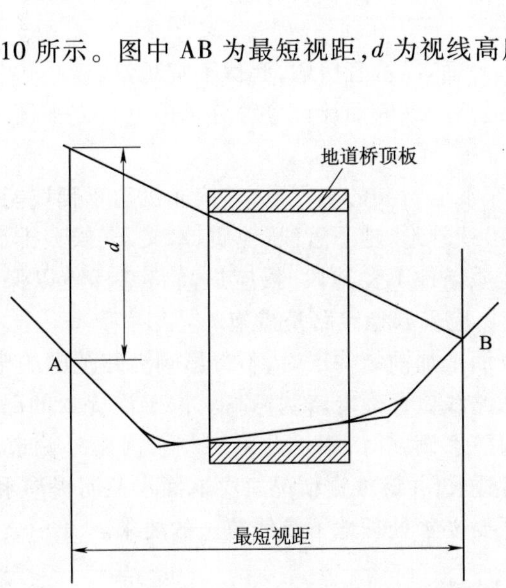

图 9—10　作图法检查视距

在工点设计中，由于某些特殊原因而不能满足最短视距要求时，首先应考虑改善平面、纵断面设计，如加大曲线半径或减缓纵坡等。如因工程困难而无法改善原设计时。可考虑增设分车带，或采取降低行车速度的措施。此时应设立限制车速和要求鸣号的标志，以保证行车安全。

第四节　纵断面设计

地道桥引道部分作为道路纵断设计中的重要控制节点，其纵断线形设计是否技术合理、经济美观，将直接影响道路的交通功能和使用效果。道路下穿长大铁路时，为节省工程造价，需尽量减小引道长度（减小重力式挡土墙或 U 形槽挡土墙长度）和框构桥高度，在保证桥下最小净空的前提下，造成引道的纵坡较大，地道桥内坡段又要尽量平缓，地道桥及其引道部分就会形成如图 9—11 所示的纵断线形。

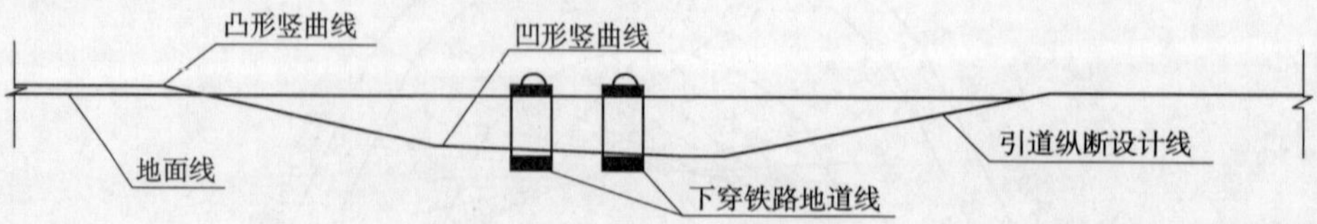

图 9—11　引道纵段线性设计

由图 9—11 可知，该区段需设置至少四个竖曲线，无论是凸曲线，还是凹曲线，由于坡差较大，竖曲线的设置既要考虑乘客的舒适性，又要满足视距要求，保证行车安全。

一、纵断面设计原则

1. 纵断面设计应参照城市规划控制标高并适应临街建筑立面布置及沿路范围内地面水的排除。

2. 为保证行车安全、舒适、纵坡宜缓顺，起伏不宜频繁。

3. 山城道路及新辟道路的纵断面设计应综合考虑土石方平衡，汽车运营经济效益等因素，合理确定路面设计标高。

4. 机动车与非机动车混合行驶的车行道，宜按非机动车爬坡能力设计纵坡度。

5. 纵断面设计应对沿线地形、地下管线、地质、水文、气候和排水要求综合考虑。

（1）路线经过水文地质条件不良地段时，应提高路基标高以保证路基稳定。当受规划控制标高限制不能提高时，应采取稳定路基措施。

（2）旧路改建在旧路面上加铺结构层时，不得影响沿路范围的排水。

（3）沿河道路应根据路线位置确定路基标高。位于河堤顶的路基边缘应高于河道防洪水位 0.5 m。当岸边设置挡水设施时，不受此限。位于河岸外侧道路的标高应按一般道路考虑，符合规划控制标高要求，并应根据情况解决地面水及河堤渗水对路基稳定的影响。

（4）道路纵断面设计要妥善处理地下管线覆土的要求。

二、坡度大小与坡长限制

纵坡的大小直接影响坡段的长短、行车的安全、道路建设的投资以及维修保养费用等一系列问题。因此，应根据道路的等级，作不同的限制，如表 9—19 所示。

坡道长度也不宜过短，过短则路线起伏，行车不稳。一般规定不小于相邻两竖曲线切线长度之和。《公路标准》中除对最大纵坡规定其限值外还规定了纵坡的最小坡长以及不同纵坡的最大坡长,如表 9—20 和 9—21 所示。

引道的最低点不能设在地道桥孔内,应设在有排水出路一方的桥孔外附近,以便安设雨水口接出支管。地道桥孔内应做成 0.5% 左右的纵坡,以利排水引至桥孔外雨水口。

表 9—19　最大纵坡

设计速度(km/h)	120	100	80	60	40	30	20
最大纵坡(%)	3	4	5	6	7	8	9

设计速度为 120 km/h、100 km/h、80 km/h 的高速公路受地形条件或其他特殊情况限制时,最大纵坡值可增加 1%。公路改建工程中,设计速度为 40 km/h、30 km/h、20 km/h 的框架桥引道利用既有公路时,最大纵坡可增加 1%。山岭、重丘地区,连续上坡(或下坡)段,相对高差为 200 ~ 500 m 时,平均纵坡不应大于 5.5%;相对高差大于 500 m 时,平均纵坡不应大于 5%。任意连续 3 km 路段的平均纵坡不应大于 5.5%。道路最小纵坡度应大于或等于 0.5%,困难时可大于或等于 0.3%,遇特殊困难纵坡度小于 0.3% 时,应设置锯齿形偏沟或采取其他排水措施。

桥头引道纵坡不宜大于 5%,位于市镇混合交通繁忙处,桥头引道纵坡均不得大于 3%。

引道的起点和末端应比原有道路略高,然后以 1% 的反坡与原道路相连。这样引道范围外的雨水不致流入引道,以减少引道的排水量。

表 9—20　最小坡长

设计速度(km/h)	120	100	80	60	40	30	20
最小纵坡(m)	300	250	200	150	120	100	60

表 9—21　不同纵坡最大坡长

设计速度(km/h) / 坡长(m) / 纵坡坡度(%)	120	100	80	60	40	30	20
3	900	1 000	1 100	1 200	—	—	—
4	700	800	900	1 000	1 100	1 100	1 200
5	—	600	700	800	900	900	1 000
6	—	—	500	600	700	700	800
7	—	—	—	—	500	500	600
8	—	—	—	—	300	300	400
9	—	—	—	—	—	200	300
10	—	—	—	—	—	—	200

注:山岭、重丘地区,当连续上坡(或下坡)时,应在表内规定的坡长度范围内设置缓和坡段。缓和坡段的纵坡应不大于 3%。

三、竖曲线

纵坡变更处均应设置竖曲线。竖曲线设置的规定,参照《公路标准》规定,如表 9—22 所示。

表9—22 竖曲线最小半径和最小长度

设计速度(km/h)		120	100	80	60	40	30	20
凸形竖曲线半径(m)	一般值	17000	10000	4500	2000	700	400	200
	极限值	11000	6500	3000	1400	450	250	100
凹形竖曲线半径(m)	一般值	6000	4500	3000	1500	700	400	200
	极限值	4000	3000	2000	1000	450	250	100
竖曲线最小长度(m)		100	85	70	50	35	25	20

在受地形等特殊情况约束时,可采用竖曲线最小半径。竖曲线最小半径分为"一般值"和"极限值"。"极限值"是汽车在纵坡变更处行驶时,为了缓和冲击和保证视距所需的最小半径的计算值,该值在受地形等特殊情况约束时方可采用。竖曲线半径"一般值"是竖曲线最小半径"极限值"的1.5~2.0倍。竖曲线最小半径"极限值"的计算及整理如表9—23和表9—24所示。

表9—23 凸曲线最小半径"极限值"的计算

设计速度(km/h)	缓冲冲击所要求的曲线长度(m) $L_{v1}=\frac{V^2\Delta}{360}$	视距所要求的曲线长度(m) $L_{v2}=\frac{D^2\Delta}{360}$	采用值 L_t(m)	极限值(m) $R=\frac{1000L_t}{\Delta}$
120	40.0Δ	111.0Δ	110Δ	11000
100	27.8Δ	64.5Δ	65Δ	6500
80	17.8Δ	30.2Δ	30Δ	3000
60	10.0Δ	14.1Δ	14Δ	1400
40	4.4Δ	4.1Δ	4.5Δ	450
30	2.5Δ	2.3Δ	2.5Δ	250
20	1.1Δ	1.0Δ	1.0Δ	100

表9—24 凹曲线最小半径"极限值"的计算

设计速度(km/h)	缓冲冲击所要求的曲线长度(m) $L_{v1}=\frac{V^2\Delta}{360}$	前灯光距离所要求的曲线长度(m) $L_v=\frac{D^2\Delta}{150+3.49\Delta}$	路线桥下视距所要求的曲线长度(m) $L_{v2}=\frac{D^2\Delta}{1927}$	采用值 L_t(m)	极限最小半径(m) $R=\frac{1000L_t}{\Delta}$
120	40.0Δ	50.0Δ	22.9Δ	40Δ	4000
100	27.8Δ	36.2Δ	13.3Δ	30Δ	3000
80	17.8Δ	22.1Δ	6.3Δ	20Δ	2000
60	10.0Δ	13.7Δ	2.9Δ	10Δ	1000
30	2.5Δ	3.5Δ	0.5Δ	2.5Δ	250
20	1.1Δ	1.8Δ	0.2Δ	1.0Δ	100

注:表中 V——行车速度(计算时采用计算行车速度)(km/h);

D——视距(计算时采用停车视距)(m);

L_t——采用的竖曲线长度(m);

Δ——坡度差(%);

R——极限最小半径(m)。

竖曲线长度过短，给驾驶员在纵面上一个很急促折曲的感觉，最小竖曲线长度按 3 s 设计速度行程长度而确定。

第五节　横断面设计

一、设计原则

道路横断面设计应在城市规划的红线宽度范围内进行。横断面形式、布置、各组成部分尺寸及比例应按道路类别、级别、计算行车速度、设计年限的机动车道与非机动车道交通量和人流量、交通特性、交通组织、交通设施、地上杆线、地下管线、绿化、地形等因素统一安排，以保障车辆和人行交通的安全通畅。

横断面设计应近远期结合，使近期工程成为远期工程的组成部分，并预留管线位置。路面宽度及标高等应留有发展余地。

对现有道路改建应采取工程措施与交通管理相结合的办法，以提高道路通行能力和保障交通安全。

二、公路横断面设计

高速公路、一级公路的路基横断面分为整体式和分离式两类。整体式断面包括车道、中间带（中央分隔带及左侧路缘带）、路肩（硬路肩及土路肩）以及紧急停车带、爬坡车道、加（减）速车道等；分离式断面包括车道、路肩（硬路肩及土路肩）以及紧急停车带、爬坡车道、加（减）速车道等。

二、三、四级公路的路基横断面包括车道、路肩以及错车道等。二级公路位于中、小城市城乡结合部、混合交通量大的连接线路段，实行快、慢车道分开行驶时，可根据当地经验设置慢车道或加宽右侧硬路肩。

各级公路路基标准横断面如图 9—12、图 9—13 所示。

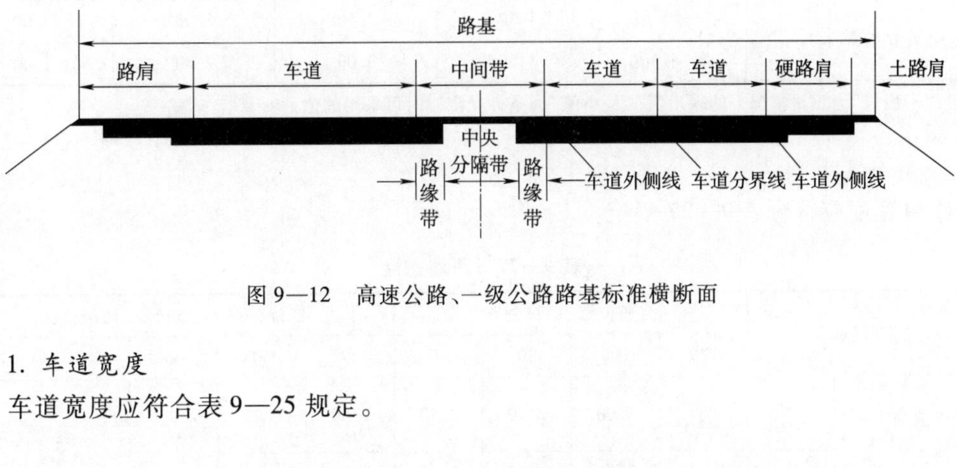

图 9—12　高速公路、一级公路路基标准横断面

1. 车道宽度

车道宽度应符合表 9—25 规定。

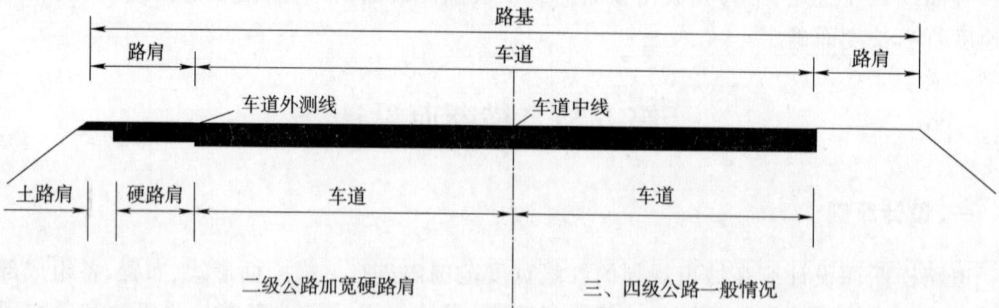

图 9—13　二、三、四级公路路基标准横断面

表 9—25　车道宽度

设计速度(km/h)	120	100	80	60	40	30	20
车道宽度(m)	3.75	3.75	3.75	3.50	3.50	3.25	3.00 (单车道时为 3.50)

注:高速公路为八车道,当设置左侧硬路肩时,内侧车道宽度可采用 3.50 m。

高速公路、一级公路整体式断面必须设置中间带。中间带由两条左侧路缘带和中央分隔带组成,其各部分宽度应符合表 9—26 规定。

表 9—26　中间带宽度

设计速度(km/h)		120	100	80	60
中央分隔带宽度(m)	一般值	3.00	2.00	2.00	2.00
	最小值	2.00	2.00	1.00	1.00
左侧路缘带宽度(m)	一般值	0.75	0.75	0.50	0.50
	最小值	0.75	0.50	0.50	0.50
中间带宽度(m)	一般值	4.50	3.50	3.00	3.00
	最小值	3.50	3.00	2.00	2.00

注:"一般值"为正常情况下的采用值;"最小值"为条件受限制时可采用的值。

2. 路肩宽度

路肩宽度应符合表 9—27 规定。

表 9—27　路肩宽度

设计速度(km/h)		高速公路、一级公路				二级公路、三级公路、四级公路				
		120	100	80	60	80	60	40	40	20
右侧硬路肩宽度(m)	一般值	3.00 或 3.50	3.00	2.50	2.50	1.50	0.75	—	—	—
	最小值	3.00	2.50	1.50	1.50	0.75	0.25			

续上表

设计速度(km/h)		高速公路、一级公路				二级公路、三级公路、四级公路				
		120	100	80	60	80	60	40	40	20
土路肩宽度(m)	一般值	0.75	0.75	0.75	0.50	0.75	0.75	0.75	0.50	0.25(双车道)
	最小值	0.75	0.75	0.75	0.50	0.50	0.50			0.50(单车道)

注:(1)"一般值"为正常情况下的采用值;"最小值"为条件受限制时可采用的值;

(2)设计速度为120 km/h的四车道高速公路,采用3.50 m的右侧硬路肩;六车道、八车道高速公路,采用3.00 m的右侧硬路肩。

高速公路、一级公路应在右侧硬路肩宽度内设右侧路缘带,其宽度为0.50 m。高速公路、一级公路采用分离式断面时,应设置左侧硬路肩,其宽度应符合表9—28规定。左侧硬路肩宽度包含左侧路缘带宽度。

表9—28　分离式断面高速公路、一级公路左侧路肩宽度

设计速度(km/h)	120	100	80	60
左侧硬路肩宽度(m)	1.25	1.00	0.75	0.75
左侧土路肩宽度(m)	0.75	0.75	0.75	0.50

八车道高速公路宜设置左侧硬路肩,其宽度应为2.50 m。左侧硬路肩宽度内含左侧路缘带宽度。

高速公路、一级公路的右侧硬路肩宽度小于2.50 m时,应设置紧急停车带。紧急停车带宽度应为3.50 m,有效长度不应小于30 m,间距不宜大于500 m。高速公路、一级公路的互通式立体交叉、服务区、停车区、公共汽车停靠站、管理设施等的出入口处,应设置加(减)速车道。高速公路、一级公路以及二级公路的连续上坡路段,当通行能力、运行安全受到影响时,应设置爬坡车道。爬坡车道宽度应为3.50 m。连续长陡下坡路段,危及运行安全处应设置避险车道。四级公路采用4.50 m路基时,应设置错车道。设置错车道路段的路基宽度应不小于6.50 m。

3. 路基宽度

各级公路路基宽度应符合表9—29规定。

表9—29　各级公路路基宽度

公路等级		高速公路、一级公路								
设计速度(km/h)		120			100			80		60
车道数		8	6	4	8	6	4	6	4	4
路基宽度(m)	一般值	45.00	34.50	28.00	44.00	33.50	26.00	32.00	24.50	23.00
	最小值	42.00	—	26.00	41.00	—	24.50	—	21.50	20.00
公路等级		二级公路、三级公路、四级公路								
设计速度(km/h)		80	60	40	30	20				

续上表

公路等级		高速公路、一级公路					
车道数		2	2	2	2	2或1	
路基宽度(m)	一般值	12.00	10.00	8.50	7.50	6.50 (双车道)	4.50 (单车道)
	最小值	10.00	8.50	—	—	—	

注:(1)"一般值"为正常情况下的采用值;"最小值"为条件受限制时可采用的值;

(2)八车道高速公路路基宽度"一般值"为设置左侧硬路肩、内侧车道采用3.50 m时的宽度;

八车道高速公路路基宽度"最小值"为不设置左侧硬路肩、内侧车道采用3.75 m时的宽度。

各级公路路基宽度为车道宽度与路肩宽度之和,当设有中间带、加(减)速车道、爬坡车道、紧急停车带、错车道等时,应计入这些部分的宽度。二级公路因交通量、交通组成等需设置慢车道的路段,设计速度为80 km/h时,其路基宽度可采用15.0 m;设计速度为60 km/h时可采用12.0 m。四级公路宜采用双车道路基宽;交通量小的路段,可采用单车道4.50 m路基宽 。确定路基宽度时,中央分隔带宽度、左侧路缘带宽度、右侧硬路肩宽度、土路肩宽度等的"一般值"和"最小值"应同类项相加。

三、城市道路横断面设计

道路的横断面型式有单幅路、双幅路、三幅路及四幅路,如图9—14所示。各种横断面形式的适用条件如下:

(1)单幅路适用于机动车交通量不大,非机动车较少的次干路、支路以及用地不足,拆迁困难的旧城市道路。

(2)双幅路适用于单向两条机动车车道以上,非机动车较少的道路。有平行道路可供非机动车通行的快速路和郊区道路以及横向高差大或地形特殊的路段,亦可采用双幅路。

(3)三幅路适用于机动车交通量大,非机动车多,红线宽度大于或等于40 m的道路。

(4)四幅路适用于机动车速度高,单向两条机动车车道以上,非机动车多的快速路与主干路。

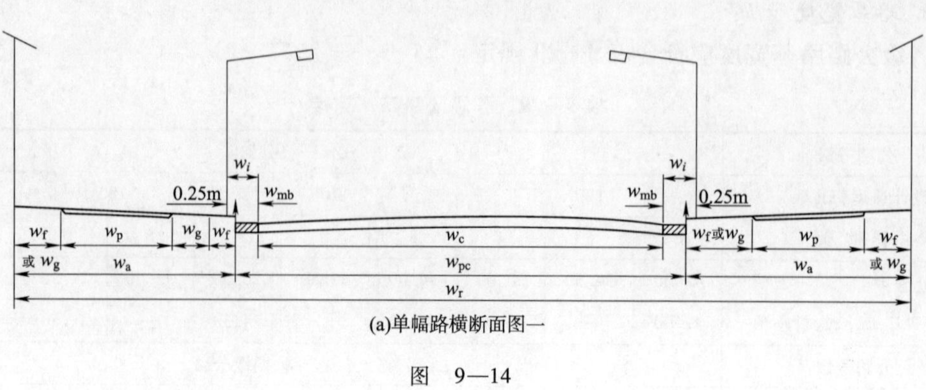

(a)单幅路横断面图一

图　9—14

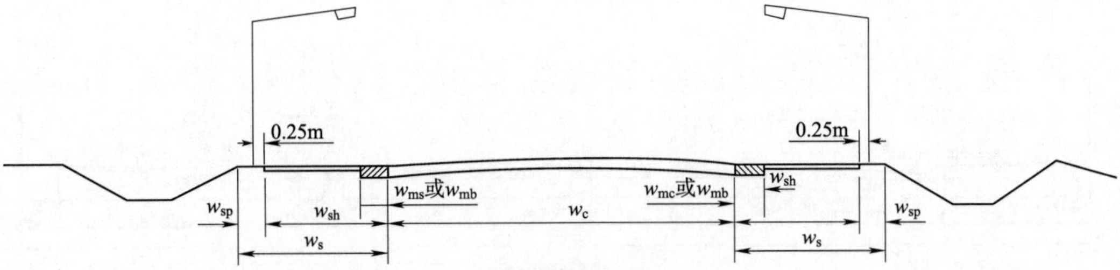

(b)单幅路横断面图二

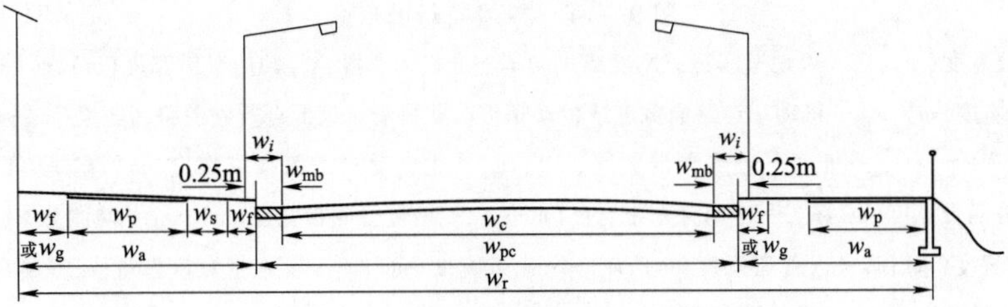

(c)单幅路横断面图三

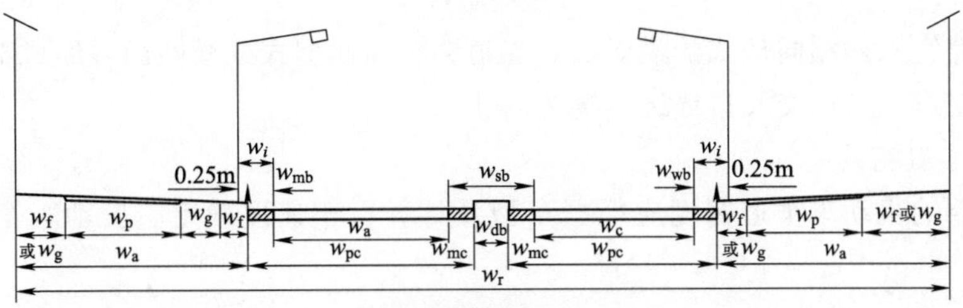

(d)双幅路横断面图一

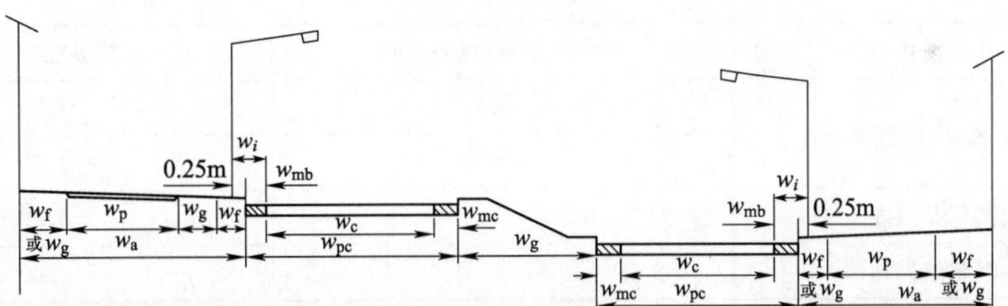

(e)双幅路横断面图二

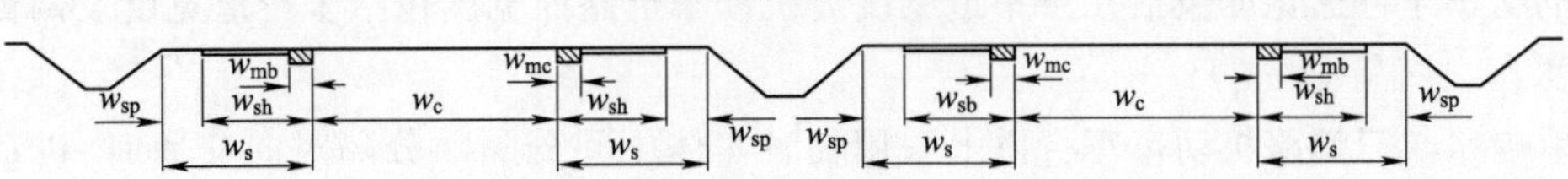

(f)双幅路横断面图三

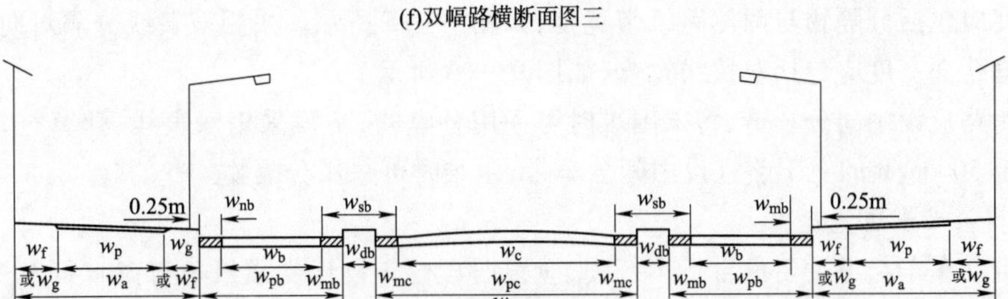

(g)三幅路横断面图

图　9—14

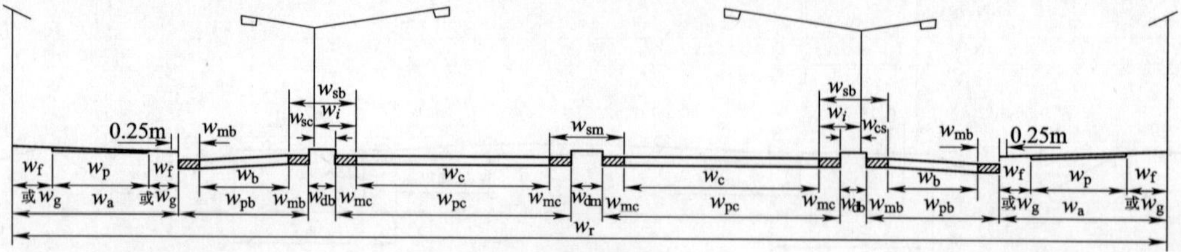

(h)四幅路横断面图

图 9—14　各种横断面形式

注：w_r—红线宽度（m）；w_c—机动车车行道宽度或机动车与非机动车混合行驶的车道宽度（m）；w_b—非机动车车行道安全带宽度（m）；w_{pc}—机动车道路面宽度或机动车道与非机动车道混合行驶的路面宽度（m）；w_{pb}—非机动车道路面宽度（m）；w_{mc}—机动车道路缘带宽度（m）；w_{mb}—非机动车道路缘带宽度（m）；w_i—侧向净宽（m）；w_{dm}—中间分隔带宽度（m）；w_{sm}—中间分车带宽度（m）；w_{db}—两侧分隔带宽度（m）；w_{sb}—两侧分车带宽度（m）；w_a—路侧带宽度（m）；w_P—人行道宽度（m）；w_g—绿化带宽度（m）；w_f—设施带宽度（m）；w_s—路肩宽度（m）；w_{sh}—硬路肩宽度（m）；w_{sp}—保护性路肩宽度（m）；

一条道路宜采用相同型式的横断面。当道路横断面型式或横断面各组成部分的宽度变化时，应设过渡段，宜以交叉口或结构物为起止点。

1. 机动车道宽度

各级道路的机动车车道宽度应根据车型及计算行车速度确定。机动车车道宽度如表 9—30 所示。

表 9—30　机动车道宽度

车型及行驶状态	计算行车速度（km/h）	车道宽度（m）
大型汽车或大、小型汽车混行	≥40	3.75
	<40	3.50
小型汽车专用线		3.50
公共汽车停靠站		3.00

机动车车行道宽度包括几条车道宽度。机动车道路面宽度包括车行道宽度及两侧路缘带宽度。

单幅路与三幅路机动车车行道上采用临时实体中间分隔物分隔对向交通时，机动车道路面宽度应包括分隔物与两侧路缘带宽度，如图 9—15 所示。采用双黄线分隔对向交通时，机动车道路面宽度应包括双黄线宽度，如图 9—16 所示。

快速路应设中间分车带，特殊困难时可采用分隔物，不得采用双黄线；计算行车速度大于或等于 50 km/h 的主干路宜设中间分车带，困难时可采用分隔物。

2. 非机动车道宽度

非机动车车行道主要供自行车行驶，应根据自行车设计交通量与每条自行车道设计通行能力计算自行车车道条数。非机动车道路而宽度包括几条自行车车道宽度及两侧各 25 cm 路缘带宽度。

三幅路或四幅路的非机动车车行道上如有兽力车、三轮车、板车行驶时，两侧非机动车

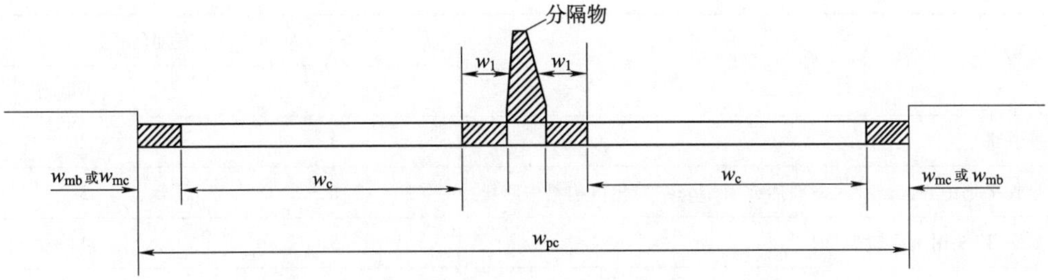

图 9—15 单幅路、三幅路设中间分隔带时横断面布置图

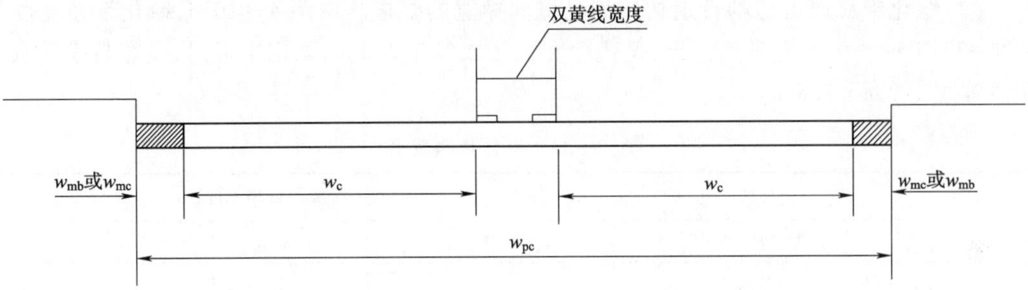

图 9—16 单幅路、三幅路路面中间画双黄线时横断面布置图

道路面宽度除按设计通行能力计算确定外,还应适当加宽。为减少分隔带断口,保证机动车交通顺畅,允许少量机动车在非机动车道上顺向行驶一段距离时,应适当加宽非机动车道路面宽度。非机动车车道宽度如表 9—31 所示。

表 9—31 非机动车车道宽度

车辆种类	自行车	三轮车	兽力车	板车
非机动车车道宽度(m)	1.0	2.0	2.5	1.5 ~ 2.0

非机动车道路面应根据筑路材料、施工最小厚度、路基土种类、水文情况以及当地经验,确定结构组合与厚度。有少量机动车行驶时,路面结构应满足机动车行驶要求。路面结构应有足够强度。面层应平整、抗滑、耐磨。基层材料应具有适当强度和水稳定性。处于潮湿地带及冰冻地区的道路应设垫层。

3. 路侧带宽度及人行道铺装结构

路侧带宽度应根据道路类别、功能、设计行人交通量、绿化、沿街建筑性质及布设公用设施要求等确定。路侧带各组成部分的宽度确定如下:

(1)人行道宽度必须满足行人通行的安全和顺畅,由式(9—7)计算,并不得小于表 9—32 的规定。

$$w_p = N_w / N_{w1} \tag{9—7}$$

式中 w_p——人行道宽度(m);

N_w——人行道高峰小时行人流量(ρ/h);

N_{w1}——1 m 宽人行道的设计行人通行能力[ρ/(h · m)]。

表 9—32　人行道最小宽度

项　目	人行道最小宽度(m)	
	大 城 市	中、小城市
各级道路	3	2
商业或文化中心区以及大型商店或大型公共文化机构集中路段	5	3
火车站、码头附近路段	5	4
长途汽车站	4	4

(2)绿化带靠车行道的行道树应满足侧向净宽的要求。株距 4 ~ 10 m,绿化带净宽度如表 9—33 所示。树池宜采用方形,每边净宽大于或等于 1.5 m;采用矩形时,净宽与净长宜大于或等于 1.2 m × 1.8 m。

表 9—33　绿化带净宽度

绿化种植	绿化带净宽度(m)
灌木丛	0.8 ~ 1.5
单行乔木	1.5 ~ 2.0
双行乔木平列	5.0
双行乔木错列	2.5 ~ 4.0
草皮与花丛	0.8 ~ 1.5

(3)设施带包括设置行人护栏、照明灯柱、标志牌、信号灯等所需宽度。红线宽度较窄及条件困难时,设施带可与绿化带合并,但应避免各种设施与树木间的干扰。设施带宽度如表 9—34 所示。

表 9—34　设施带宽度

项　目	高度(m)
设置行人护栏	0.25 ~ 0.50
设置杆柱	1.0 ~ 1.5

注:如同时设置护栏和杆柱时,宜采用表中设置杆柱项中的大值。

人行道铺装结构设计应贯彻因地制宜,合理利用当地材料及工业废渣的原则,并考虑施工最小厚度。人行道铺装面层应平整、抗滑、耐磨、美观。基层材料应具有适当强度。处于潮湿地带及冰冻地区时,应采用水稳定性好的材料。大型商店、大型公共文化机构、名胜古迹、公园、广场等附近和游览区道路的人行道面层应与周围环境协调并注意美观。车辆出入口处人行道铺装的结构和厚度应根据车辆荷载确定。

4. 分 车 带

分车带按其在横断面中的不同位置与功能分为中间分车带(简称中间带)及两侧分车带(简称两侧带)。分车带由分隔带及两侧路缘带组成。分车带形式如图 9—17 所示。

分车带最小宽度及侧向净宽等如表 9—35 所示。

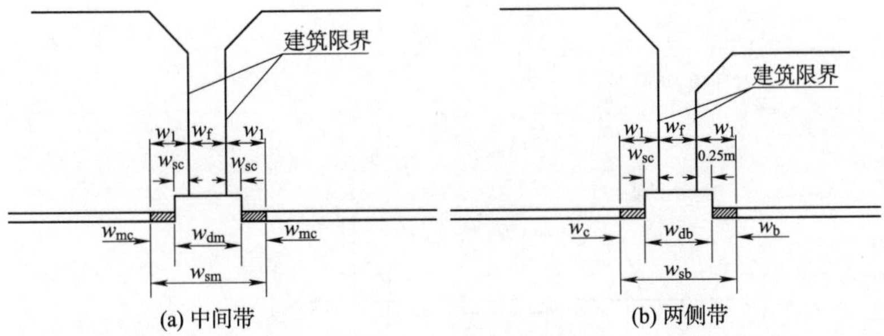

图 9—17　分车带

表 9—35　分车带最小宽度

分车带类别		中间带			两侧带		
计算行车速度(km/h)		80	60,50	40	80	60,50	40
分隔带最小宽度(m)		2.00	1.50	1.50	1.50	1.50	1.50
路缘带宽度(m)	机动车道	0.50	0.50	0.25	0.50	0.50	0.25
	非机动车道	—	—	—	0.25	0.25	0.25
侧向净宽(m)	机动车道	1.00	0.75	0.50	0.75	0.75	0.50
	非机动车道	—	—	—	0.50	0.50	0.50
安全带带宽度(m)	机动车道	0.50	0.25	0.25	0.25	0.25	0.25
	非机动车道	—	—	—	0.25	0.25	0.25
分车带最小宽度(m)		3.0	2.5	2.0	2.25	2.25	2.0

注:(1)快速路的分车带均应采用表中 80 km/h 栏中规定值;

(2)计算行车速度小于 40 km/h 的主干路与次干路可设路缘带,分车带采用 40 km/h 栏中规定值;

(3)支路可不设路缘带,但应保证 25 cm 的侧向净宽;

(4)表中分隔带最小宽度系按设施带宽度 1 m 考虑,如设施带宽度大于 1 m 应增加分隔带宽度;

(5)安全带宽度为侧向净宽与路缘带宽度之差。

分隔带可用缘石围砌,高出路面 10 ~ 20 cm,在人行横道及停靠站处应铺装。

5. 路　　肩

采取边沟排水的道路应在路面外侧设路肩。路肩分为硬路肩(包括路缘带)及保护性路肩,如图 9—18 所示。

左侧路肩适用于双幅路或四幅路中间具有排水沟的断面,见图 9—14(f)。

计算行车速度大于或等于 40 km/h 时,应设硬路肩。硬路肩铺装应具有承受车辆荷载的能力。硬路肩中路缘带的路面结构与机动车车行道相同,其余部分可适当减薄。硬路肩最小宽度如表 9—36 所示。

表 9—36　硬路肩最小宽度

计算行车速度(km/h)	80	60,50	40
硬路肩最小宽度(m)	1.00	0.75	0.50
有少量行人时的最小宽度(m)	1.75	1.50	1.25

注:左侧路肩可采用表中硬路肩的最小宽度。

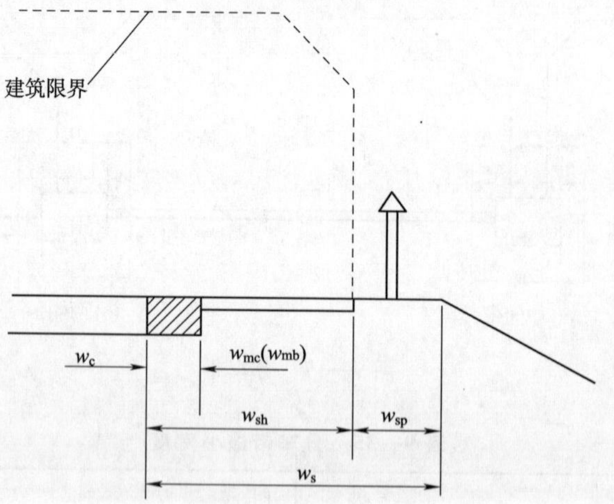

图 9—18 路 肩

接近城市、村镇有行人的路段，右侧硬路肩宽度应根据人流确定，但不得小于表 9—36 规定值。不设硬路肩时，路肩宽度不得小于 1.25 m。

保护性路肩宽度应满足安设护栏、杆柱、交通标志牌的要求。最小宽度为 50 cm。保护性路肩为土质或简易铺装。

快速路右侧路肩宽度小于 2.5 m，且交通量较大时，应设紧急停车带，其间距宜为 300 ~ 500 m。

6. *路 缘 石*

路缘石宜高出路面边缘 10 ~ 20 cm。隧道内线形弯曲路段或陡峻路段等处，可高出 25 ~ 40 cm，并应有足够的埋置深度，以保证稳定。缘石宽度宜为 10 ~ 15 cm。桥上缘石的规定应符合现行的有关规范的要求。

路缘石宜采用立式，出入口宜采用斜式或平式，有路肩时采用平式。人行道及人行横道宽度范围内缘石宜做成斜式或平式，便于儿童车、轮椅及残疾人通行。在分隔带端头或交叉口的小半径处，缘石宜做成曲线形。

路缘石材料可采用坚硬石质或水泥混凝土。水泥混凝土抗压强度不宜低于 30 MPa。

第六节 路 面 设 计

按《公路标准》及城市规划进行设计，由于引道较一般道路重要，故对路面要求有较高的强度标准。多采用水泥混凝土路面。在地下水位较高的地区，还可修建双层混凝土路面，以增加耐久性，并在路面下设置盲沟，降低地下水位。

水泥混凝土路面设计方案，应根据公路的使用任务、性质和要求，结合当地气候、水文、土质、材料、施工技术、实践经验以及环境保护要求等，通过技术经济分析确定。水泥混凝土路面设计应包括结构组合、材料组成、接缝构造和钢筋配制等。水泥混凝土路面结构应按规定的安全等级和目标可靠度，承受预期的荷载作用，并同所处的自然环境相适应，满足预定的使用性能要求。

一、结构组合

1. 路　　基

路基应稳定、密实、均质，对路面结构提供均匀的支承。高液限黏土及含有机质细粒土，不能用做高速公路和一级公路的路床填料或二级和二级以下公路和上路床填料；高液限粉土及塑性指数大于16或膨胀率大于3%的低液限黏土，不能用做高速公路和一级公路的上路床填料。因条件限制而必须采用上述土做填料时，应掺加石灰或水泥等结合料改善。地下水位高时，宜提高路堤设计标高。在设计标高受限制，未能达到中湿状态的路基临界高度时，应选用粗粒土或低剂量石灰或水泥稳定细粒土做路床或上路床填料；未能达到潮湿状态的路基临界高度时，除采用上述填料措施外，还应采取在边沟下设置排水渗沟等降低地下水位的措施。路基压实度应符合《公路路基设计规范》(JTJ 013)的要求。多雨潮湿地区，对于高液限土及塑性指数大于16或膨胀率大于3%的低液限黏土，宜采用由轻型压实标准确定的压实度，并在含水量略大于其最传佳含水量时压实。岩石或填石路床顶面应铺设整平层。整平层可采用未筛分碎石和石屑或低剂量水泥稳定粒料，其厚度视路床顶面不平整程度而定，一般为100～500 mm。

2. 垫　　层

遇有下述情况时，需在层基下设置垫层：

(1)季节性冰冻地区，路面总厚度小于最小防冻厚度要求(表9—37)时，其差值应以垫层厚度补足；

(2)水文地质条件不良的土质路堑，路床土湿度较大时，宜设置排水垫层；

(3)路基可能产生不均匀沉降或不均匀变形时，可加设半刚性垫层。

垫层的宽应与路基同宽，其最小厚度为150 mm。防冻垫层和排水垫宜采用砂、砂砾等颗粒材料。半刚性垫层可采用低剂量无机结合料稳定粒料或土。

表9—37　水泥混凝土路面最小防冻厚度(m)

路基干湿类型	路基土质	当地最大冰冻深度(m)			
		0.50～1.00	1.01～1.50	1.51～2.00	>2.00
中湿路基	低、中、高液限黏土	0.30～0.50	0.40～0.60	0.50～0.70	0.60～0.95
	粉土，粉质低、中液限黏土	0.40～0.60	0.50～0.70	0.60～0.85	0.70～1.10
潮湿路基	低、中、高液限黏土	0.40～0.60	0.50～0.70	0.60～0.90	0.75～1.20
	粉土，粉质低、中液限黏土	0.45～0.70	0.55～0.80	0.70～1.00	0.80～1.30

垫层材料组成要求：

(1)防冻垫层所用砂、砂砾材料中通过0.075 mm筛孔的细粒含量不宜大于5%。

(2)排水层材料的级配应满足下述渗滤标准：

①垫层材料通过率为15%时的粒径D_{15}不小于路床土通过率为15%时的粒径d_{15}的5倍($D_{15} \geq 5\ d_{15}$)；

②垫层材料通过率为15%时的粒径D_{15}不大于路床土通过率为85%时的粒径d_{85}的5倍($D_{15} \leq 5\ d_{85}$)；

③垫层材料通过率为50%时的粒径D_{50}不大于路床土通过率为50%时的粒径d_{50}的25

倍($D_{50} \leqslant 25\ d_{50}$);

④垫层材料的均匀系数(D_{60}/D_{10})不大于 20。

3. 基　　层

基层应具有足够的抗冲刷能力和一定的刚度。基层类型宜依照交通等级按表 9—38 选用。混凝土预制块面层应采用水泥稳定粒料基层。

表 9—38　适宜各交通等级的基层类型

交通等级	基　层　类　型
特重交通	贫混凝土、碾压混凝土或沥青混凝土基层
重 交 通	水泥稳定粒料或沥青稳定碎石基层
中等或轻交通	水泥稳定粒料、石灰粉煤灰稳定粒料或级配粒料基层

湿润和多雨地区,路基为低透水性细粒土的高速公路和一级公路或者承受特重或重交通的二级公路,宜采用排水基层。排水基层可选用多孔隙的开级配水泥稳定碎石、沥青稳定碎石或碎石,其孔隙率约为 20% 。

基层的宽度应比混凝土面层每侧至少宽出 300 mm(采用小型机具施工时)或 500 mm(轨模式摊铺机施工时)或 650 mm(滑模式摊铺机施工时)。路肩采用混凝土面层,其厚度与行车道面层相同时,基层宽度宜与路基同宽。级配粒料基层的宽度也宜与路基同宽。

各类基层厚度和适宜范围如表 9—39 所示。

表 9—39　各类基层厚度的适宜范围

基　层　类　型	厚度适宜的范围(mm)
贫混凝土或碾压混凝土基层	120 ~ 200
水泥或石灰粉煤灰稳定粒料基层	150 ~ 250
沥青混凝土基层	40 ~ 60
沥青稳定碎石基层	80 ~ 100
级配粒料基层	150 ~ 200
多孔隙水泥稳定碎石排水基层	100 ~ 140
沥青稳定碎石排水基层	80 ~ 100

碾压混凝土基层应设置与混凝土面层相对应的接缝。贫混凝土基层在其弯拉强度超过 1.8 MPa 时,应设置与混凝土面层相对应的横向缩缝;一次摊铺宽度大于 7.5 m 时,应设置纵向缩缝。

基层下未设垫层,上路床为细粒土、黏土质砂或级配不良砂(承受特重或重交通时),或者为细粒土(承受中等交通时),应在基层下设置底基层。底基层可采用级配粒料、水泥稳定粒料或石灰粉煤灰稳定粒料,厚度一般为 200 mm。

排水基层下应设置由水泥稳定粒料或者密级配粒料组成的不透水底基层,厚度一般为 200 mm。底基层顶面宜铺设沥青封层或防水土工织物。

基层材料组成要求:

(1)贫混凝土集料公称最大粒径不宜大于 31.5 mm,水泥用量不得少于 170 kg/m^3,28 d

弯拉强度标准值宜控制在 1.0 ~ 1.8 MPa 范围内。碾压混凝土集料公称最大粒径不得大于 26.5 mm。

(2)沥青混凝土基层宜采用集料公称最大粒径为 19.0 mm 或 26.5 mm 的混合料。沥青碎石基层宜采用集料公称最大粒径为 26.5 mm 或 31.5 mm 的混合料。

(3)水泥稳定粒料、级配碎石或砾石的集料公称最大粒径宜为 26.5 mm 或 19.0 mm。小于 0.075 mm 的细粒含量不得大于 5%，小于 4.75 mm 的颗粒含量不宜大于 50%，细粒土的液限应小于 25%，塑性指数应小于 6。承受重交通时，水泥剂量宜为 5%；中等和轻交通时，水泥剂量宜为 4%。

(4)石灰粉煤灰稳定粒料的集料公称最大粒径宜为 26.5 mm。小于 0.075 mm 的细粒含量不得大于 7%；小于 4.75 mm 的颗粒含量不宜大于 52%。石灰与粉煤灰的配比宜为 1:2 ~ 1:4；粒料与石灰粉煤灰的配比宜为 85:15 ~ 80:20。

(5)多孔隙水泥稳定碎石的集料公称最大粒径宜为 31.5 mm 或 26.5 mm。小于 0.075 mm 的细粒含量不得大于 2%；小于 2.36 mm 的颗粒含量不宜大于 5%；小于 4.75 mm 的颗粒含量不宜大于 10%。水泥剂量一般为 9.5% ~ 11%，水灰比一般为 0.39 ~ 0.43。

(6)多孔隙沥青稳定碎石的集料公称最大粒径宜为 26.5 mm 或 19.00 mm。小于 0.075 mm 的细粒含量不得大于 2%；小于 0.6 mm 的颗料含量不宜大于 5%；小于 2.36 mm 的颗粒含量不宜大于 15%；小于 4.75 mm 的颗粒含量不宜大于 20%。沥青标号应选用 AH-50 或 AH-70，沥青用量一般为 2.5% ~ 3.5%。

4. 面　　层

面层一般采用设接缝的普通混凝土；面层板的平面尺寸较大或形状不规则，路面结构下埋有地下设施，高填方、软土地基、填挖交界段的路等有可能产生不均匀沉降时，应采用设置接缝的钢筋混凝土面层。其他面层类型可根据适用条件按表 9—40 选用。

表 9—40　其他面层类型选择

面层类型	适用条件
连续配筋混凝土面层	高速公路
沥青上面层与连续配筋混凝土或横缝设传力杆的普通混凝土下面层组成的复合式路面	特重交通的高速公路
碾压混凝土面层	二级及二级以下公路、服务区停车场
钢纤维混凝土面层	标高受限制路段、收费站、混凝土加铺层和桥面铺装
矩形或异形混凝土预制块面层	服务区停车场、二级及二级以下公路桥头引道沉降未稳定段

普通混凝土、钢筋混凝土、碾压混凝土或钢纤维混凝土面层板一般采用矩形。其纵向和横向接缝应垂直相交，纵缝两侧的横缝不得相互错位。纵向接缝的间距按路面宽度在 3.0 ~ 4.5 m 范围内确定。碾压混凝土、钢纤维混凝土面层在全幅摊铺时，可不设纵向缩缝。

横向接缝的间距按面层类型和厚度选定：

(1)普通混凝土面层一般为 4 ~ 6 m，面层板的长宽不宜超过 1.30，平面尺寸不宜大于 25 m^2；

(2)碾压混凝土或钢纤维混凝土面层一般为 6 ~ 10 m；

(3) 钢筋混凝土面层一般为 6 ~ 15 m。

普通混凝土、钢筋混凝土、碾压混凝土或配筋混凝土面层所需的厚度,可参照表 9—41 所示参考范围并按规定计算确定。

表 9—41　水泥混凝土面层厚度的参考范围

交通等级	特重				重				中等						轻	
公路等级	高速	一级		二级	高速	一级		二级	二级		三、四级				三、四级	
变异水平等级	低	中	低	中	低	中	低	中	高	中	高	中			高	中
面层厚度(mm)	≥260	≥250	≥240		270 ~ 240	260 ~ 230	250 ~ 220		240 ~ 210	230 ~ 200		220 ~ 200			≤230	≤220

钢纤维混凝土面层的厚度按钢纤维掺量确定,钢纤维体积率为 0.6% ~ 1.0% 时,其厚度为普通混凝土面层厚度的 0.65 ~ 0.75 倍。特重或重交通时,其最小厚度为 160 mm;中等或轻交通时,其最小厚度 140 mm。复合式路面沥青上面层的厚度一般为 25 ~ 80 mm。

路面表面构造应采用刻槽、压槽、拉槽或拉毛等方法制作。构造深度在使用初期应满足表 9—42 的要求。

表 9—42　各级公路水泥混凝土面层的表面构造深度要求(单位:mm)

公路等级	高速公路、一级公路	二、三、四级公路
一般路段	0.70 ~ 1.10	0.50 ~ 0.90
特殊路段	0.80 ~ 1.20	0.60 ~ 1.00

注:(1) 特殊路段——对于高速公路和一级公路系指立交、平交或变速车道等处,对于其他等级公路系指急弯、陡坡、交叉口或集镇附近;
(2) 年降雨量 600 mm 以下的地区,表列数值可适当降低。

混凝土预制块可采用异形块或矩形块。预制块的长度为 200 ~ 250 mm,宽度为 100 ~ 125 mm,长宽比通常为 2:1。预制块厚度为 100 ~ 120 mm。预制块下稳平层的厚度为 30 ~ 50 mm。

面层材料组成要求:

(1) 水泥混凝土集公称最大粒径不应大于 31.5 mm(碎石)或 19.0 mm(卵石)。砂的细度模数不宜小于 2.5;高速公路面层的用砂,其硅质砂或石英砂的含量不宜低于 25%。水泥用量不得小于 300 kg/m^3(非冰冻地区)或 320 kg/m^3(冰冻地区)。冰冻地区的混凝土中必须掺加引气剂。

(2) 厚度大于 280 mm 的普通混凝土面层,分上下两层连续铺筑时,上层一般为总厚度的 1/3,可采用高强、耐磨的混凝土材料,碎石集料公称最大粒径为 19 mm。

(3) 钢纤维混凝土集料公称最大粒径宜为钢纤维长度的 1/2 ~ 2/3,并不宜大于 26.5 mm(铣削型钢纤维)或 19 mm(剪切型或熔抽型钢纤维)。钢纤维的抗拉强度标准值不宜小于 600 级(600 ~ 1 000 MPa),以体积率计的钢纤维掺量一般为 0.6% ~ 1.0%。水泥用量不得低于 360 kg/m^3(非冰冻地区)或 380 kg/m^3(冰冻地区)。

(4) 碾压混凝土面层混凝土的集料公称最大粒径不宜大于 19.0 mm,水泥用量不得少于 280 kg/m^3(非冰冻地区)或 310 kg/m^3(冰冻地区)。

(5)混凝土预制块的抗压强度不宜低于 50 MPa(非冰冻地区)或 60 MPa(冰冻地区)。其外观质量、尺寸偏差和物理性能应符合优等品或一等品的规定。稳平层垫砂宜选用细度模数为 2.3～3.0 的天然砂,4.75 mm 筛孔的累计筛余量不应大于 5%,含泥量不应大于 5%。

5. 路　肩

路肩铺面结构应具有一定的承载能力,其结构导线组合和材料选用应与行车道路面相协调,并保证进入路面结构中的水的排除。路肩铺面可选用水泥混凝土面层或沥青面层。路肩水泥混凝土面层的厚度通常采用与行车道面层等厚,其基层宜与行车道基层相同。选用薄面层时,其厚度不宜小于 150 mm,基层应采用开级配粒料。路肩沥青面层宜选用密实型沥青混合料,其基层可选用无机结合料稳定粒料或级配粒料。行车道路面结构不设内部排水设施时,沥青面层和不透水基层的总厚度不宜超过行车道面层的厚度,基层下应选用透水性粒料填筑。

6. 路面排水

行车道路面应设置双向或单向横坡,坡度为 1%～2%。路肩铺面的横向坡度值宜比行车道路面的横坡值大 1%～2%。

行车道路面结构设置排水基层或垫层时,应在排水基层或垫外侧边缘设置纵向集水沟和带孔集水管,并间隔 50～100 m 设置横向排水管。

排水基层的纵向边缘集水沟,路肩采用水泥混凝土面层时,可设在路肩下或路肩外侧边缘内;路肩采用沥青面层时,可设在路肩内侧边缘内。排水垫层的纵向边缘集水沟设在路床边缘。

带孔集水管和孔径通常采用 100～150 mm。集水沟的宽度通常采用 300 mm。集水沟的深度应能保证集水管管顶低于排水层底面,并有足够厚度和回填料使集水管不被施工机械压裂。沟内回填料宜采用与排水基层或垫层相同的透水性材料,或者不含细料的碎石或砾石粒料。回填料与沟壁间应铺设无纺反滤织物。横向排水管不带孔,其管径与集水管相同。

集水沟和集水管的纵坡宜与路线纵坡相同,但不得小于 0.25%。横向排水管的坡度不宜小于 5%。

横向排水管出口端应设端墙。端头用镀锌铁丝网或格栅罩住,出水口应进行冲刷防护。在横向排水管上方的路肩边缘处应设置标志,标明出水口位置。

二、接缝设计

1. 纵向接缝

纵向接缝的布设应路面宽度和施工铺筑宽度而定:

(1)一次铺筑宽度小于路面宽度时,应设置纵向施工缝。纵向施工缝采用平缝形式,上部应锯切槽口,深度为 30～40 mm,宽度为 3～8 mm,槽内灌塞填缝料。

(2)一次铺筑宽度大于 4.5 m 时,应设置纵向缩缝。纵向缩缝采用假缝形式,锯切的槽口深度应大于施工缝的槽口深度。采用粒料基层时,槽口深度应为板厚的 1/3;采用半刚性基层时,槽口深度为板厚的 2/5。

纵缝应与路线中缝平行。在路面等宽的路段内或路面变宽路段的等宽部分,纵缝的间距和形式应保持一致。路面变宽段的加宽部分与等宽部分之间,以纵向施工缝隔开。加宽板在变宽段起终点处的宽度不应小于 1 m。

拉杆应采用螺纹钢筋,设在板后中央,并应对拉杆中部 100 mm 范围内进行防锈处理。拉杆的直径、长度和间距,可参照表 9—43 选用。施工布设时,拉杆间距应按横向接缝的实际位置予以调整,最外侧的拉杆距横向接缝的距离不得小于 100 mm。

表 9—43　拉杆直径、长度和间距(单位:mm)

面层厚度(mm)	到自由边或未设拉杆纵缝的距离(m)					
	3.00	3.50	3.75	4.50	6.00	7.5
200 ~ 250	14 × 700 × 900	14 × 700 × 800	14 × 700 × 700	14 × 700 × 600	14 × 700 × 500	14 × 700 × 400
260 ~ 300	16 × 800 × 900	16 × 800 × 800	16 × 800 × 700	16 × 800 × 600	16 × 800 × 500	16 × 800 × 400

注:拉杆直径、长度和间距的数字为直径 × 长度 × 间距。

连续配筋混凝土面层的纵缝拉杆可由板内横向钢筋延伸穿过接缝代替。

2. 横向接缝

每日施工结束或因临时原因中断施工时,必须设置横向施工缝,其位置应尽可能选在缩缝或胀缝处。设在缩缝处的施工缝,应采用传力杆的平缝形式。设在胀缝处的施工缝,其构造与胀缝相同。遇有困难需设在缩缝之间时,施工缝采用设拉杆的企口缝形式。

横向缩缝可等间距或变间距布置,采用假缝形式。特重和重交通公路、收费广场以及邻近胀缝或自由端部的 3 条缩缝,应采用设传力杆假缝形式。其他情况可采用不设传力杆假缝形式。

横向缩缝顶部应锯切槽口,深度为面层厚度的 1/5 ~ 1/4,宽度为 3 ~ 8 mm,槽内填塞填缝料。高速公路的横向缩缝槽口宜增设深 20 mm、宽 6 ~ 10 mm 的浅槽口。

在邻近桥梁或其他固定构造物处或其他道路相交处应设置横向胀缝。设置的胀缝条数,视膨胀量大小而定。低湿浇筑混凝土面层或选用膨胀性高的集料时,宜酌情确定是否设置胀缝。胀缝宽 20 mm,缝内设置填缝板和可滑动的传力杆。

传力杆应采用光面钢筋,其尺寸和间距可按表 9—44 选用。最外侧传力杆距纵向接缝或自由边的距离为 150 ~ 250 mm。

表 9—44　传力杆尺寸和间距(单位:mm)

面层厚度	传力杆直径	传力杆最小长度	传力杆最大间距
220	28	400	300
240	30	400	300
260	32	450	300
280	35	450	300
300	38	500	300

3. 交叉口接缝布设

两条道路正交时,各条道路和直道部分均保持本身纵缝的连贯,而相交路段内各条道路的横缝位置应按相对道路的纵缝间距作相应变动,保证两条道路的纵横缝垂直相交,互不错位。两条道路斜交时,主要道路的直道部分保持纵缝的连贯,而相交路段内的横缝位置应按次要道路的纵缝间距作相应变动,保证与次要道路的纵缝相连接。相交道路弯道加宽部分的接缝布置,应不出现或少出现错缝和锐角板。

在次要道路弯道加宽段起终点断面处的横向接缝,应采用胀缝形式。膨胀量大时,应在直线段连续布置 2 ~ 3 条胀缝。

4. 端部处理

混凝土路面与固定构造物相衔接的胀缝无法设置传力杆时,可在毗邻构造物的板端部内配置双层钢筋网;或在长度约为 6 ~ 10 倍板厚的范围内逐渐将板厚增加 20%。

混凝土路面与桥梁相接,桥头设有搭板时,应在搭板与混凝土面层板之间设置长 6 ~ 10 m 的钢筋混凝土面层过渡板。后者与搭板间的横缝采用设拉杆平缝形式,与混凝土面层间的横缝采用设传力杆胀缝形式。膨胀量大时,应连续设置 2 ~ 3 条设传力杆胀缝。当桥梁为斜交时,钢筋混凝土板的锐角部分应采用钢筋网补强。桥头未设搭板时,宜在混凝土面层与桥台之间设置长 10 ~ 15 m 的钢筋混凝土面层板;或设置由混凝土预制块面层或沥青面层铺筑的过渡段,其长度不小于 8 m。

混凝土路面与沥青路面相接时,其间应设置至少 3 m 长的过渡段。过渡段的路面采用两种路面呈阶梯状叠合布置,其下面铺设的变厚度混凝土过渡板的厚度不得小于 200 mm。过渡板与混凝土面层相接处的接缝内设置直径 25 mm、长 700 mm、间距 400 mm 的拉杆。混凝土面层毗邻该接缝的 1 ~ 2 条横向接缝应设置胀缝。

连续配筋混凝土面层与其他类型路面或构造物相连接的端部,应设置锚固结构。端部锚固结构可采用钢筋混凝土地梁或宽翼缘工字钢梁接缝等形式:

(1)钢筋混凝土地梁一般采用 3 ~ 5 个,梁宽 400 ~ 600 mm,梁高 1 200 ~ 1 500 mm,间距 5 000 ~ 6 000 mm;地梁与连续配筋混凝土面层连成一体。

(2)宽翼缘工字钢梁的底部锚入钢筋混凝土枕梁内,枕梁一般长 3 000 mm、厚 200 mm;钢梁腹板与连续配筋混凝土面层端部间填入胀缝材料。

5. 接缝填缝材料

胀缝接缝板应选用能适应混凝土板膨胀收缩、施工时不变形、复原率高和耐久性好的材料。高速公路和一级公路宜选用泡沫橡胶板、沥青纤维板,其他等级公路也可选用木材类或纤维类板。

接缝填料应选用与混凝土接缝槽壁黏结力强、回弹性好、适应混凝土板收缩、不溶于水、不渗水、高温时不流淌、低温时不脆裂、耐老化的材料。常用的填缝材料有聚氨酯焦油类、氯丁橡胶类、乳化沥青类、聚氯乙烯胶泥、沥青橡胶类、沥青玛蹄脂及橡胶嵌缝条等。

三、面层配筋设计

1. 特殊部位配筋

混凝土面层自由边缘下基础薄弱或接缝为未设传力杆的平缝时,可在面层边缘的下部配置钢筋。通常选用 2 根直径为 12 ~ 16 mm 的螺纹钢筋,置于面层底面之上 1/4 厚度处并不小于 50 mm,间距为 100 mm,钢筋两端向上弯起。

承受特重交通的胀缝、施工缝和自由边的面层角隅及锐角面层角隅,宜配置角隅钢筋。通常选用 2 根直径为 12 ~ 16 mm 的螺纹钢筋,置于面层上部,距顶面不小于 50 mm,距边缘为 100 mm。

混凝土面层下有箱形构造物横向穿越,其顶面至面层底面的距离小于 400 mm 或嵌入基层时，在构造物顶宽及两侧各($H+1$) m 且不小于 4 m 的范围内，混凝土面层内应布设双层钢筋网，上下层钢筋网各距面层顶面和底面 1/4 ~ 1/3 厚度处。构造物顶面至面层底面的距离在 400 ~ 1 200 mm 时，则在上述长度范围内的混凝土面层中应布设单层钢筋网。钢筋网设在距顶面 1/4 ~ 1/3 厚度处。钢筋筋直径为 12 mm，纵向钢筋间距 100 mm，横向钢筋间距 200 mm。配筋混凝土面层与相邻混凝土面层之间设置传力杆缩缝。

混凝土面层下有圆形管状构造物横向穿越，其顶面至面层底面的距离小于 1 200 mm 时，在构造物两侧各($H+1$) m 且不小于 4 m 的范围内，混凝土面层内应设单层钢筋网，钢筋网设在距面层顶面 1/4 ~ 1/3 厚度处。

2. 钢筋混凝土面层配筋

钢筋混凝土面层的配筋量按式(9—8)确定。

$$A_s = \frac{16L_s h\mu}{f_{sy}} \tag{9—8}$$

式中 A_s——每延米混凝土面层宽(或长)所需的钢筋面积(mm^2)；

L_s——纵向钢筋时，为横缝间距(m)；横向钢筋时，为无拉杆的纵缝或自由边之间的距离(m)；

h——面层厚度(mm)；

μ——面层与基层之间的磨阻系数，基层为水泥、石灰或沥青稳定粒料时，可取 1.8；基层为无结合料的粒料时，可取 1.5；

f_{sy}——钢筋的屈服强度(MPa)，按《公路水泥混凝土路面设计规范》附录 F.4 选用。

纵向和横向钢筋宜采用相同或相近的直径，其直径差不应大于 4 mm。钢筋的最小直径和最大间距，应符合表 9—45 的规定。钢筋的最小间距为集料最大粒径的 2 倍。

表 9—45 钢筋最小直径和最大间距(mm)

钢筋类型	最小直径	纵向最大间距	横向最大间距
光面钢筋	8	150	300
螺纹钢筋	12	350	750

钢筋布置应符合下列要求：

(1)纵向钢筋设在面层顶面下 1/3 ~ 1/2 厚度范围内，横向钢筋位于纵向钢筋之下；

(2)纵向钢筋的搭接长度一般不小于 35 倍钢筋直径，搭接位置应错开，各搭接端接线与纵向钢筋的夹角应小于 60°；

(3)边缘钢筋至纵缝或自由边的距离一般为 100 ~ 150 mm。

3. 连续配筋混凝土面层配筋

连续配筋混凝土面层的纵向配筋率按允许的裂缝间距(1.0 ~ 2.5 m)、缝隙宽度(<1 mm)和钢筋屈服强度确定，通常为 0.6% ~ 0.8%。最小纵向配筋率，冰冻地区为 0.7%，一般地区为 0.6%。连续配筋混凝土面层的纵向和横向钢筋均应采用螺纹钢筋，其直径为 12 ~ 20 mm。

钢筋布置应符合下列要求：

(1)纵向钢筋设在面层表面下 1/2 ~ 1/3 厚度范围内，横向钢筋位于纵向钢筋之下；

(2)纵向钢筋的间距不大于 250 mm，不小于 100 mm 或集料最大粒径的 2.5 倍；

(3)横向钢筋的间距不大于 800 mm;

(4)纵向钢筋的焊接长度一般不小于 10 倍(单面焊)或 5 倍(双面焊)钢筋直径,焊接位置应错开,各焊接端连线与纵向钢筋的夹角应小于 60°;

(5)边缘钢筋至纵缝或自由边的距离一般为 100 ~ 150 mm。

第七节　排 水 设 计

一、引道排水设计原则

顶进桥涵及引道的排水工程,是确保桥涵正常使用,行车畅通的重要设施。当顶进桥涵埋置在地下水位以下时,对封闭式引道,只需考虑排除季节性的地面雨水;而对分离式引道,不仅要排引道范围内的地面雨水,还要经常抽排渗入引道的地下水,故应全面作好设计方案。

排水设计涉及面广,同时还受地形地貌、施工方法、材料供应等条件的限制。对盲沟、排水管道、泵站及其附属建筑物的设计,及其规模的确定、类型的选择、位置的合理布局等,都应做详细的调查研究与比较。对位于城市的顶进桥涵,其排水往往属于城市排水的一部分,故应与当地城市规划相协调,并与工交、供电、市政排水有关单位互相配合;对位于郊区、农村顶进的桥涵,应与当地农田水利规划相结合,既能供农业灌溉,又要有其他排水出路,以免淹没农田村舍。应尽量做到因地制宜,全面考虑。

排水去向的选定,直接影响到排水设施的使用效果,在经济与技术条件可能时,尽量考虑汇集的水量直接送往天然水体,以保证在短时间内及时将水排除。设计时对出水口应注意下列各点:

(1)出水口的位置应设于现有水工建筑物的下游,并保持一定的距离。

(2)出水口如接入有潮汐或泄洪的河道,必要时在出口处设置自动式防潮闸门,或设人工启开式闸门,以防倒灌。

(3)出水口应与接入河道的顺水方向成 60°斜交,一般设在常水位以上,并根据需要加固河岸,或做跌水设施等。如低于常水位时,可采用淹没式出水口。

如引道水量拟排入市政管道时,通常出现的问题是暴雨季节,往往会产生争排现象,而造成相互干扰,致使管道上游地区的雨水或引道桥涵的雨水渲泄不及,形成积水。因此只有在排向天然水体确有困难,且市政管道的设计标准较高有排水余量时,方可考虑排向市政管道,并应满足下列要求:

(1)出水管接入的方向,应与市政管道的流向成 60°汇流,以防产生滞流。

(2)出水管的流量及流速均应小于接入点市政管道上游的流量及流速。

(3)出水管的设计水面,与市政管道的设计水面相平或稍高接入。

二、设计资料的收集

(1)测绘顶进桥涵附近的地形地貌图,以便进行引道布置及排水系统的总体设计。

(2)为顶进桥涵所进行的工程地质及水文地质勘探资料,包括地质柱状图,最高、最低地下稳定水位及其变化规律、土壤的渗透系数、渗流平均水力坡度、冻结深度等。

(3)所处地区多年降水资料,及有关城市排水设计的流量计算方法、径流系数、暴雨强度公式等。

(4)调查有无可供排水用的天然水体,如河、湖、坑塘、洼淀和排灌水渠,它的水位变化及其使用情况。

(5)附近有无城市排水管道,其管径、性能、标高以及泻泄能力、使用情况,能否容纳引道所汇集的水量而不致发生干扰等。

(6)引道范围内的建筑物类别、基础埋置深度及标高等。

(7)调查附近有无可供电源,及其电压容量、负荷情况。

(8)与有关单位签订需要解决的地上、地下障碍物,以及选建泵站位置或工程投资分担部分等协议。

三、盲沟设计

当顶进桥涵及部分引道位于地下水位以下,且引道为分离式结构时,地下水会从接缝中渗出,故需采取经常性的排水措施。如顶进桥涵的底板埋入地面以下不深时,需降低的地下水位幅度也较小,且多为浅层水,出水量一般都不大,采用盲沟排水的方法,已能满足要求。这种方法因具有结构简单、施工方便、降水均匀等优点而被广泛采用。盲沟设计一般不作计算,选用 $\phi300$ mm 渗水管,埋设于滤水层即可。在特殊情况下,如遇含水量较丰富的地层,渗透系数也很大时,则需进行现场抽水试验,以确定其涌水量,或根据水文地质资料,用井点降水法计算地下水量,再根据盲沟的坡度与管内流速来选择管径。关于井点降水的计算方法,详见第七章第二节。

1. 盲沟敷设

纵向盲沟系沿快、慢车道两侧边缘平行埋设,一般距挡土墙 1 ~ 2 m,深度自引道结构垫层底面以下约 15 cm,但应保证地下水降水曲线的顶点低于路面 50 cm 为宜。如在冻胀影响地区则其顶部滤层至冻结线不小于 30 cm,盲沟起点应自设计最高地下水位线处开始。纵向盲沟可根据以下情况设置:

(1)当地下水位不高,土壤渗水性较弱,且引道较窄时,可沿快车道边缘埋设一道盲沟。

(2)一般情况通常以布置双侧盲沟为宜,即沿快车道两侧边缘各埋设盲沟一道。

(3)当地下水稳定水位或顶进桥涵附近河沟洪水位高于慢车道,且土壤渗水能力较强,引道较宽时,可沿快、慢车道两侧平行埋设盲沟 4 道。

为了更有效地降低地下水位,须在纵向盲沟范围内每隔 20 ~ 30 m 设置横向盲沟一道,其坡度自引道中心起以 1% ~ 1.5% 的坡度与引道两侧纵向盲沟相衔接。如引道两侧设有挡土墙时,则应于墙后设置反滤层,并用暗管与附近的盲沟接通。

2. 盲沟的形式与构造

常用的盲沟形式如图 9—19 所示,这两种盲沟的构造基本一样,只是滤水层粒径的选择及滤水层厚度有所不同,设计时可以灵活选用。当盲沟置于承载力较低的松软土壤上时,最好设置基座。盲沟所用各层填料要求洁净,以防堵塞滤水层,并要求层次分明而密实。盲沟应分段施工,埋管和填料一次做完,力求尽早回填,不宜使填料中断,以防泥土杂物掺入而破坏滤层。盲沟管的材料除弯头三通部位用 $D = 30$ cm 铸铁管外,其他均采用 $D = 30$ cm 无沙混凝土或混凝土花管,或短节混凝土管,盲沟管的接口处应留有 1 ~ 2 cm 的空隙,供地下水渗入。

纵横盲沟的连接,可采用 90°或 45°等不同交角的三通铸铁管或缸瓦管,也可用暗井连接,如图 9—20 所示。

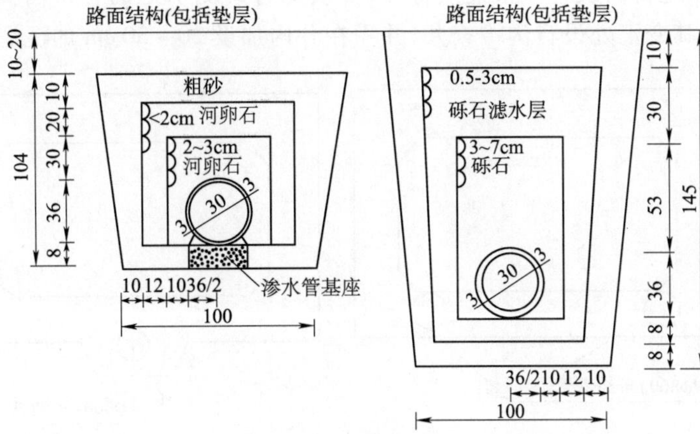

图 9—19　盲沟横断面(单位:cm)

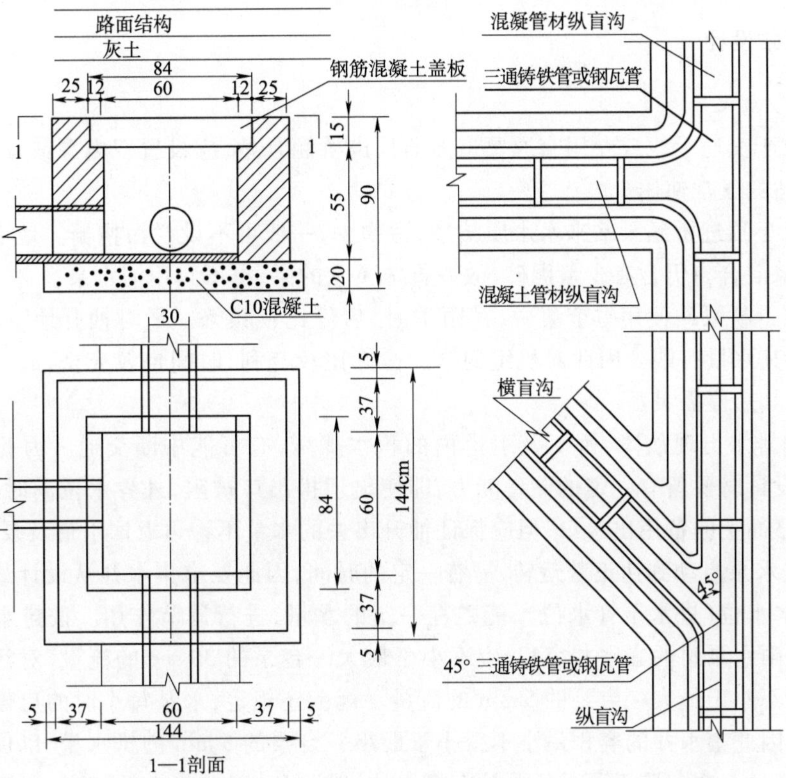

(a) 暗井连接图　　(b) 三通连接管图

图 9—20　纵横盲沟连接管(单位:mm)

3. 穿越顶进桥涵时的措施

由于桥涵两端引道均有盲沟,必须将一端盲沟所汇集的水,通过一根或两根铸铁管或混凝土管越过桥下与另一端盲沟会台后再经排水总管引向出口或泵站。其穿越的位置,一般可将连通管浇筑在箱形桥的底板中，随桥涵的顶进而穿越，有时为了连通管埋深的要求，可将桥涵底板局部加厚（图 9—21）。如连接管较大时，则可采用自底板下另行顶进的办法。

当盲沟穿越顶进桥而设置一根连接管时，必须先将两侧引道的各盲沟交汇在一起而后与连通管相连接，其变汇处设盲沟检查井，并需在井内加设 20 ~ 30 cm 的沉泥槽。

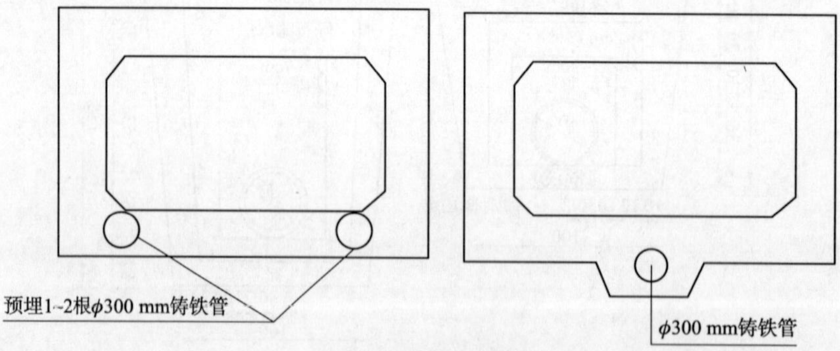

图 9—21　穿越箱涵排水

四、泵站设计

1. 一般规定

（1）位于交通干线或专用交通要道上的顶进桥涵泵站，应设置双电源或其他动力设施，以确保泵站的正常使用。

（2）由于顶进桥涵泵站来水水质洁净，污物少，一般可不设拦污格栅。地下水进入集水井后与雨水混合．仍含有少量泥砂，故专排地下水的泵，也不宜用清水泵。

（3）顶进桥泵站使用季节集中，在雨季时，启停比较频繁。平时抽升地下水的泵，虽常年运转，但其水量有限。因此对机组的维护检修比较有利，时间也较充裕，故一般可不设备用机组，但其启停需灵活。

（4）如排水出现故障，桥下及引道内的积水骤增，有可能中断交通。因此水泵的排水量、扬程，设计时要留有一定的储备能力，即使出现排出口被阻，外界水位高时，还可以使用引道以外路面上的备用出水口，但应保证抽升出去的水量不许再返回引道及泵站。

（5）从水泵启动到达正常运转，需有一定的时间，因此要求集水井从设计最低工作水位到最高进水水位（进水干管水位），能贮存一定的水量，进行调节作用。按排水设计规范规定，对一般雨水泵站的集水井容积，应不小于最大一台泵的 30 sec 的流量，对污水泵的集水井容积，应不小于最大一台泵的 5 min 的流量。规范还规定，水泵每小时的启停次数最多不超过 6 次，因此集水井的容积最小不得小于最小一台泵的 5 min 的排水量，以保证每小时启停次数不超过 6 次。鉴于顶进桥泵站有汇水快、排除急、流量集中的特点，所以集水井的容积，应大于一般雨水泵站，而小于污水泵站所规定的容积，且最高最低水位之间要有 2.0 m 左右高差的容积。如水泵台数多，适应流量变化性能好，集水井的容积可以较小。

（6）集水井的井底应做成 0.01 ~ 0.02 的坡度，倾向吸水坑，吸水坑的深度一般采用 0.5 m。

（7）泵房至少设有一扇能使最大设备或部件出入的门。

2. 泵站位置的选择

(1)泵站的位置,应会同城镇铁路公路等有关单位协商确定,一般宜将泵站置于桥涵附近开敞平坦地区,地质条件好,不会被洪水淹没,且供电供水方便处,并与铁路要有相当的距离(不小于 25 m),以防泵站内仪表受到行车震动的影响。

(2)泵站应选择在水泵扬程低、管路短的地点,但应保证泵站内的最高水位不得高出顶进桥的最低点。

(3)泵站位于城市时,与居民房屋应有一个相当的距离,以减少机械噪声的影响。

(4)泵站主要由集水井、水泵间两部分组成,可在一个地下井内分隔为两部分使用,其上建管理室,也可把两个主要部分分设在两个建筑物内。地下井可作成圆形,也可作成矩形。圆形受力较好,适用于直径大、井筒深的泵井;矩形便于在其上建筑管理室,适用于平面尺寸较小深度较浅的情况。

3. 机械选择与布置

(1)雨水泵站可不设备用泵,但工作泵一般不少于两台,最好按扬水量分大、中、小三种,多选用离心泵或混流泵,如水量及扬程等能满足设计要求时,也可选用立式轴流泵。

(2)泵站设置于地下,而且抽泄雨水的机组并非常年运转使用,故选用的电机要求有较好的防潮性能。

第八节　挡墙设计

路基支挡结构设计应积极采用新技术、新结构、新材料、新工艺。现用的路基支挡结构有重力式挡土墙、短卸荷植式挡土墙、悬臂式和扶壁式挡土墙、锚抨挡土墙、锚定板挡土墙、加筋土挡土墙、土钉墙、抗滑桩、桩板式挡土墙和预应力锚索等。分离式引道的挡土墙多采用重力式,本节将对常用的重力式挡土墙做详细介绍。

重力式挡土墙是依靠墙体自重抵抗土压力、防止土体坍滑的支挡结构,可用于一般地区、浸水地区、地震地区和特殊岩土地区的路肩、路堤和路堑等部位,路肩、路堤和土质路堑挡土墙高度不宜大于 10 m,石质路堑挡土墙不宜大于 12 m。重力式挡土墙按其墙背倾斜情况分仰斜、垂直和俯斜三种。边坡如果是挖方,则仰斜式较合理;如果是填方,则垂直或俯斜式较合理。按主动土压力大小,重力式挡土墙要优先采用仰斜式挡土墙,垂直式次之,俯斜式少用。对于高挡土墙,还可采用梯级式做法。

具体设计中应考虑的以下几个问题:

(1)应充分掌握的资料

场地资料,如墙背填土的种类及排水要求、施工方法等;地质资料,如地形、地貌、地质构造及可供作挡土墙砌筑材料的石料或其他材料的名称、数量、运距、地下水位情况及分布等。根据地质报告及土工实验确定土壤重度、内摩擦角、地基承载力等。

(2)考虑墙顶堆载及活动荷载

如挡土墙作为路堤,则要考虑汽车荷载的作用。设计时,如有需要,应将施工过程中临时堆土这一影响因素考虑进去。

(3)必要时设计中应说明挡土墙的施工顺序

在地形比较复杂区域,各种地下管线难免频繁穿越挡土墙,此时挡土墙的施工须在管线的施工之后。

(4)挡土墙的计算

挡土墙的计算项目包括有:滑动稳定性的验算、倾覆稳定性的验算、地基土承载力的验算以及墙身材料应力的验算。一般情况下,倾覆稳定性较易满足,主要由基底压力和滑动稳定性来控制设计。一般不作墙身应力的验算。

一、挡土墙材料特性

重力式挡土墙墙身材料应采用混凝土或片石混凝土,其强度等级及适用范围应按表9—46采用。

表 9—46　重力式挡土墙材料强度等级与适用范围

材料种类	重度(kN/m^3)	混凝土强度等级	适用范围
混凝土或片石混凝土	23	C15	$t \geq -15$ ℃地区
		C20	浸水及 $t < -15$ ℃地区

注:表中 t 系最冷月平均气温。

重力式挡土墙可按容许应力法计算。混凝土、片石混凝土的容许应力值应按《铁路路基支挡结构设计规范》采用,如表9—47所示。

表 9—47　混凝土、片石混凝土的容许应力值(单位:MPa)

应力种类	符号	混凝土强度等级			
		C30	C25	C20	C15
中心受压	$[\sigma_c]$	8.0	6.8	5.4	4.0
弯曲受压及偏心受压	$[\sigma_b]$	10.0	8.5	6.8	5.0
弯曲拉应力	$[\sigma_{bl}]$	0.55	0.50	0.43	0.35
纯剪应力	$[\tau_c]$	1.10	1.00	0.85	0.70
局部承压应力	$[\sigma_{cl}]$	$8.0 \times \sqrt{\frac{A}{A_c}}$	$6.8 \times \sqrt{\frac{A}{A_c}}$	$5.4 \times \sqrt{\frac{A}{A_c}}$	$4.0 \times \sqrt{\frac{A}{A_c}}$

注:(1)片石混凝土的容许压应力同混凝土,片石掺用量不大于总体积的20%;

(2)A 为计算底面积,A_c 为局部承压面积。

二、挡土墙设计荷载分析

作用在挡土墙上的力应按表9—48所列荷载进行组合。

表 9—48　挡土墙荷载

荷载分类	荷载名称
主　力	墙背岩土主动土压力;墙身重力及位于挡土墙顶面上的恒载;轨道及列车荷载产生的土压力、离心力、摇摆力;基底的法向反力及摩擦力;常水位时静水压力和浮力
附 加 力	设计水位的静水压力和浮力;水位退落时的动水压力;波浪压力;冻胀力和冰压力
特 殊 力	地震力;施工及临时荷载;其他特殊力

注:(1)常水位系指每年大部分时间保持的水位;

(2)冻胀力和冰压力不与波浪压力同时计算;

(3)洪水和地震不同时考虑。

浸水挡土墙应从设计水位及以下选择最不利水位作为计算水位。浸水挡土墙墙背填料为渗水土时，可不计墙身两侧静水压力和墙背动水压力。墙身所受浮力，应根据地基地层的浸水情况按下列原则确定：

(1)碎石类土、砂类土（细砂、粉砂除外）和节理很发育的岩石地基，按计算水位的100%计算；

(2)节理不发育的岩石地基按计算水位的50%计算。

当主力与附加力、特殊力组合时，应将材料的容许应力（纯剪应力除外）乘以不同的提高系数。当主力与附加力组合时乘以1.30，当主力与特殊力组合时乘以1.40；当主力与地震力组合时，应符合现行《铁路工程抗震设计规范》(GB 50111)的规定。

当主力与附加力组合时，地基容许承载力可乘以1.20。当挡土墙按有荷载、无荷载计算，其基底合力偏心距为负值时，墙踵基底压应力可超过地基容许承载力。一般地区最大不得超过30%，浸水地区不得超过50%，但平均压应力不得超过地基容许承载力。当主力加地震力时，应符合现行《铁路工程抗震设计规范》(GB 50111)的规定。

单线铁路挡土墙应按有列车荷载与无列车荷载进行检算；双线铁路及站场内的挡土墙，除按有列车荷载进行检算外，尚应按邻近挡土墙的一线、二线有列车荷载与无列车荷载等组合进行检算。

作用在墙背上的主动土压力，可按库仑理论计算。墙背俯斜度较大、土体中出现第二破裂面时，应按第二破裂面法计算土压力。墙背为折线形时，可简化为两直线段计算士压力，其下墙段的土压力可用力多边形法计算。挡土墙前的被动土压力可不计算。当基础埋置较深且地层稳定、不受水流冲刷和扰动破坏时，根据墙身的位移条件，可采用1/3被动土压力值。

墙背填料的物理力学指标应根据试验资料确定。有经验时，也可按表9—49采用。路堑挡土墙墙背地层的物理力学指标，可根据边坡设计的数据综合确定。

土与墙背间的摩擦角应根据墙背的粗糙程度、土质和排水条件确定。有经验时，也可按表9—50所列数值采用。

表9—49　填料的物理力学指标

填料种类		综合内摩擦角 φ_0	内摩擦角 φ	重度(kN/m^3)
细粒土（有机土除外）	墙高 $H \leqslant 6$ m	35°	—	18、19
	6 m < 墙高 $H \leqslant 12$ m	30～35°		
砂类土		—	35°	19、20
碎石类、砾石类土		—	40°	20、21
不易风化的块石类土		—	45°	21、22

注：(1)计算水位以下的填料重度采用浮重度；

(2)填料的重度可根据填料性质和压实等情况作适当修正；

(3)全风化岩石、特殊土的骨 φ、c 值宜根据试验资料确定。

表 9—50　土与墙背间的摩擦角 δ

墙身材料 \ 墙背	巨粒土及粗粒土	细粒土(有机土除外)
混凝土或片石混凝土	$\varphi/2$	$\varphi_0/2$
第二破裂面或假想墙背土体	φ	φ_0

注:(1)φ 为土的内摩擦角,φ_0 为土的综合内摩擦角;

(2)当按表计算的 $\delta > 30°$时,采用 $\delta = 30°$。

三、挡土墙地基与基础

挡土墙基底宜采用明挖基础。当基坑开挖较深且边坡稳定性较差时,应采取临时支护措施;当基底下为松软土层时,可采用加宽基础、换填土或地基处理等措施。水下基坑开挖困难时,也可采用桩基础或沉井基础。

基础埋置深度一般情况不应小于 1.0 m,当冻结深度小于或等于 1.0 m 时,在冻结深度线以下不应小于 0.25 m,且不应小于 1.0 m。当冻结深度大于 1.0 m 时,不应小于 1.25 m,还应将基底至冻结线下 0.25m 深度范围内的地基土换填为非冻胀土。受水流冲刷时,在冲刷线下不应小于 1.0 m。路堑挡土墙基底在路肩以下不应小于 1.0 m,并低于侧沟砌体底面不小于 0.2 m。在软质岩层地基上不应小于 1.0 m。膨胀土地段基础埋置深度不宜小于 1.5 m。

基础在稳定斜坡地面时,其趾部埋入深度和距地面的水平距离应符合《铁路路基支挡结构设计规范》的规定,如表 9—51 所示。

表 9—51　斜坡地面墙趾埋入深度和距地面的水平距离

地层类别	埋入深度(m)	距地面的水平距离(m)
硬质岩层	0.60	1.50
软质岩层	1.00	2.00
土　　层	≥1.00	2.50

基础位于较完整的硬质岩层构成的稳定陡坡上时,可采用台阶式基础,其最下一级台阶底宽不宜小于 1.0 m。挡土墙位于纵向斜坡上,当基底纵坡大于 5% 时,应将基底设计为台阶形式。挡土墙受滑动稳定控制时,可采用倾斜基底。一般地区挡土墙可设不大于 0.2:1 的斜坡。浸水地区挡土墙不宜设倾斜基底。挡土墙受倾覆稳定、基底偏心或基底承载力控制时,可设置墙趾台阶,混凝土台阶的连线与竖直线间的夹角不应大于 45°。明挖基础的基坑应及时回填夯实,顶面应设计为不小于 4% 的排水横坡。对黏土地基,墙底宜设置碎石土或灰土等垫层;对湿陷性黄土、膨胀土等特殊土地基,应采取消除湿陷或防止水流下渗的措施。

四、挡土墙构造要求

支挡结构与路堤、路堑连接时,应符合下列规定:

(1)支挡结构与路堤连接可采用锥体填土连接。挡土墙端部伸入路堤内不应小于

0.75 m。路堤锥体顺线路方向的坡度，当锥体边坡高度在 8 m 以内时不应陡于 1∶1.25，在20 m 以内时不应陡于 1∶1.50。

(2)路堤、路肩挡土墙端部嵌入原地层的深度，土质不应小于 1.5 m，弱风化岩层不应小于 1 m，微风化岩层不应小于 0.5 m。

(3)路堑挡土墙应向两端顺延逐渐降低高度，并与路堑坡面平顺相接。

(4)其他挡土墙按上述规定直接与路堤、路堑连接有困难时，可在其端部采用重力式挡土墙过渡或用其他端墙形式过渡。

混凝土或片石混凝土墙顶宽度不应小于 0.4 m。路肩挡土墙顶部应设置帽石。帽石应采用混凝土制作，其厚度不得小于 0.4 m，宽度不得小于 0.6 m，飞檐宽度应为 0.1 m。

沿墙长每隔 10 ~ 20 m 或与其他建筑物相接处应设置伸缩缝，在基底的地层变化处应设置沉降缝。伸缩缝和沉降缝可合并设置。缝宽采用 2 ~ 3 cm。缝内沿墙的内、外、顶三边填塞沥青麻筋或沥青木板，塞入深度不得小于 0.2 m。当墙背为石质路堤或填石路堤时，可设置空缝。路肩、路堤挡土墙两端应设置锥体护坡。

挡土墙上应设置向墙外坡度不应小于4% 的泄水孔，按上下左右每隔 2 ~ 3 m 交错布置，折线墙背的易积水处必须设置泄水孔。泄水孔应采用管型材料，其进水侧应设置反滤层，反滤层应优先采用土工合成材料、无砂混凝土块或其他新型材料。无砂混凝土块或砂夹卵石反滤层的厚度不得小于 0.3 m，墙背为膨胀土的反滤层厚度不应小于 0.5 m。在靠近路肩或地面的最低一排泄水孔的进水口下部应设置隔水层。

五、挡土墙结构核算

(1)挡土墙沿基底的抗滑动稳定性系数

挡土墙沿基底的抗滑动稳定系数 K_c 应分别按下列公式计算：

非浸水

$$K_c=\frac{[\sum N+(\sum E_x-E_x')\cdot\tan\alpha_0]\cdot f+E_x'}{\sum E_x-\sum N\cdot\tan\alpha_0} \tag{9—9}$$

浸水

$$K_c=\frac{(\sum N-\sum N_w+\sum E_x\cdot\tan\alpha_0)\cdot f}{\sum E_x-(\sum N-\sum N_w)\cdot\tan\alpha_0} \tag{9—10}$$

式中　$\sum N$——作用于基底上的总垂直力(kN)；

$\sum E_x$——墙后主动土压力的总水平分力(kN)；

E'_x——墙前土压力的总水平分力(kN)；

$\sum N_w$——墙身的总浮力(kN)；

α_0——基底倾斜角(°)；

f——基底与底层间的摩擦系数。

当为倾斜基底时，应检算沿地基水平方向的滑动稳定性。基底下有软弱土层时，应检算该土层的滑动稳定性。

基底与地层间的摩擦系数，宜根据试验资料确定。在有经验时，也可采用表 9—52 所列值。

表 9—52　基底与地基间的摩擦系数 f

地基类别	f
硬塑黏土	0.25～0.30
粉质黏土、粉土、半干硬的黏土	0.30～0.40
砂类土	0.30～0.40
碎石类土	0.40～0.50
软质岩	0.40～0.60
硬质土	0.60～0.70

(2)挡土墙抗倾覆稳定性系数

挡土墙抗倾覆稳定系数 K_0 应按下式计算：

$$K_0 = \frac{\sum M_y}{\sum M_0} \tag{9—11}$$

式中　$\sum M_y$——稳定力系对墙趾的总力矩(kN · m)；

$\sum M_0$——倾覆力系对墙趾的总力矩(kN · m)。

挡土墙抗滑动稳定系数 K_c 不应小于 1.3,抗倾覆稳定系数 K_0 不应小于 1.6。计入附加力时,K_c 不应小于 1.2,K_0 不应小于 1.4。架桥机等运架设备临时荷载作用下,K_c 不应小于 1.05,K_0 不应小于 1.1。

(3)挡土墙基底合力偏心距

挡土墙基底合力的偏心距应按下式计算：

$$e = \frac{B}{2} - c = \frac{B}{2} - \frac{\sum M_y - \sum M_0}{\sum N} \tag{9—12}$$

式中　e——基底合力的偏心距(m),当为倾斜基底时,为倾斜基底合力的偏心距;土质地基不应大于 $B/6$,岩石地基不应大于 $B/4$;

B——基底宽度(m),倾斜基底为其斜宽；

c——作用于基底上的垂直分力对墙趾的力臂(m)；

$\sum N$——作用于基底的总垂直力(kN)。

当为倾斜基底时,作用于其上的总垂直力为

$$\sum N' = \sum N \cdot \cos\alpha_0 + \sum E_x \cdot \sin\alpha_0 \tag{9—13}$$

(4)基底压应力

基底压应力 σ 应按下列公式计算：

$$当|e| \leqslant \frac{B}{6}时, \sigma_{1,2} = \frac{\sum N}{B}\left(1 \pm \frac{6e}{B}\right) \tag{9—14}$$

$$当|e| > \frac{B}{6}时, \sigma_1 = \frac{2\sum N}{3c}, \sigma_2 = 0 \tag{9—15}$$

$$当|e| < \frac{B}{6}时, \sigma_1 = 0, \sigma_2 = \frac{2\sum N}{3(B-c)} \tag{9—16}$$

式中　σ_1——挡土墙趾部的压应力(kPa)；

σ_2——挡土墙踵部的压应力(kPa)。

基底平均压应力不应大于基底的容许承载力〔σ〕。

(5)墙身截面强度

墙身截面强度检算应符合下列要求：

①检算截面的合力偏心距 e'

当按主力计算时　$|e| \leqslant 0.3B'$　(9—17)

当按主力加附加力计算时　$|e| \leqslant 0.35B'$　(9—18)

式中　B'——墙身截面宽度(m)。

②检算截面的法向压应力

检算截面的法向压应力，不应大于所用材料的容许压应力。当计算的最小应力为负值时，应小于所用材料的容许抗弯曲拉应力，并应检算不计材料承受拉力时受压区应力重新分布的最大压应力，其值不得大于容许压应力。

③必要时墙身截面应作剪应力检算。

六、附属结构

引道快慢车道的路面标高不同，应设栏杆隔离，以保证行人安全。桥孔内的照明，机动车道一般两侧安灯，非机动车道一侧安灯，出入口顶部外缘设标志灯，以防高载车辆碰撞。引道分车带上的照明，灯距约 30 m，重要道路在分车带的起点与终点设灯或标志。灯柱埋入挡土墙基底以下不小于 1 m，栏杆立柱应埋于挡土墙内适当深度。

防护栏杆立柱及扶手的水平推力应按 0.75 kN/m 作用在立柱顶上计算，并应按 1kN 集中荷载检算。路肩挡土墙设置防护栏杆地段应符合下列规定：

(1)墙顶高出地面 2 m 且连续长度大于 10 m 时；

(2)墙趾下为悬崖陡坎或地面横坡陡于 1:1、连续长度大于 20 m 的山坡时；

(3)车站有调车作业地段。

当挡土墙较高时，应根据需要设置台阶或检查梯。

第九节　U 形槽设计

封闭式引道是将路面与挡士墙筑成一个完全封闭的 U 形结构，承受地下水的浮托力。这种引道适用于路面较窄、地下水位高、渗透系数大、地下水丰富的工点。此时如修建设有盲沟的分离式引道，则因盲沟排水量太大，将长期耗费较多的电力，且抽排水的泵站规模及设备都相当可观。另外也适用于电源有困难或不允许抽排地下水的地区。封闭式引道的缺点是投资大、造价高、耗费钢材水泥多、接头处理及止水工艺要求高。图 9—22 是某地道的封闭式引道横断面。

封闭式 U 形钢筋混凝土道路受地下水浮力、自重及上部车辆荷载、边墙处侧向土压力及摩擦力、底板地基反力共同作用，受力和变形计算是十分复杂的。封闭式路堑设计和计算中将底板视作弹性地基梁进行内力和变形计算分析，采用共同变形理论，将地基假定为半无限弹性体，用弹性理论来计算地基的沉陷，从而确定 U 形底板所受地基反力的大小及分布规律，以此确定底板和边墙的结构尺寸和配筋设计。所谓弹性地基梁法认为梁和地基都是弹性体，梁受外荷后发生弯曲变形，地基受压后产生相应的沉陷，而梁与地基外力满足静力平衡条件以及梁的挠度和地基沉陷满足梁和地基间变形的连续性条件，从而求得地基反力

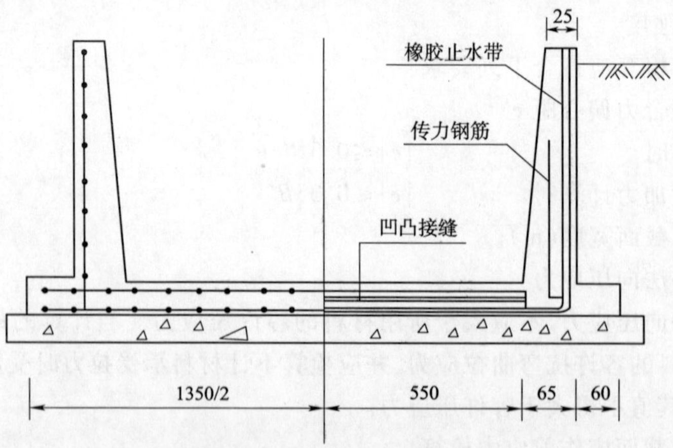

图 9—22　封闭式引道横断面(单位:cm)

和梁的内力。在确定结构的几何尺寸和配筋设计中,会遇到比较大的计算问题,可利用简单易行的郭氏查表法进行相关力学分析。引道应分段浇制分段长度一般为 15 ~ 30 m。由于混凝土的收缩和温度变化应在纵向(顺线路方向)设置构造钢筋。

一、U 形槽路基处理

U 形槽路基一般具有天然含水量高、低渗透性、高压缩性、不均匀性、抗剪强度低、一定的结构性和触变性等特征,在 U 形槽设置前需进行地基处理。

1. 换 土 法

将路基范围内的软土排除,用稳定性好的土、石进行回填。换土法按照排淤方式可分为挖换填法、抛石挤淤法和爆破排淤法三种。

2. 表层处理法

对于表层为黏性土时,在表层黏性土内掺入添加剂,改善地基的压缩性能和强度特性,以保证施工机械的行驶。同时也可达到提高填土稳定及固结的效果,添加材料通常使用生石灰、熟石灰和水泥。石灰类添加材料通过现场拌和或厂拌,除了降低土壤含水量、产生团粒效果外,对被固结的土随着时间的推移会发生化学性固结,使黏土成分发生质的变化,从而促进土体稳定。

二、U 形槽接缝处理

1. 伸缩缝处理

U 形结构沿路线方向 15 ~ 30m 设伸缩缝一道,用中埋式、内贴式平板氯丁橡胶止水带做防水处理。变形缝的水密性和气密性应保持较好的状态。为了保证伸缩缝或变形缝处在荷载作用下,不产生不均匀沉降,U 形结构底板与土基间应铺设级配碎石。

在浇筑混凝土时对止水带处振捣工作应特别注意,并注意在浇筑混凝土时止水带不致移位。止水带下的混凝土应予捣实,否则往往在止水缝处造成漏水现象。修建在较软弱地基上的封闭式引道,最好在接缝处设置传力钢筋,如图 9—23 所示。

2. 框架桥与 U 形槽连接处处理

在框架桥与 U 形槽连接处,存在新旧混凝土连接的问题,现浇混凝土与整体混凝土相

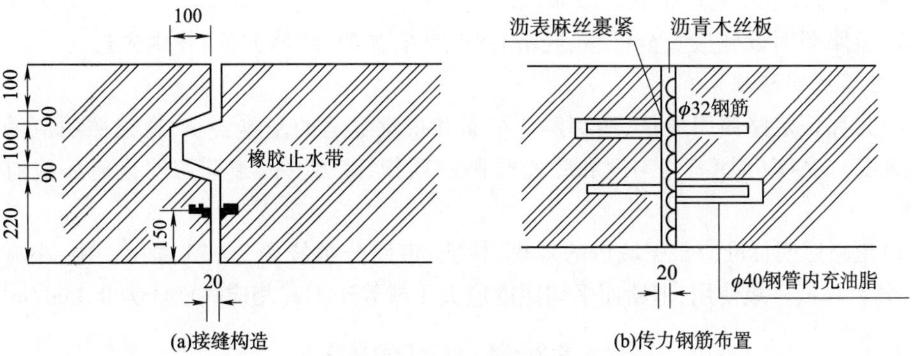

图 9—23　接缝止水

比，一般存在以下弱点：结合面混凝土的抗拉、抗剪强度降低；新混凝土的凝缩、弹性变形、塑性变形等与原有混凝土存在差异，容易产生裂缝；结合处抗渗、抗冻性能降低。为了确保新旧混凝土共同受力的可靠性和耐久性，需要从施工工艺上采取适当的措施，以提高新旧混凝土的黏结强度，减少后浇混凝土的收缩变形及其他变形，必要时还要采取适当的构造措施。应注意以下几个方面：

(1)新旧混凝土连接型式和方向。采用斜缝、齿缝代替平缝结合，可增大新旧混凝土的接触面，从而提高了两者的黏结力；采用新浇混凝土在上的水平连接，黏结效果较好。而新浇混凝土在下的水平连接，效果较差，此种情况应使用膨胀混凝土，以提高黏结力。

(2)旧混凝土接触面的处理。首先应彻底清除原结构混凝土的浮浆层，如果接触部位存在部分风化或软化、变质等，应将此部分混凝土全部剔除，直至漏出坚实的混凝土为止。如果混凝土质量很好，则只须将接触面处作凿毛处理（以露出颗粒的一半为度）或作刷糙处理，以增强新旧混凝土的粘结力和机械咬合力。

(3)在结合面上涂抹胶粘剂。在旧混凝土接触面上涂抹高强度等级水泥砂浆、混凝土界面处理剂、环氧树脂等，都能大大提高新旧混凝土的黏结强度，也可增强结合缝处的抗渗能力。

(4)新浇混凝土的强度等级和坍落度。施工实践表明，新浇混凝土应采用低流动性、高强度等级的混凝土（一般比旧混凝土高一级为宜），如果新浇混凝土厚度较大，可考虑在接触面附近浇一层低流动性、高强度等级的混凝土作为过渡层。

(5)混凝土的养护。新旧结合体新混凝土的养护影响到黏结强度和凝缩裂缝的产生，如果早期脱水、过早地经受振动、温度变化等因素的影响，会降低混凝土的粘结强度，还会造成接触面的开裂。

第十节　附属设施

一、道路照明

1. 设计原则

(1)道路及特殊地点应有照明设施，以保障交通安全、畅通，提高运输效率，防止犯罪活动。并对美化城市环境产生良好效果。

(2)道路照明设施应安全可靠、经济合理、节省能源、维修方便、技术先进。

2. 道路照明标准

(1)为保证道路照明质量,达到辨认可靠和视觉舒适的基本要求,道路照明应满足平均亮度(照度)、亮度(照度)均匀度和眩光限制三项指标。此外,道路照明设施还应有良好的诱导性。

(2)道路照明标准应根据城市的规模、性质、道路分类按表 9—53 选用。中、小城市可视其道路分类降低一级使用,但路面平均照度应大于或等于 1lx(相应亮度约为 0.1 cd/m^2)。

表 9—53　道路照明标准

道路类别	照明水平		均匀度		眩光限制
	平均亮度 L_a(cd/m²)	平均照度 R_a(lx)	亮度均匀度 L_{min}/L_a	照度均匀度 R_{min}/R_a	
快 速 路	1.5	20	0.40	0.40	严禁采用非截光型灯具
主 干 路	1.0	15	0.35	0.35	严禁采用非截光型灯具
次 干 路	0.5	8	0.35	0.35	不得采用非截光型灯具
支　 路	0.3	5	0.30	0.30	不宜采用非截光型灯具

注:(1)表中所列的平均亮度(照度)为维持值。新安装灯具,路面初始亮度(照度)值应比表中数值高 30~50%。

(2)表中所列亮度(照度)值均为机动车车行道上的数值。三幅路、四幅路中非机动车车行道的亮度(照度)值,可采用机动车车行道亮度(照度)值的 1/2。

(3)表中平均照度值适用于沥青路面。对于水泥混凝土路面,可降低 30%。

(4)表中各项数值适用于干燥路面。

(5)通向大型公共建筑(如体育场、展览馆、大型剧场等)的主要道路、市中心或商业区中心的道路、大型交通枢纽等处的照明可采用主干路的标准。

(6)L_{min}——最小亮度(cd/m²);L_a——平均亮度(cd/m²);R_{max}——最小照度(lx);R_a——平均照度(lx)。

3. 道路照明设施

(1)断面和宽度不同的道路应采取不同的布灯方式:单侧布置、双侧交错布置、双侧对称布置、横向悬索布置与中心布置等。设计时应对多种布灯方式进行比较,采取经济合理的方案。

(2)为保证路面亮度(照度)均匀度和将眩光限制在容许范围内,灯具的纵向间距 s_1、安装高度 h_i 和路面有效宽度 w_e 之间的关系,应符合表 9—54 的规定。

表 9—54　安装高度、路面有效宽度、灯具间距之间的关系

布灯方式	截光型		半截光型		非截光型	
	安装高度 h_i	灯具间距 s_1	安装高度 h_i	灯具间距 s_1	安装高度 h_i	灯具间距 s_1
单侧布置	$h_i \geq \omega_e$	$s_1 \leq 3h_i$	$h_i \geq 1.2\omega_e$	$s_1 \leq 3.5h_i$	$h_i \geq 1.4\omega_e$	$s_1 \leq 4h_i$
交错布置	$h_i \geq 0.7\omega_e$	$s_1 \leq 3h_i$	$h_i \geq 0.8\omega_e$	$s_1 \leq 3.5h_i$	$h_i \geq 0.9\omega_e$	$s_1 \leq 4h_i$
对称布置	$h_i \geq 0.5\omega_e$	$s_1 \leq 3h_i$	$h_i \geq 0.6\omega_e$	$s_1 \leq 3.5h_i$	$h_i \geq 0.7\omega_e$	$s_1 \leq 4h_i$

(3)灯具悬挑长度与种植在路侧带或分隔带上树木的树形、道路横断面布置有关,悬挑长度不宜超过灯具安装高度的 1/4。灯具的仰角宜小于或等于 15°。

(4)道路照明光源应选用寿命长、光效高、可靠性和一致性好的高压钠灯、荧光高压汞灯和低压钠灯。灯具选择的规定如下:

①道路照明灯具应配光合理,效率高,机械强度高,耐高温、耐腐蚀性好、重量轻、美观、安装维修方便,并具有防水、防尘性能。

②对机动车与非机动车车行道应采用功能性灯具。禁止机动车通行的商业街道、人行地道或艺术效果要求高的特殊场所可采用具有较高机械强度的装饰性灯具或兼顾功能性和装饰性的灯具。

4. 特殊地段的照明

在曲线路段、平面交叉、立体交叉、铁路道口、广场、停车场、桥梁、坡道等特殊地点的照明应比平直路段连续照明的亮度(照度)高、眩光限制严、诱导性好。

(1)曲线路段照明应符合下列规定:

①圆曲线半径大于或等于1 000 m的曲线路段,照明可按直线段处理。

在半径小于1 000 m的曲线路段上,路面较窄时应沿曲线外侧布置一排灯具。在反向曲线路段上可将灯具安装在固定一侧。发生视线障碍时,可在曲线外侧增设附加灯具。路面较宽时可采用双侧对称布置。

平曲线路段上灯具的间距应适当减小,可为直线路段灯具间距的0.5~0.75倍。圆曲线半径小时用小值;圆曲线半径大时用大值。

②道路转弯处的灯具不得安装在直线路段灯具的延长线上,以免使司机误认为是道路向前延伸而导致事故。

③在急转弯处的灯具应使驾驶员能看清缘石、护栏以及周围环境。

(2)平面交叉照明应符合以下规定:

①属于下列情况之一的平面交叉口必须设置照明:

a. 相交道路中至少一条道路已有照明;

b. 复杂的平面交叉;

c. 经常有雾的地区。

②平面交叉的照明应使驾驶员在停车视距处看清交叉口,可采用与通向该交叉口的道路光色不同的光源,主、次干路采用不同形式的灯具或采用不同的布灯方式等。必要时可另行安装偏离规则排列的附加灯具。

③平面交叉的亮度(照度)应高于每一条通向该交叉口道路的亮度(照度)。交叉口的车辆、行人、交通岛、分隔带、缘石等应有一定的垂直照度。

④为使驾驶员看清交叉口,应由设置在交叉口对面的灯具加以照明,如图9—24和图9—25所示,T形平面交叉典型布灯方式如图9—26所示。

⑤环形交叉设灯时,应将灯具设在环道外侧。若中心岛直径较大可采用高杆照明,但应使车行道的亮度(照度)高于中心岛内的亮度(照度)。环形交叉典型布灯方式如图9—27所示。

(3)桥梁照明应符合以下规定:

①中、小型桥梁的照明应与其连接的道路照明一致,若桥面的宽度小于与其连接的路面宽度,则桥的栏杆、缘石要有足够的垂直照度,在桥的入口处应有照明设施。

②大型桥梁照明应专门设计。

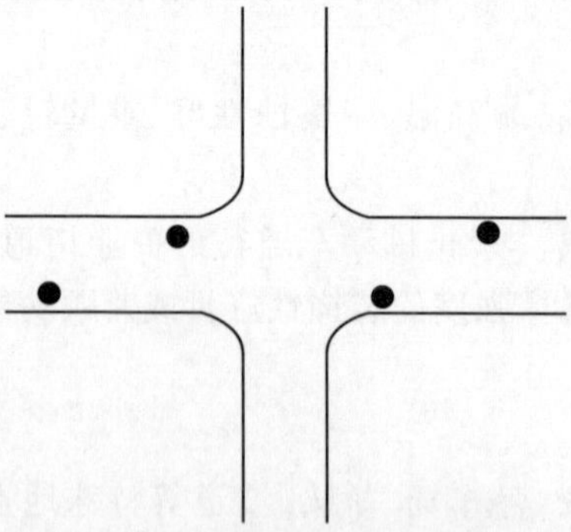

图 9—24　有照明道路和无照明道路十字形交叉口的典型布灯方式

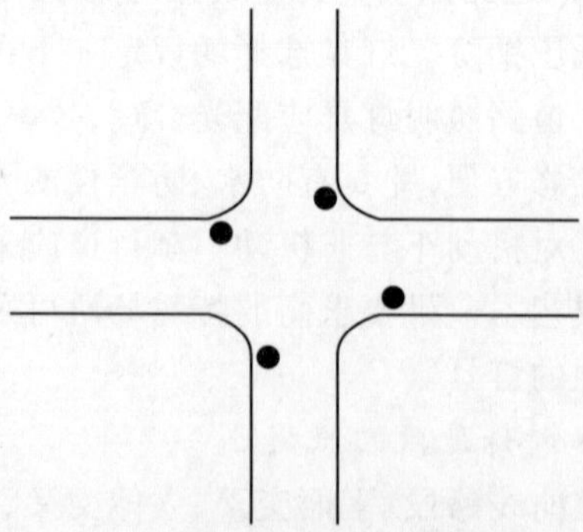

图 9—25　两条有照明道路十字形交叉口的典型布灯方式

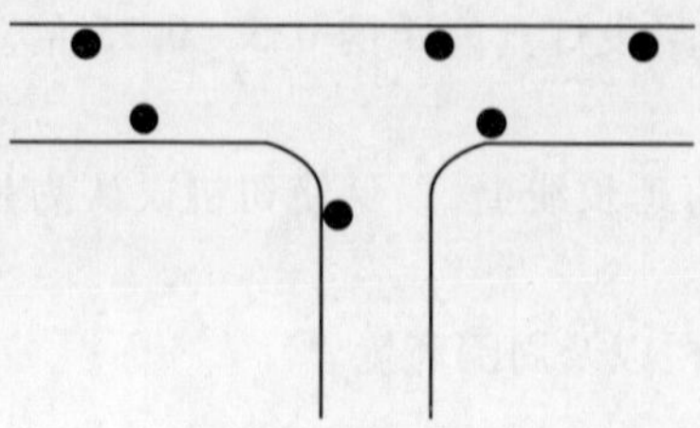

图 9—26　两条有照明道路 T 形交叉口的典型布灯方式

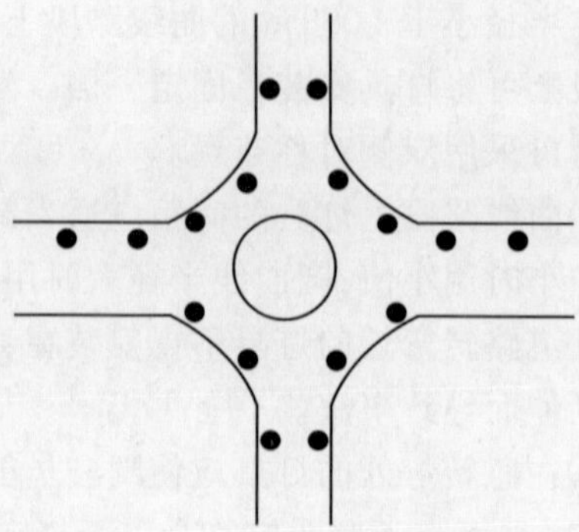

图 9—27　环形交叉口的典型布灯方式

③桥梁照明应避免给桥下道路或船只使用者造成眩光。必要时应采用严格控光灯具。

(4)铁路道口照明应符合以下规定：

①铁路道口应有足够的照明,其照明方向和照明水平应能识别道口、交通标志、路面标线与其他障碍物。灯光颜色不得与信号灯颜色混淆。

②铁路道口铁轨两侧各 30 m 范围内路面的亮度(照度)与均匀度应高于所在道路。

(5)在坡道上设置照明时,应使灯具的开口平面平行坡道。在凸形竖曲线坡道范围内应缩小灯具的间距并采用截光型灯具。

(6)立体交叉的照明除应为路面提供足够的亮度(照度)外,还应考虑下穿道路的灯具在下穿道路上产生的光斑和上跨道路的灯具在下穿道路上产生的光斑衔接协调,使该处的照明均匀度不低于规定值,并应防止下穿道路的灯具在上跨道路上造成眩光。

立体交叉有足够的环境照明。采用常规照明方式时,应分别采用平面交叉、曲线路段、坡道等相应的办法解决,使各个部分的照明互相协调。

立体交叉的相交道路不设连续照明(如远离城区的立体交叉)时,在交叉口,出入口、弯道、坡道等地段都应设置照明,并且照明应延伸到立体交叉范围以外并逐渐降低亮度水平形成过渡照明,以适应驾驶员的视觉。

二、交通设施

(一)交通标志

1. 交通标志分为主标志和辅助标志两大类。

主标志按功能分为以下四种:

(1)警告标志:警告驾驶员及行人注意前方影响行车安全危险地点的标志。

(2)禁令标志:禁止或限制车辆、行人交通行为的标志。

(3)指示标志:指示车辆和行人行进的标志。

(4)指路标志:传递道路方向、到达地点、距离等信息的标志。

辅助标志附设在主标志下面,不能单独使用。辅助标志对主标志补充说明车辆种类、时间起止、区间范围或距离和警告、禁令的理由等。

2. 交通标志设置原则如下:

(1)交通标志应设置在驾驶人员和行人容易看到,并能准确判读的醒目位置。根据需要可设置照明或采用反光、发光标志。

(2)各种标志一般设置在车辆行进方向道路右侧或分隔带上。标志牌不得侵入道路建筑限界,牌面下缘至地面高度为1.8~2.5 m。

(3)路侧式标志应减少标志板面对驾驶员的眩光。板面应与道路中线垂直或成一定角度。指路或警告标志为0°~10°,禁令或指示标志为0°~15°。

(4)同一地点需设两种以上标志时,可合并安装在一根标志柱上,但最多不应超过四种,标志内容不应矛盾、重复。

让路标志、解除限速标志、解除禁止超车标志等应单独设置。

3. 各种标志的设置地点如下:

(1)警告标志应分别设置在进入平面交叉之前,急弯、陡坡、反向曲线起终点、傍山险路、窄桥、窄路、铁路道口、路面滑溜、隧道、交通事故多发路段等危险地点前。警告标志到危险点的距离如表9—55所示。

表9—55　警告标志到危险点的距离

计算行车速度(km/h)	80	60、50、40	30、20
标志到危险点距离(m)	200~101	100~51	50~20

(2)禁令标志应分别设置在限制车速、限制轴线、限制高度、限制宽度、禁止鸣笛、禁止停车、禁止左转弯、禁止右转弯、禁止掉头、禁止超车、禁止某车辆或一切车辆通行等处。

(3)指标标志设置在交叉口进口道前以指示车辆行驶方向、车道类别,以及人行横道,准许试刹车、准许掉头等路段上。

(4)指路标志应设置在距平面交叉30~50m处,指明方向、到达地点、距离。互通式立体交叉指路标志设置在立体交叉前适当位置。路名牌设置在交叉口各面及两个交叉口间距离较长的路段之间。

4. 交通标志支撑方式有单柱式、双柱式、悬臂式、门式与附着式。

有下列情况之一者,可以用悬臂式或门式:

(1)视距受限,无适当地点设置地面标志。

(2)单方向多车道的干路。

(3)复杂的立体交叉。

(4)交通标志形状、规格、图案和颜色应符合现行的《道路交通标志和标线》(GB 5768)规定。

(二)交通标线

1. 交通标线的作用是管制和引导交通,包括路面标线、突起路标和立面标记等。

2. 交通标线按以下情况设置。

(1)路面标线应根据道路断面型式、路宽以及交通管理的需要画定。路面标线形式有车行道中心线、车行道边缘线、车道分界线、停止线、人行横道线、减速让行线、导流标线、平面交叉口中心圈、车行道宽度渐变段标线、停车位标线、停靠站标线、出入口标线、导向箭头以及路面文字或图形标记等。路面标线的画法应符合现行的《道路交通标志和标线》(GB 5768)规定。

(2)突起路标是固定于路面上突起的标记块,应做成定向反射型。一般路段反光玻璃珠为白色,危险路段为红色或黄色。突起路标高出路面的高度、间距、设置方式等应符合现行的《道路交通标志和标线》(GB 5768)规定。

(3)立面标记可设在跨线桥、渡槽等的墩柱或侧墙端面上以及隧道洞口和安全岛等的壁面上。设置原则及具体作法应符合现行的《道路交通标志和标线》(GB 5768)规定。

三、防护设施

1. 新建或改建道路均应设置必要的防护设施。防护设施包括车行护栏、护柱、人行护栏、分隔物、高缘石、防眩板、防撞护栏等。

2. 为引导行人经由人行天桥、人行地道过街应设置导流设施,其断口宜与人行天桥、人行地道两侧附近交叉口结合。

3. 快速路与郊区主干路中间分隔带上,宜采用防眩、防撞设施。

城市桥梁引道、高架路引道、立体交叉匝道、高填土道路外侧挡墙等处,高于原地面 2 m 的路段,应设置车行护栏或护柱等。

平面交叉、广场、停车场等需要渠化的范围,除画线、设导向岛外,可采用分隔物或护栏。大、中型桥梁上应设置高缘石与防撞护栏。

第十一节 注意事项

一、引道与两侧道路的衔接

引道两侧道路不得与引道平面交叉,如交叉不可避免时,则应以立交形式通过。如地形条件许可则应修筑辅助道路在引道之外相接。

二、地道桥孔内道路标高的控制条件

桥孔内高度除应满足规定的净高外,还应考虑桥孔内道路标高的控制情况:

(1)桥孔内设 0.5% 左右的排水坡而引起上坡端路面的加高;

(2)增设凹形竖曲线引起路面的升高;

(3)车辆行驶在桥孔附近,由于车辆前后轴处在正反坡上时的附加升高;

(4)采用顶进方法施工引起的高程误差。

三、管线处理

对引道范围内的地面、地下管线要认真研究妥善处理:

(1)给水管道可设在非机动车道下,以便维修而不妨碍交通;

(2)对排水管道,应考虑因埋入引道下增加了水头压力而可能发生冒水的防范措施;

(3)如切断原有排水渠道,可考虑设倒虹吸,或将水渠引至引道以外适当地点设涵通过;

(4)通过电缆槽,应考虑其坡降与引道相互配合。

第十章　顶进施工常见问题及处理措施

第一节　箱身裂纹

箱身预制是箱形桥工程中重要的工序之一，箱身长度是产生裂纹的重要参数，而其长度主要取决于箱体混凝土的水化热、干缩和环境温度三大因素。

一、箱身裂纹产生的原因

1. 箱身设计长度超限，侧墙配筋不足

产生箱身裂纹主要是由于混凝土的水化热、干缩和环境温度差三大要素，尽管采取相应措施，改善相关要素，但总有一个控制限度，这就决定了箱身的长度。设计要考虑这个限度，否则就会产生裂纹。另外，箱身侧墙配筋过少，分布间距过大，甚至不能满足钢筋混凝土结构截面最小配筋率 0.2% 的要求。

2. 混凝土配料未改进，振捣不密实

混凝土骨料的选择，配合比的设定，浇筑过程中的人为因素等都会加重裂纹的产生。

3. 施工工艺未优化

施工作业人员缺乏温度应力的概念，没有采取混凝土"内降外保"的施工和养护方法，为抢工期采取提高混凝土级别，增加外加剂等也相应增加了产生裂纹的几率。

4. 底板与墙体分次浇筑

桥涵箱身有时在拆模后出现水平裂缝，一般多系底板与墙体分次灌注混凝土造成的。由于先灌的底板已经收缩、而后灌的墙体收缩时受到底板的约束而开裂，如果墙体混凝土产生的水化热较大时，则促成与底板的温差增大更易造成墙体的裂缝出现。

二、防治措施

1. 箱身分段控制长度

增设诱导缝或后浇带，控制箱身分段长度，可通过理论计算和实际经验确定其分段长度，一般情况控制在 12 ~ 15 m 左右，分段缝应设在铁路股道之间为宜。

2. 增加箱身侧墙配筋率

箱身侧墙是最容易产生裂纹的薄弱环节。混凝土结构截面少于最少配筋率 0.2% 的应增加配筋，并可采取减小钢筋直径、增加配筋密度的方法，其分布钢筋间距控制在 15 cm 范围内。

3. 改善混凝土配料

选择骨料时要求混凝土有最大的密实度，拌和时严格控制用水量。捣固时除用振捣器外，在角隅及钢筋较密处还要用插钎捣实，总之要做到尽可能提高混凝土的灌注质量。

水泥选用水化热较低的水泥，用量控制小于 330 kg/m^3；粗细骨料选用 5 ~ 40 mm 的石子，中砂含泥率小于2%；优化配合比，降低砂率，控制在40%～45%之间，加入适量的减水剂，减少用水量，控制坍落度。

4. 改进施工工艺

(1)严格按照诱导缝和后浇带施工工艺、作业程序和质量控制要求精心组织施工。

(2)属大体积混凝土的，应按大体积混凝土施工工艺要求，进行循环水降温控制内外温差。

(3)精心养生。及时浇水，蒸汽养生升温和降温，每小时控制在5℃左右，不可太快。养生的恒温控制在30℃～40℃，使混凝土内部蓄热温度接近，以消除内外温差的影响；采取保湿保温的养护方法，尽量避免低温施工，温差低于10℃施工时应采取相应措施，外保内降使混凝土内外温差控制在25℃之内，中心到表面降温率小于1.5℃/d，延迟拆模时间，采取塑料膜保湿、草袋保温，有条件的采用喷淋或蓄水养护。

(4)低温入模。冬季一般控制在5℃～7℃入模，灌注后应注意抑制混凝土中水化热的增长速度，在24 h内不加温。夏季高温时，可预冷骨料，如用地下水冲洗碎石，使用水化热较低的水泥，以及加冰拌和或夜间气温低时施工等。

(5)拆模时间宜晚不宜早。混凝土强度达到100%后才能顶进。如果在混凝土未达到规定的强度而进行桥涵顶进，将会造成严重的质量事故。

5. 发现裂纹及时修补

箱身顶进前应对混凝土面全面检查一遍，发现有裂纹应用带刻度的放大镜量测裂纹宽度，超过0.2 mm，其延伸长度超过0.5 mm以上，应进行修补。当桥涵涵体发生开裂时，可在桥涵内沿墙(顶)表面裂缝处凿成20 mm×15 mm的V形槽口，用环氧树脂砂浆封闭槽口，沿缝长每隔0.9 m～1.0 m预留一处压浆管口，自下而上从压浆管口向缝内压入水泥浆或树脂水泥浆。

第二节　箱身与滑板粘连防治

一、产生箱涵和滑板粘连的原因

1. 地下水位高

工程施工地点的地下水位过高，使滑板下面的土呈软塑状态。滑板下锚梁达不到防爬要求，造成顶进时箱涵和滑板一起向前移动。

2. 滑板顶面不平

滑板抹面时，顶面凸凹不平，箱涵顶进时，阻力增大，造成粘连。

3. 润滑隔离层施工不良

滑板顶面润滑隔离层，主要采用石蜡、塑料薄膜材料。施工时由于石蜡厚薄不一，塑料薄膜破裂，造成了箱涵和滑板的粘连。

二、预防箱涵和滑板粘连的措施

1. 降低地下水位

顶进箱涵时，降低地下水位是顶进能否顺利的关键一步。一般应使地下水位降至基底

以下 0.5 ~ 1.0 m。降水方法可根据地质情况采用:

(1)集水井降水。此种方法工艺简单,成井快,造价低。在砂土、细砂土、砂黏土或黏砂土地层中均可使用。此法一般适用于地下水比较少的地区。

(2)井点降水。用离心式水泵提供作为动力的循环水,循环水通过射流器时,由于射流器喷嘴断面由大变小,形成高速喷射,把管路中的水和空气一起带走,射流器内形成一定的真空,使其小于大气压力。地下水在大气压力作用下,经井管进入压力较低的射流器内,并与循环水混合后喷入水箱再排出,从而降低地下水位。射流器一般可带井管 50 根左右,降水深度可达 8 m。此种降水方法,所用材料机具设备比较多,造价比较高,一般适用于地下水位比较高的砂性土。

2. 保证滑板的平整度

滑板虽然是顶进箱涵的临时性构件,但如果施工质量不好,对箱涵顶进影响很大。滑板面应平整光滑,在 2 m 长度范围内高度误差不得大于 5 mm。

3. 保证隔离层厚薄均匀

铺设在滑板上的隔离层,是为了防止箱涵与滑板粘连,并在顶进时起润滑作用,以减少摩阻力。喷洒石蜡时厚度不宜少于 3 mm。铺设塑料薄膜时接缝处应搭接 20 cm,并使搭接口与箱涵推进方向一致。

三、处理箱涵和滑板粘连的方法

1. 打钢楔子

箱涵顶进时,在箱涵和滑板间打入钢楔子。利用箱涵边顶边打入,使箱涵和滑板脱离。钢楔子规格为,长 30 ~ 40 cm、宽 10 cm、厚 2 cm,前端稍薄。打入楔子的数量可根据箱涵的大小及粘连情况决定,一般每隔 50 cm 打入一根。此种方法简单、实用,适用于孔径较小的箱涵。

2. 砌筑浆砌片石抗衡体

在滑板的前方砌筑浆砌片石抗衡体。顶面标高不得高于滑板顶面标高,一般低 5 ~ 10 cm,以防止在顶进中因抗衡体移动后高出滑板顶面标高而影响顶进。抗衡体和箱涵底的空隙可以用粗砂或碎石填充。为了加大抗衡顶进反力,还可以在滑板前方打入钢桩,与浆砌片石抗衡体结合使用。也可以配合打入钢楔子,三者结合使用。此种方法施工工期较长,适用于孔径较大的箱涵。

3. 简易气垫

用风钻在箱涵底部钻出 32 mm 临时钻孔,埋入 25 mm 圆管,用硫磺砂浆锚固后,接通管路供风。使用简易气垫可以解决箱涵和滑板的粘连。此法需要重新设置空压机及风管,造价比较高,适用于各种孔径的箱涵。

第三节 防止线路横移

为了防止在顶进中线路的横移,在无覆土顶进大跨度桥涵时,采用槽钢及横梁加固线路,产生横移是由于顶进桥涵顶面与线路设备间的摩擦造成的。防止的办法除在横梁下垫钢板外,每 3 ~ 5 根横梁安装一组倒链,如线路发生横移时用倒链加以调整,如图 10—1 所示。亦可以在顶进的前方,设置一排钢轨地锚桩,用方木支撑将横梁顶住。在现场实践中,为了防止线路横移,还可用钢轨桩将纵梁固定。另外,在顶进中,要控制好挖土的坡度,中间支点桩周围的土体要及时挖掉,防止支点桩受土体侧压力倾斜而造成线路横移。

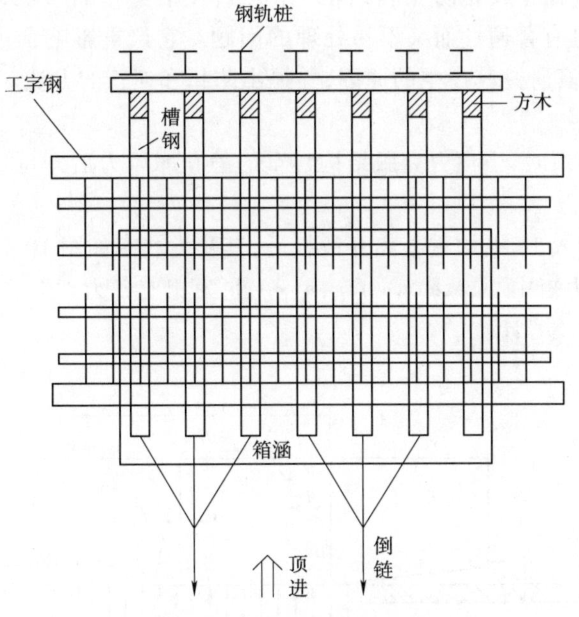

图 10—1　防线路横移平面示意图

第四节　顶进偏差控制

在顶进过程中要严格控制方向,以便于一方面能校正在直线上、曲线上、坡道上的箱段偏差,另一方面保持曲线、坡道上所要求的方向变更。

在全部顶进过程中,应经常对箱段的轴线和标高进行观测,发现偏差及时采取措施纠正。在顶进中产生的偏差主要是方向(左右偏差)和高程(扎头和抬头)偏差。

一、顶进中的方向控制

箱体在工作坑底板上滑动时,方向发生偏差,主要依靠底板上预先设置的方向墩来纠正。箱体入土前要把方向校正到设计位置,入土后就比较稳定了。箱体入土后的顶进方向控制可采用以下几种措施:

1. 严格控制挖土,两侧均匀挖土,左右侧切土钢刃脚要保持吃土 10 cm,正常情况下不允许超挖。

2. 发生偏差,可采用偏顶纠正。要逐渐纠正,不可急于求成,否则会造成偏差忽左忽右。

3. 利用挖土纠偏。多挖土一侧阻力小,少挖土侧阻力大,利用土本身的阻力纠偏。

4. 利用后背顶铁调整。加换后背顶铁时,可根据偏差的大小和方向,将一侧顶铁楔紧,另侧顶铁楔松或留 1 ~ 3 cm 的间隙。开镐后,则楔紧一侧先走,楔松一侧不动,这种方法很有效,但要严格掌握顶进时楔松紧程度,掌握不好容易使箱体由于受力不均而出现裂缝。

以上这些措施在顶进施工中可以同时采用,也可单独使用,主要根据具体情况采取相应的措施。

二、顶进中的高程控制

顶进中的高程控制主要是防止和纠正“扎头”和“抬头”,而“扎头”与“抬头”是框架桥涵顶入施工的一个具有普遍性而又不易处理的问题。它严重影响顶进质量,甚至造成永久性缺陷。因此,要认真研究其产生的原因,并提出防止和纠正的办法。

1. 受力分析

(1)在滑板上空顶时,当顶力克服结构自重的静止摩阻力后即可启动,保持顶力大于摩阻力即能推动前进。

(2)当结构前端入土,结构重心离开滑板后,其受力状态如图10—2所示。

滑板前缘 D 是力矩中心,p,q,r,e,f,g,n,s,t,h 为相应各力对“O”之力臂。底板摩阻力 $F_下$ 对“O”之力臂按“零”计。

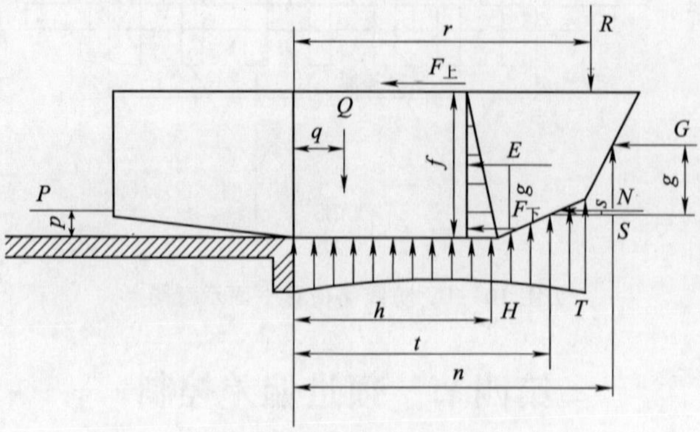

图10—2 箱涵顶进受力状态

P—顶力;Q—结构自重;R—线路(包括加固)重及行车活载;

E—边墙摩阻力;$F_上$—顶板摩阻力;$F_下$—底板摩阻力;G—刃角正面阻力;N—刃角竖直分力;

S—船头坡水平分力;T—船头坡竖直分力;H—地基反力

顶进时箱形结构由刚性滑板进入弹性地基,就会使结构产生“扎头”。当结构重心离开滑板后,按照弹性地基反力的分布规律,结构前缘地基反力的集度值最大,因而引起地基的压缩沉陷,导致结构前倾,此时滑板前缘变成了力矩中心,构成了相反的两种力矩,即

“扎头”力矩 $$M_z = P \cdot p + Q \cdot q + R \cdot r \tag{10—1}$$

“抬头”力矩 $$M_t = F_上 f + E \cdot e + G \cdot g + N \cdot n + S \cdot s + T \cdot t + H \cdot h \tag{10—2}$$

若 $M_z > M_t$,则会引起“扎头”;若 $M_z < M_c$ 则会引起“抬头”。

随着顶进,力臂 q、r 在逐渐增大,则 Q、R 构成的力矩对结构的影响也在逐步增大。当抬头力矩不足以抵消这些影响时,就会引起“扎头”。

(3)当结构尾端离开滑板后,其受力状态如图10—3所示。

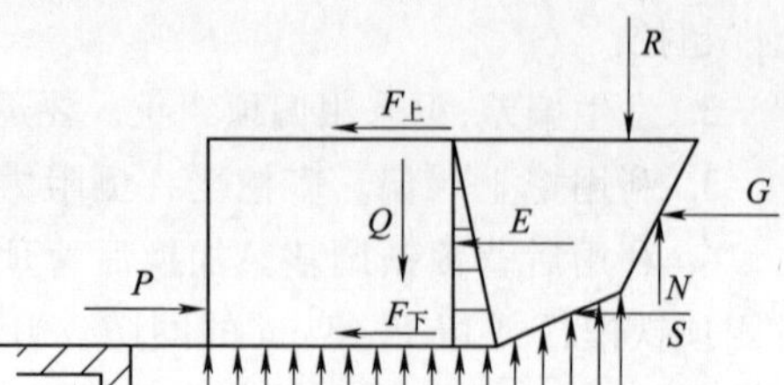

图10—3 箱涵受力状态(离开滑板)

结构物离开滑板后,虽然构成 M_z、M_t 的基本因素没有变化,但由于力矩中心“O”移至箱涵结构尾端,因而会引起外力矩对结构作用发

生相应的变化。

在分析了外力作用的情况之后，下面将进一步说明在各种具体条件下，由于构成 M_z 及 M_t 的基本因素的影响而引起各种外力矩的变化。

2. 引起高程变化的主要因素

(1)不同的施工方法

顶拉法施工按照分节原则，一般第一节长度短，入土才较顺利。由于节长短，前端又装有刃脚，有的还设有悬臂人行道，致使前节框构离开滑板时由于偏重，端部基底应力集中而出现"扎头"。随后各节虽无刃脚及悬臂人行道，但脱离滑板后，由于自刚性滑板支承进入到弹性土壤地基，也会出现"扎头"现象。顶拉法施工，各节"扎头"的量值不会一样，这就出现前后起伏不平的情况。若不及时处理，则既增加顶进阻力，也给使用带来不便。

在用顶入法施工时，无分节要求，虽然也出现"扎头"，但在相同的地质情况下较顶拉法好得多。

(2)箱涵顶部有无覆土

顶部有无覆土和覆土厚薄直接决定顶部摩阻力大小。在有覆土的情况下，不仅顶部摩阻力增大，同时由于结构埋深较大，侧面土压力增加，边墙摩阻力也相应增大，在顶进中会出现"抬头"现象。

在有覆土的条件下顶进，顶力较无覆土时增大多倍，因此一般箱涵多在无覆土条件下顶进，但有的小型箱涵也可能在有覆土的情况下顶进，因此要注意可能出现"抬头"现象。

(3)箱涵基底的土质条件

不同的土质由于内摩擦角不同，其土压力对箱涵周边产生的摩阻力也不同，由侧面摩阻力形成对箱涵的夹持力也直接影响顶进中高程的变化。更为重要的是基底土壤由于地下水位的高低，影响基底土壤含水量的大小，进而直接影响到地基承载力的大小。如果基底土质较为干硬密实，则当箱涵脱离滑板后，出现的"扎头"现象较之基底土质松软、含水量大的情况要少得多。

(4)箱涵刃脚的构造形式

箱涵刃脚的构造形式基本上可分为两大类，一为自身刃脚，另一为附加刃脚。自身刃脚是在结构前端与箱身混凝土同时预制做成三角形这种形式使重心前移，易于出现"扎头"现象。如节段较长则重心前移的影响不大，如节段较短则"扎头"相对就要大一些。自身刃脚的结构在顶进就位后一般要将三角形部分用钢筋混凝土包直。因此近来施工单位多采用附加刃脚形式。附加刃脚用钢板、角钢制成，安装在箱涵前端预埋的螺栓上。有封闭式(或带底刃)和侧式(无顶刃)两种。附加刃脚安装的准确性对顶进中高程变化的影响也较大，如在有覆土的情况下顶刃稍带俯角则可能"扎头"。如在基底土壤较干硬的条件下底刃具有适当的仰角则可能造成"抬头"。当刃脚进入铁路线路下时，由于火车通过时的冲击和震动力会促使"扎头"加剧。

(5)工作面的开挖方式

能够显著影响高程变化的开挖部位，主要为刃脚正面和结构物底板的正面。在基底干燥、土质稍硬的条件下，如按结构外轮廓开挖则可减小正面阻力。若基底面以下略有超挖则可使结构物逐步"扎头"。若基底面以上适当的欠挖则可使结构物逐步"抬头"，特别是有"船头坡"时效果尤为显著。因为"船头坡"在正面被动土压力的作用下沿斜面的竖直分力可起到上抬作用,两侧刃脚部位适当欠挖也可起到相同作用。

在含水量较大、基底土壤呈软塑状的条件下,如按外轮廓开挖,由于底部土壤受到扰动,顶进时势必引起"扎头"。如在设"船头坡"的情况下按内轮廓开挖,或进一步加大欠挖面积,就可以增大作用在船头坡上被动土压的竖直分力而增加"抬头"的趋势。当顶力有较大富余时,全断面不挖,采取强制顶进则"抬头"效果更为显著。

三、防止和纠正的措施

1. 施工设计时的技术措施

(1)结构底板前端设"船头坡"。"船头坡"尺寸:水平长 60 cm,垂直高 2 cm。大的框构,也有取水平长 100 cm,垂直高为 10 cm。"船头坡"与强迫顶进相结合,对较密实的土壤能纠正"扎头",但在软土内效果较差。

(2)采用顶拉法的箱涵分节,对刃脚形式的选择应注意第一节重心位置不要太偏前,在相邻框架的接头处可做成咬口形,如图 10—4 所示。咬口处必须镶以钢板,并设润滑以保证活动自如。另外也有在底板加钢搭榫防止前后两节上下错动,还有在箱涵节间预埋钢插销,希望能起导向和预防沉降的作用,但不少施工实践证明钢插销作用不大,在框架产生"扎头",方向偏离时,钢插销附近混凝土往往被挤坏。

(3)千斤顶位置选择适当。用顶拉法施工时,涵节间千斤顶窝一般设在框架底板处,这样给补填千斤顶窝混凝土施工带来困难,并且在千斤顶窝混凝土未达到一定强度前不能顶紧,使得节缝防水带无法施工,从而延长了施工时间。

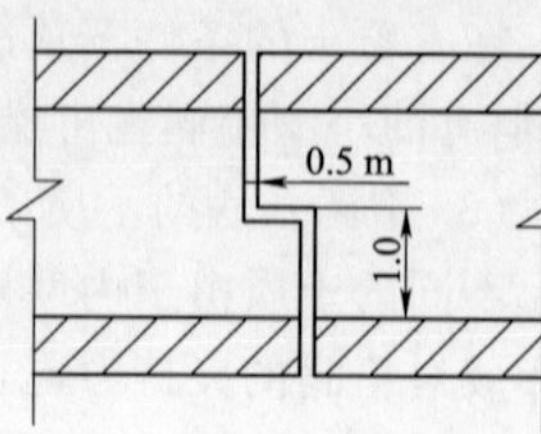

图 10—4 咬口形接头

千斤顶窝布置在什么地方适当,要根据阻力合力作用线及垂直力合力作用线的情况确定。当垂直力的合力通过涵节重心时,则千斤顶位置应布置在阻力合力线上,如图 10—5(a)所示。当垂直力的合力向前偏 x 时,千斤顶应布置在阻力合力线以下 Δh 处,如图 10—5(b)所示。

$$\Delta h = \frac{Q \cdot x}{R} \qquad (10\text{—}3)$$

当垂直力的合力后偏 x 时,千斤顶应设在阻力合力线以上 m 处,如图 10—5(c)所示。

$$\Delta h = \frac{Q \cdot x}{R} \qquad (10\text{—}4)$$

根据以上分析,千斤顶设于底板内则形成"抬头"力矩。若千斤顶置于底板面上,虽免除了千斤顶窝混凝土恢复工作,也避免因等待接缝防水处理而延长施工时间,但千斤顶置于底板面上则形成"扎头"力矩。因此应该考虑上述二者的适中位置,使顶力尽量接近阻力合力作用线,即千斤顶窝设于底板靠上部的位置。

(4)滑板预留仰坡。预留仰坡目的是设想在出现"扎头"时能落到预期位置。但如何确定合理的坡度大小,目前还没有计算办法,一般取 5‰左右。主要视土质情况而定。土质密实,开挖得当,则坡度可小些;土质松软,含水量大,则坡度应大一些。

(5)滑板预留横缝。在顶进中,随着箱涵逐渐被顶出滑板进入路基而产生"扎头",使滑板前端形成箱涵支点,最后迫使滑板受挠拉裂。针对这种情况,有的施工单位在滑板前部三分之一长度处,预留横缝一道(其办法为在滑板混凝土中隔一木条)。当箱涵重心超出滑板

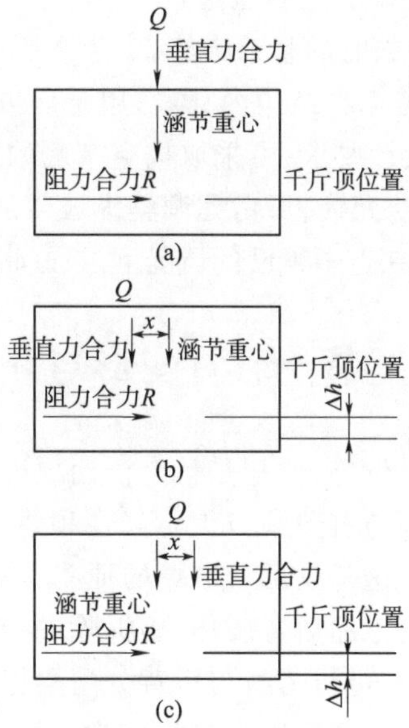

图 10—5　千斤顶布位

时，滑板即开裂，使滑板前部下沉，这样可减少箱涵前端“扎头”量。

2. 在顶进过程中的施工保证措施

顶涵严禁带水作业，因此顶进前要求做好降水和排水工作，以增强基底土壤承载力。在土质松软地区可采取以下措施防止和纠正“扎头”。

(1)滑板前端设过渡段，换填砂卵石、泥结碎石，或打入挤实桩，以增强滑板前端土壤承载力，减少“扎头”，如图 10—6 所示。

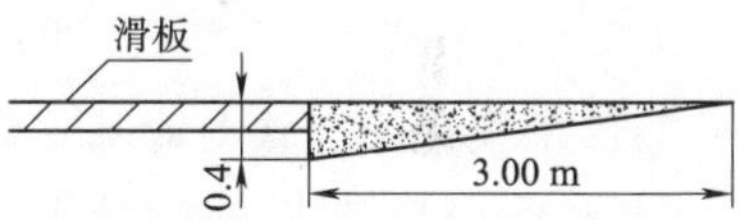

图 10—6　滑板前端设过渡段

(2)在刃脚或底板正面适当增加欠挖面积，强制顶进，在顶力有较大富余时，也可采取全断面强制顶进。

(3)设有底刃脚时，可采用增加垫圈办法调整底刃脚上翘角度。

(4)“扎头”较严重时可在“船头坡”下铺垫混凝土预制板抬坡强顶，或将地基超挖 20 ~ 30 cm，然后回填碎石并铺砂取平，在砂面上铺垫混凝土预制板，预制板面要高出箱涵底 3 ~ 5 cm，作为仰坡顶进，如图 10—7 所示。

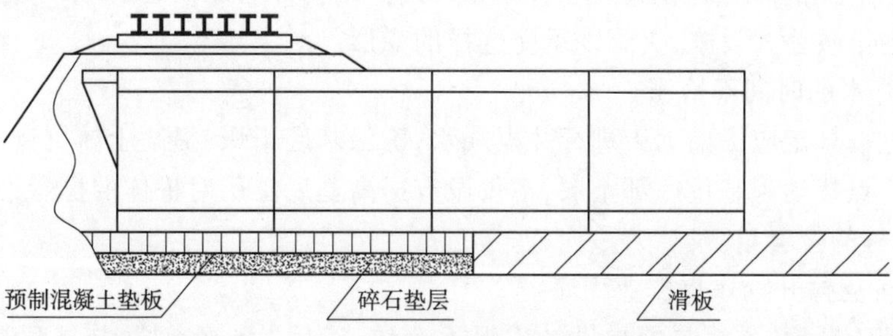

图 10—7　滑板前端设混凝土预制板抬坡

(5)结构“抬头”时可在基底以下适量超挖。

3. 顶进就位后,高程不符要求时的整治措施

(1)如结构沉陷量较大,可考虑在结构内穿梁,用千斤顶上抬。

(2)如因“抬头”结构高于设计要求,可采取掏空基底的办法,穿梁下压。

(3)“扎头”侧斜不大,如净空允许,可考虑调整纵坡或加筑部分垫层进行修整。

(4)“扎头”过大,调整困难,在迫不得已的情况下,只好将线路架空,凿除顶板接高重做。

第五节　后背变形与开裂

后背虽是桥涵顶进中的临时设施,但却是整个桥涵顶进施工的重要组成部分,后背的施工质量好坏对桥涵顶进施工顺利与否关系极大。当在顶进中发现桥涵不前进,后背压缩位移,或纵向传力柱向上隆起外崩,这都是后背破坏的征兆。对于在顶进过程中发生的后背破坏,要制作二次后背,在试顶时发生的后背破坏,要拆除进行加固。

为减轻顶进时对后背的压力,可将滑板与后背分配梁连在一起,以增加后背的抗力。通常做法是在滑板内设置一定数量的钢筋以承受拉应力,并将这些钢筋深入后背梁内焊接锚固。墙背填土应分层夯实压密以保证填土内摩擦角大于30°。后背施工时,应严格控制圬工砌筑质量,确保圬工的强度,钢轨桩后背钢轨应打入到设计深度。另外,在施工中有时因地质情况不佳,后背强度不够而需要加固时,可打钢轨桩进行加强处理,如果后背不牢靠,不仅影响到顶进质量,甚至会发生不能保证继续顶进到位的质量事故。

第六节　工作坑路基边坡坍塌

箱形桥顶进施工软土地基工作坑一般采用钻孔桩、型钢水泥土复合连续墙、深层搅拌桩、钢板桩等防护结构,防护结构又分有支撑和无支撑两种形式。无支撑的围护结构失稳的现象比有支撑的要多,所以更应引起注意。

一、围护结构失稳的原因

1. 围护结构设计方案不合理

对于2～5 m中等高度路基下箱形桥顶进施工时,预制箱身标高一半在地面下,一半在地面上,或为了方便顶进施工往往采取无支撑防护结构,尽管增加了配筋,加长了桩的长度,但在软土地基中开挖后仍有较大的位移。尤其围护结构外有煤气管、自来水管、高压线铁塔等较为敏感的市政公共设施,更难以承受这样的变形。

2. 井点降水的时间不恰当

基坑开挖按规定应提前七天进行井点降水,确保基底干燥,提高土体抗弯承受能力。若开挖后再冲井点扰动了基坑底部土层,不仅没有提高基底土层对桩体的抗弯力,相反使之降低,加大了排桩的位移量。

3. 工作坑支撑开挖违反作业程序

工作坑挖土顺序、方法与围护设计工况不一致,违反“开槽支撑、先撑后挖、分层开挖、严禁超挖”的原则或后背钢板桩未拉锚就进行开挖等违章作业会造成围护结构失稳。

4. 隔水帷幕施工质量欠佳

深层搅拌桩隔水帷幕施工没有达到设计深度，桩间搭接距离不够，或桩不垂直，桩间倾斜有缝隙等质量问题都会引起基坑透水，甚至流砂、管涌等弊病。

5. 围护结构临近存在荷载

在已开挖的围护结构临近堆放弃土、材料等，有运土汽车通行等也会造成围护结构变形失稳。

二、防治措施

(1)软土地基的围护结构超过 4 m 以上尽可能采用支撑形式，为了不影响预制箱身和顶进施工，可接高排桩提高支撑位置；或先行支撑开挖土方，到基底后再间隔 4 ~ 5 m 浇筑 0.5 m × 0.5 m 的钢筋混凝土地基梁，待到设计强度后，再拆除支撑，敞开施工。

(2)提前做好降水，提高土体抗压性能，严格遵守"开槽支撑、先撑后挖、分层开挖、严禁超挖"的原则。按照规定的施工程序进行作业，并加强监控管理。

(3)加强对深层搅拌桩施工质量管理，保证隔水帷幕作用，维持基坑开挖干燥稳定。

(4)禁止在工作坑附近堆放弃土、料具和运土机械走行。

(5)对工作坑围护结构要加强监测，超过报警值时应立即报告，并采取卸载、增设锚栓、增加支撑等应急抗风险措施，以维持围护结构的稳定，确保施工正常进行。

参考文献

[1]河北省石家庄市市政建设总公司．CU 74—99　城镇地道桥顶进施工及验收规程[S]．北京：高等教育出版社，1999.

[2]中华人民共和国铁道部．TB 10002. 1—2005　铁路桥涵基本设计规范[S]．北京：中国铁道出版社，2005.

[3]中华人民共和国铁道部．TB 1002. 3—2005　铁路桥涵设计基本规范[S]．北京：中国铁道出版社，2005.

[4]中华人民共和国铁道部．TB 100025—2006　铁路路基支挡结构设计规范[S]．北京：中国铁道出版社，2006.

[5]中交公路规划设计院．JTG D60—2004　公路桥涵设计通用规范[S]．北京：人民交通出版社，2004.

[6]冯卫星，王克丽．地道桥设计与施工[M]．石家庄：河北科学技术出版社，2000.

[7]朱健身，陈东杰．城市地道桥顶进施工技术及工程案例[M]．北京：中国建筑工业出版社，2006.

[8]郭栋良．浅议城市铁路地道桥的选择与设计[J]．交通科技，2008，4.

[9]杨慧林．地道桥方案设计中应着重考虑的若干问题[J]．铁道标准设计，2004，10.

[10]李家稳．管棚和盾构法框架桥设计与施工技术的研究[J]．铁道标准设计，2009，4.

[11]郝增新．静力压桩改善桥涵基底承载力施工技术研究[J]．山东交通科技，2006，2.

[12]葛建明，张雪峰．管棚加固技术在地道桥顶推施工中的应用[J]．太远理工大学学报，2002，5.

[13]张晓婧．浅谈顶进地道桥的设计要点[J]．建筑设计，2010，5.

[14]冯生华，张孚珩．城市地道桥顶入法施工[M]．北京：中国建筑工业出版社，1982.

[15]张志琴．重力式挡土墙设计计算[J]．山西建筑，2010，29.

[16]赵雅静．地道桥引道纵断设计浅析[J]．北方交通。2010，7.

[17]何昌涛．浅谈重力式挡土墙设计和施工[J]．民营科技，2009，20.

[18]朱和华．软土地层管幕—箱涵顶进工具管网格自平衡设计理论研究[J]．岩石力学与工程学报，2005，13.

[19]顾翠莲．软土地层管幕—箱涵推进工法阻力计算研究[J]．地下空间与工程学报，2007，1.

[20]李向阳．软土地层管幕内大断面箱涵顶进姿态控制[J]．岩土工程界，2005，2.

[21]华国强．软土地层管幕内箱涵推进阻力的计算分析[C]．中环线论文集．

[22]由广明．软土地层管幕内箱涵顶进推力控制[C]．上海：中环线工程论文集．